경제학과 자유주의

홍 훈 지음

연세대학교 출판부

서문

이 책도 최근에 내가 발간한 한두 권의 책과 마찬가지로 경제를 중심에 놓고 서양사상을 연구하려는 목적을 지니고 있다. 흔히 잘 알려진 이런 저런 고전들을 정리, 요약, 주해, 비판한 내용들을 묶었다. 읽은 고전들은 대부분 경제사상으로 분류될 만한 책들이다. 일부 사회사상으로 분류될 고전들에 대해서는 경제적인 부분에 초점을 맞추었다.

내용에 있어 이 책은 대부분 이전에 논의하지 않았던 고전들을 다루었다. 그렇지만 종전에 개괄적으로만 검토했던 고전들을 상세히 논의한 부분도 있다. 의도나 방법에 있어서는 종전과 같은 기조를 유지했다. 의도는 경제학을 서양학문, 그리고 서양문명 전체와 연결지어 보다 깊고 넓게 이해하려는 데 있다. 또한 문자나 문장이 허용하는 의미들 중에서 문맥을 고려하고 상상력을 발휘해 적절한 것을 제시하는 방식을 취했다. 이런 의도와 방식은 초창기 『자본론』에 대한 해석에서부터 유지해 왔던 바이다.

그럼에도 불구하고 이 책의 몇 가지 새로운 측면을 지적해야겠다.

먼저 작년에 발간한 『인간을 위한 경제학』과 마찬가지로 이 책도 한 가지 주제나 방향을 정해놓고 진행된 독서라기보다 난독의 결과이다. 이에 대해 전체 흐름이 없다거나 이런 흐름을 파악하는 부담을 독자에게 넘긴다는 비판이 있을 수 있다. 나도 이 점을 어느 정도 인정한다. 그러나 아직은 당분간 종횡무진 누비는 가운데 방향이 스스로 생겨나기를 기대하는 편이 낫다고 생각하고 있다.

또한 이 작업에 추가적인 의미도 생겼다. 학계의 취약성 때문에 이 작업이 서양고전에 대한 연구이면서 이제 학문적인 대화를 유지하는 방편이 되어가고 있다. 다시 말해, 산 자와의 대화가 그다지 원활치 않다면 죽은 자들과의 대화라도 이어가야 한다는 판단이 생기기 시작했다. 물론 책읽기는 쾌락과 고통의 복합이어서 공리주의나 비용편익분석이 적용되지 않는다는 생각에는 여전히 변함이 없다.

끝으로 동료 학자들이 노골적으로 지적하지 않았던 부분이 여기서도 극복되지 않았다. 과도하게 과거의 사상으로 기울어져 근대이론에 대한 논의가 적다는 점이다. 당연히 경제학은 이론이 견고하므로 이 부분을 중시해야 한다. 조만간 신고전학파의 고전에 본격적으로 진입할 수 있게 되기를 염원한다.

미리 정해진 방향으로 움직인 독서는 아니었지만 부분적으로 연결되고 최소한 개별적으로 특정 고전을 읽게 된 동기는 있었다. 이에 대해 밝혀둘 필요가 있겠다.

1장에는 경제학 이전의 경제사상을 모았다. 우선 호머의 『일리아스』는 서양의 대표적인 고전인데, 경제학적인 유추가 몇 군데 발견되어 일부 다루어 보았다. 물론 서투른 시도이다. 폴라니는 아리스토텔레스에 대한 이해를 보완하기 위해 추가시켰다. 또한 먼과 베카리아는 중상주의에 대한 식견을 높이기 위해 논의해 보았다. 이들은 경제에 관한 일상적인 사고를 담고 있어 경제학의 구체적인 의미를 파악하는데 도움이 되며, 동양 사상이나 한국 사상과의 연결고리가 될 수도 있다. 끝으로 프랭클린은 청교도정신이 무엇인지 확인해 보기위해 발췌해서 요약했다. 마르크스가 『자본론』에서 프랭클린을 인용했다는 점도 약간 작용했다.

2장에서는 아담 스미스와 리카도와 관련된 문헌들을 일부 다루었다. 먼저 주로 가치와 가격과 관련해 스미스의 『국부론』에서 의문이 들었던 부분을 논의했다. 물론 주해의 대상은 『국부론』의 일부에 불과하다. 이어 스미스가 천문학의 역사를 다루면서 언급했던 코페르니쿠스에 대해 피상적이나마 논의했다. 끝으로 스미스와 비슷한 생각을 가지고 있었던 맨더빌과 퍼거슨을 검토했다.

또한 리카도의 『정치경제학 및 과세의 원리』에서 가치나 지대와 관련된 부분을 주해해 보았다. 그렇지만 애매한 부분이 여전히 남아있다. 이어 스라파주의자가 강조하는 그의 초기작으로 『이윤론』, 『안정적인 경제통화』를 논의했고, 최후기작으로 『절대가치와 교환가치』를 검토했다. 끝으로 고전학파에 있어서 사용가치에 대해 포괄적으로 살펴보았다.

3장에서는 오랜 숙제라고 생각했던 영국의 공리주의에 대해 논의했다. 영국의 공리주의는 벤담, 밀, 시즈위크로 대표된다. 여기서는 벤담과 밀을 다루었다. 우선 벤담의 『도덕과 입법의 원리』를 정리했다. 공리주의는 롤즈나 센이 논의한 영미철학의 핵심이고 경제학과 불가분의 관계에 있다. 이 때문에 그 시조인 벤담에 대해 반드시 정리해야 한다고 늘 생각해 왔다. 물론 이 책에 대한 넓은 조망은 여전히 좀더 시간을 필요로 한다고 생각한다.

벤담과의 연속선상에서 밀의 『자유론』과 『공리주의』를 논의했다. 그가 공리주의를 주장하면서 자유주의를 내세워 양자의 연관을 검토할 수 있다고 생각했기 때문이다. 또한 『자연론』은 영미시상과 경제학에 깔려 있는 자연에 대한 입장을 명확히 할 수 있으리라는 기대로 읽게 되었다. 밀이 앞서 『정치경제학원리』에서 제시한 입장을 유지했는지 확인하려는 목적도 작용했다. 끝으로 밀의 공리주의에 대한 몇 건의 논문들을 소개했다.

4장 칸트의 『법률철학』은 벤담과 대립을 이루리라는 짐작에서 살펴보았다. 마르크스로부터 헤겔의 『법률철학』으로 이어졌던 소급과정을 한 단계 더 진행시키려는 욕구도 작용했다. 이 기대는 그럭저럭 충족되었다고 자부한다. 이런 맥락에서 칸트와 마르크스를 취급한 일본학자 가라따니 고진이 의미 있었다. 이와 관련해 베일리에 대한 마르크스의 평가, 프루동에 대한 마르크스의 비판, 마르크스의 사회정의를 살펴보았다. 끝에서 좀더 포괄적인 논의로 잉여개념을 역사적으로 고찰했다.

5장에서는 신고전학파의 성격을 명시했다는 평가를 확인하기 위해 로빈스의 『경제학의 성격과 의미에 관한 논고』를 다루었다. 이어 하이에크의 『법, 입법 그리고 자유』는 그의 후기사상을 대표하기 때문에 상세하게 검토했다. 무언가 그의 생각 중에서 다시 씹어볼 거리가 있을지 수사관의 마음으로 접근했다. 큰 성공을 거두지는 못했다.

『자본의 순수이론』은 후기작과의 연계를 확인해 보고 마르크스와의 비교를 위해 읽어보았다. 오스트리아학파의 자본이론을 다룬다는 점에서 익히 짐작했지만, 역시 어려운 책이다. 피상적인 요약에 그쳤다고 보아야 한다. 더불어 그의 최후기작인 『치명적인 자만심』을 요약했다. 끝으로 하이에크에 대한 전반적인 평가를 위해 몇 가지 짧은 글들을 덧붙였다.

어떻게 하다보니 이 책에서 빅셀이 큰 비중을 차지하게 되었다. 빅셀에 대해서는 큰 흥미가 없었지만 하이에크와 케인즈를 이해하기 위해 필요하다는 생각에서 읽게 되었다. 또한 스톡홀름학파에 대해 마냥 생면부지로 남겨 놓을 수 없다는 압박도 작용했다.

6장에서는 빅셀의 『이자와 가격』을 자연이자율과 시장이자율의 관계를 중심으로 개략적으로 검토했다. 역시 가장 어려움이 많았던 책이다. 그리고 빅셀의 위상을 검토하기 위해 그를 투크, 마르크스, 케인즈와 비교 검토했다. 7장에서는 빅셀의 이자율과 자연개념을 평가하기 위해, 로크, 푸펜도르프, 고전학파, 주류경제학의 자연개념, 베블런 등과 비교 검토했다.

8장에서는 중도적이거나 좌파가 아니면서 주류경제학에 의문을 제기했던 입장들을 다루어 보았다. 우선 역사학파의 이론과 방법을 검토했다. 또한 문화를 강조하면서 경제학을 비판한 사람으로 러스킨을 소개했다. 앞으로 인문학자나 예술가 등이 보는 경제나 경제학의 모습이 부각되어야 하지 않나 생각한다.

홍 훈

연구실에서

2009년 1월 10일

차례

차례

1장
경제학 이전의 경제사상

1. 호메의 『일리아스』: 시론

1.1. 인간과 신

호머(Homer)의 『일리아스』(*Iliad*)에는 인간뿐만 아니라 신이 등장한다. 이에 따라 『일리아스』에는 인간들 사이의 관계(아킬레스와 아가메논)뿐만 아니라 신들의 관계(제우스와 헬라)도 있다. 또한 인간과 신의 관계(인간의 꿈속에 등장하는 신의 사신이나 신호)도 등장한다. 그런데 보편적으로 인간은 자연(번개)과의 관계도 벗어날 수 없다. 따라서 전체적으로 인간, 신, 자연이 등장하고, 인간관계, 신들의 관계, 그리고 인간과 신의 관계, 인간과 자연의 관계가 문제된다.

나아가 신은 자연현상과 일정한 연관을 맺고 있어 자연신(바다의 포세이돈)의 성격을 가지고 있다. 아담 스미스(Adam Smith)가 말한 대로 기독교 이전의 다신교이자 자연신이 이에 부합되며, 이에 대해서는 마르크스(Karl Marx)도 동의할 수 있다. 최고 신인 제우스조차 번개라는 특정 자연현상과 결부되어 있다. 그러므로 인간과 신의 관계는 상당 부분 인간과 자연의 관계와 일치된다.

여기서 신들은 기독교적인 유일신이 아니라 여러 가지 기능들을 나누어 가진 자연신들이다. 특정의 자연현상들과 일대일로 대응되는 자연신들은 특정의 구체적인 능력들로 규정되는 인간들과 그 모습이 비슷하다. 신들 중에서 지도자의 성격도 인간들 중에서 지도자의 성격과 비슷하다. 제우스는 여러 신들의 우두머리이면서도 특정 자연현상과 연결되어 다른 신과 어느 정도 비슷하다. 이와 마찬가지로 아가메논도 여러 수장들과 모종의 동등성을 유지하고 있다. 아킬레스와의 관계에서는 더욱 그렇다.

자연현상과 연결되는 신이란 유일신과 달리 추상성이 적다. 제우스는 여러 신들의 우두머리이면서도 특정 자연현상과 연결됨으로써 높은 추상성을 가지고 있지 않다. 이런 점에서 『일리아스』의 신들은 관념적이거나 추상적이지 않다. 이같이 신들은 인간을 닮았으며, 자연을 대신하기도 하고, 신들의 관계도 인간관계를 닮았다. 또한 인간들은 신의 장기판에 놓여 있는 수동적인 존재가 아니다.

물론 신과 인간 사이에 엄연한 차이도 있다. 무엇보다 인간은 죽는데 신은 죽지 않는다. 이 때문에 다른 어떤 상황에서 보다 인간의 생사가 문제되는 전쟁에서 신과 인간은 선명하게 구분된다. 죽을 수 없기 때문에 신은 전쟁에 직접 참여할 수 없고 오로지 인간을 통해 간접적으로 개입할 뿐이다.

이런 신과 인간의 차이로 인해, 관계를 유지하거나 의사를 소통하는데 있어 신과 인간의 관계에는 인간관계나 신들 사이의 관계와 다른 그 무엇이 존재한다. 신이 현신하지 않고 꿈속에 나타나 자신의 의사를 전달한다든지 천사를 보내거나 상징을 통해 자신의 의사를 전달하는 행위 등은 이를 표현해 준다.

종합적으로 보면 신의 등장이나 신의 성격, 신들의 관계와 신과 자연의 관계 등은 모두 서양 인간과 사회의 반영이라고 볼 수 있다. 아마도 신으로 자신을 승화시키거나 객체화하는 특징이 있다고 생각된다.

생사가 걸린 전장(戰場)에서 신의 불멸함이나 영구함이 보다 선명하게 부각된다면, 시장(市場)에서는 어떤가? 시장에서는 인간도 생물학적으로 죽지 않는다. 그러므로 시장에서 신이나 신과 유사한 존재를 설정하기 위해서는 다른 종류의 불멸함이 존재하거나 신이 아닌 다른 존재에 불멸의 성격이 전이된다. 전장에서 신과 인간의 구분은 시장에서 자본, 가치 및 화폐와 인간 및 상품 사이의 구분에 상응한다.

마르크스에서는 신이 아니라 자본이 불멸의 성격을 가지며 기독교적인 추상성을 겸비하고 있다. 마르크스의 자본주의에서 개별상품이나 개별노동 혹은 개별자본이 죽을 수 있어도 자본 자체가 죽을 수는 없다.[1)]

특히, 마르크스의 『자본론』에는 『일리아스』와 직접 연결되는 부분이 있다. 마르크스는 이 책의 1권 1장 4절에서 상품물신숭배를 논의하면서, 이를 신에 대한 숭배와 동일하게 취급했다. 그에 의하면 자본주의의 상품숭배와 종교세계에서 신에 대한 숭배는 인간이 자신이 만든 물건에 의해 지배된다는 점에서 비슷하다. 단지, 상품이 육체노동의 산물이고 신이 정신노동의 산물이라는 차이가 있을 뿐이다.

(1) 구체적으로 시장에서는 신뿐만 아니라 인간도 일차적으로 생물학적인 죽음을 맞지 않는다. 이에 따라 마르크스는 다른 차원에서 죽음을 설정하고 신과 인간을 구분했다. 『일리아스』의 전쟁에 나오는 삶과 죽음은 생물학적인데 비해 마르크스의 자본주의에서 인간의

1) 이만큼 명확하지는 않지만 주류 경제학에서는 시장이나 자본주의 자체 그리고 이기적인 인간의 본성이 보편적이다.

죽음은 사회경제적인 의미의 삶과 죽음이다. 또한 인간은 이런 의미에서 죽는데 비해 자본주의에 존재하는 모종의 신은 죽지 않는다. 그것은 가치와 자본이다. 즉, 도산한 자본가나 실직 중인 노동자는 사회경제적으로 죽는데 비해, 자본주의체제에서 가치와 자본은 영원하다.

이런 이유로 고전학파와 달리 마르크스는 노동자와 실업자를 인구와 동일시하지 않았다. 전쟁(戰爭)이 신체나 신체적인 구속에 근거한 노예나 인구와 직접 통한다면, 시장경제의 경쟁(競爭)은 신체적인 구속과 무관한 노동자와 통한다. 신이 신체나 생명을 관장하므로 자연신이든 기독교적인 신이든 신은 자본가라기보다 노예의 주인에 가깝다.[2)] 같은 관점에서 전쟁은 주인 · 노예관계와 통하며, 시장경제는 노사관계와 부합된다. 물론 이 같이 신으로 설정된 가치나 자본이 아리스토텔레스(Aristoteles)에게는 생경하다.

(2) 『일리아스』에서 여러 신들, 아킬레스나 헥토르 등의 모습이나 능력은 개별적이고 구체적인 수준에 머물러 있다. 이에 비해 마르크스의 가치와 자본은 다양한 자연신의 구체성이나 자연성을 벗어나 기독교적인 유일신의 추상성을 지닌다. 마르크스는 가치를 사용가치로부터 구분하고 추상노동을 구체노동으로부터 구분했다. 이는 『일리아스』보다 아리스토텔레스의 가치나 보편적인 덕이나 탁월함에 부합된다. 또한 전쟁의 노획물이나 전리품이 다양한 사용가치들로 구성되는데 비해, 경쟁의 보수는 화폐나 이윤 및 잉여가치로 동질적이라는 점도 이에 대한 증거이다.

(3) 그렇지만 가치나 자본 그리고 인간은 상품이나 화폐 등 물적이고 구체적인 존재를 매개로 존재하고 재생산된다. 그러므로 자본

---

2) 여기서 "Quo vadis, domine?"나 "Laudate dominum"에 나오는 주님과 주인님이 밀착된다.

주의에서 인간관계와 상품관계는 물적이면서도 인적이고, 구체적이면서도 추상적이다. 가치와 자본은 이런 인간관계와 상품관계를 통해 자본주의체제가 존재하는 한 영원한 삶을 누린다.

상품이 육체노동의 산물이고 신이 정신노동의 산물이라는 차이를 제외하면, 피조물이 자립성을 가지면서 스스로 움직이고, 스스로 자신들 사이에 관계를 맺으며, 창조자인 인간을 지배한다는 점에서 상품을 통해 나타나는 가치나 자본과 신은 동일하다.

이런 인간의 신격화나 노동을 통한 상품의 객체화는 동일할 수 있다. 마르크스의 입장에서 자본주의의 인간관계가 상품관계에 의해 매개되듯이, 고대사회에서 인간관계(아킬레스와 아가메논)가 신들의 관계(제우스와 헬라)에 의해 매개된다. 양자의 유비를 도표로 만들면 아래와 같다.[3)]

자본주의 사회		고대 사회	
상품관계	상품 A ↔ 상품 B	신들의 관계	신 A ↔ 신 B
인간관계(교환)	인간 a ↔ 인간 b	인간관계(전쟁)	인간 a ↔ 인간 b
상품과 인간의 관계	상품 A → 인간 a 상품 B → 인간 b	신과 인간의 관계	신 A → 인간 a 신 B → 인간 b

3) 이와 달리 동양의 『삼국지』에는 자연의 조화(적벽대전의 동남풍)나 운수(낙봉파에서 봉추 방통의 죽음)는 등장해도 신은 등장하지 않는다. 당연히 신들 사이의 관계나 인간과 신의 관계도 등장하지 않는다. 따라서 『삼국지』에는 여러 종류의 인간들과 인간들 사이의 관계, 그리고 인간과 자연의 관계만이 등장한다. 이를 단순히 시대의 차이나 선사시대와 유사시대의 차이로 처리할 수도 있다. 『일리아스』의 시대배경은 기원전 10세기나 8세기이고, 『삼국지』의 시대는 기원 후 2-3세기이다. 그러나 서양과 대비되는 동양의 특징으로 간주할 수도 있다. 『일리아스』에 기독교적인 유일신이 아니라 여러 자연신이 등장한다는 것이 그나마 『일리아스』와 『삼국지』의 거리를 크게 만들지 않는다. 전쟁과 경쟁의 차이와 집단과 개인의 차이를 접어둔다면, 한국의 입시경쟁은 백일기도 등을 불러 온다는 점에서 양자 모두와 통한다.

1.2. 전쟁, 경쟁, 그리고 경기

일반적으로 전쟁과 경쟁을 완전히 대립적으로 보거나 완전히 동일시하기 어렵다. 그럼에도 불구하고 『일리아스』가 다루는 전장의 전쟁은 현대로 보면 시장의 경쟁에 상응한다. 현대에도 전쟁은 그치지 않고 있으나, 세계대전이나 지속적인 전쟁보다 간헐적인 국지전이 대부분이다. 이렇게 보면 종래의 전쟁이 상당부분 경쟁으로 대체되었다고 말할 수도 있다.

단선적으로 보면 전쟁과 경쟁, 전사와 기업가나 경제주체, 전투와 매매나 노동, 무기 및 장비와 자본재 등이 일대일로 대응된다. 또한 고대에서 근대로 넘어오면 전쟁에서 전사보다는 무기나 장비에 의존하는 정도가 커지듯이, 시장경제에서도 토지나 노동보다 자본이 더 중요해진다. 전쟁과 평화를 노동과 여가(schole)와 각기 연결시킨 아리스토텔레스도 이와 비슷한 맥락에 있다. 병농일치(兵農一致)나 "싸우면서 일하자"는 기치도 이에 부합된다.

『일리아스』에서는 여러 인간들이 2개나 3개의 집단을 이루고 이렇게 형성된 집단들이 전쟁을 벌인다. 경쟁이 두 명 사이의 교환으로부터 시작되듯이, 클라우제비츠(Carl von Clausewitz)는 『전쟁론』에서 전쟁의 기본단위가 2인의 결투라고 보았다. 이런 이유로 양자 모두 집단들 사이의 전쟁을 주제로 하지만 집단 내의 경쟁도 다루고 있다.

해방 이후 한국의 경제발전 과정에서 전쟁과 경쟁은 쉽게 구분되지 않는다. 일부 논문에서 지적했듯이, 박정희시대에 경제발전과 (자주)국방은 서로 얽혀 있다. 국방이 경제성장을 가능케 했을 뿐만 아니라 경제성장을 위한 경쟁이 북한과의 대치상태에서 북한을 의식한 국방의 역할을 함께 지니고 있었다.

또한 전시경제를 방불케 하는 제3공화국의 통제나 규제는 개발독재의 수준을 넘어섰을 가능성이 있다. 더구나 이 시대를 독단했던 박정희라는 인물이 군인으로서 무력을 통해 대통령이 되었다는 점과 집권 가간 중 상당 부분 북한의 실질적이거나 가상적인 위협을 확대재생산해 권력을 유지해 왔다는 사실을 고려하면, 이런 생각은 더욱 설득력을 얻는다.

뿐만 아니라 그루만(Paul Krugman) 등이 지적했듯이, 제3공화국 시대의 경제성장은 총생산성의 증가가 아니라 전시와 같이 자원의 동원(mobilization)에 의존했다. "싸우면서 일하자"라는 구호는 싸우듯이 일한다는 현실을 낳았다. 당시 수출은 수출전쟁이었고 여기에 참여한 사람들은 산업전사였다. 전통적인 병농일치가 근대한국에서는 이 같이 변형되었을 가능성이 있다.

나아가 이 시대는 아직도 우리의 덜미를 잡고 있어 정치나 경제를 떠나 사회의 일상에서도 이와 유사한 흐름을 찾을 수 있다. 입시경쟁에서 보듯이, 한국사회의 경쟁은 학교의 병영화를 운위할 정도로 그 치열함에 있어 전쟁의 양상을 띠고 있다. 회식자리에서의 술 마시기, 등산대회, 골프모임 등에서 보이는 경쟁 역시 승리를 기원하는 처절함을 지니고 있다. 이런 이유로 한국에서는 전쟁과 경쟁 혹은 전장과 시장이 서로 삼투되고 있다.

그렇더라도 전쟁과 경쟁 사이에는 여전히 차이가 있다. 우선, 전쟁은 단순히 재산이나 자원을 넘어서 인간의 목숨을 놓고 벌이는 싸움인데 비해, 경쟁은 재산이나 자원을 놓고 벌이는 싸움이다. 전쟁에서도 목숨뿐만 아니라 노획물이나 전리품으로서 재산이나 자원이 문제된다. 『일리아스』에서 아킬레스가 전쟁의 노획물을 부당하게 분배한데 대해 아가메논에게 느끼는 분노도 이런 맥락에 있다. 그러나 전쟁의 일차적인 목표는 생명이다.

이런 이유로 전쟁의 노획물에는 물적인 자산뿐만 아니라 여자나 노예와 같은 인적인 자산이 포함된다. 생사여탈이 가능하다면 노예로 만들거나 여자를 소유하는 것은 당연히 허용된다. 이런 맥락에서 아리스토텔레스가 『정치학』에서 노예를 재산으로 보면서도 노예 획득을 전쟁의 기술로 간주했던 점을 기억할 필요가 있다. 이에 비해 시장에서는 주로 돈이나 재산을 놓고 싸움을 벌인다. 같은 이유로 전쟁에서는 노획물의 형태로 노예를 획득해 노동력을 확보한다면, 노동시장에서는 임금이라는 화폐 유인을 통해 노동력을 구입한다.

물론 시장에서도 상품의 판매가 실패로 돌아가거나 기업이 파산하는 경우 소유주의 자살로 이어지기도 한다. 또한 사채시장에서 장기 판매나 생명에 대한 위해가 없지 않다. 그러나 생명이 문제되더라도 시장에서는 인간의 자연적 생명보다 주로 사회적 생명이 문제된다.

가령, 전쟁터에서는 누군가 창을 던져 적에게 부상을 입히거나 죽게 할 수 있다. 이에 비해 자본가가 상품을 팔지 못해 파산하거나 노동자가 취직하지 못해 실업자가 되더라도 자살을 감행하지 않는다면 곧바로 생물학적인 의미의 죽음을 맞지는 않는다. 설령 이런 죽음을 맞더라도 그것은 상당 기간이 지난 후의 일이다. 또한 전쟁에서의 생명상실과 달리 물리적인 힘이 아니라 생계유지의 어려움이나 영양부족이 죽음의 원인이다.

달리 보면, 근대의 헌법에 나와 있는 국민의 "생명" 및 "재산"과 관련해, 전쟁이 지배하던 상황에서는 주로 생명이 문제되다가 현대의 시장경제로 접어들면서 재산이 주로 문제되고 있다. 심하게 말하면, 생명을 위해 재산이 존재하던 상황이 재산을 위해 생명이 존재하는 상황으로 전도되었다.

『일리아스』에는 목숨이 위태로울 경우 재산을 몸값으로 걸고 목숨과 바꾸는 상황이 등장한다. 이는 누구에게나 생명이 재산이나 돈보다 소중하다는 점을 나타내면서 동시에 재산이나 돈이 생명과 교환되거나 통약될 가능성을 보여준다. 그런데 전장과 시장에서 생명과 재산이 모두 문제가 되더라도 전장의 투쟁에서는 생물학적이거나 물리적인 의미의 생명과 재산이 문제된다. 이에 비해 시장의 경쟁에서는 여전히 사회경제적인 의미의 생명이나 재산이 문제된다.

예를 들어, 적군의 공격을 받으면 건물을 위시한 도시가 물리적으로 파괴되거나 없어진다. 이에 비해 경쟁 속에서 재산은 물리적으로 변하지 않으면서도 경제적인 가치에 변화를 겪는다. 즉, 상품이 팔리지 않아 가격이 하락하거나 이런 상품의 생산에 동원된 자원이 가치를 잃을 수 있다. 혹은 불황이나 기술변동으로 자본이 가치를 상실할 수도 있다.

단순화하면 전쟁에서는 사용가치가 손상되거나 파괴된다면 시장에서는 가치나 교환가치가 손상되거나 파괴된다. 더불어 전쟁에서는 전사들 사이의 승패가 그 자체로 평가되는데 비해, 시장에서는 경쟁하는 기업들 이외에 소비자나 제 3의 존재들이 평가하는 경우가 많다.

뿐만 아니라 전쟁의 노획물은 경쟁의 보수보다 이질적이다. 시장경제에서 경쟁의 보수가 화폐로 나타난다면, 전쟁의 노획물은 다양하다. 노획물에는 금이나 은 등 화폐뿐만 아니라 귀금속, 장신구, 무기, 여자, 어린이 등 노동력이 포함된다. 뿐만 아니라 인간의 목숨은 신에 대한 제물에 비유된다. 또한 노획물이나 전리품은 선물과 유사하게 취급되기도 하는데, 선물 역시 다양한 재화나 재산으로 등장된다.

『일리아스』에는 x개의 삼발이, y개의 화로, z마리의 소 등과 같이 구체적인 물체와 구체적인 숫자가 등장해 당시의 대표적인 사용가치와 그들의 사용비율을 보여준다. 이를 통해 당시의 주요 산업들이나 의식주도 확인된다. 밀 등의 곡식농사, 포도농업, 육식과 농사를 위한 가축 등의 목축, 금 · 은 · 동과 철기를 위한 광업과 제조업, 늑대가죽 등을 얻기 위한 수렵 등이 그것이다.

인간이 사회적 동물이므로 인간에게 자연적인 생명뿐만 아니라 사회적 생명이 중요하고 사회적 생명이 자연적 생명과 불가분의 관계에 있다고 생각할 수 있다. 이렇게 되면 사회적 생명이 자연적 생명보다 인간에게 더 중요하거나 사회적 생명이 자연적 생명을 규정한다는 논리도 가능하다.

마르크스도 이런 생각을 가지고 있다. 구체적으로 그는 시장에서의 상품판매를 필사적인 도약(salto mortale, deadly jump)이라고 표현했다. 상품이 시장에서 팔리지 않으면 그 상품은 죽은 셈이다. 그에 의하면 자본주의에서는 모든 인간이 상품소유자이며, 상품이 상품소유자를 대표하므로, 상품의 생명이 모든 사회구성원의 생명이다. 이런 논리에 따라 상품이 죽었다면 상품의 소유자도 죽은 것이다. 다시 말해 자신의 상품을 팔 수 없는 자본주의사회의 구성원은 죽은 것과 마찬가지이다.

자신이 생산한 상품을 팔지 못해 파산한 기업의 자본가가 이에 속한다. 실업자가 된 노동자는 사회적인 생명을 잃을 뿐만 아니라 생계, 나아가 생명에 위협을 받는다. 또한 이들 중에는 실제로 스스로 목숨을 끊는 경우도 적지 않다.

더불어 경쟁 자체가 신체의 소진이나 소멸을 가져올 수도 있다. 극단적인 예는 권투를 위시한 운동경기에서 찾아 볼 수 있으나 여러 직종에서 나타나는 과로사는 이를 반영한다. 한국의 입시경쟁은 또 다른 예이다. 나아가 상품의 가치실현이 사회구성원의 재산과 부를 결정하고 재산과 부가 사회구성원의 출산, 자식의 숫자, 가정의 규모, 양육을 규정한다. 이렇게 보면 자본주의사회에서 상품의 도약은 번식에 차별적인 영향을 준다.

중립적으로 보면, 전쟁에서의 승패는 시장에서 상품의 판매여부뿐만 아니라 구매나 노동력의 판매 여부에 비유된다. 우선 상품시장에서 수요곡선과 공급곡선의 균형이 시장에서 형성되면서 판매를 위한 경쟁과 구매를 위한 경쟁이 종결된다. 이에 따라 상품을 판매한 자와 그렇지 못한 자, 상품을 구매한 자와 그렇지 못한 자가 구분된다. 전쟁에서 승자와 패자 혹은 산 자와 죽은 자는 이에 상응한다. 노동시장에서도 이와 비슷한 논리가 적용된다. 그러나 이 경우에는 노동력의 판매 여부가 주로 문제되며, 상품시장에서보다 직접적으로 생계와 연결된다.

이런 유사성은 전쟁을 자본주의의 공황과 비교할 때 보다 두드러진다. 흔히 전쟁은 생명과 재산에 대한 소유권을 변경시키기 이전에 생명과 재산을 파괴하는 행위로 규정된다. 이에 비해 경제 혹은 시장경제는 생계를 공급하고 성장을 통해 더 많은 인간들의 생존을 가능케 한다고 말들한다. 이렇게 보면 전쟁과 경쟁은 정반대로 움직이는 듯이 보인다.

이런 해석은 시장경제나 자본주의경제가 큰 병 없이 굴러간다는 전제를 가지고 있다. 하지만 1930년대의 대공황이나 한국의 IMF 공황, 2008년부터 시작된 미국의 비우량 주택담보대출로 인한 공황 등은 이런 전제를 의심케 한다.

전쟁에서는 생물학적인 생명이 문제되고, 경쟁에서는 사회경제적 생명이 문제된다는 지적은, 공황시기에 보다 적절하다. 공황이 발생하면 사회경제의 법칙에 따라 급격한 속도로 노동자들이 일자리를 잃게 된다. 이에 따라 임금을 받지 못하고 생계가 어려워지면서 사회경제적인 생명을 잃는다. 또한 자본을 위시한 생산수단이 일거에 화폐로 표시된 가치를 상실한다.

여기서 노동자는 인간으로서 물리적인 손상을 입어 불구가 되었거나 노동력을 상실하지 않았음에도 불구하고 사회경제적인 삶을 잃게 된다. 또한 자본의 구체적인 모습인 기계나 건물은 전혀 물리적으로 손상되거나 그 기능이 소멸하지 않았음에도 불구하고 경제사회적으로 무용지물이 될 수 있다.

전쟁과 경쟁의 또 다른 유비는 시장의 힘이 총칼의 힘보다 더 강할 수도 있다는 사실에서 발견된다. 가령, 한반도에서 과거 일제가 총칼로 한글을 억압하고 일본어를 전파시키려했던 힘보다 현재 경쟁을 통해 시장에서 영어가 전파되는 힘이 훨씬 더 강하다. 한국어학당 사건 등에서 알 수 있듯이 무력을 통해 한글을 억압하려는 힘에 대해 우리의 선조들은 저항했다. 이에 비해 현재의 우리는 시장경제나 자본의 힘으로 뒷받침되는 영어를 스스로 받아들이고 있다. 이 점에서 무력이나 무기의 폭력보다 무역의 폭력이 더 강력하다.

결론적으로 시장주의의 입장에서는 전쟁과 경쟁을 전혀 무관하다고 생각하거나 경쟁이 전쟁을 희석시키는 유용한 대체물이라고 생각한다. 다시 말해, 시장에 우호적인 여러 사상가들은 시장의 상행위나 무역이 인간의 호전성을 약화시킨다고 주장했다.

이에 비해 유물론적이거나 자본주의에 비판적인 입장에서는 경쟁을 전쟁과 거의 동일시한다. 베블런(Thorstein Veblen)과 같이 자본주의에 비판적인 사람은 시장의 경쟁이 인간이 가진 호전성의 연장이라고 주장했다. 아마 마르크스도 이와 같은 입장에 있으리라고 생각된다. 이로써 전쟁과 경쟁의 관계 역시 자본주의에 대한 관점에 따라 달리 설정된다고 말할 수 있다.

둘째, 전쟁에서는 언제나 인간이 무리를 지어 집단으로 싸움을 벌이는데 비해, 시장에서는 개인 단위에서도 싸움이 벌어질 수 있다. 전쟁에서보다 경쟁에서 투쟁의 단위나 모습이 더 다양하다. 시장의 경쟁 중에서는 기업들 사이의 경쟁이 전쟁에 보다 근접한다.

기업들 사이의 경쟁에도 기업 내부의 갈등이나 경쟁이 수반되며, 전사들 사이에 위계(hierarchy)가 있듯이 기업 내에도 위계가 있다. 흔히 군대에 엄격한 명령체계와 위계가 존재한다고 말하는데, 시장에 존재하면서 시장에 흔히 대비되는 기업도 위계를 가지고 있다. 또한 전쟁과 경쟁 모두에서 조직, 기술, 그리고 전략이나 전술은 중요하다. 이런 점에서 기업들 사이의 경쟁을 전쟁이라고 부르는 상식적인 판단이 보다 타당성을 가진다.

그런데 『일리아스』에서는 조직이나 가술에 있어 싸우는 집단들이 비슷한 수준에 있다. 나아가 『일리아스』에서는 전술이나 전력조차 그렇게 두드러지지 않는다. 대신 특정 영웅이나 신의 역할이 두드러진다. 그나마 나중에 등장하는 트로이의 목마는 신화와 역사의 복합이고 신의 조화와 인간이 부리는 전술의 혼합이라고 생각된다.

그런데 『일리아스』에서는 조직이 느슨하다. 이는 특정 전사가 조직 내에서의 위계나 직책 및 계급 이외의 속성들로 규정된다는 데서 확인된다. 그의 이름(아킬레스), 개인적인 특징(영화의 첫 장면에 나오듯이 쾌속주자), 가문(여신의 자식 혹은 어떤 이름을 가진 자의 자식), 출신지역(특정 지역)이나 지역의 특징(풍요롭고 포도나무가 많음) 등이 그런 것들이다.

이 중에서 누구의 아들이라는 서술은 『일리아스』에서 가계나 가문의 중요성을 보여준다. 아리스토텔레스에 의하면 가계들이 모여 마을을 이루고 마을들이 모여 도시국가를 이룬다. 이에 비추여 보면 『일리아스』에서는 아직도 도시국가나 마을보다 가계나 가문이 중요하다. 그러므로 각 진영의 군사들은 일체성과 지휘체계를 갖춘 근대국가의 군대라기보다 여러 단위 부대들의 단순한 모음에 가깝다. 따라서 우리말로 백성(百姓)에 가깝다.

이 차이는 전쟁의 전개방식에서도 확인된다. 『일리아스』에서는 특정 가문의 특정 전사가 무기를 사용해 상대방의 다른 전사를 공격하는 장면이 서술된다. 그리고 이런 전사들의 활약이 모여 전세를 가늠한다. 현대 용어로 보면, 조직이나 기술보다는 전술이 중요하게 취

급된다. 혹은 『일리아스』에는 전사들이 몸체를 이루고 신이 정신을 이룬다.[4]

전쟁과 경쟁은 운동경기에 비유하는 것도 의미가 있다. 전쟁이 축구나 농구와 같이 집단으로 벌이는 운동경기에 가깝다면, 시장의 경쟁은 이보다 다양하게 골프나 테니스를 포함하는 모든 종류의 운동경기를 포괄한다. 이 점에서 전장(戰場)의 전쟁(戰爭)은 시장(市場)의 경쟁(競爭)보다 운동장(運動場)의 경기(競技)에 가깝다. 달리 말해 돈벌이를 위한 자본주의의 운동경기에는 전쟁과 경쟁의 두 가지 모습이 혼재해 있다.

물론 이런 유비속에 현실을 모두 주어 담을 수는 없다. 운동경기는 심판관이 있다는 점에서 전쟁보다 경쟁에 더 가깝다. 로마의 원형경기장에서와 같이 규칙이 별로 없이 진행되는 운동경기도 있으나, 일반적으로 운동경기는 규칙과 심판관을 요건으로 한다. 반면 전쟁은 법이나 법을 집행하는 심판관이 없을 때 발생하므로, 전쟁은 결코 운동경기일 수 없다.

셋째, 전쟁은 영합경기이지만 경쟁은 그렇지 않다는 주장을 검토할 필요가 있다. 이 주장에 의하면 전쟁에서는 모두가 승자이거나 패자일 수 없으나, 경쟁에서는 모두 승자이거나 패자일 수 있다. 바꾸어 말하면 전쟁을 통해서는 전사들이 전체적으로 좋아질 수 없다. 이에 비해 시장의 경쟁은 비용절감이나 품질개선, 그리고 국민소득 증가 등 전반적인 개선을 낳을 수 있다.

4) 『일리아스』에서 누구의 아들로 묘사될 때 형제의 구분이 보이지 않는다. 이에 비해 『삼국지』에서는 유비, 관우, 장비나 제갈 량의 형제에서와 같이 이 구분이 명확하다. 아리스토텔레스도 강조한 인간관계에서도 형과 동생의 구분이 별로 중요치 않았다. 이 점은 동서양의 차이일 가능성이 높다.

이 주장은 흔히 고전학파를 위시한 주류경제학이 중상주의 등을 비판하면서 자유무역을 주장하기 위해 내세운 논리이다. 중상주의는 자국이 부유해지려면 타국이 가난해질 수밖에 없다고 주장하면서 보호무역을 주장했다. 고전학파는 중상주의를 비판하면서 모든 국가가 자유무역을 통해 나아질 수 있다고 반박했다. 이후 주류경제학은 교환이나 무역을 통해 모든 당사자들이 이익을 얻을 수 있다고 믿게 되었다.

그러나 이에 대해 반론이 만만치 않다. 전쟁을 통한 수요창출과 이를 통한 경제침체의 해결이나 전쟁무기 개발이나 군비경쟁을 통한 기술발전 등은 전쟁과 경제가 대립적이 아니라 상호 보안적임을 보여준다. 또한 전쟁보다 경쟁이 보다 빠른 속도로 생산성과 소득의 증가를 가져온다는 점을 인정하더라도 이것이 행복으로 이어지지 않을 수 있다.

일단 물질과 정신의 복잡한 관계를 논외로 하자. 그렇더라도 행동경제학이나 프랑크(Robert Frank) 등의 주장에 의하면 인간이 지위(positional good)에 신경을 쓰는 경향이 있다. 이 논리에 의하면 소득이 증가하더라도 타인과의 격차가 줄지 않으면 사람들은 여전히 불행을 느낀다. 모두가 1등일 수 없다는 점에서 경쟁에서의 승패는 전쟁의 승패와 유사하다.

1.3. 우정의 교환과 무기의 교환

『일리아스』에 나오는 특이한 장면 중 하나는 양측이 서로 전투를 벌이는 과정 중에 오래 알고 지내던 두 진영의 두 전사가 더 이상 결투를 그만두자고 선언한다. 이 선언은 우정의 약속인데, 서로 갖고 있던 무기를 교환함으로써 구체화된다. 여기서 우정의 교환은 동등함에 기초한다는 점을 확인할 수 있다. 또한 이들의 약속과 우정의 교환이 무기의 교환을 통해 확인된다.

그런데 양자가 맞교환한 무기들은 그 가치가 달랐다고 표현되어 있다. 하나는 금으로 된 무기이고 다른 하나는 동으로 된 무기인데, 이들의 가치는 각기 소 백 마리와 아홉 마리에 해당된다. 일종의 부등가교환이 이루어졌다는 점을 이 책은 지적했다. 여기서 몇 가지 측면을 확인할 수 있다.

첫째, 다른 상품이나 물체가 아니라 소로 금제 무기와 동제 무기가 모두 평가되었으므로 소가 화폐 혹은 적어도 가치척도에 해당된다. 초기의 화폐형태가 유용한 물체였다면, 소가 가치척도였다는 사실에서 소가 소중한 물건이었다고 추정할 수 있다. 당연히 소는 농경사회를 대변하고 농업의 생산수단이므로 당시가 농경사회였다는 추정도 가능케 해준다. 그러므로 소는 가치척도나 화폐이자 생산수단이다. 이는 당시에 가치척도와 생산수단이 분화되지 않았음을 의미한다. 약간 비약하면 이는 교환(과정)과 생산(과정)의 혼재나 미분화를 뜻한다.

여기서 소는 평시의 경제활동을 나타내고, 말이나 마차는 전쟁을 나타낸다. 이렇게 보면 말이 아니라 소로 가치를 표현했다는 점이 전쟁이 아니라 평화를 시사한다. 평화와 교환을 위시한 경제활동이 궤를 같이 하고 있다.

혹은 소는 평시에 유용한 물체나 생산수단일 뿐 가치척도는 오히려 금이나 동 혹은 금제무기나 동제무기일 수도 있다. 그렇다면 소는 단순히 평시의 경제활동과 연결되는데 비해, 금과 은은 평시와 전시를 관통한다. 다시 말해, 금과 은은 평시에는 가치척도로, 전시에는 무기로 사용되는 셈이다.

둘째, 금제무기와 동제무기를 소로 평가한데는 불완전하나마 통약이 개입되어 있다. 금제무기와 동제무기는 서로 이질적인데 교환되었으므로 양자 사이에 동질성이 상정된 셈이다. 또한 양자 모두 자신과 다른 제 3의 물체인 소로 표현되어 있다. 이는 당시 사회가 물물 교환의 단계를 벗어나고 있음을 보여준다. 아마도 이런 동질성이나 동동성은 두 전사의 우정이라고 생각된다. 이런 해석은 아리스토텔레스나 마르크스의 가치이론 등에 등장한 통약개념에 근거하고 있다.

셋째, 교환된 물체들의 이질성이 그다지 심각하지 않다. 두 물체 모두 무기이며, 이 무기의 원료가 모두 금속이다. 이는 무기와 집의 교환과 다르며, 금과 사과의 교환과도 다르다. 이런 의미에서 금제무기와 동제무기의 교환은 처음부터 상당히 동질적인 물체들의 교환이다. 이는 교환, 화폐, 분업 등의 발전이 미성숙한 상태에서도 가능한 일이다. 혹은 여기서 교환은 우정의 표시로서 분업체계 하에서 유용한 물체를 얻어 의식주를 해결하는 일과는 구분된다. 이는 시장의 교환보다는 축구경기의 마지막에 승부와 관계없이 우정을 나누기 위해 서로의 웃옷을 교환하는 일에 가깝다.

넷째, 전투를 벌이는 양 진영은 동일한 경제권에 속했다고 추정된다. 이에 대한 근거는 양자가 교환한 무기들에 대해 각기 소와의 교환비율을 확실하게 선언했다는데 있다. 부등가교환이라는 선언은 등가교환을 기준으로 제시하면서 동시에 이를 능가하는 두 전사의 우정을 표현한다. 이는 양 진영이 동일한 경제권에 속할 뿐만 아니라 양 진영이 모두 제우스를 위시한 동일한 신들의 지배를 받고 있다는 사실과도 부합된다. 여기에 언어의 차이도 부각되지 않았다. 그러므로 이들의 전쟁은 이방인과의 전쟁이나 십자군전쟁과 구분된다. 이 점에서 『일리아스』의 전쟁은 『삼국지』의 전쟁과 비슷하다.

다섯째, 무엇이 이들의 교환비율을 결정하는 요인이었는지는 의문으로 남는다. 금과 동이 금속 그 자체로서 가지는 가치와 무기로서 가지는 가치를 구분할 필요가 있다. 소도 그 자체로서의 가치와 소가 낳는 농작물의 가치로 구분할 필요가 있다. 이 같이 무기는 전쟁의 수단으로서 주로 생명과 연결되며, 소는 생산수단으로서 경제적인 생산성을 가지므로 주로 재산과 관련된다.

그러나 무기로서 금과 동이 가지는 가치와 소가 경제적인 생산성을 통해 가지는 가치는 인간의 생명과 재산이라는 두 고리를 통해 연결될 수 있다. 즉, 무기를 재산의 일부로 확대해석하고 생산성을 생명의 증가로 해석할 수 있다. 그렇게 하면 다음과 같은 생각이 가능하다.

(1) 생명이라는 고리로 보면 무기는 전사 본인이든 전사의 가족이든 생명을 지키거나 생명을 없애는 수단이다. 그러므로 무기는 생명의 유지 및 박탈이라는 기능으로 평가된다. 반면 소는 농작물을 생산하고 농작물은 농부와 그 가족의 생계와 종족보존 및 번식을 위한 영양을 제공한다. 무기나 소나 모두 전사나 농부뿐만 아니라 전사나 농부의 가족으로 연장된다는 점에서 동일하다.

이 같이 무기와 소는 생명 및 생계와 관련된다. 그렇지만 무기와 소가 생명과 연결되는 방식에 근본적인 차이가 있다. 앞서 지적한 바와 같이 무기는 물리적인 방식으로 생사여탈(生死與奪)과 연결되는데 비해, 소는 생물학적인 방식으로 생계와 연결된다.

(2) 재산이라는 고리로 보면, 무기는 적의 생명뿐만 아니라 재산을 노획하거나 약탈할 수 있게 하는데 비해 생산성은 재물이나 재산을 만들어낸다. 여기서는 자원이나 재화의 획득방법으로서 약탈과 생산이 대립된다.

약탈은 이미 존재하거나 생산된 물체의 이동이나 소유자 변동이라는 점에서 교환과 유사하다. 또한 소와 달리 금과 은이 무기로서든 화폐로서든 손쉽게 이동할 수 있으므로 전쟁과 상업이 유사해진다. 그러나 무기가 전쟁이나 폭력에 의존한다는 점에서 전사와 상인도 구분된다. 전쟁의 노획물에 포함되는 여자는 노동이나 생산의 기능뿐만 아니라 생식이나 종족보존의 기능을 표현한다.

금제무기와 동제무기에서 무기라는 양자의 동질적인 성격을 제거하고 남는 부분이 이들의 가치를 결정한다고 보다 단순하게 해석할 수도 있다. 그렇다면 이들의 교환비율은 단순히 금이나 동이라는 금속들로서의 교환비율과 동일해진다. 이 관점에서 금이나 동과 소의 교환비율이 다음과 같이 결정되었을 가능성이 있다.

i) 소의 가치는 소의 생존기간 동안 생산수단으로 동원되어 생산할 수 있는 식량의 가치와 동일하다. ii) 금과 동의 교환비율이 시장에 존재한다. iii) 식량과 금이나 동의 교환비율이 존재한다. 세 가지에 의존해 소와 금이나 동의 교환비율이 자유도를 남기지 않고 결정된다고 볼 수 있다.

1.4. 1, 2 그리고 n

『일리아스』에서는 n명으로 구성된 2개 집단이 전쟁을 벌인다. 더불어 이들의 배후에 n명의 신이 2개 집단으로 나뉘어 개입한다. 단순한 2, 3, 혹은 n이 아니라 n*2와 n*3이므로 복잡한 양상을 빚어낸다. 기업들 사이의 경쟁, 로미오와 줄리엣, 가문의 싸움, 동네 패싸움, 학교 간의 경쟁, 부모나 학교가 연루된 입시경쟁 등이 이에 가깝다.

『일리아스』에서 집단의 구성인원들은 개인적인 특징들이나 가문 등으로 규정되어 완전히 익명적인 다수가 아니다. 따라서 『일리아스』의 집단도 완전히 시장과 같은 익명의 모음으로 환원되지 않는다. 더구나 『일리아스』에 있어 개인은 집단 내에서는 선택의 여지를 갖지만 집단 자체를 선택하기는 힘들다. 이 점에서도 세계주의적인 시장경제의 세계와 다르다. 예를 들어, 아킬레스가 헥토르의 진영으로 넘어갈 수 없으며 그 역도 가능하지 않다. 소위 스카우트는 변절에 해당되어 쉽지 않다.

이런 이유로 여기서 등장하는 전쟁에는 내적인 갈등과 외적인 투쟁 혹은 집단 간의 전쟁과 집단 내의 경쟁이 결합되어 있다. 전쟁은 일차적으로 집단과 집단의 관계나 대결이다. 그렇지만 집단 내의 갈등이나 관계도 중요하다. 전체적으로 보면 전자와 후자는 서로 연결되어 있다. 적에 외적과 내적이 있다는 말도 이와 연결된다. 예를 들어, 『일리아스』에서 아킬레스와 헥토르의 대결은 집단 사이의 전쟁 중 일부이며, 아가메논과 아킬레스의 대립은 집단 내의 갈등이나 경쟁이다.

이제 2, 3, n의 차이를 논의해 보자. 일반적으로 인문사회과학에서 의미가 있는 숫자의 조합으로 {0, ∞}, {1, n}, {2, n}, {2. 3} 등을 들 수 있다. {0, ∞}은 존재와 무 등 인문학과 연결된다. {1, n}은 같음과 다름이나 하나와 여럿의 인문학적인 의미를 가질 뿐만 아니라, 군주와 백성의 지배관계나 화폐와 상품의 대립과 연관되어 사회과학적인 의미가 크다. 이들보다 부차적이지만 {2, n}은 2재와 다재, 2인과 다수, 부분균형과 일반균형 등 경제학에서 중요하다.

이에 비해 {2. 3}은 대립적이냐 아니면 안정적이냐를 결정한다. 삼국정립(三國鼎立), 동거하는 삼대(조부모, 부모, 자식), 3개 계층(부유층, 중산층, 빈곤층), 정신의 3개 요소(초자아, 자아, 원아), 세 가지 이념(사회주의, 수정자본주의, 자유주의) 등은 모두 안정적이다. 이에 비해 노사정이 아니라 노사는 대립이나 불안정을 나타낸다. 그런데 양자 사이에 중산층이 끼거나 정부가 개입하면 외견상 안정적으로 된다.

이와 유사하게 계약의 당사자와 제 3자인 중재자나 법원의 존재나 백인종과 흑인종 사이의 황인종이 끼면 안정적으로 변한다. 반대로 두터운 중산층보다 얇은 중산층이 양극화(polarization)를 낳아 사회를 불안정하게 만든다. 그리고 삼대보다 이대의 동거가 불안정하고, 자아의 상실은 인간을 이중적으로 만든다.

더불어 행동주체가 2가 아니라 3이 되면서 비로소 의도되지 않은 결과, 출현적 성격, 어부지리(漁父之利) 등의 여지가 생긴다. A와 B라는 두 상품의 교환비율이 1:2이면 이는 1/2이고 2/1이다. 그렇지만 A, B, C 세 상품의 경우, A와 B가 1/2이고, B와 C가 1/3이라고 A와 C가 반드시 1/6이라는 보장이 없다. 이렇게 보면 『일리아스』에서는 불안정하지만 신들이 제 3자의 역할을 하고 있다.

2. 폴라니가 보는 아리스토텔레스

폴라니(Karl Polanyi)는 익히 알려진 바와 같이 배태성(embeddedness) 개념에 근거해, 근대의 자본주의경제가 특수하며, 경제학은 이런 근대적인 특수성에서 비롯된 시각이라고 주장했다. 구체적으로 근대 이전에는 경제가 자연과 사회 속에 파묻혀 있었는데 비해, 근대에 들어 경제가 자연과 사회로부터 독립해 스스로 움직이는 자율성을 갖게 되었다(p. 81).

폴라니의 입장은 보편성을 강조하고 다른 경제들을 불완전한 시장경제로 파악하는 주류경제학의 입장에 대립된다. 그는 이런 논리를 전개하는 과정에서 5장(Aristotle discovers the economy)을 통해 아리스토텔레스의 경제사상을 재평가했다. 그에 의하면 아리스토텔레스는 그리스사회에서 시장경제가 움트는 현실에 대한 목격자였다.

폴라니에 의하면 아리스토텔레스의 핵심개념은 공동체(community), 자족성(self-sufficiency), 정의(justice) 등이다. 인간은 집단을 이루어 공동체를 구성하며 구성원들이 연대해 공동체가 유지된다. 자족성 등 공동체를 유지하기 위해 필요한 것들은 그 자체로서 자연스러우며, 내재적으로 올바르다.

이로부터 무역과 가격에 대한 아리스토텔레스의 입장도 파생된다. 무역은 공동체의 자족이나 생계유지를 지향하면 자연스럽지만, 돈을 벌거나 이윤을 남기려는 목적을 가지면 부자연스럽다(pp. 96-97, 114). 가격도 공동체를 유지시켜주기 위해 신분에 맞게 결정되면 자연스럽고 정의롭다(p. 100, 108-109). 이는 시장에서 수요와 공급에 의해 결정되는 가격에 대한 거부를 내포하고 있다.

이런 관점에서 아리스토텔레스는 주류경제학에서 상정하는 인간의 본성으로서 무한한 욕망이나 이로 인한 희소성 등을 인정하지 않았다. 그는 심리학을 거부하고 사회학을 선택한 셈이다(p. 98). 나아가 스미스와 같이 교환의 성향 등 인간의 속성을 규정하지도 않았다(p. 107). 아리스토텔레스는 동물세계에 이런 희소성이 존재하지 않듯이, 인간세계에도 이런 희소성이 존재하지 않는다고 생각했다(p. 98).

고대경제는 시장경제와 다른 여러 가지 특징을 지니고 있다. 우선, 삶의 현장이 압도적으로 경제적인 의미를 지니지 않았다(pp. 86-87). 또한 수량성(quantitativity)이 존재하지 않아 경제가 실용적 목적을 띠지 않으며, 경제활동이 계산의 대상이 되지도 않았다. 더불어 행위를 규율하고 노역을 끌어내는 유인이 존재하지도 않았다(p. 88).

뿐만 아니라 고대에는 처분의 대상이 되는 재산이나 본격적인 의미의 경제적 거래도 존재하지 않았다(pp. 90-91). 그리고 고대경제에서는 재화가 아니라 서비스가 부의 주종을 이루었다. 이는 경제적인 부가 아니라 정치적 통제가 지배했음을 의미한다(p. 93).

이와 연관되어 아리스토텔레스가 지적한 인간의 행운은 명예 및 특권, 생명과 사지의 보존, 그리고 부로 규정된다(p. 93). 그런데 부는 신분과 연계되어 독자적인 중요성을 지니지 않았다. 뿐만 아니라 고대에서 희귀성은 그 자체로서의 희귀성이지 경제적인 희소성이 아니었다(p. 94). 끝으로 자족은 필수품과 관련되며, 객관적으로 제한된 필요량을 의미한다(pp. 94−95).

폴라니의 이런 주장을 지배노동, 홉스와의 유추, 생산적 · 비생산적 노동 등 스미스의 생각과 비교할 필요가 있다.

폴라니는 6장(The place of economies in societies)에서 기존 경제학이 공리주의, 원자적 개인주의, 인간의 본성이나 속성에 대한 강조를 특징으로 삼는다는 점을 지적했다(p. 116). 또한 기존 경제학이 수요와 공급의 원리 등이 역사적으로 보편성을 지닌다고 생각했음을 그는 지적했다(p. 117). 그리고 그는 제도적 분석을 강조했다(p. 119).

폴라니가 주장한 대로 인간의 본성이나 속성에 대한 강조, 그리고 공리주의나 개인주의의 경향은 분명히 스미스 등 고전경제학과 아리스토텔레스를 구분짓는다(p. 116). 그러나 아리스토텔레스의 자족은 인간의 생계와 관련되므로 스미스의 생계와도 연결된다. 이 점이 폴라니의 주장과 다르다. 폴라니가 인정했듯이 이것은 동물세계와 인간세계의 공통점인데, 고전경제학, 특히 맬더스(Thomas Robert Malthus)도 유사한 논리를 전개했다.

문제는 스미스를 위시한 고전학파가 인정했던 돈벌기와 이윤추구가 아리스토텔레스에서는 결코 자연스럽지 않다는 점이다. 아리스토텔레스가 대립된다고 생각했던 생계유지와 이윤추구를 고전학파는 다같이 자연스럽다고 여기게 되었다.

3. 먼의 『외국무역을 통한 영국의 국부 증대』

상인이었던 토머스 먼(Thomas Mun, 1571-1641)은 『외국무역을 통한 영국의 국부 증대』(*Englands Treasure by Forraign Trade, or the Real Balance of our Forraign Trade is the Rule of our Treasure*, 1664)

라는 소책자를 통해 무역을 통한 국부의 증진과 무역수지의 중요성을 강조했다. 아들 존 먼(John Mun)에게 전하는 글의 형식을 취한 이 책자를 바로 이 아들이 출판했다.

먼은 먼저 자신의 논의가 차지하는 위치를 규정했다. 그에 의하면 이 책은 이미 논의된 신에 대한 경배, 국가의 정책에 이어, 이들 두 가지에 봉사하는 존재로서 돈에 대해 논의하는데 목적을 두고 있다. 이 책의 내용은 왕국(Kingdom) 혹은 국가의 부를 증진하는 문제와 왕(Prince)의 재정을 확충하는 경로에 대한 문제로 나뉘어 있다.

논의의 순서나 신과 국가가 목적이며 돈이 수단이라는 규정으로 볼 때 이 책은 신과 정치나 국가가 압도하는 당시 흐름 속에서 돈에 대한 논의를 부각시키겠다는 의도를 지니고 있다. 국가나 왕의 권력에 대한 반복된 경의표시도 이 점을 확인시켜준다.

1장 완벽한 무역상인의 자격요건

먼은 상인에게 요구되는 여러 가지 능력들로 회계 및 계산 능력, 외국어 실력, 상품에 대한 지식 등을 열거했다. 그러고 나서 그는 상업이 다른 어떤 직업보다 더 많은 세속적인 지식을 필요로 한다고 마무리 지었다. 여기서 먼은 상인의 아들이 상업을 경시하는 풍조를 경계했다. 또한 귀족이 부를 무지 속에서 낭비한다고 지적해 상인층과 부의 위상을 끌어올렸다. 이를 통해 그는 상인이 귀족 못지 않게 공익을 추구하는 고상한 존재임을 강조했다.

부차적이지만 구비할 능력 중 외국돈의 가치를 환산하는 능력을 "측정치, 무게, 그리고 화폐"(Measures, Weights, Monies)로 표현해 수량적인 측면의 중요성을 드러냈다. 이는 페티(William Petty) 등을 통해 경제학의 수리적인 성격으로 이어진다. 또한 이런 모든 논의를 기독교 국가들에 국한시키고 있음을 주목할 필요가 있다.

2장 왕국을 부유하게 만들고 부를 늘리는 수단

부는 외국으로부터의 선물이나 일시적인 구매가 아니라 정규적인 무역을 통해 증진된다. 대원칙은 싸게 사서 비싸게 파는 것이다.

3장 수출을 촉진하고 외국물품에 대한 소비를 줄이는 구체적인 방법과 수단

외국물품을 구입하는 소득(revenue or stock)에는 자연적인 것과 인공적인 것이 있다. 국내 생필품의 소비를 줄여 외국에 수출해 얻는 소득은 자연적이고, 제조업이나 외국과의 교역을 통해 얻는 소득은 인공적이다.

수출을 촉진하고 외국물품에 대한 소비의 억제를 위해서는 다음과 같은 정책을 수행해야 한다.

첫째, 황무지를 활용해 수입을 줄여야 한다.

둘째, 외국물품에 대한 과도한 소비를 줄여야 한다.

셋째, 수출에 있어서는 자국에 남는 물품뿐만 아니라 외국에서 필요로 하는 물품을 비싸게 팔아야 한다. 그러나 다른 국가와 경쟁하는 경우 값싸게 파는 것도 고려해야 한다.

넷째, 수송을 되도록 자국 선박에 맡겨야 이익이 크다. 식량과 무기의 경우 특히 그렇다.

다섯째, 의류 등 국내의 부를 절약해 사용하고 나머지를 수출하도록 노력해야 한다.

여섯째, 화란의 예에서 보듯이, 어업은 노동만으로 가능한 산업이므로 이를 육성해야 한다.

일곱째, 곡물 등을 위한 수입창고가 필요하다.

여덟째, 근거리 무역보다 원거리 무역의 이익이 더 클 수 있다. 그런데 이 경우 국가의 이익에 비해 상인의 부담이 커질 가능성이 있다.

아홉째, 물품뿐만 아니라 돈을 수출해도 이익이 될 수 있다.

열 번째, 외국의 원료를 수입해 생산한 제조업품은 무관세로 수출하도록 허용하는 것이 고용과 관세수입 면에서 이익이 되므로 이를 국가의 정책으로 삼아야 한다. 이런 정책이 외국을 빈곤화시킬 수 있으나 현실은 어쩔 수 없다. 화란인은 속담으로 공존공영(共存共榮, Live and let others live)을 외치지만 이를 스스로도 지키지 못한다.

열한 번째, 국내물품의 수출과 외국물품의 재수출에 대한 관세는 낮추고 외국물품의 국내소비에 대한 관세는 높게 해야 국가에 이익이 된다.

열두 번째, 자연적이든 인공적이든 국내산물을 최대로 활용해야 한다. 자연적인 농업보다 인공적인 제조업의 비중이 크면 여기에 중점을 두어야 한다.

자연과 인공에 대한 먼의 구분은 농업과 여타 산업의 구분에 근거하고 있다. 인간의 가공이 개입되는지 여부로 구분한 셈이다. 국내에 넘치는 물품뿐만 아니라 외국에서 필요로 하는 물품에 주의를 기울여야 한다는 주장은 무역의 목표가 물자 확보에서 축재로 바뀌고 있음을 나타낸다. 공존공영에 대한 부정은 먼이 중상주의자임을 보여준다. 끝으로 열거하는 방식의 논리전개가 생각의 미성숙함을 드러낸다.

4장 상품교역에서의 화폐수출은 부의 증대수단이다.

상품의 수출은 각자에게 필요한 물품의 수출과 수입을 의미한다. 이에 비해 화폐의 수출은 타국에서 자국 상품을 필요로 하지 않는 상황에서, 자국에게 필요도 없는 타국의 물품을 수입해 제 3국에 판매하는 상황에서 발생한다. 타국에서 자국의 물품을 필요로 하지 않으므로 자국 상품을 수출해서 수입대금을 마련할 수 없다. 또한 자국 내의 소비는 되도록 억제해야 하므로 자국에서 물품을 소비하기 위해 타국으로부터 수입해서도 안 된다.

화폐는 무역의 생명이 아니다. 화폐가 유입되면 물가가 상승하는데 물가상승이 일부 개인들에게는 이익이 되지만 국가 전체로는 교역조건을 악화시킨다. 이 점은 이미 지적한 의류의 예에서도 확인된 바 있다. 그러므로 화폐를 끌어안고 있지 말고 중계무역 등에 활용해야 한다.

화폐의 수출에 반대하는 사람들은 사물의 시작만 보고 전체를 놓치는 오류를 범하고 있다. 씨를 뿌리는 행위만 보면 농부는 미친 사람으로 취급받을 수 있다. 그러나 파종뿐만 아니라 수확을 보면 상황이 달리진다. 화폐의 수출을 통한 중계무역도 이와 마찬가지이다.

여기서 돈의 수출은 돈을 국내에 묵혀 두지 않고, 주로 장단거리 중계무역에 활용해 부를 촉진시키는 것을 의미한다. 먼은 당시 상당수의 사람들이 돈을 국내에 끌어안고 있어야 부유해진다고 생각한 점을 비판했다. 돈을 돌려 더 큰 돈을 만든다는 점에서 먼이 수전노의 수준을 벗어나 상업자본에 다가가고 있음을 확인할 수 있다.

또한 그는 화폐수량설에 의존해 물가상승을 설명하면서도 이에 따라 화폐를 단순히 유통이나 교환의 수단으로 여기기보다 자신의 논리에 대한 뒷받침으로 활용했다. 즉, 화폐가 국내로 유입되면 물가가 상승하므로 화폐를 묵혀두지 말고 중계무역 등에 이용하라고 그는 충고했다. 중계무역에 대한 자금투입을 파종에 비유해 이를 자연스런 행위로 간주하려는 의도를 보이고 있다.

5장 외국무역이 지가를 높이는 유일한 수단이다.

화폐의 증감이 물가의 등락을 결정한다고들 말하는데, 이런 화폐의 획득은 무역의 흑자를 통해서만 가능하다. 금속용기를 용해시켜 주화를 늘리는 방식이나 외국화폐를 상대적으로 높게 평가하거나 자국화를 상대적으로 낮게 평가하는 방식으로는 장기적으로 화폐를 늘릴 수 없다.

흑자를 통한 화폐유입이 물가를 끌어올리고 결국 지대와 지가를 증가시킨다고 먼은 주장했다. 먼은 물가상승, 그리고 지대 및 지가 상승을 국가에 좋은 일로 간주해 특이하다. 물가상승이 왜 좋은지는 확실치 않으며 이는 자신의 앞선 주장과 모순되는 듯이 보인다. 지대와 지가의 상승에 대한 우호적인 태도는 더욱 특이하다. 아마도 지가와 지대상승에 대한 옹호가 목표이고, 이를 위해 물가상승이 필요하다고 보아, 물가상승까지 옹호했다고 추정된다.

이와 관련해 먼저 먼의 입장이 수출증대를 통한 축재임을 확인하자. 그런데 이에 화폐유입이 수반되고 (화폐수량설에 의하면) 화폐의 유입은 물가상승을 불러온다. 앞서 먼이 물가상승이 좋다고 확신하지 못했다. 그러므로 물가상승이 지대 및 지가상승으로 이어진다는 논리와 지대 및 지가상승이 좋은 일이라는 주장을 결합시켰다.

물가가 오르면 지대가 오르고 지대가 오르면 지가가 상승한다고 보면, 남는 문제는 지대 및 지가상승에 대한 우호적인 태도이다. 이에 대해 우선 당시에 귀족층이나 지주층이 상당수 존재하며 이들의 이익에 부응하는 것이 국부로 간주되었다고 추정할 수 있다. 혹은 이념적으로 이들에게 이익이 된다는 논리를 전개해 자신의 주장을 전파하려는 전략을 구사했다고 추정할 수 있다.

6장 스페인은 자신이 취한 어떤 금지령으로도 타국으로부터 자신의 부를 지킬 수 없다.

유럽에서 금화폐의 출처는 스페인이다. 그렇지만 화폐가 스페인에 머물지 않고 상업이나 무역상의 필요로 인해 여러 국가들에 분산되었다. 또한 자국 제품을 원거리 전쟁의 물자로 공급할 수 없었기 때문에 스페인은 전시에 화폐의 유출도 경험했다. 영국은 전쟁을 수행할 때 군인들에게 자국 제품을 공급할 수 있었기 때문에 상황이 달랐다.

터키와 같이 외견상 스페인과 무역이 없는 국가에서 화폐를 획득한 이유는 영국을 통해 간접적으로 화폐가 이전되었기 때문이다. 이런 이유로 무역에 따라 화폐가 배분된다는 앞선 논리는 여전히 타당하다. 물론 스페인으로부터 모든 화폐가 나왔지만, 화폐가 분배되는 과정에서 어떤 국가는 앞서 스페인으로부터 얻었던 화폐를 잃기도 했다.

전쟁의 예를 통해 먼에게서 자국 상품의 이용이 국부를 증진시키는 일차 조건임을 확인할 수 있다. 이는 확실하게 자유무역이론과 대립된다. 부차적이지만 금은 첫 자를 대문자로, 은과 동은 소문자로 써서 금이 화폐로서 갖는 역할이 부각되었다.

7장 외국무역을 통한 이익의 다양성

무역에 있어 국가(the Commonwealth), 상인(the Merchant), 왕(the King)의 이익이 적어도 단기에는 상충될 수 있다. 인도로부터 향료 등 부피가 있는 물품을 수입하면 국가는 이익을 보지만, 수송비용이나 보험료 등으로 인해 상인은 손해를 볼 수 있다. 또한 수출액으로 감당하지 못할 정도로 많은 외국제품의 수입과 소비는 국가를 약화시키지만 상인에게는 이익이 될 수 있다. 끝으로 수입 초과로 인해 국가와 상인 모두가 손해를 보면서도 왕은 이익을 볼 수도 있다.

먼은 무역에 따른 이해의 상충을 논의하면서 주체들을 국가 전체, 상인, 왕의 세 가지로 나누었다. 귀족이나 지주가 등장하지 않아 이들이 국가, 상인, 왕의 삼자 중 어느 하나에 포함되거나 동일시된다고 볼 수 있다. 국가와 왕의 일체성이 부인되므로 절대왕권으로부터 어느 정도 벗어났다고 판정할 수 있다. 여기서 왕의 이익은 관세수입을 의미하는 듯 보인다.

8장 자국 화폐의 평가절상이나 절하는 국가의 부를 풍요롭게 만

들지도 않고 수출을 방해하지도 않는다.

화폐의 명칭, 금이나 은 등 금속 함유량, 함유금속의 질 등을 변경해 국부를 늘리려는 방식은 옳지 않을 뿐만 아니라 유효하지도 않다. 이는 화폐의 실질가치를 낮추거나, 달리 표현해, 명목가치를 높이는 방향으로 나타난다. 주어진 금속의 양과 질로 규정되는 내재적 가치(intrinsic value)보다 화폐를 높게 평가했으므로 주화가 자국으로 모이게 된다고 사람들은 말한다. 그러나 이는 상황의 시작만을 보고 끝을 보지 않는 오류이다. 끝까지 보면 그렇지 않다.

우리는 화폐가 국내의 모든 여타 수단들뿐만 아니라 외국무역의 진정한 척도라는 사실을 인정해야 한다. 이에 따라 영국 파운드화의 가치를 절하하면 외국상품을 비싸게 만들며, 영국 왕의 미래수입을 지속적으로 낮추게 된다. 또한 모든 국민들이 소유한 토지, 화폐, 부채 등 여러 재산들의 평가비율들(proportions)이 바뀌어 일시적으로 왕의 화폐가 조금 늘어나면서 생기는 이익을 압도한다.

이와 함께 재빠른 사람들은 종전 주화를 가지고 새로운 주화를 만든다. 또한 금이 국내로 모여 들 수 있으나 대신 상대적으로 저평가된 은은 구축된다. 무엇보다 외국에서도 이런 변동에 대응해 같은 비율로 자국화폐에 변화를 가할 수 있다. 혹자는 금이나 외국주화가 영국으로 모이게 된다고 주장하나, 단순히 상대가치가 높아졌다고 이런 일이 벌어질지 그 근거가 의심스럽다.

먼이 어떤 조치나 변화의 처음과 끝을 반복해 언급했다는 점은 경제현상이 시간이 요구되는 과정을 거쳐 생겨난다고 생각했음을 보여준다. 이런 과정이나 인과에 대한 강조가 경제학적인 사고의 초기적인 모습이다.

9장 외국화폐에 대한 국내의 고평가를 관용하더라도 국부는 증가

하지 않는다.

상인이 외국으로부터 들여온 정화를 실질가치보다 높게 국내화로 평가하더라도 부를 늘리는데는 도움이 되지 않는다. 첫째, 타국에서도 이와 유사한 조치를 취할 수 있다. 둘째, 화폐가 진정한 척도이므로 잘못된 척도로 인해 부의 분배가 왜곡된다. 셋째, 자국화와 외국화폐의 이익 차이가 근소하면 의미가 없으며, 차이가 크면 국내화가 구축된다.

10장 외국인에 대한 국내물품 전환의무는 국부를 증대시키지도 보존하지도 못한다.

국부는 다양한 장소와 기회를 통해 무역이 허용되고 그 결과를 다양한 방식으로 수확할 수 있게 허용할 때 늘어나고 보존된다. 국가들 사이에 필요한 물품이 일방적으로 나타나거나 수량적으로 일치되지 않을 때, 화폐, 상품, 환어음 등 다양한 방식의 결제와 이에 따른 결과를 허용해야 한다.

외국인이 물품을 들여왔을 때 이를 모두 국내물품으로 전환해야 (employment) 한다는 규제조항을 부과하면, 외국인이 화폐나 어음으로 대금을 받아 나갈 수 없다. 국내물품의 판매를 늘리고 국내에 화폐를 남게 하려는 이 조항은 무역을 억압해 무용할 뿐만 아니라 해롭다. 국부의 증대에 도움이 되지 못한다는 의미에서 무용하고, 기존의 부를 보존하지도 못한다는 의미에서 해롭다.

부의 보존과 부의 증대가 모두 무역흑자라는 동일원리에 의존하기 때문에 이런 결과가 나온다. 각국이 물품전환 의무를 부과하는 경우 무역의 규모가 줄어들어 모든 국가의 부를 감소시키게 된다. 또한 이것은 외국인에게 국내물품의 수출을 떠넘기는 셈이다. 그런데 수출해서 외국에서 받을 가격보다 낮은 가격에 국내물품을 이들에게 판매하게 되므로, 오히려 국내의 상인, 해군, 운송업자에게 손실이 생긴다.

11장 어류, 곡물, 혹은 무기를 수출하는 상인에게 판매가치의 일부나 전부를 화폐로 바꾸어 들여오라는 요구도 국부를 증대시키지 못한다.

스페인 등에서는 통상 곡물이나 무기의 수출을 제한하고, 화폐보다 이들을 중시하는 경향이 있다. 이를 이해할 수는 있으나 모든 제한들이 유효하지는 않다. 그 중에서 화폐로 수출물품의 가치를 전환해서 들여오게 하는 규정은 무용하고 해롭다. 무역의 흑자만이 화폐를 늘리는 유일한 방법이기 때문에 여러 가지 규제를 통해 이를 강제할 수 없다.

12장 환어음으로 지불되는 화폐를 낮게 평가하는 일이 국부를 줄일 수는 없다.

무역대금을 결제하는데 있어 환어음이 이용되는데, 이때 환율이 변동할 수 있다. 외국화폐에 대비한 국내화폐의 가치는 화폐의 수급에 따라 결정된다. 그런데 화폐의 수급은 무역의 흑자나 적자의 폭에 따라 변동한다. 무역수지의 변동이 원인이고 환율의 변동은 이로부터 파생되는 이차적인 현상이다. 변호사 멀라인즈(Gerald Malynes)는 환율변동 자체를 원인이라고 생각해서 당국에서 환율을 동일 비율로 유지해야 한다고 주장했다. 그러나 이런 개입 역시 무용할 뿐만 아니라 해롭기까지 하다.

13장 환어음의 교환만을 전문으로 하는 상인은 국부에 변동을 가져오지 않는다.

상품의 이동과 무관하게 환율의 차이를 노리는 상인들의 매매도 결국 상품의 이동으로 인해 공급되는 화폐와 관련되므로 무역수지에 포함된다.

14장 은행가와 상인의 환거래가 이룩한다는 공적

멀라인즈는 환어음거래가 십여 가지의 탄복할 만한 일들을 벌인다고 주장했다. 그러나 그는 환어음의 움직임이 무역을 통한 상품거래의 수지와 이에 수반된 화폐의 수급에 의존하고 있음을 간과했다(p. 27). 이는 그가 외환의 작동방식을 파악하지 못했기 때문이다. 이 점을 고려하면 그렇게 경이로울 것도 없고 언제나 성공이 보장되지도 않는다. 또한 왕이나 행정당국에서 환율을 정하거나 화폐의 이동을 쉽게 통제할 수 없다. 외환시장에는 질병이 없기 때문에 치유책도 필요 없다(p. 27). 이런 의미에서 멀라인즈가 내세운 수없이 많은 법조항들은 의미가 없다(p. 28).

15장 그 자체로 무절제나 해악이지만 무역이나 국부에 영향을 주지 않는 것들

국내의 무절제나 해악을 옹호할 필요는 없지만 이들 중 국부에 대한 진정한 해악과 해악이 아닌 것을 가려낼 필요가 있다. 흔히 고리대나 이자지불이 늘면 무역이 줄어든다는 주장이 있는데 이는 옳지 않다. 이자를 내더라도 자금을 빌려 젊은 소상인들이 번성할 기회가 생길 수 있다. 또한 이를 통해 과부나 고아, 변호사나 귀족 등 돈을 활용할 줄 모르는 사람들의 돈을 외국무역에 이용할 수도 있다. 프랑스와 스페인에서는 상인들이 이자를 주고는 돈을 빌리려하지 않기 때문에 장롱 속의 돈이 활용되지 않아 무역이 침체되어 있다. 결과적으로 이자지불과 무역은 반대 방향이 아니라 같은 방향으로 움직인다.

변호사가 개입되는 송사의 증가는 많은 경비를 발생시켜 논란거리이다. 그러나 이런 경비는 여전히 국내에 머물기 때문에 개인적으로는 손실이지만 국가 전체로는 손실이 아니다. 말하자면 한 개인의 손실이 다른 개인의 이익이 되는 경우이다. 진정한 국가의 손실은 외국제품에 대한 과도한 소비나 전쟁 등 기타 요인으로 인한 수출부진에서 발생한다.

외국제품에 대한 사치는 바람직하지 않지만 억압하는 경우 국내제품의 해외수출을 어렵게 만들기 때문에 중용을 지켜야 한다. 국내제품에 대한 사치를 통해 국내의 원료와 노동력으로 생산되게 하면 낫다. 이런 산업으로 어업은 부자와 빈자 모두에게 유리하다.

개인의 부와 국가의 부를 구분한 부분에서 먼이 개인들 사이에 영합게임을 상정하고 국가 단위의 부에 중점을 두고 있다는 사실이 드러난다.

16장 왕의 수입과 소득을 징수하는 정당한 방법

국부(treasure)를 늘리는 방법을 논의했으므로, 이 중에서 백성에게 피해를 주지 않으면서 혹은 국부에 손상을 가하지 않으면서 왕의 예산을 확보하는 방법이 강구되어야 한다. 조세징수는 국방을 위한 무기 확보나 민생을 위해 불가피하다. 또한 조세징수로 인한 물가상승이 노동자에게 압박을 가할 수 있으나 비례적으로 노동의 가격을 인상시키므로, 조세는 결국 부자의 몫이 된다. 물론 조세의 지출이 무절제로 흐를 수 있으나 여러 명이 관리하면 낫다. 또한 매관매직은 정의에 어긋나므로 막아야 한다.

17장 위대한 왕이 부를 저장해야 할 필요성

정상적인 조세 이상으로 왕이 재물을 모으려고 할 때는 의회 등을 통해 국민의 동의를 얻어야 한다.

18장 왕의 적절한 연간 저축액

왕은 왕궁의 재물 축적을 위해서도 무역을 촉진시켜 흑자를 확보할 수 있게 해야 한다. 또한 확보된 자금을 국민에게 베풀어 전함이나 성곽 구축, 그리고 구휼곡식 확보에 활용하면 국민에게 이익이 된다. 이 경우 왕은 신체로 따지면 몸의 각 부위에 영양을 분배하는 위와 비슷하다. 그런데 단순히 돈을 가지고 있다고 해서 언제나 식량이나 무기를 확보할 수 있는 것이 아니므로 이들을 현물로 확보해 둘 필요가 있다.

19장 자연적인 부와 인공적인 부가 국민의 품성에 미치는 영향의 차이

일반적으로 자연이나 농업에서 나오는 자연적인 부는 국민을 방종하고 나태하며 부주의하게 만든다. 이렇게 되면서 부가 낭비되고 위축된다. 반면 제조업이나 상업에서 나오는 인공적인 부는 국민을 절제하고 부지런하게 만든다. 자연적인 부는 확실하고 고상해서 사람들을 나태하고 부주의하게 만든다. 이에 비해 인공적인 부는 경계하고 긴장하도록 만들어 술책과 정책을 낳는다.

이 같이 풍요(plenty, wealth)와 세력(power, strength)은 국민을 사악하고 부주의하게 만들고, 궁핍(penury)과 부족(want)은 국민을 현명하고 부지런하게 만든다. 전자의 예는 영국이고, 후자의 예는 스페인의 속박에서 벗어난 후의 화란이다. 이런 이유로 화란이 우위를 차지하게 되었다. 화란은 청어 등 어업을 기반으로 무역을 벌여 부를 얻었다. 바로 이것이 이 책을 쓰게 된 동기이다. 영국이 만약 자연에 인공을 가미한다면 혹은 자연적인 수단에 노동을 가미한다면 국부를 회복할 수 있다. 영국은 특히 의류산업뿐만 아니라 어업에 신경을 쓸 필요가 있다.

화란의 어업권에 대해서는 말(words)보다 칼(swords) 혹은 논리보다 무력으로 해결할 일이다. 화란은 마케도니아의 필립 왕처럼 무력으로 되지 않으면 뇌물로 매수해 식민지를 확보하고 있다. 또한 외국의 용병을 활용하면서도 이들이 자국 제품을 소비토록 해서 국부가 유출되지 않게 하고 있다. 유태인과 같이 화란인들은 자신들 내에서 부가 돌게 하는 폐쇄성을 가지고 있다.

먼에서도 당시에 영국이 스페인, 그리고 특히 화란을 자신의 비교대상으로 지목했다는 점이 확인된다. 이 점은 여러 중상주의자에게서 드러난다. 먼의 독특한 논리는 국부의 성쇠를 국민의 품성과 연결시켰다는 점이다. 이는 주어진 국민의 품성이 빈부를 낳는다는 논리가 아니라 반대로 자연적으로 주어진 빈부가 품성을 낳는다는 논리이다. 나아가 이런 품성이 다시 빈부를 역전시키거나 강화시킨다고 주장했다. 이는 품성을 매개로 빈부가 강화되거나 역전되는 과정으로 부의 자기재생산에 가깝다. 이 점은 먼의 보다 진보된 측면이다. 그렇지만 먼에서 자연은 밀에서보다 더 좁게 정의되어 농업과 연결되었다.

국민성에 대한 이 같은 논의는 덕성이나 정의와 무관하게 부의 증대를 목적으로 삼는다. 앞서 먼은 부의 증진이 신의 경배나 정치의 수단이라고 말했으나, 이 즈음에는 오히려 목적이 된 건 아닌지 의심할 필요가 있다.

이 점은 먼이 자연적인 부와 인공적인 부를 구분하고 후자를 칭송한데서도 드러난다. 먼저 자연과 인공을 구분했다는 점에서 먼은 아리스토텔레스와 비슷하다. 그렇지만 자연적인 부를 낳는 농업을 격하시키고 인공적인 부를 낳는 제조업을 칭송했다는 점에서 먼은 아리스토텔레스와 정반대이다. 이는 상업에 대한 양자의 상이한 입장과도 연결되어 있다. 또한 자연적인 부에 인공적인 노력을 가미하자는 주장은 새마을운동과 같이 자본주의 초기에 나타나는 일종의 동원령으로 해석될 수도 있다.

20장 무역수지의 규형을 산출하는 순서와 수단

세관에 기록된 것을 가지고 세율이나 환율, 해상수송 비용 등을 고려해 무역수지나 무역액을 산정할 수 있다.

21장 결론

결국 이 논의는 모든 인위적인 장애들에도 불구하고 궁극적으로 국부가 무역수지에 의해 결정된다는 점을 보여준다. 여기서 취급한 인위적인 장애로는 국내화폐의 평가절하나 외국화폐의 평가절상, 국내물품전환 의무, 왕의 억압이나 변호사의 갈취 및 고리대와 사치 등이었다.

4. 베카리아의 『공공 경제와 상업』

케자르 베카리아(Caesar Beccaria, 1738-1794)는 계몽주의 철학자로서 공리주의 법이론으로 널리 일려져 있다. 그는 『범죄와 징벌』(*An Essay on Crimes and Punishments*, 1764)을 통해 벤담에 앞서 쾌락과 고통에 근거해 범죄와 징벌을 설명하고, 양자 사이에 수량적인 비례성을 강조했다. 보다 중요하게 그는 『공공 경제와 상업』(*A Discourse on Public Economy and Commerce*, 1804)을 통해 부의 증대를 위한 경제문제에도 관심을 표명했다.

베카리아는 학문이나 기술이 모두 필요나 결핍 때문에 현실 속에서 발전해 왔다고 전제한 뒤, 경제학이 상당기간 억압되었다가 비로소 당시에 이르러 발전하게 되었다는 점을 지적했다. 그런데 경제를 파악하기 위해서는 일반원리이외에도 구체적인 상황을 고려해야 한다고 주장했다.

우선 그는 교역을 증진시키기 위한 네 가지 주요 수단으로 물건가격에서의 경쟁, 노동가격의 절약, 저렴한 수송비, 그리고 낮은 이자율을 들었다. 또한 수입되는 원료와 수출되는 제품에 대한 관세를 인하하고 수입되는 제품과 수출되는 원료에 대한 관세를 부과할 필요가 있다는 것, 국가의 구성원들로부터 최소비용으로 최대의 노동과 활동을 끌어내는 것, 귀금속이 아니라 노동과 활동이 국부라는 것 등의 강령을 기억할 필요가 있다.

화폐는 상징에 불과하므로 게으름과 나태를 벗어나 근면과 노동의 부름에 응하게 해야 한다. 뿐만 아니라 인구, 토질, 국경의 상태, 인접국가의 필요, 생산과 기술의 종류 등을 구체적으로 고려해야 한다.

그리고 인간의 본성에 주목해야 한다. 인간은 금지(prohibitions)보다 장애(obstacles)를 통해 보다 쉽게 규제될 수 있다. 더불어 인간은 관습적인 일에서 최소의 피곤함으로 최대의 결과를 이루려고 노력한다. 끝으로 인간은 선악의 확실성에 의해 자극되고 억제되나 자의나 불확실성으로 인해 저급하게 된다.

이런 점들을 가르쳐 젊은이들이 계산하고 비교할 수 있게 해야 입법자의 임무가 완성될 수 있다. 지금까지 공적인 경제(public economy)는 사적인 법리(private jurisprudence)나 형평에 지배되었다. 이제는 시야를 넓혀 보다 일반적인 효용이나 형평의 원리를 따르게 해야 한다. 현재까지는 사적인 법리나 사적인 정의가 공적인 입법이 되었다.

사적인 정의에 따른 규정들과 그 결과는 다음과 같다. 상품의 자유로운 유통 금지, 상업에 대한 번잡한 절차 부과, 절제를 강요하는 사치금지법을 통한 국부증대 기도와 이를 통한 근면의 근원적인 고갈, 같은 이유로 인간의 가장 근본적인 동인인 자기개선 욕구의 고사, 조직이나 파당을 통한 장인들의 구속과 법규 부과, 종교집단의 형성과 이로 인한 비용 및 희생 등이 그런 것들이다.

또한 공적인 경제에 대한 연구를 통해 사적인 경제에 대한 견해를 고양시켜 사적 이익과 공적 이익이 합치되게 만들어야 한다. 여러 직업들이 서로 얽혀 서비스를 주고받는 상황에서 겉모습이 아니라 진정한 유용성에 따라 이들이 평가되어야 한다. 역사를 통해 물체와 물체, 물체와 활동, 그리고 활동과 활동이 상호이익을 위해 서로 교환되는 것은 보편적인 현상이다.

역사적으로는 농업의 발전, 금속화폐의 등장, 연안무역의 번성이 인류경제의 발전에 중요한 역할을 발휘했다. 기술을 위한 금속의 내구성, 근면과 힘의 지속성, 신에 대한 귀중품의 헌납 등이 겹쳐 인간들은 금속을 찾게 되었고 여기에 인장이 찍혀 교환수단이 되었다.

해양무역에 근거한 산업발전은 역사적으로 소아시아, 카르타고, 로마, 이탈리아, 스페인, 화란을 거쳐 영국에 이르렀다. 근대에 각국은 종교 때문이 아니라 돈을 갈취하기 위해 유태인들을 추방했다. 스페인에서는 유태인이 거액의 돈을 납부하지 않자, 납부에 응할 때까지 이를 하나씩 뽑아, 뽑은 이가 일곱 개에 이른 사건도 있었다(각주 11).

금은 신대륙을 통해 스페인으로 들어 왔으나, 화란, 영국, 프랑스의 산업이 발전하면서, 스페인으로부터 이 국가들로 이동했다. 이후 영국은 항해조례를 통해 해양세력을 획득했고, 프랑스는 낭트칙령을 취소해 산업발전의 기세를 잃었다. 부에 관한 학문이 부상하는 데는 제노폰, 베이컨, 보방, 몽테스키외(Baron de Montesquieu), 흄(David Hume) 등이 공헌했다.

베카리아는 수출증대를 통한 국부증대와 이를 위한 국가의 여러 가지 정책들을 강조하고 각국의 특수 사정에 관심을 가졌다는 점에서 중상주의자에 가깝다. 그렇지만 화폐를 상징으로 간주하고 노동을 중시하며 인간의 본성을 강조했다는 점에서는 중상주의에서 벗어나 스미스와 유사하다. 특히, 금지보다 장애를 중시한 것은 법이나 강제 대신에 유인에 의존하자는 근대경제학의 입장에 부합된다.

이 점은 베카리아가 공리주의를 내세우면서 수량적인 측면을 강조했다는 사실과도 합치된다. 나아가 이런 관점에서 보면 사적인 법리도 정부의 법적인 규제를 의미한다고 추정할 수 있다. 사적인 경제와 공적인 경제, 사적인 이익과 공적인 이익의 부합에 대한 논의도 이와 연결된다. 전체적으로 그는 개인들이 만나는 시장의 영역을 점차 인정하면서 여기서 발생하는 이익들에 대한 조정을 염두에 두었다고 생각된다.

그는 직업의 분화 속에서 교환의 대상을 물체와 물체, 물체와 활동, 활동과 활동 등으로 다양하게 생각했다. 이것이 상품시장과 노동시장이 분화된 상태에서 나타나는 상품과 노동의 교환을 의미할 수도 있다. 그러나 이보다는 분화가 불완전한 상태에서 나타나는 하인노동이나 가사노동과 관련되어 있을 가능성이 더 높다. 이 같이 다양한 유형의 교환이 공존하는 상황은 스미스의 지배노동가치와 부합된다. 끝으로 그의 설명에 따르면 귀금속이 화폐가 된 데는 귀금속이 지닌 내구성이나 지속성이 주효했음을 확인할 수 있다.

자율을 규정한다는 점을 지적했다(p. 52). 또한 그는 화폐의 가치 혹은 물가뿐만 아니라 이자율이 화폐량에 의해 결정된다는 로크 등의 생각을 비판했다(pp. 336-337).

스미스는 화폐의 가치와 화폐 사용의 가치를 구분했다. 그는 화폐공급량의 변동이 단지 물가의 변동을 가져온다고 보아, 이자율을 화폐공급량과 독립시켜 자본량과 연결했고, 나아가 이자율을 이윤율로 설명한 셈이다. 만약 이와 같이 이윤율이 이자율을 규정한다면 이자율은 이윤율과 다른 별도의 자연성을 가질 수 없다. 이것은 가격, 임금, 이윤, 그리고 지대를 1권에서 논의한데 비해, 이자를 2권에서 논의했다는 점에서도 드러난다.

스미스는 통상적인 이자율(common rate of interest)을 언급했으나 자연이자율이라는 표현을 사용하지는 않았다. 나아가 그는 법적인 이자율(legal rate of interest)을 완전히 부정하지 않고 그것의 적정수준에 대해 논의했다. 이는 여타 가격변수들에 대해 법적인 규제를 거부했던 것과 대조된다. 이 역시 스미스가 이자율에 대해서는 다른 가격변수에 부여했던 것과 같은 수준의 자연성을 부여하지 않았음을 확인시켜 준다.

스미스는 이자율이 궁극적으로 이윤율에 의해 규정되지만 단기적으로는 법적 규제 등에 의해 수정될 수 있을 정도로 연성의 법칙성을 가진다고 생각한 것 같다. 따라서 그에게 자연이윤율이 존재하지만, 자연이자율은 존재하지 않는다고 판단할 수 있다. 나아가 스미스를 위시한 고전학파가 중상주의에 대한 비판에서 출발해 이자율에 대한 자연성 부여를 자신들의 중심과제로 삼지 않았다는 해석도 가능하다.

빅셀의 문제의식에 비추어 스미스의 주장을 해석해 보자. 케인즈가 지적한 대로, 로크 등은 분명히 화폐의 가치를 물가와 이자율 두 가지로 구분 없이 해석하면서 통화량의 변동을 이들 양자와 연결시켰다. 이들은 화폐공급량이 물가와 이자율 모두에 영향을 준다고 보았다. 즉, 화폐공급량의 증가(감소)는 물가의 상승(하락)과 이자율의 하락(상승)을 낳는다고 생각했다. 이에 비해 스미스는 화폐공급량의 변동을 물가의 변동과, 자본량의 변동은 이자율의 변동과 각기 연결시켰다. 이 점에서 스미스는 빅셀과 동일하다.

그렇지만 스미스와 빅셀 사이에는 다음과 같은 차이가 있다. 스미스는 나름대로의 자본이론에 기초해 자연이자율이 아니라 자연이윤율을 규정하고, 이런 이윤율과 이자율과의 관계 속에서 이자율의 변동만 논의했을 뿐, 이것을 화폐의 가치나 물가의 변동으로 확대해 연결시키지 않았다. 이런 관점에서 스미스에 있어서 시장이자율은 화폐의 수급과 무관한 존재이다. 대신 스미스는 이윤율과 이자율의 차이를 통해 미시적인 가격변동을 분석한 셈이다. 이렇게 되면서 스미스에 있어 자본이론은 화폐수량설과 독립적으로 처리된다.

빅셀은 스미스와 달리 뵘바베르크의 자본이론에 기초해 자연이자율을 실물에 근거해 규정하고 자연이자율과 시장이자율의 차이와 물가의 변동을 연결시켰다. 여기서 화폐의 수급은 시장이자율과 연결된다. 이렇게 보면 종전에 물가의 변동과 직접 연결되었던 화폐의 수급이 자연이자율과 시장이자율을 통해 간접적으로 물가변동과 연결된 셈이다. 빅셀의 논리는 과거 화폐수량설과 달리 화폐의 수급이 시장이자율과 연결된다는 점에서 케인즈와 통한다. 이렇게 보면 빅셀은 스미스의 자연이윤율을 자연이자율로 대체하고, 이를 물가와 연결시켰다고 말할 수 있다.

빅셀의 자연이자율이 추상적인데 비해 시장이자율은 구체적인 현상이라는 해석은 스미스의 일반이윤율과 이자율에도 비슷하게 적용된다. 자연이자율이나 일반이윤율은 모두 현상적으로 관찰될 수 없는데 비해, 시장이자율이나 시장이윤율은 관찰 가능하다. 특히, 전자

근면과 함께 검약이 필요하며 얻는 것만큼 절약이 필요하다. 뚱뚱한 부엌(kitchen)은 마른 의지(will)를 낳는다. 사치품은 재화(goods)가 아니라 악(evils)이 될 수 있다. 별 필요 없는 것을 사기 시작하면, 머지않아 필수품을 팔게 될 것이다. 처음 욕구를 억제하는 것이 그 이후의 욕구들을 억제하는 것보다 훨씬 쉽다. 가난한 사람이 부자를 흉내 내는 것은 개구리가 황소를 따라 자신을 부풀리는 것만큼 어리석다. 나비란 무엇인가? 유충이 옷을 입은데 불과하다(pp. 269–271).

프랭클린에 있어서 지혜는 생활의 지혜로 전락하고, 현자는 영리하거나 약은 사람과 구분되지 않는다. 이는 앞서 근면이 현명함을 낳는다는 경구와 맥락을 같이 한다. 같은 맥락에서 의지는 근면이나 절약으로 축소되고 바로 부엌과도 연결된다. 더구나 그는 재화와 사치를 각기 선과 악으로 연결했고, 물질을 정신과 적어도 동등하게 취급했다. 여기서 사치에 대한 그의 경고는 처절할 정도이다.

(4) 사치품을 사기 위해 빚을 져서도 안 된다. 빚지면 자유를 남에게 양도하게 된다. 거짓말은 두 번째 악덕에 불과하고, 첫 번째 악덕은 빚지는 것이다. 가난은 정신과 미덕을 박탈한다. 이는 빈 자루가 바르게 설 수 없는 것과 마찬가지이다. 근면하면 자유롭고 검소하면 자유롭다. 아침에 빚을 지고 일어나느니 저녁에 굶고 자라. 이것이 철학자의 돌이니, 이것만 있으면 시절을 탓하거나 세금을 탓할 이유가 없다(pp. 271–274).

프랭클린은 근면과 절약을 자유, 미덕이나 악덕 그리고 철학과 같은 반열에 올려놓았다. 전통적인 입장에서 재물이나 재산은 자유나 미덕 혹은 철학을 위한 수단이었다. 그런데 그는 근검과 절약을 이보다 높은 수준으로 끌어올렸다. 철학자의 돌은 이런 격상을 웅변하고 있다. 그는 물질에 휘말리지 않고 정신을 추구하기 위해서라기보다 물질 그 자체를 위해 근검과 절약을 주장했다. 당연히 시절이나 세금에 대한 그의 관용은 탈정치나 소시민적인 보수주의로 흐를 수 있다.

5.2.『가난한 리처드의 방침』

『가난한 리처드의 방침』(*Poor Richard's Maxims*, 1758)에서 프랭클린은 경제생활을 비롯한 처세의 지침을 제시했다. 전체적으로 인생의 보편적인 덕목과 현실의 처세술이나 이재 및 검약을 위한 강령을 뒤섞어놓았다. 이로 인해 근면이나 내핍 등 경제활동의 지위가 격상되고 여기에 담긴 의미가 강화되었다. 주목할 만한 경구들을 열거하고 약간의 논평을 달아 보았다.

- 먹기 위해 살지 말고 살기 위해 먹어라.
  그렇다면 왜 사는가? 절약과 근검을 위해 사는가? 이에 대해 프랭클린은 대답해야 한다.
- 의사는 젊은 의사를, 이발사는 나이든 이발사를 조심하라. 의사는 경험이 있어야 하고 이발사는 나이 들면 솜씨가 무디어진다.
  그렇다면 외과의사는 어떻게 되나? 어떻든 서양에서 의사와 이발사는 무관하지 않다.
- 빈자는 별로 가진 게 없고, 걸인은 아무 것도 가진 게 없으며, 부자는 너무 많이 가지고 있고, 누구도 충분히 가지고 있지 않다.
  부자조차도 충분하지 않으니 욕망을 억제하고 근검하라고 그는 주장한다.
- 인간과 멜론은 알기 힘들다.
  인간이나 멜론이나 모두 여러 겹이라는 의미로 이해할 수 있다.
- 순박한 농부가 사악한 왕보다 더 가치 있다.
  노동은 신성하다.
- 오늘의 계란 하나는 내일의 암탉 한 마리보다 더 낫다.

할인율은 양이다.

- 우월한 자에 대한 겸손은 의무이고, 동등한 자에 대한 겸손은 예의이며, 열등한 자에 대한 겸손은 고상함이다.

  이 부분에서 프랭클린은 본래적인 의미에서 현자의 풍모를 보인다.

- 물고기와 방문객은 3일이면 냄새가 난다.

  과연 그런가? 냉장고가 있으면 물고기가 냄새나지 않고 돈이 많은 방문객은 냄새가 나지 않는다. 내핍과 검약을 넘어서 물질이 자체 동력을 갖게 되면 이와 같이 된다. 그러니 프랭클린은 물질을 인간이 통제할 수 있다고 확신하고 있다.

- 가난, 시, 그리고 새로운 명예나 직책은 인간을 우습게 만든다. 돈은 가지지 않으면 우스워지는데 비해, 시와 명예는 가지면 우스워진다.

  이는 돈이 시나 명예를 우습게 만드는 풍조로 파악될 수도 있다.

- 평화롭게 살려는 사람은 아는 것을 모두 이야기해서도 안 되고 보이는 것을 모두 판단해서도 안 된다.

  현명함과 영리함을 통하게 만드는 처세술이다.

- 오래된 부인, 오래된 개, 그리고 현금이 세 가지 충실한 친구이다.

  돈은 돌고 돌아 이동성을 가지는데 비해, 오랜 부인과 오랜 개는 그 반대이다. 이런 이유로 이 경구에는 모순이 잠재되어 있다. 모순되지 않게 하려면 현금이 부인이나 개를 오래 머물게 한다고 말해야 한다. 그러나 따져 보면 여전히 돈은 오랜 부인이나 오랜 개가 아니라 여러 명의 새로운 부인이나 여러 마리의 새로운 개를 가져다 줄 뿐이다.

- 죽자마자 잊혀지지 않으려면 읽힐 만한 글을 쓰거나 쓰일 만한 일을 하라.

  프랭클린에서는 글이나 책, 노동과 생산, 돈이 모두 동급이다.

- 일에 몰리지 말고 일(business)을 몰아라. 일을 몰지 않으면 네가 일에 몰린다.

  일을 장악해야 한다는 주장이다. 이 주장에는 일을 피할 수 없다는 전제가 있다. 또한 이 주장은 자영업에 타당하나 대기업의 조직이나 시장의 경쟁에 부합되지 않는다. 그에게서는 열심히 사는 장인이나 자영업자가 표준이어서 대기업이나 거대한 금융업은 멀리 있다.

- 음식은 자신이 즐겁기 위해 먹고, 옷은 남 보기 좋게 입어라.

  의식주의 의미가 분리되어 있다.
- 작업이 끝나기 전에 돈을 지불하는 사람은 2펜스를 주고 1펜스의 가치만 얻는 셈이다.

  돈을 노동이나 작업에 대한 감시도구로 삼는다.
- 자신과의 사랑에 빠진 사람에게는 적수가 없다.

  독단이나 독재로 흘러 그렇게 될 수도 있고, 자부심이 강건하게 만들어 그렇게 될 수도 있다.
- 개인이나 국가나 덕성이 없으면 자유롭지 못하다.

  프랭클린의 논조로 보아서 여기서 덕성은 상당히 세속적인 덕성을 의미한다.
- 다른 사람에게 말할 때는 그의 눈을 보고, 다른 사람이 말할 때는 그의 입을 보라.

  역시 사업가나 전략가에게나 어울리는 처세술이다.
- 위에 있는 상대와 결혼하면 주인을 얻는 것과 같다.

  혼인관계나 주인 · 노예관계나 모두 장기적이다.
- 여가를 얻고 싶으면 시간을 잘 활용해라.

  역시 기업에 소속한 노동자나 노자관계에는 적절치 않다.
- 게으른 자여 어서 일어나 인생을 낭비하지 말라. 무덤에서도 잠은 충분히 잘 수 있다.

  경제성장을 위한 동원령이다.
- 한 명의 좋은 남편이 두 명의 좋은 부인과 같은 가치를 가진다. 왜냐하면 물체는 희소할수록 더 가치가 있기 때문이다.

  희소할수록 가치가 있다는 주장은 이해가 되나, 하나가 둘과 같은 가치를 갖는다고 말하기는 어렵다. 희소성을 강조하는 효용이론에 의하면 둘이 하나의 두 배는 아니더라도 여전히 조금은 낫다고 생각해야 하기 때문이다. 남편이나 부인이나 모두 좋으므로 질적인 차이도 없다. 결국 이 주장이 가능하려면 남편이 부인보다 더 가치 있다는 전제를 세워야 한다.

  그런데 이 같이 남편과 부인을 비교하는 일은 이례적이다. 희소성을 말할 때는 주관성이 개입되어 노동이나 생산과 거리가 있으나, 농사에서는 이런 비교가 가능하다. 나아가 남편이나 부인이나 모두 물체와 동등하게 취급되어 생산성이나 효율성의 관점에서 인간과 물체가 동질화되었다고 판단할 수 있다.

- 교회, 국가, 빈자는 우리가 유지하지만 분가시키지 않아야 할 세 명의 딸이다.
  교회, 국가, 빈자가 이미 경제나 사회에 부담으로 간주되고 있다. 전통적인 의미의 여성비하도 지속된다.
- 크게 지출하는 사람은 좋은 대부자가 될 수 없다.
- 인생을 사랑한다면 시간을 낭비하지 마라. 왜냐하면 인생이 바로 시간으로 구성되어 있기 때문이다.
  시간이 돈이다.
- 진정으로 위대한 사람은 벌레를 밟지 않을 뿐만 아니라 황제에게 기어들지도 않는다.
  이는 보편적인 덕목이다.
- 좋은 예가 최상의 설교이다.
  이 역시 일반적이나 설교에 대한 냉소가 내포되어 있다.
- 후함은 많이 주는 것이 아니라 현명하게 주는 것이다.
  근저에 인색함에 대한 경계가 약화되고 절약이 미덕이 되고 있다. 소위 베푸는 일이 낳는 도덕적 해이를 지적한다.
- 한 푼을 잘 쓰면 여러 푼을 절약한다.
  역시 지출이나 소비 자체가 목적이 아니라 절약이나 저축이 목적이다.
- 음주는 근심을 익사시키는 것이 아니라 근심에 물을 주어 더 빨리 자라게 한다.
  금주금욕의 절제된 생활을 강조했다.
- 가난이 아니라 가난을 수치스럽게 생각하는 것이 수치이다.
  새마을운동의 기치와도 비슷하다.
- 현명한 자는 자신의 적들로부터도 많은 이익을 얻어내나, 바보는 자산의 친구로부터도 별로 얻어내지 못한다.
  일반적인 인생의 교훈이 배움을 말한다면, 프랭클린의 교훈은 이익을 말하고 있다. 이익과 현명함을 연결시켰다는 점에서 그가 세속적임을 재확인할 수 있다. 보다 근본적으로 자신의 주위사람들을 수단으로 삼고 있다.

- 죽음 중 열의 아홉은 자살이다.

  근면과 절약이 합리성으로 이어진다는 점에서 베커(G. Becker)를 연상시킨다.

- 극히 단단한 혹은 어려운(hard) 것이 세 가지 있다. 철, 다이아몬드, 그리고 자신을 아는 것이다.

  철이나 다이아몬드라는 구체적인 물체를 통해 자신을 안다는 추상적인 행위나 상태를 표현했다. 다이아몬드와 달리 철은 산업이나 생산을 상징하므로 이런 비유에 프랭클린의 생각이 잠재되어 있다.

- 시장이 반찬이다.[7)]

  투철한 절약의 정신이 보인다.

- 열정을 다스리는 자가 지배자이고, 열정에 봉사하는 자는 하인이다.

  플라톤이나 아리스토텔레스도 이와 비슷하게 생각했다. 그러나 이들과 달리 프랭클린이 물질이나 경제에 중점을 둔다는 점에서 차이가 있다.

- 일이 많은 사람은 용서도 많이 받는다.

  부지런함을 종교 차원으로 승화시키고 있다.

- 교활함은 능력의 부족에서 나온다.

  품성을 능력과 연결시켰다.

- 바쁜 사람에게는 찾아오는 사람이 별로 없다. 끓는 단지에 파리가 달려들지 못하듯이.

  게으름에 대한 근대사회의 비난이다.

- 어린이와 왕들은 사소한 것을 가지고 싸운다.

  왕을 어린이에 비유해 왕정 혹은 정치 전체에 대한 불신을 드러낸다.

- 이자(interest)지불은 일부 사람들의 원칙(Principle)에 위배되고 원금(Principal)지불은 다른 사람들의 이익(interest)에 위배되는 것 같다.

  채무관계의 어려움을 표현한 것 같다. 다만 이자와 이익, 그리고 원금과

7) Hunger is the best pickle.

원칙을 일치시킨다는 점에서 인생에 있어 경제나 물질을 격상시켰다.

- 서두르면 낭비하게 된다.[8)]

  서두름이나 성급함에 대한 비난은 일반적이다. 그러나 이를 실수나 화가 아니라 낭비와 연결시킨 것은 프랭클린에 고유하다.

- 급히 얻은 권력은 거만하게 만들고 급히 얻은 자유는 건방지게 만든다. 서서히 성장한 것이 최상으로 행동한다.

  점진주의나 보수주의가 확인된다.

- 신, 부모, 스승에게는 보답할 수 없다.

  신을 뺀다면 전통적인 유교의 입장과 비슷하다.

- 막상 오를 때가 되면 야망보다 겸손한 것이 없다.

  허황된 욕심에 대한 경고이다.

- 배고프면 법을 지킬 수 없으며, 법을 지키지 않으면 배고파진다.

  경제문제가 어느 정도 해결되어야 법을 안다는 주장과 경제문제를 해결하려면 법이 바로 서야 한다는 주장이 결합되어 있다. 이로부터 경제와 법의 상호작용에 대해 선순환과 악순환을 설정할 수 있다.

- 하루는 짧고, 할 일은 많으며, 인부는 게으르고, 임금은 높으니, 주인은 재촉할 수밖에 없다.

  노동자에 대한 규율과 자본가의 경각심을 함께 촉구하고 있다.

- 모든 이에게 정중하고, 많은 이에게 유용하며, 일부에게 친숙하고, 한 명에게 친구가 되며, 누구에게도 적이 되지 말라.

  인생사에서 출세를 위해 필요하거나 정치인들에게 어울리는 경구이다. 이런 경구가 많은 타협이나 위선, 심지어 거짓을 초래할 수도 있다.

- 얻을 수 있는 것을 얻고 일단 얻으면 놓지 말라.

  이는 돈이나 재산에 더 잘 적용된다.

- 백 년을 살 것처럼 일하고 내일 죽을 것처럼 기도하라.

  다시금 근로가 경건함을 부여받는다.

---

8) Haste makes waste.

2장

아담 스미스와 리카도의 가치이론과 주변사상

1. 스미스의 가치, 가치척도, 자본

이 글은 아담 스미스(Adam Smith)의 『국부론』 중에서 가치론 등 관심을 끌었던 일부분에 대한 해석이다.[1)]

1.1. 가치이론

스미스의 노동가치론에 대해 일단 다음과 같은 이해가 가능하다. 첫째, 스미스는 부를 더 이상 주어진 상태나 물체로 보지 않고 인간

1) 『국부론』 전체에 대한 주해는 나의 능력 밖의 일이며, 스미스 전문가들의 몫이라고 생각한다.

과 연관지었다. 이 연관은 두 가지 측면을 가지고 있다. 한편으로 재화들을 인간이 향유할 대상으로 설정하고, 다른 한편으로 이들이 인간에 의해 생산되고 재생산된다고 본다. 후자는 마르크스도 강조한 바 있다. 이 점에서 부를 단순히 화폐로 보는데 대해 스미스와 고전학파가 비판한 이유가 드러난다. 화폐는 그 자체로서 향유할 수도 없고 인간의 노동을 통해 생산된다는 성격도 적기 때문이다.

둘째, 재화들은 다종다양한데 노동은 이러한 다양성이 없이 모든 재화를 생산하는 데 원용될 수 있는 신축성을 가지고 있다. 이 때문에 스미스가 부를 재화에 대한 지배라기보다 노동에 대한 지배로 간주했다고 추정된다.

셋째, 『국부론』의 시작부터 가치이론에 이르는 부분에서 나타난 특징은 상품의 가치를 직접 개인이나 계급에 대한 보수나 소득분배와 연결시켰다는 점이다. 이런 연계는 이미 알려진 대로 생산비설(adding-up theory)에서 가격과 계급에 대한 소득분배에서 가장 두드러진다. 그렇지만 이미 투하노동가치설이나 지배노동가치설이 제시되는 부분에서부터 줄곧 이런 생각을 드러내고 있다.

이런 생각은 상품의 가치에 대해 논의하기 이전에 권력과 이에 대한 분배에 대한 홉스(Thomas Hobbes)의 문제를 스미스가 언급했다는 사실과 연결된다. 이를 통해 상품에 대한 가치론을 보다 폭넓게 바라볼 수 있다.

구체적으로 홉스에서 힘의 분배는 인간에 대한 직접적인 평가로 나타난다. 이에 비해 경제학의 가치론은 일차적으로 상품에 대한 평가로 나타난다. 이 때문에 스미스는 이를 인간에 대한 평가와 연결시켜야 하는 과제를 안게 되었다.

p. 31, 홉스가 말하기를 부는 권력이라고 했다. 소유가 소유자에게 즉각

적이며 직접적으로 가져다주는 권력은 구매력이다. 즉, 그 때에 시장에 존재하는 모든 노동이나 모든 노동의 생산물 중에서 지배하는 부분이다. 견뎌야 할 어려움의 차이나 발휘하는 독창성의 차이들도 비슷하게 고려되어야 한다.[2)]

이를 조망하기 위해 『국부론』의 해당 부분(pp. 3-98)을 논의해 보자. 전체 내용을 살펴보면 분업이 국부를 증가시키는 요인으로 제시된다. 그런데 분업은 교환과 같이 간다. 또한 교환은 인간의 본성(human nature)에 가까운 교환의 성향(the propensity to truck, barter and exchange)이 점진적이지만 필연적으로 발전한 결과이다(p. 13).

이 때문에 분업이 어느 정도 발전하느냐는 교환이나 시장이 어느 정도 확대되느냐에 달려 있다. 분업의 정도가 시장의 발전에 의해 규정된다고 보아 국부의 결정요인으로서 일차적으로 생산과정과 연관되는 분업이 아니라 시장의 발전을 그는 강조했다.

교환의 성향은 시장의 범위와 동일시되어 교환의 성향이 분업을 일으키는 것과 같은 이유로 시장의 범위가 분업의 정도를 결정한다(p. 17). 또한 교환의 성향은 분업의 원인이자 그런 분업을 유지하는 근거이다(p. 15). 결과적으로 스미스는 분업의 발생과 유지 혹은 재생산을 모두 교환의 본성에 근거해 설명한 셈이다.

인간에게 교환의 성향이 그 자체로 주어진다고 볼 수도 있다. 그렇지만 그보다는 인간의 이성이나 언어능력(reason and speech)에서 비롯된다고 보는 편이 더 타당하다고 스미스는 말했다(p. 13). 그는

---

2) p. 31, Wealth, as Mr. Hobbes says, is power....The power which the possession immediately and directly conveys to him, is the power of purchasing a certain command over all the labour, or over all the produce of labour which is then in the market.... The different degrees of hardship endured, and of ingenuity exercised, must likewise be taken into account.

교환이 인간의 이성이나 언어구사 능력과 관계가 있다고 생각했으며, 교환을 계약이라는 제도와도 연결시켰다. 그렇기 때문에 이런 본성이 동물계 전체를 포괄하지 않고 오히려 여타 동물로부터 인간을 구분짓는다(pp. 13–14).

동물들도 집단이나 무리를 이루지만 상호 의존적이지 못하고 완전히 독립적이어서 각 개체의 능력 차이를 서로 이용하지 못한다. 이에 비해 인간은 각자의 능력 차이를 이용하면서 상호 의존적이다. 이런 관점에서 인간 사이에 존재하는 능력의 차이는 동물들의 능력 차이와 달리 타고나기(nature)보다 분업으로 인한 교육과 관습(custom and education)의 결과이다(pp. 15–16). 동물들의 능력 차이는 타고나서 그대로 유지하는데 불과하다. 이에 비해 인간의 능력 차이는 분업을 통해 그 이상으로 발전한다.

종합적으로 통시적이거나 역사적인 인과관계는 다음과 같다. 인간의 이성과 언어능력 → 교환의 성향 → 분업 → 생산력 증가나 상호 의존성의 증가 및 능력의 차이 증가. 물론 공시적으로 보면 이들 네 가지, 특히 교환과 분업은 상호작용을 통해 서로를 유지하고 확대시킨다.

부차적이지만 스미스는 교환을 truck(troc; troquer), barter, exchange로 다양하게 표현했다. 이들 표현들 중 "barter"와 "exchange"는 화폐의 개입 여부로 결정되나, "truck"과 "barter"는 단순히 교환의 확대로 규정된다고 이해할 수 있다.

vi, 먼저 일반적으로 노동이 활용되는 숙련도, 능숙함 그리고 판단에 의해…….

p. 15, 여러 사람들이 지닌 자연적인 능력의 차이는 많은 경우에 분업의 원인이 아니라 분업의 결과이다.

p. 16, 이런 상황이 능력의 차이를 형성하면서 바로 같은 성향이 이런 차

이를 유용하게 만든다.[3)]

교환의 본성은 스미스를 포함한 고전학파의 인구이론에 포함되어 있는 생식의 본능과는 다른 차원에서 규정되어야 한다. 생식의 본능은 동물의 왕국에도 그대로 적용되는데 비해, 적어도 스미스에 의하면 교환의 성향은 그렇지 않기 때문이다. 또한 스미스가 인간의 본성처럼 취급한 자애심(self-love)이 교환의 본성이나 번식의 본능과 어떤 관계에 있는지 규명해야 한다. 그에 의하면 자비(benevolence)가 아니라 자애심이 지속적인 교환을 가능케 한다고 생각했다. 이 점에서도 인간은 동물로부터 구분된다.

그런데 교환이 윤활하게 이루어지려면 이해의 불일치를 극복하는 화폐가 요구된다(p. 22). 그러므로 지금까지의 논리는 인간의 이성과 언어능력 → 교환의 성향 → 분업 → 생산력 증강, 상호의존성, 능력 차이 증가에 이어 화폐의 등장으로 확대된다.

스미스는 교환의 필요에 의해 화폐의 형태가 바뀐다는 점을 역사적인 사실에 근거해 설명했다. 고대에는 여러 가지 상품이 화폐로 쓰이다가 내구성, 분할 및 융합의 용이성 등으로 인해 금속이 화폐로 쓰이게 되었다. 이어서 금속이 그 자체로 쓰이다가 도량과 품질 감정의 어려움 때문에 공공기관의 인장이 찍힌 주조된 금속화폐로 변화했다.

화폐의 단위들 (가령, 파운드와 실링) 사이의 비율이 정착되는 데 상당한 기간이 걸렸다(pp. 23-26). 더불어 주조화폐는 왕으로 하여

---

3) vi, first, by the skill, dexterity and judgment with which its labour is generally applied.
p. 15, The difference of natural talents in different men,⋯, is not upon many occasions so much the cause, as the effect of the division of labour
p. 16, As it is this disposition which forms that difference of talents,⋯ so it is this same disposition which renders that difference useful

금 금속의 함유량을 낮추는 유인을 낳아 금속화폐의 실질가치와 명목가치에 괴리가 생겼다.

화폐에 대한 논의의 말미에 스미스는 교환가치와 사용가치의 역설을 제기했다. 그리고 이 문제를 해결하기 위해 가치의 결정요인, 가격의 구성요소, 그리고 시장가격과 자연가격의 관계라는 세 가지 기본문제들을 설정했다. 그는 이 문제들에 대한 논의가 복잡한 주제이므로 많은 인내를 요구한다는 점을 독자들에게 환기시켰다(pp. 28-29). 이 점은 『자본론』의 시작점에 마르크스가 독자들에게 요구한 바와 비슷하다. 그리고 나서 투하노동, 지배노동, 생산비, 그리고 자연가격과 시장가격의 관계에 대한 논의가 이어졌다.

> p. 28, 가치라는 단어는 두 가지 서로 다른 의미를 지닌다. 가치가 때때로 어떤 물체의 유용성을 표현하기도 하고, 때로는 이런 물체의 소유가 가져다주는 여타 재화들에 대한 구매력을 나타내기도 한다.[4)]

이 논의에서 다음과 같은 점들이 드러난다.

(1) 스미스는 분업을 주로 노동자 자신의 차원에서 정의했으며 인간의 능력이나 노동 자체의 생산성으로 설정했다. 분업은 일반적으로 노동이 사회 전체 수준에서 분화되어 있거나 한 산업이나 기업 내에서 생산공정을 통해 분화되어 있음을 나타낸다.

이 같이 스미스는 분업의 주체를 생산자나 노동자 자신으로 삼았다. 노동의 숙련도나 강도상 차이도 이러한 노동자의 인적인 성격이 갖는 중요성을 드러낸다. 그러므로 노동이 아니라 자본이 사회적 분

---

4) p. 28, The word VALUE,···, has two different meanings, and sometimes expresses the utility of some particular object, and sometimes the power of purchasing other goods which the possession of that object conveys

업을 주체적으로 유지한다든지 기술적인 분업에서 생산성의 증가가 자본재에 의해 가능하다는 생각은 스미스와 거리가 멀다.

이런 흐름은 분업을 설정하되 산업의 연관 혹은 산업들 사이의 상품교환과 이로 인한 가격 및 가치의 문제로까지 나아가지 않음을 시사한다. 그러므로 여기서 설정되는 분업은 모든 생산요소들을 필요로 하면서도 노동 이외의 생산요소들이 자연으로부터 주어지며 최종 소비재의 생산을 목표로 한다는 해석을 낳는다. 또한 생산자들이 자신의 소비욕구를 충족시키기 위해 교환을 수행한다는 관점에 가깝다.

이에 따라 생산의 분업 및 자본가의 교환에 대해서는 불문하는 결과를 낳았다. 이는 나중에 제시되는 바와 같이 자본에서 기계를 제외하거나, 자본을 원료 및 임금재의 물적인 재고로 설정한다든지, 투하노동가치설을 자본주의 이전의 상황에 국한한 것 등과 관련이 있다.

> p. 47, 자본이 축적되고 토지가 사유화되기 이전에 존재하던 초기의 거친 사회상태에서 만약 어떤 종류의 노동이 다른 종류의 노동보다 더 힘들면…… 혹은 한 종류의 노동이 이례적으로 높은 숙련도와 독창성을 요구하면…… 이런 상태에서는 노동의 모든 생산물이 노동에 속한다. 그리고 어떤 상품을 획득하거나 생산하는데 들어가는 노동량이 그 상품이 통상 구입하거나 지배하거나 교환되어야 할 노동량을 규제하는 유일한 상황이다.[5]

5) p. 47, In that early and rude state of society which precedes both the accumulation of stock and the appropriation of land, ···· If the one species of labour should be more severe than the other. ···· Or if the one species of labour requires an uncommon degree of dexterity and ingenuity,····In this state of things, the whole produce of labour belongs to the labourer; and the quantity of labour commonly employed in acquiring or producing any commodity, is the only circumstance which can regulate the quantity of labour which it ought commonly to purchase, command, or exchange for.

(2) 자본의 존재가 부각되지 않는다. 자본이 등장하더라도 고정자본을 제외하고 원료 및 생계물자로 규정되고 가치나 화폐로 표시되기보다 재화의 축적(stock)이라는 모습으로 등장한다. 일반적으로 후대의 경제학자들이 중요시했던 자본재나 고정자본이 경시되고 있다는 것은 분업과 관련해 노동이나 노동자 혹은 장인을 기준으로 삼았다는 점과 상통한다. 즉, 고정자본을 고려하지 않음으로써 분업을 노동자나 노동의 차원에서 정의할 수 있으며 자원의 배분을 자본이 아닌 노동의 주체적인 움직임으로 형상화할 수 있다.

또한 고정자본의 생략은 산업 사이의 연관을 약화시켜 노동가치를 보다 순조롭게 설정할 수 있게 해준다. 더불어 가레냐니(Pierangelo Garegnani)가 지적한 대로 노동가치가 직접적으로 순생산물이라고 생각하게 만든다. 여타 자본의 구성요소들을 지적하는 경우에도 가치나 화폐라기보다 물체들로서 설정하는 데 그친다.

> p. 48, 이들 중 일부는 자연히 원료와 생계물자를 제공하면서 노동자들에게 일을 시키는데 활용된다.[6)]

이런 점은 부분적으로 리카도의 경우에도 확인된다. 자본과 기계를 별도로 설정했다든지(Ricardo. 1817, 서문 p. 5), 기계를 자연력과 같이 영구적이라고 생각한 점들이 그 예이다. 이와 같이 자본에 대한 경시는 노동이나 토지라는 생산요소에 의존하며 법적인 소유와 힘이나 권력에 관심을 두었던 철학자나 정치사상가의 선입견을 스미스나 리카도가 완전히 청산하지 못했다는 의미가 된다. 이에 비추어 자본

6) p. 48, some of them will naturally employ it in setting to work industrious people, whom they will supply with materials and subsistence

의 성격에 대해 보다 투철한 마르크스의 공헌이 부각된다.

(3) 스미스는 교환가치를 단순히 두 상품이 교환되는 비율이라기보다 개인이 상품을 소유함으로써 갖게 되는 힘으로 해석했다. 이에 따라 국부나 개인의 빈부, 소유, 소득이 상품의 가치와 연관된다. 무엇보다 지배노동을 그는 이런 관점에서 제시했다.

그는 상품의 가치(價値)를 논의하면서 개인(혹은 계급)의 빈부(貧富)를 논의했으며, 개인의 빈부를 논의하기에 앞서 국부에 대해 논했다. 이 과정에서 그는 개인과 국가를 수시로 동일시했다. 사실 『국부론』 전체로 보아도 개인과 사회나 국가는 여러 차례 동일하게 취급된다. 한 개인에게 적용되는 논리가 그대로 사회 전체에 유추된다. 한 개인의 부가 증가하면 사회 전체의 부도 증가한다는 논리가 단적인 예이다.

이는 원리상 개인주의적인 사고뿐만 아니라 전체주의적인 사고에서 비롯될 수 있다. 또한 롤즈(John Rawls)가 지적한 대로, 『도덕감정론』에서 공정한 방관자(impartial spectator)가 사회를 개인으로 환원한다는 논리와 대칭을 이루어 주목할 필요가 있다. 다만, 현실경제에서의 유추와 규범적인 유추라는 차이는 있다.

이 같이 스미스에서 상품의 가치와 구성원들의 빈부가 직접 연결되고 있다. 이런 이해방식은 빈부가 인간의 속성이고 가치가 일차적으로 상품의 속성이라는 사실에서 나온다. 스미스에 의하면 (개인의) 빈부는 일반적으로 필수품, 편의품, 사치품(necessaries, conveniences, amusements)에 대한 지배력(b, $b=[b_1........b_n]$)으로 나타난다. 그런데 분업화된 교환경제에서 이들 대부분을 타인이 생산한다. 그러므로 이들에 대한 지배력은 자신이 소유한 상품이 타인이 소유한 재화들을 얼마만큼 지배하느냐에 달려 있다($bp \equiv \Sigma_i b_i p_i$). 그러한 상품의 지배력이 바로 그 상품의 교환가치이다.

> p. 30, 모든 사람의 빈부는 본인이 마련할 수 있는 인간생활에서 사용되는 필수품, 편의품, 사치품의 수량에 따라 결정된다. 그러므로 상품소유자에게 어떤 상품의 가치는…… 모든 것이 그것을 획득한 사람에게 가지는 진정한 가치는……[7)]

먼저 스미스의 입장에서 여러 재화들이 진정한 부이므로 화폐의 축적이 부의 수준을 진정으로 나타내지 않는다. 그런데 가치관계를 설정하지 않고서는 다양한 재화들이 나타내는 부의 수준을 파악할 수 없다. 그러므로 그는 부의 실체를 유지하면서도 부를 나타내는 존재로서 상품의 교환가치를 설정했다.

그런데 스미스에서 경제주체의 빈부와 상품의 교환가치가 연결되어 있다는 사실은 가치에 대한 그의 논의가 개인이나 국가의 빈부를 대상으로 한다는 점을 보여준다. 또한 단순히 재물이나 화폐의 축적에 의해 부가 결정된다는 정태적인 생각으로부터 진일보해 부가 인간들에 의해 반복적으로 재생산된다고 생각했음을 보여준다.

일반적으로 상품의 가격이나 가치는 그 자체로서 논의되는 경향이 강하다. 이 점에 비추어 볼 때 한 상품의 교환가치가 그 상품의 소유자에게 부를 가져온다는 스미스의 생각이 특징적이다. 이런 연결에는 각 경제주체가 하나의 상품을 소유한다는 전제가 숨겨져 있다. 혹은 각 경제주체가 하나의 상품만을 소유하지 않으므로 각각의 주

---

7) p. 30, Every man is rich or poor according to the degree in which he can afford to enjoy the necessaries, conveniences, and amusements of human life…. The value of any commodity, therefore, to the person who possesses it,…. What every thing is really worth to the man who has acquired it

인즈의 결합을 모색할 수 있다.

a) 물가는 이윤율과 이자율의 차이에 따라 변동한다(빅셀). 또한 물가의 변동은 모든 화폐변수들의 실질가치를 하락시킨다.

b) 이윤율과 화폐임금은 상호 대립관계에 있다(리카도-스라파).

c) 이윤율은 이자율보다 높으며 그 차이는 기업가 이윤이다(고전학파, 마르크스).

d) 화폐 이윤은 착취의 산물이다(마르크스).

e) 화폐의 퇴장 비율은 수시로 바뀌며, 화폐의 유통속도의 변동으로 나타난다(마르크스, 빅셀).

f) 실업률은 화폐임금에 영향을 준다. 실업률이 높으면 화폐임금이 하락하고, 실업률이 낮으면 화폐임금이 상승한다(리카도, 마르크스).

$M_w=M/w=L=(1+e)L^e=\lambda q-\lambda Aq=(1/M_w)(pq-pAq)=(1/M_w)PY$

$M_p=M/P=Y \rightarrow M=PY=(1/M_p)(pq-pAq)$

$M_p=f(r-i),\ dM_p/d(r-i)<0,\ r=[(pq-pAq)-wL]/pAq$

M_w: 노동에 대한 지배로 표시한 화폐의 가치

M_p: 재화에 대한 지배로 표시한 화폐의 가치

M: 총 통화량	P: 물가	Y: 순생산물(의 횡 벡터)
q: 총 생산물의 횡 벡터	w: 단위당 화폐임금	L: 총 지배 노동
L^e: 지불된 고용노동	p: 가격 열 벡터	λ: 노동가치 열 벡터
A: 기술 행렬	r: 이윤율	i: 이자율

2.3. 빅셀과 케인즈

미시차원이든 거시차원이든 일반적으로 수요의 변동은 가격 혹은 물가와 수량의 변동으로 나뉘어져 나타난다. 빅셀과 케인즈는 거시차원에서 물가의 변동과 국민소득의 변동을 각기 강조했다고 이해할 수 있다. 같은 맥락에서 빅셀은 생산요소들의 완전고용을 상정했고,

케인즈는 불완전고용을 강조했다.

이런 관점에서 빅셀이 '기업가 정신'(the spirit of enterprise)에 의존한 고용증대의 논리를 반박한 이유를 이해할 수 있다(p. 143). 이 점에서 동물적 본능(animal spirits)을 강조했던 케인즈와 대비된다. 더불어 가격기구의 역할이 완전고용 여부를 결정하므로 빅셀이 가격기구의 신축성을 상정한데 비해, 케인즈는 가격기구의 신축성이 불완전함을 부각시켰다. 이렇게 해석할 경우 빅셀과 케인즈의 차이는 순전히 경험적으로 가격기구가 어느 정도 신축적인지 여부로 축소된다.

그렇지만 기본골격에 있어 빅셀과 케인즈 사이에 상당한 유사점이 있다. 빅셀과 케인즈 모두 물가나 국민소득에 대해 일회의 변동이 아니라 누적적인 과정을 상정했다. 또한 양자 모두 화폐의 개입으로 인한 경제의 변화를 강조했다. 이에 따라 이들은 모두 화폐임금이나 화폐지대 등 화폐변수들이 먼저 결정되고 실질임금이나 실질지대 등 실질변수들이 나중에 결정된다는 입장을 취했다고 생각된다.[11)]

이와 관련해 자연이자율이 상승하는 경우, 실질임금이 하락할 수밖에 없다는 빅셀의 진술을 주목해야 한다. 빅셀은 리카도나 오스트리아학파와 같이 자연이자율의 변동이 즉각적으로, 그리고 직접적으로 실질임금의 변동을 가져온다고 생각하지 않았다. 그에 의하면 자연이자율의 변동이 즉각적으로 실질임금의 변동을 가져오지 않고, 물가변동과 소득의 재분배 등 중간과정을 거쳐, 여러 결과중의 하나로 실질임금의 변동을 초래한다. 결과적으로 빅셀의 진술은 자연이자율의 변동이 궁극적으로, 그리고 그와 반대방향으로 실질임금을 변화시키지만, 단지 궁극적으로 그렇게 한다는 의미로 이해할 수 있다.

---

11) 첨언하건대 빅셀은 기업가에 대한 이윤이 존재하지 않는다고 가정하면서, 이윤이 발생하는 경우는 나중에 논의하겠다고 말했다(p. 125 각주2). 이 부분에서 빅셀이 케인즈의 『화폐론』과 접속될 가능성이 있다.

이 쉽사리 생산과 소유가 결합되지 않는다.

p. 50, 전체 가격이 여전히 즉각적으로나 궁극적으로 지대, 노동, 이윤이라는 동일한 세 가지 요소들로 분해된다.
p. 55, 모든 사회와 인근지역에서 임금과 이윤의 통상적인 비율 혹은 평균비율이 존재한다. 마찬가지로 모든 사회와 인근지역에서 통상적이거나 평균적인 지대가 존재한다. 어떤 상품의 가격이 토지의 지대, 노동의 임금, 그리고 자본의 이윤을 자연율에 따라 지불하는데 충분한 수준을 넘어서지도 이에 모자라지도 않으면, 그 상품은 자연가격이라 불릴 수준에서 팔리는 것이다.
p. 64, 노동 생산물이 노동에 대한 자연스런 보상 혹은 임금을 이룬다. 원초적인 상태에서 노동생산물은 노동자에게 속한다. 이런 상태가 지속되었더라면 노동의 임금은 모든 생산성의 증가에 맞추어 증가했을 것이다.[8)]

스미스의 입장에서는 노동자와 같이 생산함으로써 소득을 얻는 계급이 있는가 하면, 자본가와 같이 소유하고 생산에 참여함으로써 소득을 얻는 계급이 있다. 또한 전혀 생산에 참여하지 않으면서 순전히 소유를 통해 소득을 얻는 계급이 있다. 생산비설과 관련해 스미스는

---

8) p. 50, the whole price still resolves itself either immediately or ultimately into the same three parts of rent, labour and profit.
p. 55, There is in every society and neighbourhood an ordinary or average rate both of wages and profit….There is likewise in every society and neighbourhood an ordinary or average rate of rent,…. When the price of any commodity is neither more or less than what is sufficient to pay the rent of the land, the wages of the labour, and the profits of stock employed…, according to the natural rates, the commodity is then sold for what may be called its natural price.
p. 64, The produce of labour constitutes the natural recompence or wages of labour. In that original state of things,…, the whole produce of labour belongs to the labourer. Had this state continued, the wages of labour would have augmented with all those improvements in its productive powers

여러 생산요소를 공유함으로써 한 가지 소득만 발생하는 경우를 언급했다(pp. 51–54). 이는 아마도 일대일 대응을 원하지만 그것이 불가능하다는 점을 스스로 깨달았다는 증거로 이해할 수 있다.

> p. 53, 이 세 가지 서로 다른 소득의 요소들이 서로 다른 사람들에게 속할 때는 이것들이 쉽게 구분된다. 그러나 이것들이 모두 같은 사람에게 속할 때는, 가끔 적어도 일상적인 언어 속에서, 서로 혼동된다.[9)]

그런데 스미스는 앞서 가치와 빈부를 각기 상품과 상품의 개별적인 소유자와 연결했다. 연장선상에서 생산비설에 등장하는 노동자, 자본가, 그리고 지주도 계급이 아니라 서로 다른 생산요소를 소유하고 있는 개인들이라고 볼 수도 있다. 특히 여러 생산요소를 한 개인이 소유할 가능성을 언급해 스미스가 계급개념에 투철하지 않았다는 점이 드러난다.

스미스는 임금, 이윤, 그리고 지대의 결정원리가 제각기 다르다고 말해, 한편으로 수요공급으로 모든 것을 결정하려는 신고전학파와 차별성을 보였다. 그러나 다른 한편으로 마르크스와 달리 스미스가 계급개념에 투철하지 못했다는 해석도 가능하다. 생산요소들이 각기 다른 원리에 의해 결정된다면, 소득분배가 계급관계 속에 설정된다기보다 각 생산요소가 갖는 물적인 성격이나 생산과정의 기능상 차이에서 비롯된다는 입장으로 이어질 가능성이 높다.

결과적으로 스미스가 투하노동가치설과 지배노동가치설에서 생산비설로 넘어가는 과정에서 겪는 고민을 다음과 같이 정리할 수 있다.

---

9) p. 53, When those three different sorts of revenue belong to different persons, they are readily distinguished; but when they belong to the same they are sometimes confounded with one another, at least in common language.

1) 각 경제주체가 여러 재화들로 구성된 사유재산을 가지고 있으며 이런 재화의 묶음들을 경제주체들의 경제력이라는 관점에서 비교할 필요가 있어 모종의 가치개념이 요구되었다. 이 경우 한 개인이 여러 상품들을 소유하므로 여러 개인들을 비교하기 위해 상품들을 비교해야 한다. 여기서 합산의 가능성이라는 가치의 측면이 강조된다.

이 경우 재물들은 반드시 교환의 대상일 필요가 없으며 시장경제도 상정할 필요가 없다. 여기서 가치산정은 시장에서 자생적으로 이루어진다기보다 물체의 물리적인 속성들을 측정하기 위해 요구되는 바와 같은 인위적인 조작을 요구한다. 또한 그것은 상품의 속성이라기보다 인간의 속성으로 존재한다.

2) 이러한 사유재산이 그 자체로 존재하지 않고 교환의 대상이 됨으로써 가치개념이 교환에서 등장하는 상품들의 가격을 설명하는 데 요구되었다. 이 때문에 소유와 교환을 연결시키기 위해 교환에서 특정 상품을 특정 개인이 소유한다고 설정했다. 이 같이 하나의 상품이 각 개인에게 유일한 재산이 됨으로써 앞서 등장했던 여러 다른 재물들은 이 상품에 축약되어 나타나지 않으면 안 된다.[10] 여기서는 동질적인 존재로서 가치가 요구된다.

그러므로 각 상품은 그 자체로서 존재하면서 동시에 다른 재물들에 대한 지배력으로 등장하고, 이들이 각기 사용가치와 교환가치로 호칭된다. 교환이 생산과 연관되면서 한 상품이 한 소유자와 연결된다. 이러한 일대일 대응은 분업이라는 사실에 의해 확정된다. 이 상황에서는 인적인 비교와 물적인 비교가 함께 이루어진다. 그리고 이 경우 가치

10) 이 점에서 『비판』과 『자본론』에서 마르크스가 제시한 상품집단의 의미도 이해될 수 있다.

는 시장을 떠나서는 존재할 수 없으며 상품의 속성으로 등장한다.

3) 뿐만 아니라 사유재산은 생산에 투입될 수도 있다. 그러한 사유재산은 소비재가 아니라 생산재이다. 일단 생산이 고려되면 한 상품을 생산하는 데 여러 주체들이 "참여"함으로써 주어진 가치를 여러 주체들 사이에 분배해야 한다. 이런 상황으로 생산비설이 필요하게 되었다.

여기서 법적으로 생산물이 자본가나 기업주의 소유라든지 그러한 가치의 분배가 어떻게 이루어진다든지 등은 중요치 않다. 이 상황에서는 첫 번째와 정반대로 한 상품을 여러 주체들이 공유한다. 이 때문에 분할될 수 있는 수량으로서의 가치가 부각된다. 이를 통해 가치는 개인에 대해서든 상품에 대해서든 이미 주어진 것을 비교하는 차원이 아니라 생산되고 분배된다는 보다 적극적인 의미를 지닌다.

그런데 각자는 자신이 소유하는 생산요소를 통해 생산에 참여하므로 가치의 분할은 생산요소에 대한 대가로 나타난다. 이런 이유로 생산요소는 그 자체가 가치이면서 가치를 낳는 이중적인 존재가 된다. 또한 소유와 생산이 겹치면서 가치개념은 한층 복잡해진다. 한편으로 소유나 매매와 관련된 개념들이 토지의 가격, 자본재가격, 인간이나 노예의 가격이라면, 생산이나 분배와 관련해서는 지대, 임금, 이윤이 중요하다. 이에 따라 가치개념은 두 가지 종류의 가격을 포괄해야 한다.

생산요소들 중에서 노동자의 가격은 근대사회에서 적어도 표면적으로는 존재하지 않는다. 또한 지가는 순전히 지대에 의해 사후적으로 결정된다고 보아 배제할 수 있다. 그렇지만 자본재의 가격과 이윤에 대해서는 논리적인 선후를 따질 수 없으며 양자가 공존한다고 보아야 한다. 결과적으로 임금, 이윤, 지대를 관통해 가감승제의 사칙연산이 가능한 일관된 가치개념을 설정하려는 것이 스미스의 의도였다고 생각된다.

이렇게 보더라도 한 상품과 한 경제주체가 일대일로 대응되는 교환은 첫째와 셋째의 가교가 된다. 즉, 첫째에서와 같이 여러 상품들을 소유하지 않고 하나만을 소유하며, 셋째와 달리 여러 주체들이 한 상품을 생산하지 않고 한 생산자가 한 상품을 생산한다. 이 경우 상품가치와 분배가 일대일로 대응된다. 첫째와 정반대로 여러 상품들과 여러 경제 주체들이 상호 연관되어 이들 세 가지 관계가 복합적으로 나타날 때 경제 전체나 시장이 설정된다. 여기서 물적인 비교를 위해 인적인 비교가 이루어진다.

이들 모두를 관통해 일관된 가치개념을 구축하는 것이 가치론의 목표이자 스미스의 고민이었다고 볼 수 있다. 이들을 각기 도시하면 아래와 같다.

〈사유재산의 가치: 가치의 합산〉

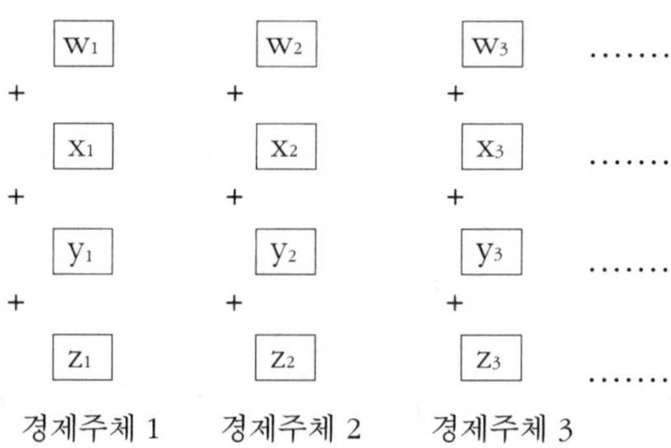

〈투하 · 지배노동가치설: 가치의 출현〉

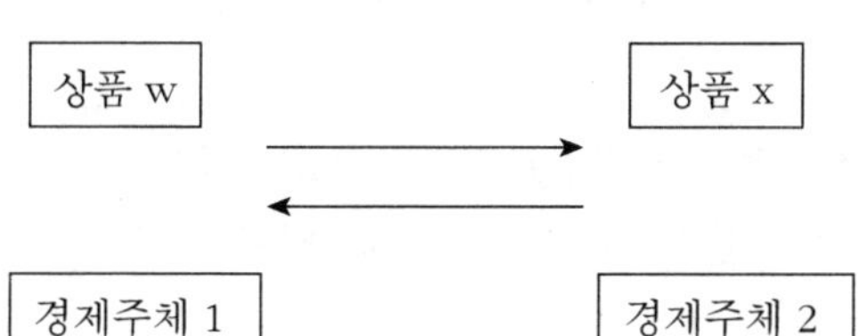

〈생산비설: 가치의 분할〉

w_1	w_2	w_3	…………	상품 w
x_1	x_2	x_3	…………	상품 x
y_1	y_2	y_3	…………	상품 y
z_1	z_2	z_3	…………	상품 z

경제주체 1, 2, 3 …

신고전학파라면 여기서 소비재나 생산요소나 모두 개인의 소유물이라고 보아 세 번째를 첫 번째와 두 번째의 착안으로 환원시키며 경제 전체에서 가치의 흐름을 시장의 수요공급으로 설정한다. 이에 비해 리카도와 마르크스는 세 번째로 경사되어 있으며 경제 전체를 여러 개의 생산단위들로 생각한다. 전자는 교환을, 후자는 생산을 강조한다. 이런 관점에서 스미스는 리카도 및 마르크스와 신고전학파의 중간에 있다.

(4) 스미스에서는 상품과 자본이 다같이 노동으로 환원된다. 그에게서 상품은 '이루어진 노동'(work done)으로 자본은 '축적된 노동'(accumulated labour)으로 규정된다. 이 점은 노동에 대한 지배가 각종 재화에 대한 지배로 설정되는 데서 이미 확인되었다. 또한 생산비설을 논의하면서 그는 임금을 노동과 동일시했다. 이에 대해서는 어떤 가정이나 고리가 생략되었는지 규명해야 한다.

p. 59, 상품이나 노동, 즉 수행된 작업이나 수행될 작업이 넘치거나 모자를 수 있다……. 그런데 시장에서 상품 혹은 수행된 작업이 모자랄 수는 있어도 노동 혹은 수행될 작업이 모자랄 수는 없다……. 여기서 시장에

는 상품과 노동 모두 과잉공급되고 있다.[11)]

임금을 임금재로 파악하고 임금재의 가치를 노동으로 환산할 때 임금을 노동으로 간주할 수 있다. 그러나 이 경우 전체 투하노동과 노동자의 당해 기간 투하노동, 그리고 이들 중 임금으로 지급되는 부분이 구분되지 않는다. 이는 다시 총생산물과 순생산물의 차이나 불변자본의 존재를 도외시하고 다시 순생산물과 임금을 혼동하는 것과 마찬가지이다. 앞서도 그는 이들을 경시했다. 다른 해석으로 지배노동과 생산비설을 겹쳐 볼 수 있다. 이 경우 모든 가격을 지배노동으로 표현하면, $p_i=W_i+\pi_i+R_i$를 $[p_i/w]=[W_i/w]+[\pi_i/w]+[R_i/w]=l_i+[\pi_i/w]+[R_i/w]$. 여기서 임금은 노동 그 자체로 환원될 수 있다.

1.2. 지배노동과 사용가치

지배노동과 관련해 고대사상에서 대립된다고 생각했던 생계유지와 이윤추구를 스미스를 위시한 고전학파가 다같이 자연스럽게 여겼다는 점을 논의할 필요가 있다. 이는 고전학파가 양자를 모순 없이 결합해야 한다는 과제를 안게 되었음을 의미한다. 이 과제는 결국 양자를 동일시하거나 아니면 외견상 다르지만 양자가 같은 결과를 낳아 실질적으로 동일하다는 논리로 해결되어야 한다. 스미스는 이윤추구나 자본주의의 운행이 결과적으로 보다 많은 사람들의 생계유지를 가능케 한다고 규정함으로써 문제를 해결하려고 노력했다고 이해할 수 있다.

11) p. 59, either over-stocked or under-stocked with commodities or with labour; with work done, or with work to be done….The market is under-stocked with commodities, not with labour; with work done, not with work to be done…. The market is here over-stocked both with commodities and with labour.

생계유지와 돈벌이의 모순은 경제학에서 사용가치와 교환가치의 모순 혹은 다이아몬드와 물의 역설로 등장한다. 소급해 아리스토텔레스는 사용가치와 교환가치의 모순을 인정하면서 교환가치를 배척하는 방향을 택했다. 이에 비해 고전학파는 사용가치와 교환가치의 차이를 인정하면서도 이에 대한 해소가 과제임을 자처했다. 즉, 교환가치의 추구가 결과적으로 사용가치의 공급을 가져온다는 방향으로 나아갈 수밖에 없었다.

이에 대해 고전학파 학자들 사이에 약간의 이견이 있었고 분명한 해결책을 찾지도 못했다. 그렇지만 이런 고전학파의 흐름에 대한 단서를 확인해 볼 필요는 있다. 사용가치와 교환가치의 모순에 대한 마르크스나 루카치(Georg Lukács) 및 헬러(Agnes Heller)의 입장과는 별개의 입장에서 이 논의를 전개했다.

우선 교환가치를 가격이라고 보면 어떤 종류의 가격이 보다 사용가치와 거리를 좁힐 수 있는가? 예상컨대 실질가격이나 자연가격 혹은 자연임금이다. 화폐가격 혹은 명목가격과 구분되는 실질가격은 가격이나 화폐를 배제하고 구매력을 통해 실물에 접근한다는 점에서 교환가치와 사용가치의 거리를 좁히는데 보다 적절하다. 또한 시장가격과 구분되는 자연가격은 장기적인 가격으로서 가격의 자의적인 움직임에 대해 규칙성을 부여한다.

상품의 가치와 개인의 재산 혹은 국부에 대한 포괄적인 측정수단으로서 지배노동이 제시된 점은 이와 연계되어 있다.[12] 지배노동은 특정 상품이 지배할 수 있는 노동량이다. 우선 이것은 특정 상품

12) 물론 리카도는 사용가치를 도외시하고 투하노동가치설에 집착했던 리카도가 가치와 부를 분명하게 구분해, 견해를 달리 했다. 더불어 그는 특히 맬더스와 달리 사용가치를 가치와 무관하다고 규정했고, 수요가 가치를 결정한다고 보지도 않았다. 이는 부와 가치에 대한 구분과도 연결된다.

의 가치를 표시한다. 또한 지배노동은 노동자의 생계와 연결되어 개인의 부나 국부가 어느 정도 숫자의 사람들에게 생계를 허용하는가를 보여 준다. 더불어 그것은 노동자를 부려 증식될 수 있는 잠재적인 부를 나타낸다. 끝으로 그것은 한 개인의 재산이 타인을 부릴 수 있는 권력을 의미한다.

예를 들어, 노동 한 단위가 필요로 하는 곡물의 수량이 b단위이면, 곡물 x단위로 지배할 수 있는 노동량은 x/b가 된다. 그런데 만약 곡물의 단위 당 명목가격이 p이고, 노동 단위당 화폐임금이 w라면, 곡물 한 단위의 지배노동량은 p/w가 된다. 따라서 지배노동량을 실물 혹은 사용가치의 비율(l_q)로 표시할 수도 있고, 화폐의 비율(l_p)로 표시할 수도 있다.

양자가 동일하면 지배노동량은 실물과 화폐, 부와 가치, 개인의 재산과 상품의 가치를 동시에 표시한다. 문제는 $l_q=l_p$기 보장되느냐이다. 곡물의 가격과 화폐임금이 시장에서 수요와 공급에 따라 움직인다면 이런 보장이 없다. 가령, 0.5부쉘로의 곡물이 노동자 일인당 생계 수단이라면 1부쉘의 곡물은 2명의 노동자를 지배한다. 여기서 1부셜의 곡물 가격이 10파운드이면, 임금은 5파운드이어야 하는데 그렇게 된다는 보장이 없다. 스미스는 양자를 유지(maintain)할 수 있는 노동과 구입(purchase)할 수 있는 노동량의 차이로 규정했다.[13)]

만약 양자가 일치하지 않으면 양자가 일치되게 만드는 장치가 부여되어야 한다. 국민경제 전체의 입장에서 보면 곡물의 생산량은 토지의 비옥도, 기술 수준, 그리고 외국과의 무역개방 정도로 결정된다. 임금재의 종류와 수량은 완전히 자연적으로 결정되지 않고 역

13) 만약 리카도의 곡물모형과 유사하게, 그리고 마르크스가 지적한 것에 착안해, 0.5부쉘로와 1부쉘을 각기 투입물과 산출물로 보면 실물로 본 잉여의 비율과 화폐로 표시한 잉여의 비율이 된다.

사 · 문화적 요인을 포함하나 단기적으로는 주어진다고 볼 수 있다. 단기에 있어 l_q이 준거라면, l_p가 변동할 수 있는 장치가 부여되어야 한다. 자연가격과 자연임금은 바로 이 비율을 일치시킨다. 반면 장기에는 임금재의 변동이 인구의 변동을 가져와 실질임금이 회복된다고 볼 수 있다. 여기서 인구나 생활수준과 관계되는 것이 실질가격과 실질임금임을 알 수 있다.

더구나 투하노동가치설이 지배노동가치설에 결합되면 사용가치와 교환가치의 간격이 더욱 가까워질 수 있다. 투하노동은 상품에 투하된 노동량이 교환가치를 결정한다는 논리이다. 그런데 지배노동은 교환가치가 노동에 대한 지배량에 의해 결정되거나 이것으로 표시할 수 있다는 논리이다. 이어서 식량이나 생필품의 경우 언제나 수요가 창출되어 그 가격이 높은 수준에서 유지된다는 스미스나 맬더스의 생각을 단서로 생각할 수 있다. 또한 맬더스는 수요의 변동이 직접 자연가격의 변동을 가져온다고 보았다.

1.3. 가치척도

스미스는 5장 "상품의 실질가격과 명목가격 혹은 노동가격과 화폐가격에 대해"(Of the real and nominal price of commodities, or of their price in labor, and their price in money)에서 가치척도에 관해서도 논의했다. 이 부분은 가치론의 연장이면서 가장 난삽한 부분이기도 하다. 그렇지만 이에 대한 상세한 주해가 가치론에 통찰을 낳을 가능성이 있다.

우선 스미스는 부를 교환가치, 사용가치 그리고 노동의 세 가지로 규정했다. 교환가치는 자본주의에 나타나는 현상이며, 재화는 궁극적인 목표이고, 노동은 재화의 생산을 가능케 한다($\Sigma_i b_i p_i = bp = b\lambda$). 여기서 그는 노동과 재화 혹은 욕망의 두 가지 축을 설정했다고 볼 수 있다. 이는 헤겔(Georg Wilhelm Friedrich Hegel)의 구도와 별로 다르지 않다(홍 훈, 2008, 411쪽).

스미스에 있어 교환가치는 타인이 생산하거나 소유하지만 결국 재화나 사용가치와 연결된다. 이에 따라 모든 부는 그 자체로서 목표가 되거나 독자적인 성격을 지니지 않고 사용가치나 재화로 환원된다. 즉, 교환가치와 사용가치의 차이는 특정 경제주체와 다른 경제주체 중 누가 소유하느냐로 규정된다. 이 때문에 그의 경우에도 경제활동의 종점은 소비이다. 또한 스미스는 노동을 고통으로 규정했다. 이같이 스미스는 공리주의를 배제하지 않았다.

이러한 스미스의 성향은 한편으로 화폐에 대한 환상을 깨뜨리지만, 다른 한편으로 자본주의에 내재된 배금주의를 주관적인 환상으로 처리하는 오류를 낳는다. 이에 비해 마르크스는 생산과정을 잃지 않으면서도 배금주의를 현실로 인정하기 위해 교환가치를 가치형태로 설정하고 다시 화폐로 발전시켰다. 이 경우 교환가치와 화폐는 타인이 가진 사용가치로 환원되지 않고 그 자체로 행동유인이 된다. 이같이 마르크스에서는 가치 그 자체가 실체가 되고 교환가치는 가치의 형태로 독자성을 지닌다. 이에 비해 스미스에 있어서는 사용가치가 교환가치의 실체이며 교환가치는 확고한 자율성을 지니지 않는다.

그런데 스미스는 진정한 가치척도를 찾기 위해 실질가치와 명목가치를 논의하면서도 명목가치에 대한 미련을 버리지 못했다. 가치척도의 후보로 노동량(λ), 실물량 혹은 구매력 일반(q), 곡물량(q_c), 그리고 화폐량 혹은 가격(p)을 열거했다.

익히 짐작할 수 있듯이, 그는 가치변동이 적을수록 가치척도로서 적절하다고 보아, $\lambda > q_c > q > p$의 순서를 부여했다. 부차적이지만 장기적으로는 $q_c > q > p$이고, 단기적으로는 $p > q_c > q$이다. 이런 의미에서 노동이나 곡물이 특정 상품의 가치를 제대로 측정하며 이들이 상품의 실질가치를 표현한다.

이같이 스미스가 마르크스보다는 덜 하지만 명목가치를 완전히 저버리지 않고 이에 대해 나름대로 의미를 부여했다는 점을 주목해야 한다. 실질가치의 척도는 정확하지만 추상적인데 비해, 명목가치는 정확하지 않지만 구체적이고 자연적이며 명백하고 일상적(palpable, natural and obvious)이라고 그는 말했다.

스미스의 논리에 따라 구체적인 성격이나 자연성의 관점에서 순서를 매기면 위와 반대로 $\lambda < q_c < q < p$ 혹은 $\lambda < q < q_c < p$이 된다. 이는 자본주의경제가 상업사회이므로 누구나 어느 정도 상인이 될 수밖에 없다는 그의 앞선 주장에 부합된다(p. 22, 38). 이에 대한 근거는 다음과 같다.

> p. 31, 그러므로 그것의 교환가치를 그것이 구입할 수 있는 노동량과 다른 어떤 다른 상품의 수량으로 추산하는 것이 더 자연스럽다. 다수의 사람들이 노동량보다는 특정 상품의 수량이 의미하는 바를 너무나 잘 이해한다. 전자는 만져지는 물체이고 후자는 추상적인 개념이다. 후자를 충분히 알 수 있도록 만들 수는 있지만 전혀 자연스럽거나 명백하지는 않다.
>
> p. 32, 이들을 팔고 받는 화폐량도 그가 이후에 구입할 수 있는 빵과 맥주의 수량을 결정한다. 그러므로 그에게 이들의 가치를 빵이나 맥주의 수량이 아니라 화폐량으로 추산하는 것이 자연스럽고 명백하다.
>
> p. 36, 노동이 가치의 가장 보편적이면서 유일한 척도이다.
>
> pp.37-38, 실질가치와 명목가치를 구분할 필요가 있다. 물론 인간사의 통상적이고 일상적인 거래인 매매에서는 이럴 필요가 없다. 상인은 이것들의 화폐가격이외에 아무 것도 고려할 필요가 없다. 그러므로 모든 매매의 신중성여부는 재화의 명목 가격 혹은 화폐가격이 궁극적으로 결정하고 이들이 가격이 관련된 일상의 거의 모든 일들을 규제한다. 그러므로 사람들이 실질가격보다 이 가격에 그렇게 주목하는데 대해 전혀 놀랄 필요가 없다.[14]

---

14) p. 31, It is more natural, therefore, to estimate its exchangeable value by the quantity of

노동이 실질가치이며 화폐는 명목가격이라는 스미스의 지적도 주목할 필요가 있다. 이는 노동과 화폐가 각기 가치의 내적인 척도와 외적인 척도라는 마르크스의 진술에 상응한다. 사실 마르크스는 화폐에 관한 한 리카도보다 스미스를 따랐다. 이런 주장의 근거로는 다음과 같은 점을 지적할 수 있다.

먼저 화폐의 기능과 관련해 마르크스의 구분이 스미스의 구분과 유사하다. 보다 중요하게 『국부론』과 『자본론』이 모두 화폐의 발생과 기능들을 분리시켜 두 군데에서 취급했다. 나아가 전자를 가격 혹은 가치형태와 연결시켜 논의했다. 스미스는 『국부론』 1권 4장과 5장에서, 마르크스는 『자본론』 1권 1장 3절과 3장에서 각기 이와 같이 논의했다.[15]

이는 스미스와 마르크스가 유물론을 공유한다는 미크(Ronald

---

some other commodity than by that of the labour which it can purchase. The greater part of people too understand better what is meant by a quantity of a particular commodity, than by a quantity of labour. The one is a palpable object; the other an abstract notion, which, though it can be made sufficiently intelligible, is not altogether so natural and obvious.

p. 32, The quantity of money which he gets for them regulates too the quantity of bread and beer which he can afterwards purchase. It is natural and obvious to him, therefore, to estimate their value by the quantity of money ···· , than by that of bread and beer

p. 36, Labour ···· is the only universal, as well as the only accurate measure of value

pp. 37-38, it may be of use to distinguish between real and nominal price; it is of none in buying and selling, the more common and ordinary transactions of human life ···· the merchant ···· has nothing to consider but their money price, ···· As it is the nominal or money price of goods, therefore, which finally determines the prudence or imprudence of all purchases and sales, and thereby regulates almost the whole business of common life in which price is concerned, we cannot wonder that it should have been so much more attended to than the real price.

15) 기타 스미스와 마르크스의 체계상 유사성을 지적해 보면 경제이론이나 사상에 대한 비판을 자본주의 분석의 일부로 상정했다. 스미스는 『국부론』 4권에서 중상주의와 중농주의에 대한 비판을 『국부론』에 포함시켰다. 이와 마찬가지로 마르크스도 비록 별도의 책이지만 『잉여가치학설사』를 『자본론』의 연장으로 취급했다.

Meek, 1967)의 주장으로 뒷받침된다. 그는 스미스를 포함한 스코틀랜드의 유물론이 마르크스와 엥겔스와 유사하고 이들에게 적지 않은 영향을 미쳤다고 주장했다. 대표적으로 역사의 변동이 개인이나 정책의 산물이 아니라 맹목적이라고 말한 점을 지적했다.[16)]

그런데 스미스는 명목가치에 대한 미련을 버리지 못하면서도 겉으로는 그것의 무의미함을 지적했다. 마르크스는 스미스보다 확고한 입장을 취해 외적인 척도가 필연적인 존재라고 주장했다. 이에 비해 베일리(Samuel Bailey)는 마르크스와 정반대로 명목가치 그 자체가 가치라고 주장했다. 여전히 스미스는 베일리와 마르크스의 중간 어디에 놓여 있다.

이와 관련해 몇 가지 논문을 참고할 필요가 있다. 스승들이 가치의 주관적 성격을 강조했음에도 불구하고 스미스가 노동가치론으로 경도된 이유로 로버트슨 등(H. M. Robertson & W. L. Taylor)은 스미스의 관심이 불변의 가치척도를 찾는데 있었다고 주장했다. 이는 리카도에 대한 스라파의 해석과 비슷하다. 스미스는 성장론 등을 포함해 자신의 체계를 관통하는 논리를 원했기 때문에 가치척도에 관심을 기울이게 되었다고 주장한다. 또한 굽타(A. K. Das Gupta)는 스미스가 여러 가지 가치론들을 종합하지 않은 채 제시한 것을 그가 가치론 그 자체보다 가치척도에 관심을 두었다는 사실의 근거로 해석했다.

---

16) 또한 그는 『노동가치론이론 연구』(*Studies in the Labour Theory of Value*)를 통해 이런 입장에 서서 노동가치론을 해석하고 스미스와 리카도의 연속성을 찾아내려고 노력했다.

1.4. 자본과 저량

『국부론』 2권의 서론에서 스미스는 원시시대를 예로 들어 의식주를 해결하는 경제활동에 있어 분업의 부재는 교환의 부재와 같고 이는 자급자족이라고 설명했다. 이어 그는 자급자족을 저량(stock)이 불필요한 상황으로 규정했다. 그 다음에 스미스는 논리를 반대 방향으로 전개했다. 즉, 분업의 성숙은 교환의 존재를 의미하고 이는 저량을 필요로 한다. 여기서 저량이 필요한 구체적인 이유로 생산시간과 유통시간을 지적했다. 또한 그는 저량과 기술적 분업을 연결시켜 저량의 존재가 기술적 분업의 발전과 생산력의 증가를 가져온다고 주장했다.

여기서 교환의 부재는 자급자족과 동일시될 수 있다. 그러나 분업의 부재가 교환의 부재와 동일시되기 위해서는 분업이 사회적 분업으로 해석되어야 한다. 그런데 생산시간은 기술적 분업도 내포한다. 결과적으로 저량의 존재는 사회적 분업과 기술적 분업 모두를 전제로 한다. 또한 자급자족을 저량이 불필요한 상황으로 간주하려면 저량에 생산재뿐만 아니라 소비재도 포함해야 한다.

전반적으로 스미스는 저량과 자본(capital)을 구분하고 자본개념보다 저량개념이 먼저 등장한 이유를 설명했다(pp. 259-261). 그의 논리는 세 가지 정도이다. 첫째 사회적 분업이 존재하는 교환경제에서 생산과 판매에 시간이 걸리기 때문에 이 시간동안 경제활동을 위한 소비재와 생산재가 필요하다. 둘째 기술적 분업이 존재하는 공장에서 대규모생산이 이루어지기 위해 필요하다. 셋째 생산력의 증가를 위해 요구된다.

여기서 스미스가 자신의 이론체계에 저량을 도입한 방식을 주목해야 한다. 앞서 그가 주로 논의한 주제가 분업과 교환이므로 이에 근거해 저량 개념을 도입할 수밖에 없었다. 그런데 분업에는 사회적 분업과 기술적 분업이 있고, 전자는 시장 및 교환과, 후자는 생산과 각기 연결된다. 이 때문에 스미스는 저량의 등장을 사회적 분업과 기술적 분업의 두 차원에서 논의했다.

스미스가 저량의 존재를 사회적 분업과 연결시키면서 저량에 생산재뿐만 아니라 소비재가 포함된다고 생각했다고 추정할 수 있다. 또한 이렇게 설명하면서 자본가계급이 존재하는 경제가 아니라 단순상품생산경제를 상정했다. 저량의 존재는 생산력 증가나 기술적 분업과 연결되어야 한다. 그런데 이것이 시장경제의 특징은 아니므로 스미스가 시장경제의 특징을 이루는 사회적 분업을 함께 고려했다고 생각된다. 더불어 소득분배와 관련해 엄연히 자본가계급을 설정했으면서도 이에 대해 모호한 입장을 보여 스미스가 행동주체에 대해 명확히 하지 못했다는 평가를 재확인할 수 있다.

2권 1장에서 스미스는 저량을 즉각 소비에 이용되는 부분과 생산에 투입되는 부분으로 나누고 후자를 자본으로 규정했다(pp. 262-269). 전자에는 어떤 소득이 발생하지 않으나 후자에는 소득이 발생한다. 여기서 즉각적인 소비는 노동자의 소비가 아니므로 모든 소비재가 자본에서 제외된다고 볼 수 없다. 그렇기 때문에 스미스는 자본 중에 고정자본과 유동자본을 구분했다. 결과적으로 개인이나 경제전체 차원에서 저량=즉각적인 소비재+자본=즉각적인 소비재+고정자본+유동자본이라는 분류를 제시했다.

그런데 앞서 스미스가 제시한 저량의 발생원인은 자본에도 적용된다. 저량과 자본에 차이가 있다면 이는 저량에는 소득이 발생하지 않으나 자본에는 소득이 발생한다는 점이다. 그렇지만 앞서 저량을 설명하기 위해 제시되었던 사회적 분업이나 기술적 분업으로는 새로운 소득의 발생을 설명할 수 없으므로 새로운 논리를 제시해야 했다. 스미스는 저량이 장기간을 지속할 만큼 많아지는 경우에 새로운 소득이 발생한다고 해명했다. 그러나 이 논리는 빈약하다.

2. 스미스와 관련된 사상

2.1. 코페르니쿠스

폴란드의 코페르니쿠스(Nicholaus Copernicus, 1473-1543)는 익히 알려진 대로 지동설(heliocentric system)과 태양계의 존재를 주장했다. 우선 천문학자로서 그의 의미에 대해 살펴보자 그는 서양에서 그리스의 아리스토텔레스(기원전 384-322)와 알렉산드리아에 거주하던 프톨레미(87-150) 이래 2천 년 동안 지배했던 천동설(geocentric system)을 뒤집은 과학적 혁명의 주인공이다. 이 혁명은 독일의 케플러(Johannes Kepler, 1571-1630)와 이탈리아의 갈릴레오(Galilei Galileo, 1564-1642)를 거쳐, 영국의 뉴턴(Isaac Newton, 1642-1727)에 이르러 완성되었다고 알려져 있다.

그런데 코페르니쿠스는 지구와 여타 행성의 궤도를 원이라고 생각했다. 원으로 생각하는 경우 부수적인 원들(epicycles)을 상정해야 현실에 대한 설명이 가능했다. 부수적인 원에 의존한 설명방식은 프톨레미가 천동설을 제시하면서 의존했던 방법이다. 그런데 근대 천문학의 역사에서는 부수적인 원을 상정하는 것이 점차 이론에 문제가 있다는 증거로 간주되기 시작했다.

케플러가 스승인 덴마크인 브라헤(Tycho Brahe, 1546-1601)의 관찰 결과를 그의 가족으로부터 빼앗았고, 이에 근거해 원과 부수적인 원들이 아니라 전체적으로 타원이라고 정정하게 되었다. 원은 하나의 초점을 가지며 이로부터 일정한 거리를 유지하는 점으로 구성된다. 이에 비해 타원은 두 개의 초점으로부터 합한 거리가 일정한 점들로 이루어지며, 타원의 모양은 이심도(eccentricity)에 의해 결정된다. 케플러는 자신의 세 가지 법칙을 통해 지구의 공전 궤도가 타원임을 보였다. 그러므로 지구는 태양이라는 초점과 아무 것도 존재하지 않는 또 다른 초점을 돌고 있다.

갈릴레오는 천문학의 내용보다는 수리적 방법에 대한 강조로 알려졌다. 이어 뉴턴은 만유인력의 법칙을 포함한 세 가지 법칙에 따라 케플러의 이와 같은 주장을 단순히 천체가 아니라 만물에 일반화했으며, 물체의 운행궤도를 다양화했다. 물체의 궤도는 원추의 절단 방식(conic sections)에 따라 원, 타원, 포물선, 쌍곡선 등 다양하게 나타난다는 점을 그는 밝혔다.

이제 이런 역사를 경제나 사회와 관련지어 해석해 보자.

우선, 지구의 궤도가 두 개의 초점을 가지고 있음은 마치 지상에 존재하는 모든 사물이 지닌 실체와 외양의 양면성 혹은 본질주의와 탈근대주의의 공존과 유사하다.

둘째, 아담 스미스가 천문학의 역사를 논의하면서 뉴턴에 대해 하나의 원칙으로 모든 것을 설명한 단순성을 칭송한 것은 이와 같은 역사를 반영한다.

셋째, 상품과 화폐의 순환을 물체의 내적인 모순이 타원으로 이루어진 운동으로 나타난다는 사실과 비슷하게 생각한 마르크스의 설명은 케플러와 뉴턴의 결합이라고 생각된다. 이와 관련해서는 마르크스의 박사 학위 논문이 데모크리투스와 에피쿠로스에 대한 비교였다는 사실도 기억할 필요가 있다. 이 논문에서 그는 원자의 궤도이탈을 인간의 자의식이나 자유정신에 비유했다.

그런데 코페르니쿠스는 1520년대에 폴란드의 재정이나 화폐관리와 관련된 직책을 맡았고, 『화폐론』(*Traité de la monnaie* 혹은 *Considérations sur la fabrication de la monnaie*, 1526)도 저술했다. 그가 주로 다룬 문제는 오레슴(Nicole Oresme)과 마찬가지로 당시의 금속화폐가 가지는 가치를 어떻게 유지하는가였다.

그는 우선 왕국이나 공화정을 쇠퇴하게 만든 요인으로서 불화, 윤리의 약화, 토지의 척박함, 그리고 화폐의 타락 네 가지를 들었다. 이 중에서 앞의 세 가지는 주목을 받고 있으나 네 번째는 서서히 그리고 잠재적으로 진행되기 때문에 쉽게 파악할 수 없다고 그는 말했다. 이같이 그는 화폐로 인해 빚어지는 현상이 다른 현상보다 훨씬 은폐되어 있거나 쉽게 감지되지 않는다고 생각했다.

그는 화폐의 타락과 관련해 금속화폐의 함량이 저하해 화폐의 가치가 하락하는 현실을 지적했다. 또한 많은 함량을 가진 과거의 화폐와 적은 함량을 가진 새로운 화폐가 함께 통용되는 상황에서 빚어지는 혼란을 심각한 문제로 언급해 그는 그레샴의 법칙에 접근했다. 즉, 가치가 다른 과거의 화폐와 신규 화폐가 함께 통용되는 경우 일부의 사람들이 이익을 획득하는 과정을 거치면서 가치가 적은 신규 화폐만이 통용되는 결과를 낳게 된다.

또한 그는 기본적으로 화폐의 가치를 높게 유지하지 않으면, 상인이나 노동자가 아닌 일반사람들의 생필품 가격이 비례적으로 상승해 경제를 병들게 한다고 주장했다. 그는 이런 문제를 해결하기 위해 새로운 가치의 화폐 발행에 대한 신중성, 주조관청의 단일화, 과거 화폐의 수거, 과도한 화폐 발행에 대한 절제 등을 방책으로 제시했다.

2.2. 맨더빌과 퍼거슨

(1) 맨더빌(Bernard de Mandeville, 1670-1733)은 저서 『꿀벌의 우화』(*The Fable of the Bees*, 1714)를 통해 개인적인 악덕이 사회적인 미덕이 될 수 있음을 주장했다. 형식면에서 그의 책은 전체를 관통하는 시를 먼저 제시하고 이에 대해 자귀별로 해설을 붙이는 특이한 방식으로 전개된다. 그리고 고어가 등장해 이해하는데 있어 각별한 어려움도 있다.

내용면에서 이 책은 사회나 경제전체 차원이 아니라 개인 차원에서 흔히 생각한 개인의 악덕이 사회의 미덕이 될 수 있다고 주장했다. 또한 개인의 미덕이 사회의 악덕이 될 수 있으며 미덕과 악덕이 상호 공생한다는 입장을 제시했다.

이 중에서도 특정 행동이 어떤 측면에서 보면 악덕이지만 다른 측면에서 보면 미덕이어서 선악을 이분법적으로 생각할 수 없다고 그는 주장했다. 가령, 술을 팔아 부를 축적한 경우를 보자. 이 경우 부를 축적한 사람의 입장에서 보면 미덕이지만 술을 사서 마신 개인들은 악덕을 저질렀다고 볼 수 있다.

이런 맨더빌의 입장에서는 악덕을 없애는 경우 그러한 악덕을 자양분으로 하는 미덕도 사라지므로 모종의 악덕들이 불가피하다는 결론이 나온다. 이 결론 때문에 그는 서양 사상과 경제사상에서 이단적인 인물로 분류되어 있다. 그의 이단성은 마르크스나 베블런에 버금간다.

그렇지만 맨더빌은 이기심에 의존하는 경제 운행에 정당성을 제시한 인물로 평가되고 있다. 뒤몽(Louis Dumont)같은 학자는 경제라는 영역이 로크(John Locke)에 의해 정치로부터 분리되었고, 맨더빌에 의해 다시 윤리로부터 독립했다고 해석했다. 또한 인간행동의 의도되지 않은 결과라는 주제 때문에 스미스를 최상급의 사상가로 규정한 하이에크(Friedrich August von Hayek)는 맨더빌을 스미스의 원조로 간주했다.

(2) 퍼거슨(Adam Ferguson, 1725-1813)은 스미스와 동시대인으로 영국적인 계몽주의 혹은 경제학적인 사회이론의 시작점으로 알려져 있다. 그의 주저인 『문명사회의 역사』(*An Essay on the History of Civil Society*, 1767)는 이런 점에서 의미가 있다.

1부에서 그는 인간본성에 대해 논의했다. 이 중 1절에서 퍼거슨은 인간의 원래 모습 혹은 자연 상태에 대한 갖가지 신화적인 설명들을 반박했다. 그는 인간이 개인으로 존재하기도 했지만 집단성을 가지거나 유적 존재라는 점을 일차적인 특징으로 지적했다. 특히, 인간이라는 존재가 동물과 달리 개체로 존재하지 않고 무리지어 대를 잇고 문명을 발전시킨다는 점을 강조했다(p. 5).

또한 그는 인간이 자연적이면서 동시에 인공적이라고 말했다. 그래서 예술이나 발명 등 인공적인 것을 자연적인 것과 구분짓는 일이 옳지 않다고 생각했다. 여기서 인공적인 것은 인간의 노동이나 노력이 가미된 모든 것을 포함한다. 그런데 이런 노동이나 노력을 통해 개선하거나 완성을 지향하는 것이 인간에게 지극히 자연스럽다는 점을 그는 강조했다(p. 7).

뿐만 아니라 인간은 현재 사용하는 도구들을 과거 문명으로부터 전수받았다(p. 9). 이런 도구들을 이용한 현실개선은 지극히 자연스럽다(p. 10). 그렇기 때문에 자연스런 상태는 인간이 그것으로부터 영원히 벗어나 버린 과거의 조건이 아니라 인간이 달성하려는 미래의 상태이다(p. 10). 같은 이유로 자연스럽다거나 부자연스럽다는 정태적인 구분은 인간사를 규정하는데 의미가 없다.

비록 가치론으로 이어지지는 않았지만 퍼거슨의 이 같은 주장은 자연과 인공에 대한 이분법을 반박했다는 점에서 분명히 마르크스나 하이에크와 맞닿는 부분이다. 특히, 계획자(the projector)와 도덕군자(the moralist) 모두가 인간의 본성을 파악하지 못한다는 그의 주장이 하이에크를 예견하고 있다(p. 7).

p. 7, 때로는 원인이 파악되기 전에 결과가 생긴다. 또한 일에 대한 능력으로 인해 종종 계획이 고안되기 이전에 작업이 완성되기도 한다.
pp. 8-9, 이 능동적인 사람이 자신의 능력을 활용해 주위사람들에게 영향을 미치는 동안에는 모든 상황들이 비슷하게 자연스럽다……. 만약 궁전이 부자연스럽다면, 움집도 못지 않게 부자연스럽다. 그리고 최고로 가꾸어진 정치적이거나 도덕적인 감각도 그 부류에 있어 감정이나 이성의 처음 작동보다 더 인공적이지는 않다.
p. 10, 이런 의미에서 인간의 본성이 지닌 고유의 상태는 인간이 영원히 벗어날 수 있는 조건이 아니라 이제 이르러야할 조건이다.[17)]

3. 리카도의 가치, 지대, 부

리카도(David Ricardo, 1772-1823)의 『정치경제학 및 과세의 원리』(1817)에 대해서도 가치론과 지대론 등에 대해 부분적으로 해명해 보고자 한다.

3.1. 가치론

리카도는 1장의 가치론에서 투하노동가치설을 일관되게 내세웠다. 이런 입장에서 그는 스미스의 지배노동가치설을 부가 아니라 가치와 연결시켜 비판했다. 리카도는 스미스가 투하노동가치설을 올바르게 제시한 후 다시 지배노동가치설을 내세운데 대해 일관성이 부족했다고 비판했다. 또한 리카도는 지배노동가치설이 그 자체로서 타당하지 않다는 점도 지적했다.

---

17) p. 7, an effect is sometimes produced before the cause is perceived; and with all his talent for projects, his work is often accomplished before the plan is devised.
pp. 8-9, While this active being is in the train of employing his talents, and of operating on the subjects around him, all situations are equally natural. ···· If the palace is unnatural, the cottage is so no less; and the highest refinements of political and moral apprehensions, are not more artificial in their kind, than the first operations of sentiment and reason.
p. 10, the proper state of his nature, taken in this sense, is not a condition from which mankind are for ever removed, but one to which they may now attain

[p. 13 하단에서 p. 14 문단 1] 리카도는 스미스가 투하노동가치설을 제시한 후 논리적인 일관성을 결여한 채 밀이나 노동 등 또 다른 가치척도를 제시한 점을 비판했다. 리카도의 해석에 의하면 스미스는 투하노동과 지배노동이 동일하다고 생각했거나, 한 인간의 노동이 보다 생산적으로 변하면 다른 상품으로 환산된 그 노동의 대가가 늘어난다고 생각했다. 그러나 이런 생각은 잘못이라고 리카도는 주장했다.

일단 "그는 반드시 그것과 교환해 과거 수량의 두 배를 얻을 것이다"라는 리카도의 진술을 명확히 해야 한다.[18] 리카도는 스미스를 비판하면서 지배하는 노동량뿐만 아니라 지배하는 곡물의 수량을 언급했다. 이 때문에 "그것"과 "과거수량"이 지칭하는 바가 무엇인지 분명히 해야 한다. 잠정적으로 이들을 상품의 수량과 노동량(a man's labour)으로 생각할 수 있다. 결국 이 구절은 두 배로 늘어난 상품에 대해 두 배의 노동량이 교환된다는 생각으로 이해된다.

이 같은 리카도의 비판을 통해 투하노동과 지배노동이 다르다는 점을 인정할 수 있다. 리카도에 의하면 스미스는 투하노동이든 지배노동이든 모두 노동을 기준으로 삼았기 때문에 밀이나 금과 같은 기준과 다르다는 생각에 압도되어 투하노동과 지배노동을 동일시했다.

그렇지만 스미스가 이들을 동일하게 생각해 지배노동이라는 용어를 제시했는지는 불분명하다. 스미스가 지배노동을 제시한 이유를 이 같이 단순한 착오로 보면 그의 문제의식을 폄하할 가능성이 있다. 만약 지배노동에 별도의 의미를 부여할 수 있다면 지배노동이 투하노동과 같지 않다는 것이 오히려 지배노동의 강점이자 투하노동의 약점이 될 수도 있다.

---

18) He would necessarily receive twice *the former quantity* in exchange for it.

투하노동가치설은 한 상품의 단위가치가 투하된 노동량에 의해 결정된다는 견해이다. 이에 비해 지배노동가치설은 한 상품의 가치가 그것과 교환되는 노동량에 의해 결정된다는 견해이다. 투하노동가치설은 구체적으로 등장하는 교환비율을 설명하기 위해 교환의 배후에 있는 생산에 의존한다. 이에 비해 지배노동가치설은 일견 교환비율의 수준으로 되돌아가고 있기 때문이다.

이에 대해 흔히 뉴메레르의 차이로 보거나 지매노동가치가 가치론으로서의 요건을 갖추지 못했다는 견해를 제시할 수 있다. 그러나 이보다 긍정적으로 해석할 부분도 있다. 이들 두 가지 노동가치론은 노동가치설과 효용이론이 비교되듯이 단순히 가치의 결정요인이 다르다는 논리로 규정될 수 없다.

지배노동은 단순히 가치뿐만 아니라 사용가치의 측면을 가지고 있다. 이는 두 가지 근거로 확인된다. 먼저 예전보다 높은 생산성으로 인해 동일한 노동량이 투입된 상품이 늘어나면서 보다 많은 노동량을 지배한다는 주장과 부합된다. 또한 앞서 『국부론』에 대한 논의에서 확인한 바와 같이, 스미스는 지배노동가치론을 단순히 상품의 가치뿐만 아니라 경제주체의 빈부와 연관시켜 논의했다.

첫째, 지배노동가치설은 임금재와 관련된다. 그러므로 임금재 산업의 노동 생산성 증가로 인해 임금재의 가치가 하락하는 상황을 상정할 수 있다. 물론 이것은 장기에 있어서 임금이 생계비 수준으로 조정되며 임금이 화폐임금이 아니라 실질임금으로서 의미를 지닌다는 고전학파의 입장을 전제로 한다. 실질임금이 유지된다는 전제하에서 이같이 임금재의 가치가 하락하는 경우 보다 많은 노동을 고용할 수 있다.

이렇게 되면 굳이 마르크스의 죽은 노동과 산 노동 혹은 잉여노동이라는 개념을 도입하지 않더라도 생산성의 증가가 지배노동을 증가시킨다는 일견 잘못된 주장이 해명된다. 이 논리는 지배노동가치설이 순전히 특정 상품의 특정 수량이 갖는 가치를 의미하므로 사용가치와 무관하다는 견해에서 벗어난다.

둘째, 개인의 부에 대해 지배노동가치론을 적용한다는 것은 얼마만큼의 노동량을 고용할 수 있느냐가 부의 척도라는 의미가 된다. 이럴 경우 개인의 부는 이런 부를 통해 얼마만큼 임금재를 획득하고 얼마만큼 노동을 가동할 수 있느냐에 의해 결정된다. 그렇다면 임금재 산업의 생산성변동이 부를 통해 가동할 수 있는 노동량에 변화를 가져온다.

리카도의 비판은 스미스가 부를 유용한 재화들의 수량으로 규정했다가 다시 지배노동량으로 규정한 것이 잘못이라는 앞선 주장과 같은 흐름을 가지고 있다. 그러므로 리카도는 스미스의 지배노동가치설을 한번은 가치와 연관시켜, 다른 한번은 부와 연관시켜 논의했다. 그러나 리카도는 왜 스미스가 부에 대한 규정과 가치에 대한 규정을 동일 논리로 제시했는지에 대해 친절하게 살피지 않았다.

[p. 14 문단 2] 리카도에 의하면 노동생산성이 증가하더라도 임금이 비례적으로 증가하는 경우에만 투하노동이 지배노동과 동일해진다. 그런데 노동생산성에 따른 임금의 비례적 증가는 현실이 아니기 때문에 지배노동은 투하노동과 동일하게 변동할 수 없다. 이런 논리에 근거해 그는 지배노동가치가 가치론이 될 수 없다고 추론했다.

그는 이와 별도의 비판도 제시했다. 투하노동이 여러 가지 상황에서 불변의 척도로서 다른 상품들의 가치변동을 측정해 주지만, 지배노동은 다른 상품들과 마찬가지로 온갖 변동을 겪는다는 것이다.

두 번째 주장은 다음 문단에서 더욱 상세히 논의되므로 여기서는 첫 번째 주장만 정리해 보자. 현 상태에서 생산성 증가로 인해 동일

노동량으로 생산되는 임금재의 수량이 두 배로 늘어난다고 하자. 이 경우 증가된 수량의 임금재에 투하된 노동가치는 예전과 마찬가지이다. 만약 실질임금이 그대로 유지된다면 가동되는 노동은 예전의 두 배로 증가한다. 반면 임금이 두 배로 늘어나면 가동되는 고용량은 변하지 않는다. 두 번째 상황에서는 지배노동 역시 투하노동과 마찬가지로 변동이 없다. 리카도는 이 상황을 염두에 두고 있다.

이것이 투하노동량과 지배노동량이 동일한 방향으로 비례적으로 변동할 수 있는 조건이다. 이는 생산성 증가이전에 투하노동량과 지배노동량이 동일했는지 여부와 무관하다. 그런데 현실적으로 실질임금은 생산성의 증가에도 불구하고 변동하지 않기 때문에 이 조건은 성립하지 않는다고 리카도는 판단했다(p. 15 문단2). 그러므로 투하노동과 지배노동은 서로 다르며, 지배노동가치는 투하노동가치의 대용물이 될 수 없고, 나아가 지배노동가치설은 오류라고 그는 연역했다.

이와 같은 리카도의 해석 중에서 실질임금이 배가되지 않는다는 전제는 실질임금이 장기적으로 생계비수준에 머문다는 고전학파 전반의 논리에 근거하므로 무리가 없다. 이 때문에 이에 근거해 그가 지배노동가치와 투하노동가치가 동일하지 않다고 주장한 것도 타당하다. 문제는 양자가 동일하지 않기 때문에 지배노동가치가 무의미하거나 잘못되었다는 논리에 있다. 리카도의 생각과 달리 지배노동가치가 상품의 가치뿐만 아니라 사용가치를 고려한다고 보면, 투하노동가치과 다른 존재의의를 가질 수도 있다.

[p. 14 문단 3에서 p. 15 문단 1] 리카도에 의하면 지배노동가치는 투하노동가치와 달리 수시로 변동하기 때문에 가치척도로서 적절치 않다. 더불어 이같이 변동의 폭이 다르다는 점도 양자가 같은 방향으로 움직이지 않는다는 주장을 재확인시켜 준다.

지배노동가치는 임금에 의해 결정된다. 그런데 임금이 실질임금이나 밀의 수량이라고 보면, 우선 밀의 가격이 수시로 변동하기 때문에 동일한 실질임금을 유지하기 위해서는 화폐임금도 수시로 변동할 수밖에 없다. 또한 밀의 가격이 변동하지 않는다고 하더라도 수요공급 등 여러 요인에 의해 단기에 화폐임금도 변동한다. 이 때문에 투하노동이 여러 가지 상황에서 다른 상품들의 가치변동을 측정해 주지만, 지배노동은 이와 같이 기능할 수 없다.

우선, 리카도는 스미스의 지배노동가치설이 가치의 결정요인이 아니라 가치의 표현방식이라고 해석했다. 즉, 리카도에 의하면 지배노동가치설이 노동량과의 교환비율을 나타내며 교환비율은 실질임금에 의해 결정된다. 이에 따라 노동력의 가치나 밀의 가치가 안정되다면 이들을 가치척도로 생각할 수 있다.

이는 근대에 들어 정식화된 대로 지배노동가치가 노동을 뉴메레르로 삼는 가치에 대한 하나의 측정방식에 불과하다는 해석에 합치된다($p_i/p_j=p_i/w/p_j/w$). 이렇게 볼 때 리카도는 스미스의 지배노동가치설을 가치의 결정요인, 가치의 측정방식, 그리고 부의 척도라는 세 가지 관점에서 논의하고 이에 대해 각기 비판한 셈이다.

그런데 가치실체를 논의하는 과정에서 가치척도를 언급해 리카도는 가치실체와 가치형태 혹은 가치척도 사이에 거리를 두지 않았다. 이는 리카도가 스미스보다 후퇴한 부분이라고 생각된다. 리카도와 대조적으로 스미스는 노동량이 추상적인데 비해, 다른 상품, 특히 화폐로 표현한 가치가 감각으로 포착될 수 있어 훨씬 파악하기 용이하다고 말했다.

둘째, 리카도는 지배노동가치가 투하노동가치에 비해 가변적이기 때문에, 지배노동가치가 투하노동가치와 다르며 또한 지배노동가치를 신뢰할 수 없다고 주장했다. 이 논리를 뒷받침하기 위해 그는 화폐임금이 밀의 장기적인 가격변동으로 인해 변동할 뿐만 아니라 노동시장 자체의 단기적인 변동에 의해서도 변동한다고 보았다.

통상적인 해석에 따르면 스미스나 리카도는 모두 맬더스적인 인구론에 의존하므로 단기적으로 화폐임금이 생계를 어렵게 하거나 생계수준 이상의 생활을 가능케 한다는 견해를 가지고 있다. 이는 실질임금 자체의 변동을 의미하는데, 앞뒤 문맥으로 볼 때 리카도가 지배노동을 격하시키기 위해 단기적인 상황을 끌어 들인 셈이다.

[p. 15 문단 2에서 p. 17 문단 1] 임금은 장기적으로 생계를 확보하는 수준에서 결정된다. 임금이 생계비에 의해 결정되는 과정에서 작용하는 힘은 경쟁과 인구변동이다. 이 때문에 임금재산업의 생산성이 증가하는 경우 지배노동은 증가하는데 비해 투하노동은 변동하지 않는다. 이런 상황에 비추어 보면 상품에 대한 스미스의 지배노동가치론은 잘못이다.

[p. 17 문단 2에서 p. 19 문단 1] 리카도는 지배노동가치설이 노동력과 밀을 가치척도로 삼았다며 이 문제로 돌아가 다시 논의를 전개했다. 노동력과 밀의 가치도 금이나 다른 상품의 가치와 마찬가지로 생산성변동으로 인해 수시로 변동한다. 이 때문에 이들의 가치에 대해 불변성을 부여할 수 없다.

여기서 리카도는 노동량으로 표시된 특정 상품의 가치가 그 상품의 진정한 가치가 아니라는 결론을 내린 셈이다. 지금까지의 논의에서는 상품의 가치와 생산성만을 언급하다가 여기서 평가주체 혹은 경제주체를 등장시켰다. 이는 가치척도 혹은 불변의 가치척도가 경제주체와 보다 밀접하게 연관되어 있음을 의미한다.

[p. 19 문단 2] 리카도에 의하면 지배노동가치설은 노동력의 가치가 일정하다고 전제한다. 이렇게 생각하려면 임금재의 가치와 함께 노동력의 가치가 변동한 경우에도 노동력의 가치가 변동하지 않았다고 보아야 한다. 그런데 이 논리는 무리이다.

[p. 19 문단 3에서 p. 20 문단 1] 리카도는 스미스의 논리에 모순이 있음을 사례를 통해 설명했다. 노동자의 임금이 밀의 수량으로는 늘어났지만, 단위가격이 하락해 전체 가치량으로는 오히려 감소한 경우를 예시했다. 노동자가 밀뿐만 아니라 다른 임금재들을 필요로 하며 다른 임금재의 가격은 그대로 있다고 하자. 그럴 때 소비하고 남은 밀을 가지고 구입할 수 있는 다른 임금재들은 오히려 줄어든다.

이럴 경우 스미스는 한편으로 밀의 수량이 증가했으므로 노동력의 가치가 상승했다고 말해야한다. 그러나 다른 한편으로 구매력이 상품의 가치를 결정한다고 했고 노동력도 상품이므로 노동력의 가치는 하락했다고도 말해야 한다. 이와 같이 스미스의 논리가 일관성을 결여하고 있다고 리카도는 주장했다.

우선 장기에는 스미스와 리카도가 모두 임금이 생계비 수준에 고정되어 있다고 보기 때문에 실질임금의 변동을 상정하는 이 같은 상황은 예외적이다. 더구나 문제의 상황은 실질임금은 상승하고 화폐임금은 감소한 경우이다.

정리하면 스미스의 지배노동가치설에 대한 리카도의 비판은 가치와 부에 관한 것으로 나뉘고, 가치에 관한 비판은 가치의 결정요인과 가치척도에 관한 것으로 나뉜다. 교환되는 노동량이 상품의 가치를 결정한다는 의미에서는 지배노동가치설이 가치의 결정요인이다. 반면 교환되는 노동량이 상품의 가치를 정확하게 측정한다는 의미에서는 가치척도이다. 그리고 교환되는 노동량에 의해 해당 상품의 소유자가 누리는 부가 결정된다면 지배노동가치설은 부를 나타낸다. 이들 각각에 대한 리카도의 비판을 요약하면 다음과 같다.

첫째, 가치의 결정요인을 설명하는데 지배노동가치설이 부적절하다는 논리는 두 가지 명제로 구성되어 있다. 1) 생산성이 변동하면 지배노동량은 일반적으로 투하노동량과 같은 방향이나 같은 비율로 움직이지 않는다. 2) 지배노동가치는 투하노동가치와 다르다.

그런데 리카도의 이 논리는 다음과 같은 전제들을 가지고 있다. a) 임금은 생계비에 의해 결정된다. b) 지배노동가치는 (노동)가치론이다. c) 투하노동가치는 올바르다. 스미스에 대한 리카도의 비판을 평가하려면 이 세 가지 전제들을 검토해야 한다.

우선 임금생계비설은 스미스와 리카도가 공유하므로 스미스와 리카도를 구분하는 기준이 될 수 없다.[19] 또한 지배노동가치설이 투하노동가치설과 동일한 의미의 가치론이 아니라고 보면 두 번째 전제를 논의할 필요가 없어진다. 결국 지배노동가치설이 상품의 가치를 대상으로 하지 않는다면 어떤 의미를 부여할 수 있을지 생각하는 일이 남는다.

둘째, 리카도는 노동력의 가치나 밀의 가치 역시 금이나 다른 상품의 가치와 마찬가지로 여러 가지 변동을 겪기 때문에 교환되는 노동의 수량이 어떤 상품의 가치에 대한 척도가 될 수 없다고 말했다. 이런 이유로 지배노동가치설이 특정 상품의 가치를 정확하게 표현한다고 주장하면 이는 잘못이다.

이 논리는 대체로 올바르나 다른 상품보다 노동력을 신뢰할만한

19) 다만, 앞서 언급한 대로 20장에서 지배노동가치론을 부와 연결시켜 임금이 생산성에 따라 변동한다고 보아 이와 배치되는 경우도 없지는 않다(p. 278).

근거도 있다. 노동력의 가치는 임금재의 종류 및 수량과 각 임금재의 노동가치에 의해 결정된다. 이런 임금재들은 각기 나름대로 생산성의 변화와 수급의 변화로부터 영향을 받으므로 이런 변동들이 상쇄되어 개별 상품보다 이러한 변화에 둔감하다고 주장할 수 있다. 물론 이 반박이 스미스에 대한 결정적인 옹호는 될 수 없다.

셋째, 부와 관련해서도 비슷한 논리를 전개했는데 다음과 정리할 수 있다. 1) 생산성이 변동할 때 지배노동량은 사용가치의 수량과 같은 방향 및 비율로 움직이지 않는다. 2) 지배노동가치는 사용가치의 수량과 다르다. 3) 부의 척도로서 지배노동가치는 잘못된 것이다.

이 경우에도 리카도의 논리에는 다음과 같은 전제들이 있다. a) 지배노동가치는 부의 척도에 관한 논의이다. b) 부는 사용가치의 종류와 수량에 의해서 결정된다.

이와 관련해 리카도의 논리가 국부에는 타당하지만 개인의 부에는 타당하지 않음을 알 수 있다. 무엇보다 스미스는 지배노동가치설을 제시하면서 가치와 부를 동시에 논의한데 비해 리카도는 가치와 부를 분리시켜 두 군데에서 논의했다는 점을 주목해야 한다. 이는 스미스가 가치와 부가 분리될 수 없다고 생각한데 비해 리카도는 분리가능하다고 생각했음을 보여준다. 리카도에 있어 부는 사용가치의 묶음으로서 투하된 노동가치와 무관하다.

그렇다면 스미스의 생각은 무엇이었을까? 그 가능성은 다음들 중 하나이다. 가) 상품의 가치와 빈부는 동일한 개념이다. 나) 가치개념이 부의 개념을 포섭한다. 다) 부의 개념이 가치개념을 포섭한다.

분명히 생산성이 변동하는 경우 노동가치와 사용가치는 같은 방향으로 움직이지 않는다. 그러나 국부가 아니라 개인의 부를 따지면 사정이 달라진다. 만약 분업체계 하에서 각 경제주체가 특정 상품을 생산하고 생산물을 소유물로 삼는다면 이 상품의 가치는 곧바로 이 경제주체의 부를 결정한다.

이 같이 사적인 부를 규정하는 데는 가치가 부에 포함된다. 베일리가 지적했듯이 사적인 부를 규정하는 데는 상품의 사용가치 뿐만 아니라 소유차원이 고려되고 있다. 이 점을 리카도는 간과했다.

그렇다면 이런 상황에서 지배노동가치는 어떤 의미를 갖는가? 일단 한 상품을 가지고 여러 상품을 구입하는 경우이므로 이들 여러 상품들을 통약하는 척도로서 노동이 제시되었다고 볼 수 있다. 다시 말해 개인의 부는 특정 상품의 수량이 아니라 여러 상품들로 규정된다. 따라서 이들을 포괄적으로 표시하는 척도로서 이 모든 상품의 생산에 요구되는 노동을 제시할 수 있다. 그렇기 때문에 부가 상품들에 대한 지배가 아니라 노동에 대한 지배로 규정된다. 나아가 가치척도로서의 기능까지 포함하기 위해서는 경제주체의 행동유인으로서 가치가 기능한다는 점이 부각되어야 했을 것이다.

3.2. 지대론

2장의 지대론에서 리카도는 가치가 임금, 이윤, 그리고 지대로 나뉜다는 전제에서 출발했다. 구체적인 내용은 다르지만 이는 스미스가 앞서 깔아 놓은 기반이다. 그런데 리카도는 스미스보다 훨씬 명시적으로 가격의 구성 요소로서 지대를 배제했다. 리카도에 있어 가격은 다른 상품과의 교환비율인데, 이 비율을 결정하는데 지대는 전혀 영향을 미치지 않는다. 여기서 지대가 가치를 창출해서 생긴 소득이 아니라 소비자나 기업가로부터의 가치가 이전된데 불과하다는 해석이 나온다. 이 같이 리카도의 지대론은 지주계급의 수동성과 비생산적 성격을 결론으로 도출했다.

가격을 구성하지 않는다고 해서 지대라는 소득범주가 부정되지는 않는다. 특히, 경제전체 차원에서는 지대가 순생산물 중 엄연한 일부이며, 심지어 경제가 발전하면서 그 비중이 더욱 커진다고 리카도는 주장했다. 이렇게 보면 그는 단위 상품의 가격이라는 차원과 경제전체에서의 부라는 차원에서 지대의 역할을 달리 설정한 셈이다.

이 같이 리카도는 한편으로 지대가 가격을 구성하지 않는다고 해서 지주가 가치를 창출하지 않는다고 주장했다. 다른 한편으로 그는 지대가 경제전체의 구성부분으로서 늘어난다고 해서 결과적으로 지주를 타인이 창출한 가치를 갈취하는 기생적인 계급으로 규정했다. 이는 마르크스가 단위 상품 차원이든 경제전체 차원이든 임금과 이윤을 위주로 논의를 전개하고, 지대를 이윤의 일부로 규정해 부차적으로 취급한 것과 대비된다.

잠시 리카도를 떠나 비옥도의 차이와 기술의 차이를 비교하면 지주계급의 무용성을 보다 명확히 확인할 수 있다. 토지의 비옥도나 위치상 차이로 인한 차익지대는 기업가의 신기술 도입으로 인한 차등이윤과 일견 비슷해 보인다. 모두 생산에 요구되는 생산요소들의 차등적인 생산성으로 인해 소득을 얻기 때문이다. 그러나 기업가가 능동적인데 비해 지주는 수동적이라는 차이가 있다.

먼저 기업가의 경우 우등한 기술이 존재하기 때문에 차등이윤이 발생한다면, 지주의 경우 열등한 토지가 존재하기 때문에 지대가 발생한다. 우등한 기술은 열등한 기술을, 열등한 토지는 우등한 토지를 각기 전제로 한다. 이 때문에 한 시점에서는 양자 사이에 아무런 차이가 없어 보인다.

그러나 동태적인 시간의 흐름을 놓고 보면, 기술에 있어서는 우등한 기술이 등장함으로써 차등 이윤이 발생하는데 비해, 토지에 있어서는 열등한 토지가 개간될 수밖에 없기 때문에 지대가 발생한다. 기술은 인간의 활동을 통해 발전하는데 비해, 토지의 경우 인간의 활동으로 보다 생산성이 적은 지역이 활용된다. 양자 모두에 있어 시간은 비가역적이지만 비가역성이 반대방향으로 나타난다.

따라서 기업가는 능동적으로 활동해 자신의 이윤을 늘려 나아가고, 지주는 수동적으로 열등한 토지가 개간되기를 기다려 지대를 취한다. 결과적으로 기업가의 기술도입 및 차등 이윤획득은 소비자에게 보다 저렴한 상품을 제공함으로써 가능하다. 이에 비해 지주의 지대 증가는 농산물의 가격증가를 가져온다.

리카도가 생각한 바와 같이 지주계급이 가치를 창출하지 않는다면 자본주의에서는 노동자와 자본가만이 생산적인 계급이 된다. 토지도 지주의 소유물이고 분명히 생산에 요구되는 생산요소이다. 이렇게 볼 때 리카도의 생각은 생산에 요구되는 생산요소의 소유자에게 보수가 정당하게 지급된다는 신고전학파의 논리와 구분된다. 따라서 리카도의 논리는 모든 생산요소들이 생산적이라고 보는 신고전학파의 입장과 노동자 계급만을 생산적이라고 생각하는 마르크스의 입장사이에 놓여 있다.

부연하면 신고전학파는 생산에 요구되는 모든 생산요소가 생산적이라고 보며, 생산요소의 소유자는 이런 생산성의 수혜자가 되고 또 그렇게 되어야 한다고 주장한다. 이에 따라 신고전학파는 노동자, 자본가, 그리고 지주가 모두 나름대로 소득을 받으며 이런 보상이 당연하다고 생각한다.

이에 비해 마르크스는 생산에 필요한 것과 가치를 생산하는 것을 구분했다. 생산에 필요한 여러 생산요소들 중에서 오로지 노동력만이 생산적이며 나머지는 생산요소에 대한 소유에 근거해 소득을 가져간다고 주장했다. 소유에 근거해 가치창출 없이 소득을 얻는다는 점에서 자본가와 지주는 마찬가지이다. 이 점에서는 토지의 사유와 자본의 축적을 동시에 노동가치설에 대한 수정 요인으로 제시한 스미스가 마르크스와 통한다.

이들과 달리 리카도는 오직 노동자와 자본가계급이 생산적이라는 입장을 취하면서도 이를 명시적으로 내세우지는 않았다. 노동자계급과 자본가계급은 모두 특정 생산요소를 소유할 뿐만 아니라 소유자 자신이 생산에 참여해 동시에 생산자의 성격을 갖는다는 공통점을 가지고 있다. 그러므로 지주를 여타 계급과 차별화한 리카도의 논리에는 본인의 활동과 무관하게 소유만으로 소득을 획득하는 것이 부당하다는 철학이 깔려 있다.

그렇다고 리카도나 고전학파가 소유의 중요성을 거부했다고 생각할 수는 없다. 사실 이런 생각은 고전학파 전반에 걸쳐 소유와 노동 혹은 소유와 생산의 갈등으로 등장한다. 특히 노동의 경우 노동할 수 있는 능력이라는 관점에서는 소유물이지만 노동 자체로서는 활동이기 때문에 이러한 갈등이 가장 두드러진다. 이런 이유로 마르크스에 있어서 양자는 노동력이라는 상품과 노동이라는 활동으로 정착된다.

3.3. 가치와 부

20장에서 리카도는 가치와 부를 엄밀하게 구분했다. 가치는 투하노동에 의해 결정되는데 반해, 부는 여러 가지 재화들의 수량에 의해 결정된다. 이런 차이는 개인 수준이나 국가전체 수준에서나 마찬가지이다. 이에 따라 가치의 척도는 부의 척도가 될 수 없다. 이런 관점에서 리카도는 스미스가 부분적으로 가치와 부를 혼동했다며 일관된 논리의 결여를 꼬집었다. 또한 세(Jean Baptiste Say)가 가치와 부를 완전히 동일시했다고 그는 비판했다.

[pp. 273-274] 첫째 문단에서 리카도는 개인의 빈부가 필수품, 편의품, 그리고 사치품의 획득 및 소비 정도에 달려 있다는 스미스의 주장을 인용했다. 이런 스미스의 입장을 받아들이면서, 리카도는 자

신이 앞서 주장한 투하노동가치설을 이와 대비시켰다. 이에 근거해 리카도는 가치와 부가 다르다고 주장했다.

리카도는 이를 논증하기위해 생산성의 발전이 부를 증가시키지만 가치를 증가시키지는 않는다는 점을 지적했다. 나아가 때로는 과거에 생산된 재화의 가치를 낮추어 오히려 가치가 감소할 수 있다는 점도 언급했다.

리카도는 스미스가 빈부를 특정 종류와 수량의 사용가치들과 동일시했다고 보아 이것이 부에 대한 올바른 정의라고 단정했다. 또한 리카도는 생산성의 증가로 가치의 양적인 변동 없이, 심지어 가치가 감소하면서도 사용가치의 수량이 증가하는 예를 들어 부와 가치가 별개라는 점을 주장했다.

여기서 전반적으로 기술변동에 의해 새로 생산된 동일 상품의 가치하락과 이미 생산되어 있던 재고상품들의 가치하락을 리카도는 구분했다. 가치하락은 대부분의 가치론이 인정하는 현상인데, 모든 상품에 대해 일물일가치가 적용된다는 일반적인 전제에서 나온다. 그러므로 이는 부와 가치의 관계에 대한 논의에 부수적이다.

가치와 사용가치가 무관하다는 주장을 내세우기위해 리카도는 생산성의 변동으로 인해 상품의 가치가 하락하는 경우를 예시했다. 일단 가치와 가격의 괴리를 논외로 하면 생산성이 변동하지 않고 가치가 그대로 있는 경우 주어진 시점에서 가치와 사용가치는 비례적으로 움직인다. 즉, $f(\alpha y)=\alpha f(y)$. 물론 이 논리는 노동가치에 적용될 뿐 효용가치에는 적용될 수 없다. 여러 사용가치의 묶음을 상정하는 경우에도 비례적으로 가치와 부가 움직인다고 볼 수 없으나, 같은 방향으로 움직인다는 점은 인정해야 한다. $\Lambda=f(y)$, $d\Lambda/dy_i>0$.

또한 국부가 아니라 개인의 부를 따지면, 각자 가지고 있는 상품들이 사용가치의 측면에서는 그대로 있다고 하더라도 가치변동으로 인해 그것의 구매력이 바뀔 수 있다. 이럴 경우에도 사용가치의 수량에 변동이 없으므로 개인의 부에는 변동이 없고 단지 가치에 변동이 있을 뿐이라고 리카도는 주장할 것이다.

그러나 구매력이 바뀌면 개인이 사용할 수 있는 사용가치의 종류와 수량도 바뀐다. 그러므로 리카도는 다음과 같은 모순에 봉착하게 된다. 한편으로 그는 소유하고 있는 사용가치에 변동이 없으므로 개인의 부에 변동이 없다고 주장해야 한다. 그러나 다른 한편으로 그는 구매할 수 있는 사용가치에 변동이 있으므로 변동이 있다고 주장해야 한다.

그렇기 때문에 리카도는 개인의 부나 개인들 사이의 분배보다 국부 자체를 논할 수밖에 없다. 이 점은 스라파가 제시한 바와 같이 가격모형에서 리카도가 이윤과 임금의 분배문제에 대해 관심을 기울인 것과 차이가 있다. 후자가 기술변동이 없는 정태적인 상황에서 설정된다면 전자는 기술변동이 발생하는 경우에 상정된다.

이런 문제를 논외로 하더라도 과연 가치와 사용가치의 불비례성이 가치와 사용가치 및 부의 무관함을 논증하는지 생각해 보아야 한다. 리카도의 생각은 경제전체의 입장에서 동일 수량의 노동이 투입되었는데 서로 다른 수량의 사용가치가 생산되었으므로 가치와 사용가치 및 부는 무관하다는 것이다. 그러나 기술변동이 가치의 수량과 사용가치의 수량에 동시에 영향을 주었다고 보면 양자가 제삼의 요인에 의해 연결된다는 논리도 가능하다. 어떻든 이런 주장을 내세우기 위해서는 다음과 같은 점들을 분명히 해야 한다.

첫째, 앞서 스미스는 『국부론』에서 10여 차례 이상 개인과 국가를 동일시했다. 리카도도 가치에 관해 개별상품인지 상품 전체인지 혹은 개인인지 경제 전체인지를 구분하지 않았다고 생각된다. 이에 따라 그는 부든 가치든 두 가지 차원에서 구분 없이 논의할 수 있다고 보았다. 그런데 과연 개인의 빈부와 국가의 빈부, 그리고 특정 상품의 가치와 경제 전체의 상품들이 갖는 가치를 동일시할 수 있는지 의심스럽다.

부는 개인적으로나 경제전체적으로나 두 가지 방식으로 표시될 수 있다. (1) 관찰 가능한 표면적인 척도들에 의존할 수 있다. 이에는 다시 특정 재화의 종류와 수량(사용가치, $W_q=[q_1\ q_2.....q_n]$)과 화폐(가격, $W_m=M=\Sigma ipiqi$)라는 두 가지 방법이 존재한다. 가령, 현대경제학의 국내총생산 측정은 양자의 조합을 통한 부에 대한 정의이다.

(2) 관찰 가능한 것의 배후에 존재하는 가치를 설정해 내재적으로 측정하는 방식이 있다. 가치도 가격과 마찬가지로 여러 종류의 재화나 사용가치들을 동질화하지만 특정 수량의 재화뿐만 아니라 가격보다 근본적이다. 그런데 이런 표현방식은 가치론에 따라 내용이 달라진다. 리카도(나 마르크스)는 가치를 투하된 노동량으로, 한계효용학파나 신고전학파는 가치가 개인의 주관적인 만족이나 효용으로 각기 규정한다.

앞서 언급한 바와 같이 스미스는 부와 가치를 엄격히 구분하지 않았다. 스미스는 부를 필수품, 편의품, 그리고 사치품으로 보는가 하면, 지배노동과 동일시하기도 했다. 이에 비해 노동가치에 근거한 리카도는 가치를 부와 엄격하게 구분했다. 물론 이 경우에 노동가치나 부가 어떻게 경제주체들 사이에 분배되느냐 혹은 교환을 통해 각 개인인 소유한 상품의 구성이 어떻게 바뀌느냐는 부의 증가나 가치의 증가와 무관하다.

이들과 비교해 마르크스는 (노동)가치의 관점에서 자본주의의 부를 해석하므로 이 구분이 일차적인 의미를 갖지 않는다. 반대편의 신고전학파도 물리적인 의미의 부에 (주관적)가치 혹은 효용을 가미해 후생으로 규정한다. 이 학파의 입장에서 보면 물리적인 부가 전혀 증가하지 않으면서도 개인들의 교환을 통해 부존상태가 변하면 효용이나 후생이 바뀔 수 있다. 이에 따라 가치도 증가할 수 있다.

리카도와 같이 부를 재화의 종류와 수량이라고 보는 경우 부는 투하노동뿐만 아니라 생산성의 발전에 따라서도 증가한다. 이렇게 되면 부의 증감이 가치의 증감과 일치하지 않는다. 또한 부와 달리 노동가치는 개별상품 차원과 경제전체 차원에 있어 차이를 보인다.

가치를 투하노동으로 정의할 때 개별상품 차원에서는 상품의 가치가 투하노동에 의해 결정되므로 생산성의 증가에 따른 가치의 하락이 이상하지 않다. 그러나 경제전체 차원에서는 가용노동량에 의해 결정되는 가치가 크게 변동하지 않아 연연세세로 부가 증가한다는 사실을 반영할 수 없다. 이 경우 가치는 국부와 양적으로 무관해진다.

그런데 국부의 증감을 논의하는데 무용한 가치개념은 그만큼 제한적일 수밖에 없다. 이 점은 리카도뿐만 아니라 마르크스에게도 적용되는 의문이다. 마르크스가 재생산도식에서 사용가치를 복원시킨 것은 이를 의식한 것이 아닌지 추측해본다.

둘째, 스미스와 리카도 자신의 논리에 따라 빈부는 개인이나 국가라는 경제주체의 성격을 나타내는데 비해, 가치는 경제주체가 아니라 상품의 속성이다. 상품이 부유하거나 가난하다고 말할 수 없으며, 반대로 개인이나 국가가 가치 있다고 말할 수도 없다. 이와 같이 부와 가치가 지시하는 대상이 다르므로 스미스가 이들을 혼동했다는 리카도의 의문자체에 대해 이의를 제기할 수 있다. 리카도의 문제가 성립하기 위해서는 이들의 대상이 다르지 않다는 반박이 요구된다.

아마도 상품가치의 변동으로 그 상품을 소유한 경제주체의 사유재산이 가치의 변동을 겪는다는 생각으로 이해할 수 있다. 즉, 자본주의 사회에서 개인에 대한 평가는 개인의 내재적인 속성이 아니라 개인의 소유물에 의해 결정된다. 이런 관점에서 스미스의 『국부론』에서 나타나는 가격결정과 분배의 연관성이 의미를 가진다.[20)]

종합적으로 보면 리카도는 스미스가 부를 필수품 등으로 정의한 것을 받아들인 후 자신의 투하노동가치설을 대비시키면서 부와 가치가 다르다고 주장했다. 앞서 가치론의 시작에서 스미스가 제기한 사용가치와 교환가치의 불일치에 대해 사용가치가 교환가치와 무관하기 때문에 가치를 결정하지 않는다고 리카도가 주장한 것과 같은 맥락이다.

스미스는 사용가치와 교환가치의 불일치에 대해 이의를 달고 오히려 교환가치가 노동이 아닌 사용가치에 의해 결정될 가능성을 시사했다. 이와 유사하게 부에 대해서도 사용가치가 아니라 노동가치의 측면에서 정의될 수 있음을 암시했다. 이에 반해 리카도는 두 가지 경우 모두에 있어 스미스의 의문이나 애매한 입장을 일소하고 투하노동을 내세우면서 사용가치에 대한 배제나 부와 가치의 분리를 주장한 셈이다.

[pp. 274-275] 리카도에 의하면 경제학자들이 밀, 금, 그리고 노동량 등을 불변의 가치척도로 삼으려하나, 이 세상에 불변의 가치척도란 존재하지 않는다. 설령 불변의 가치척도를 찾는다하더라도 부와 가치는 다르기 때문에 이것이 부에 대한 불변의 척도는 될 수 없다. 그러므로 이들 중 어떤 것이나 다른 어떤 상품 일부 혹은 전체를 부의 척도로 삼으면 두 가지 오류가 발생한다. 첫째, 존재하지도 않는 불변

20) 이와 관련해 인간과 그의 재산을 밀접하게 생각하는 소유물(das Eigentum)이라는 독일어 표현을 되새길 필요가 있다. 또한 부차적이지만 [p. 273 문단1]에서 인용된 스미스의 문구를 자세히 보면, 스미스는 빈부를 필수품 등과 동일시했다기보다는 그것을 획득할 수 있는 정도("the degree in which he can afford to enjoy⋯")로 표현했다. 여기서도 스미스는 리카도가 생각한 것과 달리 빈부를 규정하는데 있어 가치가 개입될 여지를 남기고 있다.

의 가치척도를 상정하게 된다. 둘째 가치와 부를 혼동하게 된다. 전자는 앞서 가치론의 주제였으므로 후자가 이 장의 중심을 이룬다.

이와 같이 리카도는 가치와 부에 대한 혼동을 화폐의 성격에 대한 혼동으로 연장시켰다. 이에 따라 교환되는 화폐나 금의 수량, 곡물의 수량, 그리고 노동량으로 빈부를 따지는 관행이 동일한 오류라고 그는 주장했다. 리카도에 의하면 금이나 화폐가 부의 척도라고 생각하는 사람들은 동시에 금이나 화폐가 가치척도라고 생각한다. 또한 밀이 부의 척도라고 주장하는 사람들에게는 동시에 밀이 가치척도이므로 화폐는 단순히 유통수단이 된다.

여기서 빈부와 가치가 구분되므로 빈부의 결정요인에 대한 규명이 가치나 가치척도에 대한 규명일 수 없다고 리카도는 주장했다. 이런 이유로 교환되는 화폐량(중상주의), 곡물량(스미스), 혹은 노동량(스미스)이 빈부를 결정한다는 이전의 견해들은 가치척도를 규정하는데 도움이 되지 못한다. 거꾸로 가치척도를 찾았다고 하더라도 이것이 부의 척도일 수는 없다.

리카도의 입장을 떠나 부의 척도들 중 화폐량은 소득 등을 표시할 때 사용된다. 또한 곡물의 수량은 여러 가지 재화가 아니라 실물들 중 가장 중요하다고 생각되는 존재이다. 끝으로 노동량은 관찰 가능한 가격이나 수량의 변수가 아니라 가격의 배후에 있는 노동가치로써 부를 표시한다.

리카도는 가치와 부를 구분하면서 이를 각기 가치척도와 교환수단이라는 화폐의 두 가지 기능과 연관시켰다. 가치와 부를 각기 가치와 사용가치로 간주할 수 있으므로 가치는 가치척도와, 사용가치는 교환수단과 연관된다.

이 점은 마르크스의 논리체계에서 교환수단이나 유통수단이 사용가치를 획득하는 교환행위와 연관되며 가치가 그 자체로서의 화폐와 연관되는 것과 비슷하다. 적어도 유통수단의 기능이 가치와 무관하다는 리카도의 주장은 유통수단이 가치보다 사용가치와 연관된다는 마르크스의 입장에 부합된다. 반면 마르크스는 가치척도보다 그 자체로서의 화폐를 강조했는데 리카도는 이를 명시적으로 언급하지 않았다.[21]

이 같은 리카도의 주장은 리카도가 상품의 가치에 대해서는 노동량이라는 양적인 변수를 설정하면서도 부에 대해서는 이 같이 하지 않았다는 판단을 낳는다. 그런데 리카도의 주장에 따라 부와 가치가 무관하다고 하더라도 가치뿐만 아니라 부 역시 최소한도의 양적인 실체를 요구한다. 왜냐하면 인간의 욕망과 이를 충족시켜주는 재화들이 다양하면 각자 소유한 재화나 원하는 재화 역시 다양하기 때문이다. 달리 말해 부의 통약을 위해 모종의 단위가 요구된다.

밀이나 화폐, 노동량이 그런 단위라고 생각된다. 이들이 측정하는 것이 (노동)가치와 다르다면, 그것은 무엇인가? 리카도는 노동가치론을 주장하고 이를 일관되게 밀고 나갔기 때문에 이 의문에 답하기 힘들다. 이것은 신고전학파와 달리 리카도나 고전학파가 소비상의 선택이나 대체에 대해 관심을 두지 않더라도 여전히 적용되는 논리이다.

리카도가 만약 부 자체에 대해서도 사칙연산의 법칙이 적용되어야 한다고 생각했다면 아마도 가치와의 연관을 재고하지 않았을까 생각된다. 사용가치나 부에만 적용되는 이러한 별도의 가중치란 효용이론을 제외하는 경우 롤즈, 롤랑, 센의 지수에 의해 규정될 수밖에 없다.

물론 부의 비교는 상품의 비교만큼 절박하지 않을 수도 있다. 상

21) 부연하면 마르크스에 있어 가치는 원리상 모든 화폐의 기능과 연관되어야 하지만, 가치를 유통수단을 연결시키는데 약간의 부담이 있다. 유통수단이 그 자체로서 아무 가치가 없는 존재일 수 있다는 마르크스 자신의 해명에도 이 점이 내포되어 있다.

품의 비교는 경제 내에서 자생적으로 발생하며 부의 비교는 자생적이 아니라 사람들의 체중이나 신장을 재듯이 가공적인 성격이 강하다. 그렇지만 여전히 비교가 이루어지기 위해서 가치와 유사한 그 무엇이 요구된다. 만약 이와 같은 빈부의 척도가 없다면 빈부의 비교는 준양(semi-positive)의 관계가 성립하는 경우에만 가능하며, 그것도 불안전한 상태에서 끝나게 된다. 이런 경우는 예외적이며 그나마 순서만을 알 수 있지 차이의 정도는 나타낼 수 없다.

[p. 275 하단에서 p. 276 문단 1] 리카도에 의하면 개인의 빈부는 그 개인이 지배할 수 있는 필수품과 사치품들에 달려 있다. 화폐, 밀, 노동량 중 어떤 것으로 표시하든 개인이 소유한 상품의 교환가치는 빈부와 무관하다.

이에 따라 인위적으로 상품의 수량을 줄여 희소하게 만들면 부가 증대한다는 생각은 잘못이다. 이 경우 가치가 증가할 수는 있으나 부와 가치는 다르기 때문에 부는 늘지 않고 오히려 줄어든다. 개인입장에서 보면 자신이 소유한 상품이 희소해지면서 다른 필수품 등을 많이 구입할 수 있으므로 가치의 증가가 부의 증가이다. 그러나 다른 개인들의 부는 감소하므로 경제 전체로 보면 부는 증가하지 않는다.

리카도의 첫 번째 주장과 관련해 한 개인이 지배할 수 있는 필수품과 사치품의 수량은 그 개인이 소유한 상품 자체뿐만 아니라 그것이 갖고 있는 가치에 의해서도 결정된다. 그러므로 이를 모종의 척도로 표시할 필요가 있다. 그런데 리카도는 마치 지배할 수 있는 상품들이 각자의 소유물에 국한된다고 보거나 아니면 이들의 교환에 있어 모종의 척도가 요구된다는 점을 망각한 듯 보인다.

두 번째 주장과 관련, 우선 희소성에 의한 가치증가가 리카도의 일관성 결여로 이어질 수 있다. 앞서 리카도는 가치결정과 관련해 희소성을 언급하면서 이에 대해 일반적인 상황이 아니라고 주장했다. 그러나 여기서 만약 리카도가 희소성이 가치를 변화시키지 않는다고 했다면 부가 변하지 않는다는 결론과 겹쳐 부와 가치가 무관하게 변동한다는 자신의 논리가 손상될 수 있다.

이 점을 논외로 하더라도 리카도가 여기서 개별상품의 단위가치와 전체가치 중 무엇을 의도했는지가 불분명하다. 단위가치라면 그의 입장이 타당하나 전체가치라고 보면 반드시 증가한다는 보장이 없다. 이는 탄력성의 문제이다.

또한 부가 증가하지 않는다는 리카도의 주장은 경제 전체 수준에서는 타당하나 개별수준에서 타당하지 않다. 왜냐하면 충분한 탄력성을 가진 상품을 의도적으로 희소하게 만들어 부자가 된다는 것은 상인들이 늘 해 오던 오랜 관행이기 때문이다. 가령, 고대희랍에서는 탈레스가 이런 방식으로 부를 축적했다고 알려져 있다. 이 점을 들어 아리스토텔레스는 『정치학』에서 철학자도 마음만 먹으면 간단히 부자가 될 수 있다고 호언했다.

리카도는 앞서 노동의 생산성 변동과 관련해 부와 가치의 변동이 무관하다고 주장했었다. 여기서는 상품의 양이 변동했을 때도 부와 가치의 변동이 서로 무관하다고 주장했다. 이는 상품가치의 변동이 생산성의 변동이 아니라 희소성 혹은 공급량의 변동에 의해 발생하는 경우에 해당된다. 시장가격의 변동을 가치의 변동으로 넓게 해석하면, 이러한 변동부분 중 생산성 변동은 노동가치의 변동($\lambda_i \rightarrow p_i$)과 연결되고, 희소성은 수요 · 공급의 변동($D_i/S_i \rightarrow p_i$)와 연결된다. 리카도가 즐겨 논의했던 분배상의 변동에 의한 가치변동($r/w \rightarrow p_i$)은 여기서 문제되지 않는다.

[p. 276 **문단** 2] 리카도도 개인의 차원에서 부를 논의할 때는 희

소성이 부의 증가를 가져올 수 있음을 인정했다. 그러나 타인의 부가 그만큼 감소하기 때문에 경제 전체적으로는 부의 변동이 없다는 점을 덧붙였다. 이렇게 볼 때 리카도의 주장은 경제 전체 수준에서 보다 타당하다.

[p. 276 **문단** 3] 리카도는 다시 개인의 부와 경제 전체의 부를 구분하고 독점이나 희소성이 미치는 영향을 각기 규정했다. 상품이 독점되어 있는 경우 해당 개인의 부는 증가하나 타인의 부가 감소하므로 국부는 달리 분배될 뿐 전체적으로 변동하지 않는다. 상품이 희소한 경우에는 개인의 부나 국부가 모두 감소한다.

여기서 리카도는 분명히 사적인 부는 가치변동으로부터 영향을 받으며 가치변동과 부의 변동이 동일한 방향으로 움직인다는 점을 인정했다. 그가 독점이라고 규정한 사례에서 경제 전체적으로 생산되는 상품들에 생산자들이 일대일도 대응한다고 보자. 이렇게 되면 물의 소유자가 물을 희소하게 만들면 물의 소유자는 다른 모든 상품들을 보다 많이 확보할 수 있다. 반면 다른 생산자들은 그만큼 상품들을 상실하게 된다. 이 경우 개인의 부는 가치와 같은 방향으로 변동하나 국부에는 변동이 없다. 그런데 독점과 달리 경제 전체에서 특정 상품이 희소해진 경우 특정 상품의 가치증가와 무관하게 국부뿐만 아니라 개인의 부도 감소한다고 그는 주장했다.

그런데 앞서 나타났던 바와 같이 그가 이 같은 가치변동을 희소성이나 독점 등 노동가치와 무관한 예외적 상황으로 몰아간 이유는 노동가치가 부와 무관하다는 입장을 유지하기 위해서였다고 추정된다. 독점과 경제 전체적으로 희소한 경우를 구분한 이유도 희소한 경우 국부뿐만 아니라 개인의 부도 감소해 자신의 입장을 보다 강력하게 뒷받침한다고 보았기 때문이다.

끝으로 앞서 지적된 대로 부와 가치가 반대 방향으로 움직인다는 주장을 뒷받침하기 위해 리카도는 자신의 가치론에 반해 희소성을 가치변동의 요인으로 인정했다. 이런 주장 속에서 부와 가치와 관련해 개인과 전체 차원 사이에서 그가 방황했다는 점이 재확인된다.

[p. 277 **문단** 2] 리카도는 두 국가의 부를 비교하면서 다시 부와 가치가 별개임을 강조했다. 이를 논증하기 위해 한 국가 내에서 생산성의 증가가 확산되는 과정을 설정해 개별상품의 가치 및 개별주체의 부와 국민경제 전체의 가치 및 경제 전체의 부를 연결했다.

앞선 논의와 연관지으면, 생산성 증가가 완전히 확산되지 않은 상황에서는 개인의 부가 가치와 함께 변동하지만 완전히 확산된 후에는 개인의 부는 더 이상 가치와 관련이 없다는 주장으로 해석할 수 있다. 여기서 리카도의 논리가 개인보다 국가 차원에서 보다 의의를 가진다는 점을 확인할 수 있다.

[p. 277 **문단** 4] 리카도는 개인의 빈부를 지배노동량으로 설명한 스미스를 비판했다. 앞서 스미스가 개인의 빈부를 필수품, 편의품, 사치품으로 규정한 것과 이것은 서로 다른 기준이다. 전자는 올바르고 후자는 그르다. 이것은 가치와 부의 무관함이 아니라 부에 대한 올바른 정의와 관련이 있다. 그런 논리의 근거는 앞서 제시된 바와 마찬가지로 빈부와 지배노동량이 같은 방향으로 움직이지 않는다는 점이다.

가령, 모든 상품의 가치가 반으로 줄었다면 이는 부가 두 배로 증가했다는 의미가 된다. 그런데 가치의 등가성이 유지되는 한 이렇게 증가한 부로 고용할 수 있는 노동량은 여전히 마찬가지이다. 그렇기 때문에 부의 증감과 지배노동량의 증감은 동일 방향으로 움직이지 않는다. 따라서 부는 지배노동량에 의해 결정된다고 볼 수 없다.

우선, 앞선 논리를 모두 관통해 리카도가 부와 가치의 관련 여부를 결정하는 방식이 편협하다고 말할 수 있다. 리카도는 양자의 양적 측면에만 초점을 맞추었으며 그것도 동일한 방향으로 비례적인 변동이 일어나는 경우에만 부와 가치가 연관된다는 기준을 세워놓았다.

가령, 이 경우에도 기술변동으로 인해 단위가치는 하락하고 부가 증가했다면 가치와 부는 모두 기술변동으로부터 영향을 받았으므로 간접적으로 연결된다고 말할 수도 있다. 또한 두 변수의 함수관계가 반드시 비례적이거나 선형적이 아닐 수도 있으므로 비례관계가 존재하지 않는다고 양자가 무관하다는 연역이 과도한 것일 수 있다.

둘째, 리카도는 특정 상품의 가치가 반감된 경우 이 상품의 구입자의 부가 증가했다고 판단했다. 이는 부의 증가여부를 해당 상품의 생산자나 판매자가 아니라 구입자의 입장에서 파악한 것이다(p. 238). 이것은 가치가 심지어 개인의 부와도 무관하다는 입장을 보이려는 의도를 담고 있다. 그러나 여기서 리카도가 부를 유용성 측면에서만 파악해 소유 측면을 도외시했다고 볼 수 있다.

셋째, 리카도의 생각은 임금이 생계비에 의해 결정되지 않고 생산성의 변동이 실질임금의 변동으로 이어지는 경우에 타당하다. 그런데 이것은 자신의 앞선 논리에 배치되므로 수용하기 힘들다. 따라서 이 문단에서 리카도가 제시한 지배노동가치설에 대한 비판은 타당하지 않다. 혹은 리카도가 가치변동을 상정한 상품들이 벨벳이나 접시 등으로 의복이나 식량과 같은 임금재가 아니므로, 여기서 산업노동이나 아니라 하인고용을 염두에 두었다고 볼 수도 있다(p. 279). 그러나 이런 의도로 자신의 논리를 설득하기는 힘들다.

[p. 278 문단 2에서 p. 279 하단까지] 리카도는 부의 증식방법을 저축을 통한 자본축적과 주어진 자본 하에서 생산성향상의 두 가지

로 나누었다. 자본축적에서는 부와 가치가 함께 증가하며, 생산성향상에서는 부만 증가하고 가치는 증가하지 않는다. 전자에서는 일시적으로나마 소비를 향유할 수 없는데 반해, 후자에서는 언제나 향유가 가능하므로 후자가 더 낫다고 그는 주장했다. 이어서 그는 부를 생산하는 자본에 대해 언급하면서 자본재를 생산하는데 투입된 노동의 양은 생산되는 부와 무관하다고 주장했다.

리카도가 부의 두 가지 증식방법을 제시하고 이를 평가한 것은 가치와 부가 무관하다는 입장의 연장선상에 있다. 자본재에 대한 논의 역시 가치와 생산성 혹은 부는 무관하다는 논리의 연장이라고 생각된다. 즉, 주어진 자본의 효율적인 이용에 대한 호평이 바로 가치와 부가 무관하다는 자신의 입장에 부합된다. 그러나 지배적인 부의 증식이 자본축적이라고 볼 때 자본축적에 의존하지 않는 부의 증식이 더 낫다는 그의 주장은 그다지 설득력을 갖지 않는다.

여기서 리카도는 공리주의적인 성격을 드러냈다. 설령 공리주의적인 기준을 채택하더라도 미래재에 대한 할인율이 대단히 높거나 현재재에 대한 할증이 대단히 높지 않은 한 그의 주장은 타당하지 않다. 이렇게 보면 부와 가치가 무관하다는 리카도의 논리 역시 자체 내에서 부분적으로 손상되고 있다.

[p. 279 **하단에서** p. 281**까지**] 마지막으로 리카도는 유용성 및 부와 가치를 동일시했다고 세를 비판했다. 부와 가치를 동일시하는 경우 세는 자기모순에 빠진다는 점이 그의 논거이다.

구체적으로 한 상품의 노동가치가 두 배로 상승하고 다른 상품의 노동가치가 그대로 있는 경우와 이 상품의 노동가치가 그대로 있고 다른 상품의 노동가치가 반감된 경우를 비교해 보자. 첫 번째 상품의 소유자 입장에서 보면 부는 모두 두 배로 증가했다. 이 같이 부가 두 배로 증가했다는데 대해 리카도는 세와 견해가 다르지 않다.

그런데 한걸음 더 나아가 세는 두 가지 경우 모두 전자의 가치가 상승했다고 말했다. 이것은 세 자신이 상품의 가치가 생산의 난이도에 의해 결정된다고 주장한 것과 모순 된다. 생산의 난이도와 가치를 연결시키려면 해당 상품의 노동가치가 변동된 경우에만 그 상품의 가치가 변동했다고 말해야 한다. 그러므로 여기서 부와 가치가 동일하다고 보는 세의 주장은 타당치 않으며 부와 가치는 별개라는 것이 리카도의 입장이다.

세에 대한 비판으로서는 리카도의 논리가 타당해 보인다. 그러나 이 같이 부가 가치개념으로부터 괴리된다면 그것이 세와 리카도가 공유하고 있는 부의 개념이나 리카도가 주장하는 가치개념에 대한 재고로 이어질 수 있다. 특히 후자와 관련해 노동가치론자체에 대한 재고나 노동가치론을 상대화해 단순히 투입노동량의 비율로 상정할 필요도 생긴다.

이제 논의를 종합해 보자. 첫째, 일단 리카도가 가치와 부의 관계를 진단하기 위해 제시한 기준에 따라 어떤 경우에 가치와 부가 같은 방향과 정도로 움직이거나 움직이지 않는지 살펴보자. 리카도의 주장은 국부차원에서 생산성이 변동하는 상황에서 가장 타당하다. 반면 개인의 부를 분배와 연관시켜 논의하는 경우와 생산성의 변동이 일어나지 않는 상황에서는 그의 입장이 타당하지 않다.

둘째, 보다 포괄적인 의문으로서 설령 리카도가 가치와 부의 무관함을 논증했다고 하더라도 이런 무관함이 오히려 리카도와 세가 제시한 부 개념이나 리카도가 고집한 노동가치론에 대한 의심으로 이어질 수 있다. 일반적으로 경제활동은 부를 대상으로 한다. 그런데 자본주의 경제 혹은 시장경제를 논하는 데 있어서 가치가 중심이 되고 부가 이와 무관하다면, 그러한 부의 개념과 가치론 자체에 대해 의구심이 생길 수 있다.

또한 어떤 경제에서든 경제주체의 존재를 도외시할 수 없는데 리카도는 경제주체라는 존재를 충분히 고려하지 않고 있다. 경제주체는 개인, 계층, 계급 등 다양하게 고려될 수 있다. 그에 대해 경제를 물리적인 수량으로 파악한다는 인상이 지배적이다. 이는 리카도에 대한 스라파의 해석이나 스라파 자체에서도 확인되는 저류라고 생각된다. 물적인 이윤율, 물적인 잉여, 표준체계나 표준비율 등이 모두 이런 흐름을 반영한다.

설령 등장하더라도 리카도의 경제주체는 소비와 생산의 주체일 뿐이며 교환이나 분배와 연결되어 있지 않다. 비록 분배와 관련해 앞선 장들에서 논의했으나 이것이 교환이나 소비 및 생산으로 어떻게 연장되는지는 분명치 않다. 더구나 자본주의경제에 특징적인 교환에서 이와 관련된 경제주체의 존재를 경시한 것은 심각한 문제이다.

보다 중요하게 리카도가 주장한 부와 가치의 무관함은 바로 경제주체에 대한 리카도의 무관심과 관련이 있다. 일반적으로 경제주체들이 부를 추구한다면 자본주의에서 경제주체들이 추구하는 것은 가치이다. 그렇다면 일관된 경제주체를 설정하기 위해서는 부와 가치의 연관이 규명되어야 하며 이렇게 될 때 경제주체와 상품의 연관도 가능해진다. 리카도는 부와 가치를 분리함으로써 경제주체의 행동에 이중적인 기준을 부과하게 되었다. 그렇기 때문에 리카도는 계급을 중심으로 분배의 주체를 제시하면서도 이를 노동가치와 무관하게 화폐로 표시된 가격을 중심으로 논의했다.

이렇게 보면 리카도가 스미스의 불명확한 점들을 일소하면서 논리적인 일관성이라는 강점을 보이면서도, 문제의식을 세척했다는 부정적인 측면을 안고 있다.

우선 스미스의 지배노동가치론은 리카도의 주장과 같이 잘못된 논리가 아니다. 스미스는 지배노동가치설을 단지 상품의 가치뿐만 아니라 경제주체의 빈부를 논의하는데 원용했다. 리카도의 입장에서 보면 스미스의 지배노동가치론은 상품의 가치를 논하는 기준으로서나 부의 기준으로서나 오류이다. 전자는 1장의 가치론에서 리카도가 투하노동가치설을 주장하면서 반박했고, 후자는 20장에서 반박했다.

객관적으로 상품가치의 결정요인으로서 지배노동가치론은 단순히 노동력을 뉴메레르로 삼은 것이므로 가격과 같은 차원에 존재하는 가격의 다른 표현에 불과하다. 그러나 이미 논의한 대로 부의 척도로서 지배노동가치론은 재화의 수량 변동과 같은 방향으로 움직인다고 볼 수 있으므로 리카도의 반박이 빗나갔다. 나아가 재화의 수량으로 표시된 부보다 이들을 통약해 포괄적으로 표시한다는 점에서 지배노동이 우위에 있다고 평가할 수 있다.

무엇보다 스미스는 상품가치를 노동으로 규정한 후 빈부도 동일한 단위로 설정함으로써 가치를 상품에 대한 평가뿐만 아니라 경제주체의 행동유인으로 설정했다고 해석할 수 있다. 이런 관점에서 스미스와 지배노동량을 부와 가치의 공통요인으로 규정한 점을 리카도는 주목하지 않았다. 리카도는 빈부라는 개념역시 통약을 요구하며 통약을 요구하든 그렇지 않든 가치와 연관되어야 한다는 생각을 추호도 갖고 있지 않았던 것 같다.

둘째, 스미스에 있어서 물과 다이아몬드의 역설은 사용가치나 부가가치와 연결되어야 한다는 지향을 내포하고 있다. 리카도는 노동가치에 일관되게 집착함으로써 이런 지향을 세척시켰다. 리카도는 사용가치와 노동가치의 불일치를 주장하면서도 사용가치의 양적인 비교가 과연 가능한지에 대해 의구심을 표명하지 않았다.

더구나 리카도는 이것이 곧바로 가치와 사용가치가 무관하다는 근거라고 주장하면서 가치에서 사용가치를 배제했다. 이는 스미스의 문제를 없앰으로써 문제의 해결도 불필요하게 만든 격이다.[22] 또한 이렇게 하면서 리카도는 스미스가 이러한 의문을 제기할 때 갖고 있던 생각으로서 사용가치와 가치가 연결되어야 한다는 의식을 제외시켰다. 어떻게 보면 스미스가 노동가치론을 부분적으로 의심하는 계기로서 제기했던 의문을 리카도는 노동가치론에 대한 옹호로 바꾸어 놓았으며 그런 의심 자체를 잠재웠다.

리카도이후의 가치론들은 효용이론을 포함해 스미스가 불명확하게 제시했던 부와 가치를 연관시키고 상품과 경제주체를 연결시킨 노력들로 이해할 수 있다. 그렇기 때문에 스미스에 여러 가지 가치론들뿐만 아니라 가치론의 여러 가지 의미들이 공존하고 있다는 기존 해석이 강화된다.

4. 리카도의 짧은 글들

(1) 파씨네티(Luigi Pasinetti)가 정리한 대로 리카도는『이윤론』(*On Profits*, 1815)에서 경제성장과 분배의 관계를 논의했다. 또한 이런 논의의 근간인 지대의 증가와 이윤의 감소를 비율과 절대량을 기준으로 논했다. 그의 논적은 역시 맬더스였으며, 자신의 논리에 따라 곡물법의 철폐 및 자유무역을 주장했다.

리카도는 곡물법으로 피해를 받을 사람은 지주뿐이라고 말했다. 더불어 스라파주의자들이 주장한 바와 같이 물적인 이윤율과 농산물

22) 이는 인종, 성별, 학벌 등의 문제를 제기했을 때 그 문제가 중요치 않다고 단정하는 것과 마찬가지이다.

의 이윤이 여타 산업의 이윤율을 지배하는 곡물모형을 여기서 찾아볼 수 있다. 그러나 그들이 주장하는 바와 같이 강력한 근거가 되기에는 불투명한 점이 많다.

(2) 리카도는 『안정적인 경제통화』(*Proposals for Economic and Secure Currency*, 1816)에서 가치와 가격을 구분했다. 어떤 상품의 가치는 전반적으로 이 상품과 교환될 수 있는 다른 상품들의 수량이고 가격은 교환되는 화폐의 수량이라고 규정했다(p. 60). 『정치경제학 및 과세의 원리』에서 교환가치를 교환되는 어떤 특정의 상품의 수량으로 규정한 것과 이를 종합될 필요가 있다. 가치는 일반적인데 비해 교환가치는 특정 상품을 매개로 표시했다는 차이가 있다. 리카도는 화폐의 가치가 변할 수 있다는 측면에 주목했기 때문에, 가격이 어떤 상품의 실질적인 구매력을 나타내지 않는다고 보는 경향이 강했다.

맬더스는 비록 현대경제학과는 차이가 있지만 『원리』에서 주관적인 가치를 내세웠다. 리카도는 이에 대해 전반적으로 비판적이거나 최소한 무감각했다.[23] 그렇지만 여기서 리카도는 같은 상품에 대해 개인마다 주관적인 평가가 다를 수 있음을 인정해 이례적이다(p. 61).

(3) 임종직전에 썼다고 알려진 『절대가치와 교환가치』(1823)에서 리카도는 자신의 지속적인 문제의식을 마무리 짓기 위해 사투를 벌였다. 문제는 바로 불변의 가치척도이며 논적은 여전히 맬더스이다. 주

23) 구체적으로 맬더스는 『정치경제학 원리』의 가치론에서 스미스나 현대경제학의 용어로 유효수요(effectual demand; effective demand)에 해당되는 개념을 수요에 대한 의지(will)와 능력(power)으로 표현했다. 능력은 "유효"에 해당되고 의지는 "수요"에 해당된다. 미시경제학에서 보면 전자는 예산에 의해 주어지는 소비자의 제약조건이다. 과거 개인의 이익, 혹은 근대경제학에서 효용이나 이윤으로 표현했던 것을 맬더스는 의지로 표현해, 공리주의나 한계효용학파와 계몽주의나 관념론을 뒤섞었다.

장의 내용에는 큰 변동이 없으나 과거보다 논리가 명확해졌다.

우선 가치척도의 두 가지 요건으로 가치척도 자체가 가치를 가져야 하며 그 가치가 변동하지 않아야 한다는 점을 명시했다(p. 24). 현실적으로 이런 불변의 가치척도를 찾기 힘든 이유는 투하노동량의 변동이나 분배상의 변동으로 인해 가치가 변동하지 않는 상품이 없기 때문이다. 여기서 리카도는 분배상의 변동으로 인한 가치변동을 고민거리로 간주한 셈이다.

첫 번째 요건을 주목할 필요가 있다. 이는 무게나 길이 등 자연적인 속성을 측정하는 척도를 포함해 모든 척도에 적용된다고 그는 생각했다. 이 점이 전제되지 않는다면 가치의 불변성을 운운할 이유가 없어진다. 즉, 가치척도 자체가 가치를 가질 필요가 없다면 가치의 불변성을 논의할 수 없다.

그런데 과연 가치척도가 그 자체로 가치를 가져야 하는지 현대의 화폐를 두고 볼 때 확신이 서지 않는다. 적어도 노동가치론자는 가치척도에 가치가 존재한다는 주장을 내세우기기가 더욱 힘들다. 효용 혹은 수요공급에 의존해 만물의 가치를 결정하는 논리에서는 가치척도가 가치를 가지더라도 그것이 척도의 내재적 속성이 아니므로 부담이 적다. 이 점에서 마르크스 역시 비판에 노출되어 있다.

두 번째 요건과 관련해서는 도대체 리카도가 어떤 문제의식 속에서 불변의 가치척도에 이 같이 집착했는지 다시 생각하게 된다. 이것이 불변의 가치척도에 대한 해결책을 검토하기 전에 먼저 해명해야 할 문제이다. 과연 스라파주의자가 주장하는 대로 분배상 대립의 투명성이나 상대가격 변동의 소재를 보이려함인지 아니면 보다 근본적인 문제의식의 차이인지 규명해야 한다.

일단 여타 경제학자들은 이에 대해 그다지 집착하지 않았다. 신고전학파에게 가치척도는 뉴메레르에 불과하다. 또한 마르크스도 내재적 가치로서 노동가치를 주창하고 이에 대한 필연적인 표현으로서 화폐를 규정하는 선을 넘어서지 않았다. 뿐만 아니라 리카도가 가치척도의 요건으로서 주장한 가치척도의 내재적 가치와 화폐상품의 가치변동 가능성에 대해 동의하지만 가치척도의 가치가 불변성을 지녀야 한다는데 마르크스는 동의하지 않을 것이다.

리카도의 문제의식은 두 상품 혹은 상품과 화폐의 교환비율이 변동할 때 어떤 상품의 가치가 변해 이런 상대적 비율의 변동이 발생했느냐를 규명하는데 있었다. 그렇다면 상품의 가치변동이라는 문제가 이론적이거나 현실적으로 갖는 중요성은 무엇인가?

일단 이런 관심은 마르크스와 마찬가지로 리카도가 상품의 가치가 외적으로 주어지지 않고 상품에 내재한다고 생각했음을 보여준다. 이는 한계효용학파나 신고전학파와 대비된다. 이들은 가격이 순전히 외적인 시장의 종합적인 현상으로서 사후적으로 주어진다고 보아 교환비율이 변동했을 때 어떤 상품의 가치가 변동했는지 규명할 필요를 느끼지 않는다.

맬더스는 스미스에 동조해 상인이나 기업가가 현실적으로 화폐와의 교환비율을 고려한다고 주장했다. 이에 대해 리카도는 상인이나 사업가는 이 뿐만 아니라 어떤 상품의 가치가 진정으로 변했는지 알고 싶어 한다는 점을 지적했다. 이론적으로는 맬더스의 지대론을 비판하면서 지대, 임금, 그리고 이윤의 변동을 완벽하게 파악하기 위해 불변의 가치척도가 요구된다고 그는 주장했다(Ricardo, 1820, p. 125). 아마도 이 같이 보다 근본적으로 규명하려는 문제의식이 리카도에 작용했다고 추정할 수 있다.

5. 고전학파의 사용가치

롤랑(Gérard Roland, 1985)은 마르크스에 있어 사용가치가 갖는 의미를 검토하고 이를 현대적으로 계승하는 방식을 모색했다. 그런데 이는 고전학파에도 적용된다. 그는 우선 통상적인 견해와 달리 마르크스가 사용가치의 경제적인 의미를 경시하지 않았다고 주장했다. 이에 대한 근거를 화폐 및 노동력의 사용가치, 재생산도식, 자본의 기술적 구성, 회전시간 등에 관한 마르크스의 논의에서 찾았다.

롤랑은 사용가치가 자본주의 생산관계를 규정하지 않지만 이와 무관하지 않다고 주장했다. 여기서 그는 마르크스에 있어 사용가치에 사회적인 성격을 부여할 방법을 모색했다. 그는 마르크스가 『그룬트리세』에서 제시한 논의의 방향을 체계적으로 추적해 논리를 전개했다.

마르크스가 전반적으로 상품관계와 인간관계를 강조한데 비해 이와 같이 소비와 사용가치를 강조하면 상품과 인간 혹은 보다 정확하게 사용가치와 개인 사이에 의미 있는 관계를 설정하는 셈이 된다. 이 점은 가치론이 수립되기 위해 어떤 방식으로든 재화와 인간의 관계를 규정해야 한다는 일반론을 확인시켜 준다.

둘째, 일단 이 점이 인정되더라도 롤랑은 마르크스의 소비이론이 신고전학파의 효용이론이나 공리주의와 무관하고 랭커스터(Kelvin Lancaster)의 선형 소비이론에 가깝다고 주장했다. 그는 이 이론이 마르크스의 사용가치가 갖는 의미를 제대로 계승하는 방식임을 강조했다. 이를 통해 상품과 인간의 관계를 공리주의나 효용이론과 무관하게 규정했다.

이 입장은 효용에 의존하지 않으면서 서로 다른 사용가치를 그 자체로서 비교할 수 있다고 전제한다. 이 생각은 사용가치가 그 자체로서 비교될 수 없다고 주장한 마르크스의 견해와 차이가 있다. 롤랑은 재화의 특성들(characteristics)에 초점을 맞추어 생산모형과 같은 것을 가계에 설정했다. 이에 따라 마르크스에서와 달리 사용가치가 다차원적으로 규정된다.

마르크스의 소비이론이 공리주의에 의존하지 않아야 할 이유는 그가 공리주의를 명시적으로 비판했다는데 있다. 또한 소비이론에서도 신고전학파는 마르크스주의와 부합되기 힘들다. 롤랑은 랭커스터의 이론에 근거해 한계대체율이나 수요공급 등을 새로이 규정했다. 수요공급과 관련해서는 신리카도학파에서 흔히 주장해 왔던 고전학파의 가격기구를 채택했다.

사용가치에 사회적 성격을 부여하기 위해 상품과 인간의 관계에 중점을 두는 경우 이들 인간이 개인이므로 사회를 구성하기 위해서는 이들 개인들의 모임을 상정해야 한다. 이에 따라 이들이 모여 이루는 시장과 여기서 등장하는 수요공급을 논의하지 않을 수 없다. 이 점에서 롤랑이 수요공급에 대해 관심을 두는 이유가 드러난다. 결과적으로 신고전학파의 귀결과 롤랑의 입장이 동일해진다.

셋째, 사회주의 하에서 재화의 사회적인 의미를 논의하지 않을 수 없다며 이것이 마르크스 고유의 윤리적인 입장에서 정립되어야 한다고 그는 주장했다. 사실 그가 사용가치의 사회적 성격에 대해 관심을 둔 이유 중의 하나가 사회주의경제에서 노동가치에 일방적으로 의존해 사회적 계산이 가능하지 않다는데 있다.

마르크스의 윤리적인 전제는 인간의 소외와 연관되어 인간의 진정한 욕망과 소외된 인간의 허위 욕망을 구분하는데 이에 대해 논자는 구체적인 기준을 제시하지 못했다. 이 점에서 헬러와 마찬가지로 롤랑 역시 구체성을 결여하고 있다. 각 개인에게 외부에서 획일적인 기호를 강요하지 않으면서 이들을 다시 통합해야 하기 때문에 이런 어려움이 발생한다(p. 155).

그러므로 노동과 욕망이라는 두 개의 축은 모든 경제에 적용될 수 있다. 이 같이 롤랑이 사용가치의 사회적 효과를 고려해야 한다는 입장을 내세우면서, 자본주의경제에는 마르크스가 적절하고 사회주의경제에는 신고전학파 경제학이 유용하다는 스위지나 솔로우의 역설적인 입장이 근거를 얻게 된다.

롤랑은 다른 누구보다도 마르크스 역시 사용가치의 사회적인 성격을 강조했다고 주장했다. 그러나 사용가치들을 비교하는데 있어 개인들 사이에 차이가 있고 이것이 중앙권력에 의해 결정되지 않는다면 시장기구이외에 어떤 기구를 통해 비교가 가능할지를 구체적으로 제시하지 못했다. 이 때문에 본인이 인정했듯이 후생경제학과 애로우(Kenneth Arrow)의 문제의식을 그는 벗어나지 못했다.

더구나 가격결정에 대해 고전학파적인 메커니즘에 의존했으며 사회주의에 대해 윤리적인 전제를 거론해 일관된 대안을 제시하지 못했다고 보아야 한다. 그러므로 롤랑은 랭카스터, 고전학파, 애로우, 베틀렝(Charles Bettleheim) 등을 단순히 열거해 놓은 것 같은 인상을 준다.

전반적으로 사용가치의 중요성을 인정하면서도 공리주의를 회피했으며 마르크스에게서 윤리적인 전제를 강조했다는 점에서 롤랑은 롤즈나 센 등 칸트주의 입장에 근접하고 있다. 논자 자신이 인용한 헬러도 이와 유사하다.

서로 다른 사용가치들을 각 사용가치들의 속성에 따라 비교할 수 있다는 그의 주장은 기존 경제학과 다른 차원에서 비교가능성이나 통약을 설정한 셈이다(pp. 42-44, pp. 57-66). 이 역시 가치론이 어떤 방식으로든 통약을 회피할 수 없음을 보여준다. 롤랑의 결론은 (pp. 49-50)과 (pp. 185-189)에 수록되어 있다.

3장

벤담과 밀

1. 벤담의 『도덕과 입법의 원리』

공리주의(Utilitarianism)는 서양의 자유주의 중 정치적 자유주의보다 경제적 자유주의와 밀착되어 있다. 정치적 자유주의(Political Liberalism)를 부르짖은 롤즈가 공리주의에 일차적으로 비판적이었다는 데서도 이 점이 확인된다. 더구나 슘페터에 의하면 공리주의는 여러 가지 면에서 원초적으로 경제학과 친화력을 가지고 있다.[1)]

무엇보다 공리주의는 신고전학파 경제학의 초석을 이루는 제번스(William Stanley Jevons) 등의 한계효용학파의 탄생에 커다란 영향을 미쳤다. 단적으로 한계효용개념 등을 통해 경제학은 공리주의를 기반으

---

1) 물론 경제적 자유주의를 주창한 하이에크가 공리주의에 대해 비판적이었다는 점과 그가 자신의 논리가 롤즈와 크게 다르지 않다고 말한 점은 이런 증거와 일견 대립된다. 이에 관해서는 하이에크에서 논의했다.

로 삼게 되었다. 이런 이유로 신고전학파 미시경제학, 그리고 특히 그것의 응용분야인 후생경제학은 공리주의에 기초한다고 말할 수 있다.

구체적으로 공리주의와 한계효용학파의 가치론 및 신고전학파의 가격이론에 초점을 맞추면, 모두 하나의 통일된 장을 형성하기 위한 통약의 단위 혹은 메트릭(metric)을 필요로 한다는 점에서 비슷하다. 즉, 공리주의와 경제학은 다 같이 모든 인간의 행동을 쾌락(pleasure)과 고통(pain) 혹은 종합적으로는 행복(happiness)이라는 하나의 척도로 설명한다. 이 같이 인간의 보편적인 가치나 미덕, 의무 등을 모두 쾌락과 고통이라는 감각들로 환원했기 때문에, 공리주의는 '철학적 급진주의'(Philosophical Radicalism)라는 별칭을 갖게 되었다.

효용가치론이든 노동가치론이든 경제학의 가치론이 이런 단위를 필요로 하는 이유는 현상적으로 이미 화폐의 단위로 환산되어 있는 가격을 설명해야 하기 때문이다. 공리주의는 도덕이나 법 등 개인의 행동이나 사회전체의 법 혹은 정책과 관련된 선택을 위해 비슷한 단위를 필요로 한다. 물론 공리주의가 반드시 가격과 연결되지 않는다는 차이는 있다. 따라서 당위적인 문제에 적용되었던 공리주의를 제번스가 현상에 대한 설명에 활용했다고 말할 수 있다.

보다 설득력 있는 유사성은 양자 모두 개인이라는 단위에 기초하며, 주관적인 측면을 강조한다는 점이다. 이 점에서는 분명히 노동이론을 위시한 다른 어떤 이론보다 효용이론이 공리주의와 친화력을 가진다. 개인의 행복이나 후생이 객관적인 요인들로 환원하지 않았다는 점에서 공리주의와 효용이론은 생계나 기본적인 필요, 롤즈의 '사회적 일차재'(social primary goods) 등을 수용할 수 없다. 또한 공리주의가 전체의 행복이나 복지를 지향하지만, 개인들의 행복을 합산하면 이것을 얻을 수 있다고 보아 개인을 기본단위로 삼는다.

이것은 경제학의 가치론이나 공리주의가 모두 인간관계보다 물체나 재화와 개인 사이의 관계에 초점을 맞춘다는 논리로 발전한다. 효용이든 후생이든 일차적으로 각 개인이 주관적으로 느끼기 때문이다. 공리주의의 관점에서는 사회관계가 기껏해야 규칙 등에 축약되어 나타날 뿐이다. 이렇게 보면 공리주의는 주류 경제학과 밀착되어 있다.

벤담(Jeremy Bentham)의 『도덕과 입법의 원리』(*An Introduction to the Principles of Morals and Legislation*, 1789)는 공리주의의 대표 저작이다. 뿐만 아니라 일부의 행동경제학자들은 현대경제학을 비판하면서 벤담으로의 회귀를 주장하고 있다. 이런 상황에 비추어 이 책이 의미를 가진다.

1.1. 효용의 원리

(1) 효용원리(principle of utility)는 개인이나 정부 및 공동체의 행복이라는 관점에서 이들의 행위를 승인하거나 거부한다. 이 점에서 정부의 조치도 개인의 행위와 동일하게 취급할 수 있다. 효용은 편익(benefit), 이익(advantage), 쾌락(pleasure), 선(good)이나 행복(happiness)을 낳고, 피해(mischief), 고통(pain), 악(evil)이나 불행(unhappiness)을 방지하는 물체의 속성을 의미한다. 공동체자체가 허구에 불과하므로 공동체의 이익이란 막연한 단어이다. 그러므로 공동체의 이익은 구성원들의 이익의 합이며, 개인의 이익은 개인이 느끼는 쾌락들의 합이다(p. 3).

벤담의 효용원리는 행복이나 효용 등 주관적인 것을 근거로 삼는다. 또한 효용원리뿐만 아니라 사회가 개인의 합이라는 생각이 함께 섞여 있다. 양자가 결합되면서 벤담은 사회의 이익이 개인의 이익의 합이라고 보았다. 이런 이유로 벤담에는 개인이나 개체와 국가나 전체의 관계가 숨겨져 있다.

우선 각주 1에서 효용과 시비(right and wrong)가 영향을 받는 사람들의 숫자와 관련되어 있다는 그의 지적을 살펴보자. 효용이 일차적으로 개인과 관련되는데 비해 시비가 여러 사람들로 구성되는 사회와 관련된다는 데서 이런 지적이 나왔다. 또한 본문에서 개인이나 정부의 행위라는 포괄적인 표현도 이런 갈등을 내포하고 있다. 개인의 행위와 정부의 조치가, 제목에 나와 있는 바와 같이, 도덕과 입법으로 이어지므로 정부의 조치를 개인의 행위로 분해하는 방식으로 양자의 관계가 설정되리라고 예상할 수 있다.

이익이나 효용을 논하더라도 개인들 사이의 상대적인 위치가 문제된다면 이런 단순합계에 의문을 제기할 수 있다. 이와 관련해 효용이 행복이나 쾌락을 통해 쉽게 연상되지 않는다는 그의 지적을 주목할 필요가 있다. 효용이나 쾌락은 그의 입장에서만 행복과 동의어일 가능성이 높다.

나아가 벤담에서는 개인의 합이 사회일 뿐만 아니라 개인조차 여러 쾌락이나 감정의 합이다. 쾌락들 사이의 상호연관이나 위계로 인해 이 역시 단순한 합으로 처리하는데 문제가 있을 수 있다. 전체적으로 그는 사회를 개인으로, 다시 개인을 쾌락이나 감정으로 분해했다. 따라서 공리주의는 개인주의뿐만 아니라 논리적 원자주의나 분석철학과 친화력을 가진다.

그런데 인간을 쾌락이나 고통 등 감정의 동물로 규정하는 것과 사회를 개인들의 합으로 규정하는 것이 무관하지 않다. 고대 희랍에서부터 칸트(Immanuel Kant)에 이르기까지 서양사상은 감성이 아니라 감성을 억제하는 이성에게 공동체나 사회에 대한 책임을 짊어지게 했기 때문이다.

(2) 개인의 행위나 이에 상응하는 정부의 조치는 그 조치로 인해 늘어나는 공동체의 행복이 그로 인해 줄어드는 행복보다 더 크면 효

용원리에 합당하다. 효용원리는 이런 정도에 비례해 행위나 조치를 승인하거나 부인한다. 이 원리에 따라 의무(ought)와 시비(right and wrong)가 판정되어야 하며, 이를 결정하는 어떤 다른 원리도 존재하지 않는다.

벤담은 개인의 행위든 정부의 조치든 모두 개인이 아니라 사회전체의 행복이라는 관점에서 파악했다. 개인의 행위라도 도덕과 관련된다면 이미 사회적이므로, 사회가 개인의 합이라고 하더라도 사회전체의 행복을 염두에 둘 수밖에 없다. 물론 사회의 행복이 개인들의 행복의 합에 불과하므로 행위나 조치로 인해 개인들이 겪는 행복이나 불행에 차이가 있을 수 있다. 그러므로 행복의 증감이라는 수량적인 차원을 강조했다. 이렇게 되면서 의무나 시비가 개인의 효용으로 분해되었다.

(3) 효용원리를 이해하지 못한 사람들이 이 원리를 비판한다. 그러나 일반적으로 다른 모든 것을 증명해 주는 기본원리자체를 증명할 수는 없다. 모든 증명이 증명되지 않은 그 무엇으로부터 시작되어야 하듯이, 효용의 원리에 대한 증명도 불가능하다. 다행히 이 원리가 다른 여러 가지를 증명해 주므로 이 원리를 별도로 증명할 필요가 없다.

인간들은 이 원리를 생각하지는 않지만 살면서 채택하며, 동시에 언제나 유보를 표시하면서도 수용하고 있다. 이렇게 되는 이유는 인간이 원칙과 현실 사이에서 일관성을 유지하지 못하는 존재이기 때문이다. 이 원리를 비판하는 사람들조차 반박의 근거를 이 원리자체에서 찾으며, 대체로 이 원리를 제대로 적용하지 못해서 이런 반박을 내세운다. 효용원리가 위험하다는 대법관의 주장은 여전히 효용원리를 적용한 데 불과하다(p. 5, 각주 1).

효용원리를 증명할 수 없다는 벤담의 주장은 구성주의를 반대하는 입장이나 자기의존적인 체계에 대한 괴델(Kurt Gödel)의 부정과 비슷하다. 논증할 수는 없지만 모르는 사이에 실생활에서 사람들이 효용원리를 광범위하게 활용하고 있으며 반박논리 자체도 효용원리에서 벗어나지 못한다는 점을 그는 강조했다.

벤담은 효용원리의 적용이 위험하다는 당시 대법관의 주장에 이미 효용원리에 근거한 해석이 내포되어 있다고 반박했다. 벤담에 의하면 최대다수의 최대행복을 추구하는 효용원리에 대해 특정인이나 소수의 이익을 추구하려고 대법관이 이렇게 해석한 셈이다. 만약 효용원리를 제대로 적용했다면 대법관의 직위자체는 아니더라고 급여나 연금은 줄었으리라고 벤담은 장담했다.

이런 벤담의 주장은 효용원리의 의미에 대한 과도한 확대해석에 근거하며 수량에 대한 집착을 드러낸다. 이 집착은 서문에서 수학을 여러 차례에 언급한데서 이미 예상되었다.

(4) 효용원리를 점검하기 위해 효용이론을 버리려고 하는 경우 밟아야 할 논리단계들을 살펴 볼 필요가 있다. 각자 내세울 추론이 무엇인지, 이럴 경우 행위와 판단을 위해 다른 기준을 채택하는지, 이런 기준이 변덕이 아닌지, 행동이나 판단에 대한 개인의 감정이 다른 모든 사람에게도 옳고 그름의 기준으로 적용되는지 혹은 각자의 감정이 기준이 되는지, 전자의 경우 그 기준이 다른 사람들에게 전제적이거나 폭력적인지, 후자의 경우 보편성이 없어 무정부적인지, 이런 별도의 기준이 개별적인 상황에 의존한다면 그 근거는 무엇이며 그 근거가 효용이론이 아닌지, 만약 효용이론과 개별적인 기준을 혼합하고 있다면 어디까지 효용이론을 허용하고 있는지, 거기까지만 허용하는 이유는 무엇인지, 효용 이외의 옳음(right)의 기준은 무엇이며 효용이 요구하는 바 이외의 행동동기(motive)는 무엇인지 등이다.

효용이론 이외에 보편타당한 논리는 생존할 수 없으며 다른 모든 부차적인 논리는 효용이론으로 환원된다는 자신감이 벤담의 논리단계들에 담겨 있다.

1.2. 효용원리에 반대되는 원리들

(1) 효용원리에 반대되는 원리로 금욕주의(asceticism)와 동정심 및 반감(sympathy and antipathy)을 들 수 있다. 전자는 효용원리에 언제나 반대되고, 후자는 반대될 때도 있고 부합될 때도 있다.

금욕주의는 효용원리와 마찬가지로 당사자의 행복을 기준으로 삼는데, 그 방향이 효용원리와 반대이다. 금욕주의는 어원으로 볼 때 신의 지시에 따라 자신을 괴롭히는 일을 의미한다. 그런데 이를 통해 상대적으로 많은 다른 사람들을 행복하게 하고 본인들도 내세에서 행복하게 된다고 주장한다(p. 8 각주).

벤담이 효용원리에 반대되는 입장을 이 두 가지로 압축하면서 아리스토텔레스나 사회계약이론 등 다른 여러 가지 사상들은 논의 대상에서 제외되었다. 특히, 센(Amartya Kumar Sen)이 지적한 바와 같이 벤담은 인간을 감정을 가진 동물로 간주해 인간의 보다 적극적인 행위(agency)를 도외시했다.

(2) 금욕주의에는 희망에 근거한 철학적인 부류와 두려움에 근거한 종교적인 부류가 있다. 철학적인 금욕주의는 주로 지성에 의존하고, 종교적인 금욕주의는 보다 감성에 의존한다. 이 때문에 후자가 전자보다 더 강렬하다. 전자는 쾌락을 비난하고 고통에 대해 단지 무관심한 수준에 머문다. 후자는 이를 넘어 고통을 찾는 일이 공덕(merit)이고 의무라고 생각한다. 이는 축재에 대해서도 비슷하게 적용된다(p. 12). 그렇지만 양자는 에피쿠로스라는 이름으로 연상되는

효용원리를 공통의 적으로 삼는다.

금욕주의는 일부의 쾌락들이 장기적으로 더 큰 고통을 가져다준다는 데서 시작되었다. 그렇다고 해서 고통을 사랑해야 한다는 주장으로 나갈 수는 없다. 따라서 금욕주의는 효용원리를 잘못 적용한 사상이다. 어떻든 금욕주의를 사적인 행위가 아니라 정부의 조치에 적용하기란 쉽지 않다. 특히, 종교적인 금욕주의에서는 일방의 입장으로 인해 종교전쟁이나 종교적인 박해 등 타방의 비참함이 발생한다. 이 과정에서 일부 사람들에게 인간이 아니라 이단자나 배교자라는 낙인이 찍히게 된다.

벤담은 특정 입장을 평가하는 기준으로 이 입장이 윤리가 아니라 행정이나 법에 적용될 수 있는지를 중시했다. 이는 공리주의가 기본적으로 사회를 향하고 있다는 진단을 확인시켜준다.

(3) 정부의 일에 보다 잘 적용되는 논리가 동정심과 반감의 원리이다. 동정심과 반감은 이성도 아니고 상상력도 아닌 감성과 관련되어 있다(pp. 13-15, 각주). 음악과 마찬가지로 법에서도 비율과 조화가 중요하다(pp. 14-15, 각주).

그런데 이 원리에 따르면 이해당사자가 아닌 사람들의 승인 여부나 승인 정도로 판정이 이루어진다. 윤리라는 일반적인 부문이나 정치라는 특정 부문에서 이런 부인의 정도나 비율(proportion)에 따라 양형(measuring out the quantum of punishment)이 이루어졌다(p. 16).

옳고 그름에 관한 모든 체계들은 동정심 및 반감에 근거한 체계로 환원된다. 이런 체계들이란 도덕감정, 상식, 이해, 항구적인 권리의 원칙, 사물에의 적합성, 자연법, 이성의 법 및 자연정의와 형평, 거짓말의 기준, 선량의 숫자 등이다(pp. 17-20, 각주).

이들은 전반적으로 모두 자신의 감정 이외의 외적인 기준을 배제하고 타인들도 자신의 감정에 동조할 것을 강요한다. 특히 자연법이나 자연스러움을 강조하는 입장이 그렇다. 이 때문에 이런 체계들은 독재와 무정부성의 양극단을 왕복하게 된다. 신의 의지도 계시된 의지(revealed will)가 아니라 추정된 의지(presumptive will)이므로 각자의 의지가 둔갑한데 불과하다. 마찬가지로 신의 즐거움도 해당 개인이 즐거움에 불과하다.

또한 동정심과 반감은 주로 가혹함에 있어 과도해질 수 있으며, 관대함의 방향으로도 오류를 저지를 가능성이 있다. 가혹해질 가능성이 높은 이유는 이런 저런 주제와 관련해 기호나 의견의 차이가 존재하기 때문이다. 이 기준을 따르면 가까이 있고 눈에 보이는 잘못에는 반감이 크고 그 반대 경우에 대해서는 반감이 크지 않으므로 관대함에 있어서도 잘못을 저지를 수 있다.

이와 관련해 동기이나 원인(motive or cause)과 근거나 이유(ground or reason)를 구분해야 한다. 전자는 개인의 마음에 작용하며, 후자는 승인이나 부인을 판정하는 입법자나 방관자를 요구한다. 흔히 어떤 효과에 자주 동기가 수반되어 동기가 효과를 낳는다고 오인하는데 이는 잘못이다. 이런 이유로 반감이나 분노 등 동기를 행동의 근거로 삼는 것은 옳지 않다.

벤담은 대부분의 윤리체계를 동정심이나 반감의 체계로 해석했다. 과도한 단순화라고 생각된다. 비판의 핵심은 서로 다른 감정들이 생기면서 독재나 무정부성의 양극단이 지배하게 된다는 점이다. 아담 스미스 등의 도덕감정 개념도 비판했다는 점과 자연법사상에 주로 반기를 들었다는 점을 주목할 필요가 있다. 어떻든 각주의 기다란 논의를 좀더 상세하게 검토할 필요가 있다.

여기서 벤담은 신의 의지와 신의 쾌락을 각기 본문과 각주에 나누어 논의했다. 인간과 달리 신에 대해서는 의지에 앞서 쾌락이나 즐거움을 부여하는데 부담이 있었다고 생각된다. 또한 이를 통해 의지와 쾌락이 각기 이성과 감성으로 연결된다는 점을 확인할 수 있다.

1.3. 고통과 쾌락의 네 가지 규정이나 근원

사회를 이루는 개인들의 행복이 입법자의 유일한 목적이다. 궁극적인 원인(final causes)으로서 쾌락의 획득과 고통의 면제를 논의했으므로, 유효한(efficient) 원인이나 수단으로서 쾌락과 고통에 대해 논의해 보자. 이들은 물리, 정치, 도덕, 종교 등 네 가지의 규정이나 근원으로 구성되어 있다.

어떤 인간이나 초인간적 존재의 개입 없이 자연의 힘이 작용하는 경우가 물리적이고, 국가의 주권이 개입되어 법에 의존하면 정치적이다. 또한 사회에서 여러 당사자들이 각자의 심성에 따라 움직이면 도덕적이고 대중적이며(popular), 보이지 않는 초월적 존재가 현재나 미래에 개입되면 종교적이다. 그런데 이들은 단지 상황(circumstances)을 달리 할 뿐 근본적으로 다르지 않다(p. 26).

화재로 인한 재해와 관련해 자신의 부주의가 원인이었다면 물리적이고, 행정관의 명령에 의한 소각이었으면 정치적이다. 또한 타인의 의도적인 방관이 원인이었으면 도덕적이고, 신의 노여움(displeasure)이 원인이었으면 종교적이다(p. 26). 종교적 규정은 기대에 의존하며 현생에서 청산되지(liquidate) 않을 수 있다는 특징을 지니고 있다.

네 가지 중에서 물리적인 원인이 근본을 이룬다. 물리적인 제재는 자연의 힘으로 작동하며, 다른 세 가지에 의존하지 않는다. 이에 비해 다른 세 가지는 궁극적으로 자연의 힘을 통해 작동하기 때문이다.

여기서 벤담은 개인과 물체나 재산이 매개 없이 맞닿는 물리적인 원인이 나머지 세 가지보다 근본적이라고 생각했다. 물리적 제재는 좁은 의미의 자연이나 자연의 힘으로 규정된다. 이 같이 벤담은 효용원리에 부합되게 물체나 재화나 재산을 사회적 매개 없이 직접 개인과 연결시켰다. 이 점은 신고전학파로 이어진다. 이런 관점에서 벤담이 물리적 제재를 본인의 부주의와 연결시킨 부분도 이해된다. 물리적 원인을 근본으로 삼으려는 의도로 인해 이에 대해 과도한 의미를 부여한 결과라고 생각된다.

당연히 이런 벤담의 논리는 대륙의 윤리학이나 법철학과 대립된다. 가령, 나중에 논의되는 칸트에 있어서는 법이 전체의지의 결과이기 때문에, 법이 일견 물체인 재산과 개인의 관계에 이미 개입되어 있다. 벤담에서는 물리적 계기가 가장 근본적이라면, 칸트에서는 법적이고 사회적인 계기가 가장 근본적이다. 이들 모두와 비교해 마르크스는 유물적인 전체성을 전제로 하며, 인간과 물체의 관계가 아니라 인간관계나 사회관계를 근본으로 삼는다.

1.4. 쾌락과 고통의 가치 혹은 측정

(1) 쾌락의 획득이나 고통의 회피가 입법자의 최종 목표(ends)이므로 이들의 가치(value)를 이해해야 한다. 또한 쾌락들과 고통들이 입법가의 수단(instruments)이므로 이들의 힘(force)이나 가치(value)를 이해해야 한다.

벤담이 측정이나 양적인 측면과 연관지어 비로소 가치를 언급해 고전학파와 마찬가지로 수량주의의 경향을 드러냈다. 또한 가치를 힘과 비슷하게 생각해 물리학적인 유추가 강하며, 이 중에서도 인간의 노동과 연결되는 일이 아니라 물리적인 현상인 힘과 연결시켰다는 점을 주목해야 한다. 그렇지만 쾌락이나 고통이 함수를 통해 가치를 갖게 된다는 생각은 보다 보편적인 흐름이라고 볼 수 있다. 또한 가치라는 용어는 현대 신고전학파에서는 거의 소멸했으나, 최근 행동경제학에서 가치함수(value function) 개념을 통해 복원되고 있다.

벤담이 쾌락과 고통의 회피를 목표로 삼고 쾌락과 고통을 수단으로 삼는다는 주장을 반복하고 있어 해명을 요한다. 앞서 궁극적인 원인과 효율적인 원인도 같은 맥락에서 구분되었다. 일단 쾌락이나 고통이외에 별도의 궁극적인 목표가 없다는 의미로 이해할 수 있다. 그렇지만 목표로서는 고통의 회피이고 수단으로서는 그냥 고통인 이유가 명확치 않다. 노동가치론에서와 비슷하게 쾌락이든 고통이든 목표로서는 일반적이거나 총칭적이고, 수단으로서는 구체적이고 개별적이라는 의미라고 일단 추정해 본다.

(2) 어떤 한 사람을 단독으로(by himself) 보고, 어떤 특정의 쾌락이나 고통을 단독으로(by itself) 보았을 때, 그 가치는 주로 네 가지 상황에 의존한다(p. 29). 이들은 강도(intensity), 지속도(duration), 확실성이나 불확실성(certainty or uncertainty), 그리고 원근(propinquity or remoteness)이다. 또한 쾌락이나 고통이 연달아 이어지는지 아니면 뒤바뀌는지를 나타내는 연속성(fecundity)이나 역전의 가능성(purity)이라는 두 가지 상황도 추가적으로 영향을 미친다. 뒤의 두 가지는 쾌락이나 고통자체가 아니라 행위나 사건의 속성에 가깝다.

그리고 사회를 이루는 다수의 인간들에게도 이 여섯 가지가 적용된다. 다만, 얼마나 많은 사람에게 적용되는지에 따라 범위(extent)라는 요인이 추가된다. 개인의 쾌락과 고통을 합산하고 다시 개인들에 대해 이것들을 합산하면 좋은 경향(tendency)과 나쁜 경향을 가려 낼 수 있다.

쾌락이나 고통은 여러 명칭으로 등장할 수 있다. 쾌락은 선, 이윤(profit), 편익, 이익(advantage), 보수(emolument), 행복 등으로 불릴 수 있다. 이윤은 멀리 있는 쾌락으로 규정된다. 또한 고통은 악, 해악, 불편, 불이익(disadvantage), 손실(loss), 불행으로 불릴 수 있다. 지금까지 쾌락과 고통 일반에 대해 논의했고, 다음 장에서는 구체적인 쾌락들과 고통들에 대해 논의할 예정이다.

한 사람을 그 자체 개인으로 보고 어떤 쾌락이나 고통도 그 자체 개별적으로 보려는 벤담에서는 개체주의, 경험주의, 감각주의 이외에 분석주의나 분해주의가 극단적으로 드러난다. 이렇게 파악하기 때문에 모든 쾌락과 고통의 합산과 모든 개인들에 대한 합산이 필수적이다.

이 입장은 쾌락이나 고통의 사회적 성격을 강조하는 마르크스나 베블렌뿐만 아니라 개인의 차원에서도 상호의존성이나 맥락을 강조하는 행동경제학과도 구분된다. 공리주의에서는 하나에서 다수로 넘어가는 과정이 석연치 않다. 역시 합산이나 개체와 전체의 관계가 문제이다.

쾌락에 포함되는 선, 이윤, 편익, 이익, 보수, 행복 등과 고통에 포함되는 악, 해악, 불편, 불이익, 손실, 불행 등은 상당히 이질적이다. 선악은 도덕이나 법, 이윤과 손실은 경제나 금전, 행복과 불행은 윤리 등으로 서로 다르다. 이는 쾌락과 고통으로 모든 것을 동질화하려는 벤담의 노력이 안고 있는 기본적인 장애이다. 특히, 이윤이나 손실이 얼마나 멀리 떨어져있는지 혹은 어떻게 쾌락이나 고통으로 전환되는지 분명치 않다. 아마도 구체적인 재화나 선이 아니라 화폐 자체로 받아들여질 가능성이 있다. 이는 소유가 주는 쾌락에 대한 마지막 논의에 부합된다(p. 32).

1.5. 쾌락과 고통의 종류

쾌락과 고통에는 단순한 것과 복잡한 것이 있다. 단순한 쾌락에는 감각, 부(wealth), 숙련(skill), 우호(amity), 명성, 권력(power), 경건, 선의(benevolence), 악의(malevolence), 기억, 상상, 기대, 연상

(association), 안도 등이 있다. 단순한 고통의 명단에는 이들 대부분이 반복되나 상실(privation)이 첫 번째로 들어가고 부와 권력이 빠진다. 감각의 쾌락은 시각이나 청각 등으로 나뉜다. 부와 관련된 쾌락은 장래에 향유할 물건들에 대한 소유나 획득에서 비롯된다.

벤담에 등장하는 단순과 복잡의 구분은 흄에서부터 감각과 관련해 요구되었으며 분석이나 분해와 관련된다(p. 41 각주 4). 그런데 벤담에서 단순한 쾌락과 고통의 명단에서 비대칭적인 요소는 부와 상실이다. 부나 상실이나 모두 특정 재화나 물체를 넘어서는 포괄성을 띤다. 또한 보유나 소유는 부뿐만 아니라 권력이나 명성, 그리고 우호에도 적용된다. 더불어 부와 권력을 포괄하는 상실의 고통도 보유의 반대 개념으로 존재한다(p. 35, 40).

이 같이 재화나 물체의 사용이나 소비만큼 보유라는 현상이 벤담의 바닥에 깔려 있다. 문제는 소비 여부뿐만 아니라 보유나 획득 여부가 쾌락이나 고통을 주는지가 명확치 않다. 달리 보면, 이는 재화나 물체와 독립적으로 화폐가 쾌락이나 고통을 주는지의 문제이다. 어떻든 이는 표현 자체로 보아도 세일러(Richard Thaler)의 심리적 회계(mental accounting)로 이어진다(pp. 34-35).

벤담이 모든 것을 개인의 쾌락이나 고통으로 파악하면서 생기는 문제도 발견된다. 먼저 쾌락과 고통의 명단에 부나 권력, 선의와 악의, 우호, 명성 등 개인이나 개체의 속성으로 환원될 수 없는 요소들이 포함되어 있다. 이 문제는 그가 개인, 집단, 사회 차원을 모두 개인 차원으로 환원하려는 경향에서 발생한다. 사실 감각만이 어느 정도 개인적이라고 생각된다.

선의와 악의는 타인 관련(extra-regarding)으로, 나머지는 자기 관련(self-regarding)으로 구분한 것도 이런 경향을 반영한다. 또한 숙련과 같이 노동이나 활동 혹은 생산이나 기능과 관련된 것도 쾌락이나 고통으로 환원되고 있다.

요약하면 집단이나 사회를 개인으로 환원하는 경향, 소비와 보유 혹은 재화와 화폐를 혼합하는 경향, 능동적인 활동이나 행위를 수동적인 쾌락이나 고통으로 환원하는 경향 등을 벤담의 문제점으로 지적할 수 있다. 이들로 인해 벤담의 사상은 비현실적일 뿐만 아니라 모든 것을 각자의 수단으로 삼는 자본주의의 이념에 부응한다.

1.6. 감수성에 영향을 주는 정황이나 환경

동일한 원인에 대해 사람마나 반응하는 정도나 질, 즉 편견(biases)이 다르다. 이런 감수성의 차이를 낳는 정황이나 환경의 구성요인들로 다음을 들 수 있다. 건강, 힘, 견고함, 신체적 결함, 지식의 질과 양, 지적인 힘, 마음의 강인함, 마음의 지속성, 성향, 도덕적 감수성, 도덕적 편견, 종교적 감수성, 종교적 편견, 동정적인 감수성, 동정적인 편견, 반감의 감수성, 반감의 편견, 정신이상, 습관적인 일, 금전적인 정황, 동정심에 있어 인연(connections), 반감에 있어서 인연, 과격한 신체구조, 과격한 정신구조, 성, 나이, 직위, 교육, 기후, 혈통, 정부, 종교 등이다(pp. 44-45).

벤담의 목록에 잡다하게 많은 요인들이 들어가 있다는 점 이외에도 감수성과 편견이 반복적으로 구분되고 있다는 점을 주목할 필요가 있다. 감수성은 양적인 측면인데 비해 편견은 질적인 측면을 나타내는 것 같다. 여기서도 개인, 집단, 사회의 차원이 혼합되고 있다. 또한 동질적인 실제 존재(homogeneous real entities)와 잡다한 가공적 존재(various fictitious entities)의 구분은 개인이나 개체에 대한 벤담의 집착을 보여준다(p. 45 각주 1).

동정심이 확장되는 범위로 일부 개인들, 개인들의 집단, 국민 전체, 인류 전체, 감정이 있는 모든 피조물의 다섯 단계가 있다. 습관적인 일에는 이윤 혹은 이익을 위한 일과 현재의 즐거움을 위한 일이 구분되며, 이윤은 금전적인 상황에서 고려될 사항이다. 금전적인 상황은 수단과 필요의 대비로 결정된다. 수단에는 재산, 노동의 이윤, 부조의 연줄이 포함되고, 필요에는 지출습관, 부담의 연줄, 현재의 우연적인 수요, 기대의 강도가 포함된다.

벤담이 습관적인 일의 목적을 이익과 그 자체 즐거움으로 나눈 데에는 화폐와 재화의 갈등이 숨겨져 있다.

1.7. 인간행동 일반

(1) 인간행동은 결과의 합을 통한 선택이 특징이다. 행동의 결과 중에서 쾌락과 고통에 영향을 주는 실질적인(material) 결과만이 중요하다.

벤담은 여기서부터 행동에 대한 선악의 판단이 선험적으로 주어지지 않고 오로지 행동의 결과가 낳은 쾌락과 고통의 합산으로 결정된다는 결과주의(consequentialism)를 반복했다. 결과 중에서 실질적인 것을 강조한 이유도 여기에 있다. 물론 실질적이라는 표현이나 그런 한정은 자의적이라고 생각된다.

(2) 모든 행동(transaction)에 대해 행위(act) 자체, 행위의 상황, 행위의 의도성, 상황에 대한 의식 · 무의식 · 허위의식(false consciousness)이 고려되어야 한다. 또한 행위에는 동기나 성향(disposition)도 영향을 준다(pp. 71-72).

벤담의 설정을 경제학과 비교하면, 선택이 행위이고, 선택의 제약조건 등이 상황이고, 의도성은 자발성과 비슷하며, 의식 등은 정보와 관련지을 수 있다. 무의식이나 허위의식을 언급해 정보의 불완전성을 허용한다. 그렇지만 벤담에서는 무의식이나 허위의식이 개인적인 착오나 실수로 간주되는 경향이 크다. 따라서 마르크스나 베블렌의 허위의식이나 프로이트(Sigmund Freud)의 무의식과는 구분된다.

(3) 행위는 여러 방식으로 구분된다. 적극적인가 소극적인가 혹은 작위인가 무작위인가, 외적인가 내적인가 혹은 물리적인가 정신적인가, 자동(transitive)인가 타동(intransitive)인가, 분할가능한가(in/divisible), 단순한가 복잡한가 등이다. 자동 · 타동의 구분과 관련해 연속과 반복, 반복과 습관이 구분된다. 습관은 행위의 반복이지만, 모든 반복이 습관은 아니다. 행위가 진정한 존재이며, 습관은 허구적이다(p. 124 각주 1에도 반복). 여러 단순행위들이 공통의 목표로 묶이면 복합적인 행위가 된다.

벤담은 정신적이거나 내적인 것에 대해 실질적이거나 물리적인 것 혹은 외적인 것을 부각시켰는데, 이는 너무 단순한 이분법 같다. 이런 단순성은 결과를 강조하는데서 비롯된다고 생각된다. 습관의 허구성이나 단순과 복합의 구분은 개별행위를 기본단위로 삼으려는 분석주의를 내포한다. 특히, 습관에 대한 분석주의는 20세기 초 행동주의(behaviorism)의 영향으로 습관에 대한 사회과학적인 관심이 위축된 사실이나 신고전학파의 베커 등이 습관을 다룬 방식에 부합된다.

(4) 상황은 행위를 둘러싼 모든 물체를 의미한다. 행위의 결과가 사건(events)인데, 상황과 사건은 네 가지 방식으로 연결된다. 인과나 생산, 파생, 간접적인 연관, 결합적인 영향 등이다.

상황에 대한 벤담의 막연한 해명은 맥락 등을 무의미하게 만들 가능성이 있다.

1.8. 의도성

(1) 의도나 의지는 행위와 결과에 각기 나뉘어 적용되며, 양자 모두에 적용되면 행동에 적용되는 셈이다. 의도적이라는 용어와 달리 자발적(voluntary)이라는 용어는 의도적, 비강제적(uncoerced), 자생적(spontaneous) 등 여러 의미를 지니며 비자발적이라는 용어와 대칭적이지도 않기 때문에 피해야 한다.

벤담은 의도를 유인이나 성향 등과 함께 논의하고, 12장에 이르러서는 이들 모두가 다시 인간행동에 영향을 준다고 확대해석했다(p. 152). 그에게서 이들은 모두 결과나 효과의 중요성으로 인해 의미가 변형되거나 부분적으로 그 의미를 상실했다. 이 장에서 의도가 의지를 대신하고 의도가 행위와 결과로 나뉘어 적용되는 것도 이런 맥락에서 이해된다.

의지는 사회계약이론에 부합되는 용어이다. 의도와 결과의 격리는 주류경제학이나 하이에크에 부합된다. 의도성과 자발성은 경제학에서 혼용되고 있다. 미시경제학에서 수요량과 관련된 의도와 거시경제학에서 실업과 관련된 자발성은 명확히 구분되지 않는다. 이 예와 다른 예를 통해 벤담이 중요한 논란거리들을 각주로 밀어 놓았다는 사실을 확인할 수 있다.

(2) 결과의 의도성은 직접적일 수도 있고 비스듬할(obliquely) 수도 있다. 또한 행동의 의도성이 직접적인 경우에도 궁극적인지 중간적(mediately)인지, 혹은 배제적인지 내포적인지로 구분될 수 있다. 나아가 의도가 결합되어(conjunctively) 있는지 분리되어(disjunctively) 있는지 혹은 무차별적으로(indiscriminately) 작용하는지 구분하고, 선호가 수반되는지 여부로 구분할 수도 있다.

예를 들어, 영국의 왕 윌리엄 2세는 함께 사냥 나갔다가 타이렐경의 화살을 맞아 생긴 상처로 사망했다. 이 경우 왕이 우연히 화살에 맞았고 타이렐이 살해를 생각해 본 적이 없다면 왕의 살해에는 의도성이 개입되어 있지 않다. 의도는 없었지만 만약 부근에 사슴과 함께 왕이 달려오고 있어 화살을 맞을 가능성이 있음을 알면서도 화살을 쏘았다면, 의도성이 있었으며, 그런 의도는 비스듬하다.

만약 원래 왕을 미워해서 죽였고 오로지 죽이는 즐거움 때문에 그렇게 했다면, 의도성이 직접적이면서도 살해자체가 목적이었으므로 궁극적이다. 이와 달리 왕의 재물을 약탈하려는 목적이었다면, 그 의도성은 직접적이면서 재물이 목적이라는 점에서 중간적이다. 화살 한발로 오른쪽 다리와 왼쪽 손을 함께 겨냥했다면 의도는 결합적이다. 이에 비해 둘 중의 하나를 노렸을 뿐 둘 다를 노리지 않았다면, 의도는 분리되어 있다. 후자의 경우에 다리와 손에 대해 선호가 있을 수도 있고 그렇지 않을 수도 있다. 비슷한 정도로 둘 다를 노렸다면 무차별적이다.

의도는 중요하나 좋은 의도나 나쁜 의도라는 표현에는 모호성이 있다. 중요한 것은 쾌락과 고통이라는 의도의 효과이다. 의도의 원인은 동기이고 효과는 결과이므로, 의도의 선악은 이 두 가지 관점에서 논의되어야 한다. 더구나 결과는 상황으로부터 영향을 받는데 상황은 과거의 의도와 행위로 빚어지며 현재는 그대로 받아들여야 한다(p. 88). 그러므로 의도가 반드시 결과를 낳는다고 말할 수 없다.

벤담은 행위의 의도와 결과를 중간에 고리를 갖고 있는 인과로 파악했다. 직접적인 의도 중에도 궁극적인 의도를 쾌락과 연결시켜, 증오 등과 구분되는 쾌락이나 효용이 벤담의 궁극적인 근거가 되고 있다. 비스듬한 경우나 결합, 분리, 무차별의 개념은 확률이나 수량을 내포하고 있다. 보다 중요하게 의도와 결과를 분리해 의도의 의미나 기능을 축소했다. 의도를 동기와 결과로 나눈 것도 의도의 인간적인 성격을 희석해 자극과 반응이라는 기계적인 인과에 맞추려는 노력으로 추정된다.

1.9. 의식

상황에 대한 인식은 상황의 존재(existence)와 상황의 실체적인 의미(materiality)로 나누어 볼 수 있다. 이에 따라 행위자가 의도를 가지고 있었고 모든 실체적인 상황을 알고 있었다면(well-advised), 의도성이 행위로부터 결과로 이어진다.

여기서 행위와 결과의 분리에 대해 벤담과 경제학이 부여하는 성격에 차이가 있다. 벤담은 의식 등 개인차원에 머무는데 비해, 경제학은 조정(coordination) 등 시장차원도 고려한다.

1.10. 동기

동기에는 생각에 머무는 사변적인 동기와 의지에 영향을 미치는 실행적인 동기가 있는데, 후자만이 관심거리이다. 또한 문자 그대로의 동기가 있고 탐욕, 나태, 선의 등 열정이라고 불리는 가상적이고 비유적인 의미의 동기가 있다. 더불어 외적인 동기와 내적인 동기도 구분할 필요가 있다.

이 세상에 지속적으로 좋거나 나쁜 동기는 존재하지 않는다. 나아가 그 자체로 나쁜 동기란 존재하지 않는다. 동기는 오로지 결과를 통해 좋거나 나쁘다고 판단할 수 있다(p. 118). 심지어 남이 겪는 고통을 보고 즐거워하는 악의(ill-will)가 수반된 병적인 즐거움도 여전히 즐거움이다. 이런 이유로 상식적인 도덕에 근거한 승인이나 부인이 수반되는 이름들을 동기들에 갖다 붙이는 것은 타당치 않다(p. 119).

결과가 좋거나 나쁘게 나오는 빈도에 따라 굳이 동기들을 분류한다면, 좋은 동기들로 호의(good-will), 명예욕, 우호의 욕망(desire of amity), 종교 등을 들 수 있다. 나쁜 동기에는 불쾌(displeasure)가 있고, 중립적인 동기로 신체적 욕망, 금전적 이익, 권력욕, 자기보존을 꼽을 수 있다. 이 중 종교는 모종의 가상적인 인물을 설정한다. 그렇지만 최근 들어 종교는 더욱 더 효용원리에 근접하고 있다(p. 126).

보다 더 편리한 분류는 사회적(social), 비사회적(dissocial), 자기관련(self-regarding)으로 나누는 것이다. 호의, 명예욕, 우호의 욕망, 종교는 사회적이고, 불쾌는 비사회적이며, 신체적 욕망, 금전적 이익, 권력욕, 자기보존은 자기 관련이다.

효용원리는 가장 확대되고(enlarged) 계몽된(enlightened) 혹은 숙지된(well-advised) 선의(benevolence) 그 이상도 그 이하도 아니다. 정의는 환상이나 허구로 선의를 창달하기 위한 개념이다(pp. 125-126 각주 2).

벤담이 공리주의를 선의의 확대로 보아 스미스와의 연속성을 보여준다. 계몽되었다는 점에서 선의와 경제학의 이기심은 통한다. 이는 선의로 정의나 법을 포괄하는 논리로서 선의와 정의가 다르며 심지어 대립된다는 생각과 거리를 두고 있다. 종교, 정의, 의지 등이 모두 가상적이라는 주장을 통해 벤담은 하이에크애 가까워진다. 이와 관련해 사회적, 비사회적, 자기관련의 구분은 스미스가 『도덕감정론』에서 제시한 분류와 비슷하게 개인과 사회의 관계에 대해 모호한 입장을 내포하고 있다.

1.11. 인간의 성향

동기는 그 자체로 좋거나 나쁘지 않으므로 인간에 대한 판정을 낳을 수 없다. 보다 지속적이어서 인간에 대한 판단을 낳을 수 있는 것이 성향(dispositions)이다. 성향에 대한 판단도 본인과 타인의 행복에 미치는 결과에 의존한다. 인간의 성향이나 경향성은 행위의 의도가 전반적으로 결과에 부합된다는 점과 인간이 한번 나쁜 의도를 가지면 다른 시점에서도 비슷한 의도를 가진다는 점에 의존한다.

의도는 원인을 이루는 사물에 의해 생산되고 동기를 그 원인으로 삼는다. 동기에는 타락시키는(seducing) 부류와 지켜주는(tutelary) 부류가 있어 서로 밀고 당긴다(p. 142). 유혹(temptation)은 타락시키는 부류의 합과 지켜주는 부류의 합 사이의 비율(ratio)에 의해 결정된다(p. 147).

벤담은 종교, 정의, 의지에 이어 성향도 가상적 존재라고 말했다.

1.12. 해로운 행위의 결과

행위의 결과를 결정하는 요인으로 행위 자체, 환경, 의식, 의도, 동기, 그리고 성향을 들 수 있다. 행위의 시작과 끝은 이런 것들로 구성되는 인과의 고리 전체이다. 이런 결과에는 특정인들(assignable)에게 나타나는 일차적인 효과와 사회 전체나 불특정다수(unassignable)에게 나타나는 이차적인 효과가 있다. 형벌은 위험에 대한 경종을 울려 특정인의 미래에 교정을 가하고 타인에게 본보기를 제시해 사회에 도움이 된다(p. 157).

위해는 그것의 성격, 원인, 대상 등 세 가지로 규정된다. 성격은 단순과 복잡, 적극과 소극, 확실과 정황으로 구분된다. 원인은 한 행동과 여러 행동으로 구분되고, 여러 행동은 동일인과 타인, 동일 종류와 다른 종류 등으로 구분된다. 끝으로 대상은 특정과 불특정, 본인과 타인, 자기 관련과 반사회 혹은 전체 사회 등으로 구분된다.

유인에 따라 악에서 악이, 악에서 선이, 선에서 악이, 선에서 선이 나올 수 있다(p. 163 각주 1). 공공정신에 따른 행위는 영웅적이어서 드물다(p. 166 각주 1). 분노는 가끔 찾아들지만 돈에 대한 인간의 애정은 지속적이다(pp. 167-168 각주 2). 광신주의는 결코 잠들지도 포만감을 느끼지도 않는다(p. 168 각주 1). 정치적 권위가 개입되지 않은 행동의 결과는 자연적(natural)이고, 형벌 등을 통해 개입하면 인위적(artificial)이다(pp. 168-169).

이 부분에서 벤담은 원래와 달리 동기와 성향을 추가시켜 혼란을 초래했다. 그러므로 의식, 의도, 동기, 성향의 구분에 벤담의 난점이 숨어있을 가능성이 있다. 여기서 해로운 행위만을 언급하는 이유는 법에서는 보상에 비해 범죄나 벌이 문제되기 때문이라고 생각된다. 법이 이같이 비대칭적인데 비해 경제에서는 이와 달리 비용과 편익 등 개념들이 대칭적이다. 이렇게 보면 쾌락과 고통이라는 대칭적인 원리가 법보다 경제에 기원을 두고 있으리라고 짐작할 수 있다. 약간 비약하면 경제에는 이미 적합하므로 법이나 윤리를 분해해 경제에 부합되게 만드는 논리가 벤담의 효용원리일 가능성이 있다.

이 장의 논의에서는 특정과 불특정의 구분이 새로 등장했다. 이는 공동체와 거대사회의 차이와 연관될 수 있다. 정책이 장기적으로 불특정다수에 위해를 가한다는 시니어(Nassau Senior)나 미제스(Ludwig von Mises)의 주장이 이에 부합된다. 악에서 악이, 악에서 선이, 선에서 악이, 선에서 선이 나온다는 설명은 노동과 유인의 경제적 유추에 압도되어 있다. 이 논의는 습관을 분해하려는 노력이기도하다.

정부의 개입 여부에 따른 자연과 인위의 구분도 주류경제학과 궤도를 같이 한다. 이 구분은 인간의 개입여부가 아니라 정부의 개입여부로 결정된다. 이 점에서 벤담과 주류경제학은 개인이든 사회든 인간자체의 개입여부로 자연과 인공을 구분한 밀(John Stuart Mill)과 달라 보인다. 그러나 만약 벤담에서 인간의 행위가 다른 인간이 아니라 물체를 향하도록 설정되어 있다면 양자의 불협화음은 사라진다.

사실 쾌락과 고통의 미적분은 타인과의 관계나 사회적인 존재로서의 성격까지도 모두 물체의 속성과 개인에 대한 영향 혹은 개인이 이용할 수단으로 취급한다. 벤담에서 물리적이거나 신체적이라는 표현이 부각되는 이유는 여기에 있다. 이 해석이 벤담과 밀을 관통하는 공리주의를 해명해 준다.

1.13. 징벌이 합당치 않은 경우

징벌 자체는 악이므로 그것이 가져오는 선이 악보다 클 때만 허용해야 한다. 그러므로 첫째, 전체적으로 해악이 지배하지 않는 행위에 대한 벌은 근거가 없다(groundless). 둘째, 위해를 방지하는 방향으로 작동하지 않는 벌은 유효하지 않다(inefficacious). 셋째, 벌이 가하는 해가 방지하는 해보다 더 크면 이익이 없거나 너무 비싸다(unprofitable or expensive). 넷째, 위해가 스스로 소멸하거나 교정될 수 있어 싸게(at a cheaper rate) 처리될 수 있다면 징벌은 불필요하다(needless).

원래 징벌의 목적은 행위의 통제이다. 통제는 교정이나 물리적인 무력화를 통해 가해자와 관련될 수도 있고, 선례를 통해 타인들에게 영향을 줄 수도 있다(pp. 170-171 각주 1).

위의 첫 번째 원칙에 의하면 여러 가지 이익이 수반되는 횡령이나 상업상의 사기에 대해 어느 정도 관대해질 수밖에 없다(p. 172 각주 3). 두 번째, 벌이 유효하지 않은 경우로 미성년자, 정신이상자, 중독자를 들 수 있다. 이에 대해 징벌이 가져오는 결과가 아니라 의지라는 개념에 근거해 설명하는 데는 혼란이 따른다(pp. 173-174 각주 2).

세 번째 원칙과 관련해 벌의 해악은 강제, 벌에 대한 공포, 벌 자체의 고통, 주위 사람들의 고통으로 나눌 수 있다. 이에 따라 벌에서 얻는 이익보다 해악을 더 크게 만드는 요인으로 범법자가 몰려서 나타나는 정도, 특정 범법자가 가져오는 효과, 인민의 불쾌감, 관련 외국인의 불쾌감 등을 들 수 있다. 네 번째와 관련해 교육이나 공포를 통해 행동을 억제할 수 있다면 굳이 형벌을 취할 이유가 없다. 왕은 칼

보다 펜으로 다스리는 편이 낫다.

이 장으로부터 법에 대한 벤담의 경제적 유추가 노골적으로 변한다. 이익이 없거나 너무 비싸다거나 싸게 처리할 수 있다는 표현이 단적인 예이다. 또한 이익과 피해를 견주고 있어 비용편익분석을 예상케 한다. 이에 따라 법이나 윤리를 분해해 경제에 부합되게 만드는 논리가 벤담의 효용원리라는 해석이 추가적인 근거를 얻는다. 여기서 벤담은 법에 대한 일반론을 각주로 돌리고 자신의 입장을 부각시켜 다소 혼란을 일으키고 있다.

각자가 자신의 이익을 가장 잘 안다는 주장은 공리주의가 내포한 개인주의나 합리성을 드러낸다(p. 172). 그런데 이런 생각은 주류경제학에도 깔려 있으며, 현재는 행동경제학에 의해 상당 부분 거부되고 있다. 부차적이지만 문무에 관한 표현은 앞서 등장한 프랭클린처럼 각운을 두어 칼(the swords)보다 말(the words)이라고 표현할 수도 있다.

1.14. 형벌과 범죄의 비율

형벌의 일차적인 목표는 모든 종류의 범죄를 방지하는 데 있다. 두 번째 목표는 기왕 범죄가 발생한다면 가장 해가 적은 범죄를 선택(choose)토록 유도하는 데 있다. 세 번째 목표는 범인이 자신의 목표에 비추어 요구되는 최소한의 범죄만을 저지르게 하는 데 있다. 끝으로 가장 싸게(cheap) 범죄를 방지하는 데 있다.

이런 목표에 따라 첫 번째 형벌의 원칙은 벌의 가치(value)가 죄의 이익(profit)보다 적지 않게 하는데 있다. 여기서 이익은 금전적인 것을 포함해 쾌락 등 모든 이익을 의미한다. 이와 관련해 사람의 가격(price)을 말하는 것도 특히 영미법에서는 사람의 덕성을 넘어서 문자 그대로 의미가 있다(pp. 179–180 각주 2, 3).

두 번째 원칙은 범죄의 위해가 크면 클수록 형벌의 비용도 높일

만한 가치가 있다. 세 번째로 두 범죄가 경합(in competition)을 벌이면, 더 큰 범죄에 대한 형벌이 사람들로 하여금 적은 범죄를 선호(prefer)하게 유도할 수 있어야 한다. 네 번째로 해악의 부분 부분이 나뉘어 저지될 수 있도록 형벌이 고안되어야 한다. 다섯째는 형벌이 주어진 규칙을 위해 요구되는 수준을 넘어서는 안 된다.

여섯째, 형벌은 일반적으로 비슷한 범죄자들에게 합당한 수량(quantity)이어야 하는데, 사람마다 감수성이나 민감성이 다르다는 점을 고려해야 한다. 가치는 확실성이나 근접성이라는 환경을 고려한다는 점에서 수량과 다르다. 양자를 고려해 형벌의 크기(magnitude)를 변경시켜야 한다. 이들이 일곱째와 여덟째의 원칙을 이룬다. 이에 덧붙여 아홉째로 상습적인 범죄라면 벌을 높여야 한다.

열 번째, 벌이 질(quality)을 확보하기 위해 양적(quantity)으로 다소 넘어설 수밖에 없는 경우 양적으로 모자라는 것보다 낫다. 열한 번째, 도덕적인 교훈을 주기 위해 계산된 경우는 더욱 그렇다. 열두 번째, 양형(量刑)에 있어 상황이나 정황을 고려해야 한다. 열세 번째, 법조문의 복잡성은 되도록 피해야 한다.

앞서 언급한 네 가지 규정이나 근원 중 정치적 근원은 이와 같이 숫자, 수량, 가치에 있어 정확하게 계산이 가능하지만, 물리적, 도덕적, 종교적 근원들은 양적으로 정확하게 계산할 수 없다(p. 186). 쾌락과 고통에 관한 한 열정조차 계산될 수 있으며, 적어도 금전적인 이익이 걸리면 누구나 실제로 계산한다(pp. 187-188).

여기서도 벤담의 경제적 유추는 넘쳐흐른다. 가치와 이익 혹은 이윤, 사람의 가격, 지출, 선택, 선호, 범죄들의 경합 등의 용어가 이를 반영한다. 이익은 이윤과 쾌락을 함께 포함하고 있어 한계효용이론과 마찬가지의 갈등을 안고 있다. 위해를 조각내어 처리하자는 주장 역시 수량적이고 분석적이다. 죄와 벌의 비율이라는 논제자체가 이미 이런 내용을 담고 있다. 계산에 대한 강조는 공리주의가 쾌락자체보다 회계나 돈 계산에서 착안되었다는 추정을 더욱 강화시킨다. 부차적이지만 영어 "utter"라는 단어는 위조화폐의 유포라는 의미도 가지고 있어 언어와 화폐의 유추를 내포하고 있다.

1.15. 형벌에 부여될 속성들

죄와 벌의 비율 결정에서 주안점은 질을 양으로 조절하는 데 있다. 이런 양적 조절을 위해 요구되는 속성은 벌의 수량적인 유연성을 나타내는 가변성(variability), 상황을 고려한 형평성(equability), 여러 형벌들 사이의 비교나 통약의 가능성(commensurability), 형벌과 범죄의 비교를 가능케 하는 유사성(characteristicalness), 본보기의 성격(exemplary), 목표를 달성하기 위한 최소한을 나타내는 검약, 교정, 무력화, 보상에 대한 도움, 다수에게 정착될 수 있어야 한다는 대중성, 취소가능성(remissibility) 등이다.

통약가능성은 여러 형벌들의 가감을 가능케 한다(p. 192). 또한 유사성의 정도는 보복(retaliation)에서 가장 높다(p. 193).

벤담이 언급한 질과 양의 관계는 다시금 수량주의나 경제학적인 유추를 확인시켜준다. 또한 가변성, 통약가능성, 유사성 등은 경제학의 가치이론이나 가격이론과 밀접하게 연관된 속성들이다. 특히, 통약가능성과 유사성은 모두 통약이나 동질화로 표현될 수도 있다.

1.16. 벤담에 대한 몇 가지 생각

(1) 벤담에 있어서 개체와 전체의 관계

통치자. 법, 화폐 등과 관련해 등장하는 개체와 전체의 관계에 대해 벤담의 입장을 논의해 보자. 벤담에서는 [1 2 .... n]에서 다수(n)는 여러 개체들을 모아 놓은데 불과하다. 이 다수는 뭉쳐서 개체들과 독립적으로 존재하거나 개체들에게 스며들어 이들을 규정하는 전체가 아니다. 그러므로 개체들이 실재이고, 개체들로부터 독립적으로 존재하는 전체는 허구이다. 전체는 실재가 아니고 더구나 결코 실체일 수 없다.

이 점에서 흄이나 밀도 대동소이하다. 나아가 이런 생각이 영미사상의 기저를 이룬다. 이런 생각의 극단적인 모습을 보여주는 신고전학파는 실체적인 존재뿐만 아니라 초월적인 존재로서 전체를 믿지 않는다.

이런 생각은 여러 가지 구체적인 모습들로 나타난다. 먼저 여럿이 모여 합의한 정치체제가 전체성을 잃을 수 있다. 또한 통치자나 통치계급이 국민 전체가 아니라 자신의 이익을 위해 노력할 가능성이 있다. 더불어 법은 전체의지의 산물이지만 이와 독립적인 개별행위를 통해서만 실현된다. 그리고 흔히 법이 이런 전체성을 상실해 하나의 개체로 전락하면서 억압기제로 돌변하거나 법의 수호자들이 별개의 이익집단이 될 수도 있다.

신고전학파에서 화폐에 전체성이나 사회성을 부여하지 않고 여러 재화 중의 하나 혹은 뉴메레르로 취급하는 것도 이와 통한다. 나아가 신고전학파는 시장을 다수(n)이면서 하나(1)로 취급하지만, 결코 다수와 독립적으로 존재하는 하나나 하나하나에 스며든 전체로 취급하지는 않는다.

이 점에서 마르크스와 헤겔뿐만 아니라 칸트, 그리고 루소(Jean Jacques Rousseau)도 벤담이나 흄과 대립된다. 칸트에 대한 이후 논의에서 이 점이 확인된다. 루소, 칸트, 헤겔, 마르크스에서는 통치자에게 정치체제의 전체성이 부여되고, 이런 전체성이나 사회성이 미리 개별자에게 내면화된다.

(2) 통약: 정직과 원만의 갈등

이미 몇 차례 지적한 바와 같이 통약은 유클리드 등 고대희랍의 기하학에서 여러 모양의 도형들 사이에 존재하는 동질적인 그 무엇을 찾으려는 노력에서 비롯되었다. 가령, 원과 삼각형이 어떻게 비교될 수 있는가가 과제였다. 이와 관련해 기존 논의에 정직(正直)과 원만(圓滿)이 통약되지 않는다는 잡설을 덧붙이고자 한다.

우선 수학적으로 원에 정확하게 일치되는 면적을 가지는 정사각형을 찾을 수 없다는 점이 밝혀졌다. 원의 면적은 삼각, 사각, ... 다각(n각)으로 각의 숫자를 무한대로 보내 극한치를 구함으로써 원에 근접(exhaust; approximate)하게 만드는 방식으로 얻어진다. 여기서 π는 사후적으로 얻어진 가공적이며 추상적인 숫자이다.

상상력을 발휘해 만약 원(圓)이 원만(圓滿)과 통하고 정사각형(正四角形)이 정직(正直)과 통한다고 해석해 보자. 서양에서도 정사각형(square)은 공정함이나 정직함과 통한다. 원은 주위의 모든 지점에서 같은 거리를 유지한다는 점에서 최상의 공정함일 수도 있다. 그러나 기계적으로 불가원불가근(不可遠不可近), 원교근공(遠交近攻), 혹은 누구하고도 척지지 않기를 기치로 삼는 것이라면 끊임없는 타협을 의미한다. 지구의 궤도가 원이 아니라 초점과 허구적인 초점 혹은 허점을 가진 타원을 돌듯이, 원은 현실적이라고 보기에는 너무나 완벽하다.

그렇다면 이는 인간에게 정직함과 원만함이 쉽게 통하지 않거나 양자 사이에 그네타기가 쉽지 않다는 시사점을 던져준다. 경제학적으로 말하면 정칙과 원만은 상충관계(tradeoff)에 있다. 이 입장에서는 바른 말을 하려면 다른 사람과 원만하기 힘들고, 원만하려면 바른 말을 할 수 없다. 과연 부정직하면서 원만하지도 못하기는 어렵지 않지만 정직하면서도 원만하기는 정말 힘들다. 양자를 변증법적으로 결합한 현실의 인간은 쉽게 찾아 볼 수 없다.

2. 밀의 『자유론』

우리는 대체로 전공이나 분야에 관계없이 교육과정의 순서상 정치를 먼저, 경제를 나중에 배우게 된다. 사회탐구과목의 종전 이름이 일반사회였고 그 역시 정치경제의 순서로 정돈되어 있다. 그러니 먼저 자유와 평등의 갈등에 대해 배우고, 나중에 평등과 효율의 갈등 혹은 상충에 대해 익힌다. 쑨원(孫文)의 『삼민주의』를 보면 자유와 평등의 갈등이 주요 주제인데, 두툼한 경제원론을 펴면 평등과 효율의 상충이 부각된다.

그렇지만 정치와 경제는 무 자르듯이 갈라지지 않으며, 자유는 평등뿐만 아니라 효율과도 무관하지 않다. 경제학자이면서 정치학자인 밀(John Stuart Mill, 1806-1873)의 『자유론』(*On Liberty*, 1959)은 이런 맥락에서 의미를 지닌다. 전반적으로 영국의 학자들은 느슨하다. 정치, 경제, 철학 등 여러 분야에 걸쳐 이들이 무언가 말할 때 대륙의 학자들과 같이 철저한 논리를 기대했다가는 실망한다. 그러므로 여러 방면에 걸쳐 있는 영국의 사상가에게 체계성을 부여하기란 쉽지 않다. 스미스가 그렇고 케인즈(John Maynard Keynes)가 그렇다. 밀은 좀더 심각하다.

그런데 대체로 처음에는 이런 느슨함에 실망했다가, 중간에는 그러려니 했다가, 나중에는 조금 생각을 바꾸게 된다. 여러 영국의 사상가에게서 이런 흐름이 나타나고 현실적으로 이들이 큰 영향을 미쳤기 때문이다. 그래서 이런 느슨함에 무슨 이유가 있으리라고 생각하면서, 쉽지는 않겠지만 한번 파고들 필요가 있다. 특히 밀이 그럴 만한 가치가 있는 사람이다.

2.1. 서론

(1) 이 글에서 다루는 자유(liberty)는 철학적 필연에 대립되는 의지의 자유가 아니라 시민적이거나 사회적인 자유이다. 이런 의미의 개인의 자유와 이에 대한 사회의 제약을 이 글은 다룬다. 이런 맥락에서는 필연과 자유가 아니라 권위(authority)와 자유의 대립이 문제이다.

밀에서 철학적 필연과 의지의 자유는 필연과 자유나 자율이라는 고전적인 주제와 관련되는 듯 보인다. 이 주제가 자연과 인간의 관계와 관련된다면 밀의 자유는 현상적으로 인간과 인간의 관계나 개인과 사회의 관계와 관련된다.

(2) 역사적으로 보면 고대에는 외적으로부터 방어하기 위해 지배자를 필요로 했는데, 동시에 지배자의 권력을 제한할 필요도 생겼다. 특정의 정치적 권리나 자유를 통치자가 침해하지 못하게 만들어 이를 침해하면 저항할 수 있게 허용하는 방식으로 지배자의 권력을 제한했다. 또 다른 방식은 헌법을 통한 견제장치의 강구였다. 이런 방책들을 통해 오래 전부터 자유를 수호했다.

근대에 들어서는 지배자가 민중의 이익이나 쾌락에 반대되는 세력으로 존재할 이유가 없다고 보면서 임기를 정해놓고 선거를 통해 통치자를 바꾸게 되었다. 여기서 통치자는 임차인(tenants)이거나 대리인(delegates)이다. 대륙에서는 이보다 더 나아가 국민의 의지와 이익이 바로 통치자의 의지와 이익이라는 입장이 등장했다. 이 입장에서는 국가의 권력을 제한할 이유가 없다.

그러나 근대의 정부가 이 같이 완벽할 수는 없다. 정부의 입장은 대체로 다수의 의견일 뿐이다. 과거의 전제적인 통치자가 등장할 때보다 사회자체가 전제적인 지배자가 될 때 문제가 더욱 심각하다. 사회 전체를 참칭한 지배계층의 의견이나 감정 혹은 이익이나 선호가 사회의 구석구석에 강요되어 개인들의 발전을 압살할 수 있기 때문이다. 이에 따라 개인에 대한 사회의 통제가 어디까지 확산되어야 하는지에 대한 논의가 불가피하다.

근대사회에서 개인의 행위를 결정하는 요인들은 외견상 법, 여론, 제2의 자연으로서 관습이다. 보다 자세히 보면 행위를 결정하는 규칙들은 이성이 아니라 사회 전체나 사회의 다수나 지배계층의 호불호이다.

근대에 대한 밀의 서술에 부합되는 상황이 왕권신수설(王權神授說)과 주권재민(主權在民)의 대립이다. 이는 필머(Robert Filmer)에 대한 로크의 비판에서 드러난다. 근대에 들어서는 통치자가 국민으로부터 권력을 위임받은 대리인에 가깝다. 이런 대리인은 주주와 경영인의 관계에서와 같이 경제학적으로도 의미가 있다.

자유와 정부에 대한 대륙의 지배적인 입장은 루소의 사회계약론이나 칸트의 윤리학 등으로 규정된다. 칸트에서는 국가의 지배가 개인들 사이의 관계를 지배하는 수준에 이르고 또한 그렇게 되어야 한다. 이에 비해 밀에서는 그렇지 않고 그렇게 되어서도 안 된다. 칸트는 인간이 정치적이고 사회적이어서 국가나 사회가 이미 개인에게 내면화되어 있다고 본다. 이에 비해 밀은 개인에게 정치화되거나 사회화되지 않는 내면이 핵심적이고 이런 내면을 지닌 개인들이 모여 사회나 정치를 이룬다고 생각한다. 의지와 이익이라는 표현이 이들을 각기 반영할 가능성이 있으므로, 밀이 의지와 이익을 병기한 것은 절충책일 가능성이 높다.

(3) 사회와 개인의 통제를 제한하는 기본원리는 자기보호(self-protection)이다(p. 14). 집단적으로나 개인적으로나 타인에게 해를 주어서는 안 된다. 개인의 독립성은 자신의 신체와 정신에 대한 주권을 의미하므로 이를 절대적으로 존중해야 한다. 물론 이런 자유는 성년

에게만 허용된다. 따라서 국민이 성년에 이르지 못한 경우에는 계몽적인 지배자가 불가피하다.

효용이 모든 윤리적인 판단의 기준이 되어야 하는데 광의의 효용은 인간의 항구적인 이익과 관련된다. 그러므로 타인에게 해가 되는 한도에서 개인의 자발성이나 자생성(individual spontaneity)에 외적인 통제(external control)가 가해진다는 자유의 원리와 효용은 부합된다(p. 15).

자유와 효용의 관계에 대한 밀의 주장은 가해자의 이익이 피해자의 손실보다 클 경우 어떻게 하느냐는 문제에 부딪히게 된다. 나아가 시장에서 경쟁하고 상호 작용하는 경제주체들의 이익과 손실을 갈라내야 한다는 과제를 안고 있다.

(4) 개인의 자유는 첫째 내적인 의식의 영역, 양심, 사고와 감정, 모든 종류의 의견과 감상, 표현과 출판을 포함한다. 둘째, 기호와 인생설계, 방해받지 않고 하고 싶은 일을 하는 것이 포함된다. 셋째, 개인들의 이런 자유가 모여 사기(deceived)나 강박(forced)에 의존하지 않는 성년 개인들의 결사나 집회의 자유가 생긴다.

고대사회에서는 공동체가 개인의 사생활에 끼어들게 되어 있었다. 이런 개입은 작은 규모의 사회이면서 끊임없이 외적의 의협을 받을 때 정당하다. 규모가 크고 이런 위협이 없는 근대사회에서는 이런 개입이 정당하지 않는다. 왜냐하면 인간은 언제라도 자신의 의견이나 성향을 타인에게 강요하려는 경향을 가지고 있기 때문이다(p. 18). 사고의 자유를 중심으로 자유를 논해 보자.

밀에서는 자유와 관련해서도 개인의 자유가 모여 사회의 자유가 된다. 이에 따라 흔히 들어왔던 집회결사의 자유도 개인의 자유에 근거한다. 사고의 자유를 출발점으로 삼은 것도 이에 부합된다. 효용에 대해서도 마찬가지여서 밀이 일관되게 개인주의를 유지했음을 확인할 수 있다. 여기서 의견이나 사고 이외에 기호의 다양성에 대한 밀의 강조를 주목해야 한다. 또한 이런 개인들의 모임에서 사기나 강박이 경계의 대상으로 되어 있다. 밀에서도 근대인가 아닌가의 이분법이 중요하다. 마르크스라면 이들 모든 종류의 자유가 사회적인 제약이나 조건 속에 있음을 지적할 것이다.

2.2. 사고와 토론의 자유

(1) 다양한 의견들을 억압하지 않고 존중해야 하는 이유는 네 가지이다(p. 59). 첫째, 절대다수의 의견이거나 전통적으로 당연시했던 의견이라도 진리 그 자체가 아니므로 언제라도 오류로 판명날 수 있다. 역사상 소크라테스의 변증론이나 기독교에 대한 핍박이 이런 예에 해당된다. 따라서 결코 잘못될 수 없다고 판정받을 주장이나 입장은 이 세상에 존재하지 않는다. 의견의 목적이 진리(truth)가 아니라 유용성(utility)이라고 주장하더라도 의견을 억압하려면 오류의 불가능성(infallibility)을 전제해야 한다. 그 이유는 어떤 의견의 진리성이 그 의견이 가진 유용성의 일부이기 때문이다(p. 27).

둘째, 다수의 의견이 소수의 의견보다 낫더라도 다수의 의견이 절대적 진리가 아니라 소수에 의견에 비해 올바른 점들을 더 많이 보유하고 있을 뿐이다. 그렇기 때문에 소수의 의견도 일말의 올바른 부분을 담고 있다. 진리는 대립되는 두 종류의 이유들 사이에 균형을 잡는데 있다(p. 41). 현실의 토론에서 그렇듯이, 이런 방식으로 소수의 의견이 다수의 의견을 보다 충실하게 만들 수 있다(p. 52). 이런 이유로 법이나 권위의 억압을 받지 않는 의견의 다양성(diversity)이 요구된다(p. 54).

셋째, 설령 다수의 의견이 진리이고 소수의 의견이 오류라고 하더라도 소수의 공격을 통해 비로소 다수의 의견이 가지고 있는 합리적인 근거가 확인된다. 소수의 공격이 없으면 다수의 의견이라도 그저 편견으로 남게 된다. 전통적인 의견이 죽은 독단(a dead dogma)이 아니라 살아 있는 진리(a living truth)가 되기 위해 이런 근거가 필요하다.

넷째, 다수의 의견이 진리이고 소수의 의견이 오류라고 하더라도 비로소 소수의 공격으로 인해 다수의 의견은 그 의미와 내용을 생생하게 유지할 수 있다. 만약 다수의 의견이 이견을 가진 사람들로부터 공격을 받지 않으면, 생각이나 사상의 골격이나 단어만 남을 뿐, 그 내용이나 의미가 사람들에게 이해되고 인격과 행동에 영향을 미칠 수 없다. 이는 초기의 기독인들이 핍박으로 인해 성경의 진정한 의미를 파악하고 있었던데 비해, 기독교가 정착된 이후 기독교인들이 성경의 자구에 집착한 데서 확인된다.

> p. 48, 반대의견이라는 적수가 없으면 선생이나 학생이나 모두 그 자리에서 졸게 되어 있다.
>
> p. 49, 승리가 완성되면 정복의 열매는 시들게 되는가?[2]

밀은 소수의견에 대한 존중에 초점을 맞추어 토론의 자유를 설명했다. 그의 주장은 토론에 대한 자유주의의 입장을 대변한다. 이 입장은 한국의 현실에 비추어 토론의 중요성과 소수의견의 존중이라는 시사점을 준다. 그럼에도 불구하고 이에 대해 두 방향에서 재고할 필요가 있다.

먼저 밀에게서 토론의 자유가 다른 종류의 자유와 어떻게 연결되는지 논의해야 한다. 이는 밀의 이후 논리를 검토한 후에 가능하다. 또한 토론에 대한 이런 입장이 어떤 한계를 갖는지 검토해야 한다.

---

2) p. 48. Both teachers and students go to sleep at their post, as soon as there is no enemy in the field.
p. 49, Do the fruits of conquest perish by the very completeness of the victory?

이는 우리가 당연시하는 토론의 의미를 되새기는 일인데 여기서 논의가 가능하다. 양자 모두에 있어 토론의 자유를 시장의 자유와 비교할 필요가 있다.

첫째, 밀은 개인들의 의견이 미리 주어져 있고 이들의 의견이 모여 이루어지는 합으로 토론이 형성된다고 생각했다. 이는 밀이 사고의 자유를 사회가 침해할 수 없는 개인의 내적인 자유로 규정한데서 비롯된다. 밀은 토론뿐만 아니라 여타 부문에서도 우선적으로 존재하는 개인과 개인들의 합으로 나타나는 사회를 상정했다고 볼 수 있다.

이 입장은 개인의 사고가 가지는 사회적 성격을 고려하지 않고 있다. 나아가 토론을 단순히 개인들이 가진 의견들의 합으로 보아 토론장 자체에 독자적이고 역동적인 사회성을 부여하지 않고 있다. 특히, 토론은 여러 개인들의 의견이 충돌하고 상호작용하면서 빚어지는 역동성을 가진다. 그런데 밀은 이를 경시하고 토론을 정태적으로 파악하는 듯이 보인다.

다수의 의견과 소수의 의견을 절충하면 진리에 가까워진다는 밀의 주장은 이를 반영한다. 밀의 입장에서는 여러 개인들의 의견들과 이런 의견들의 가치가 이미 주어져 있어 토론장에는 이들이 적절히 타협하게 만들거나 이들을 절충하는 일만이 남는다.

여러 의견들의 절충적인 종합은 신고전학파 경제학에서 여러 소비재들의 볼록형 결합이나 여러 목표들의 상충관계에 상응한다. 나아가 신고전학파, 특히 일반균형이론이 시장을 정태적으로 파악한다는 비판이 밀이 파악하는 토론에도 적용된다. 현실에서 시장의 경쟁이나 의도되지 않은 결과나 사회적 승인과정(social validation)을 토론에도 비슷하게 적용해야 한다. 또한 토론의 역동성이 불확실성을 낳는다면, 이는 케인즈가 자본주의경제에 부여한 불확실성과 유사하다. 이런 점들에서 신고전학파가 상정하는 시장뿐만 아니라 밀이 생각하는 토론장에 한계가 있다.

둘째, 밀은 개인이나 개체뿐만 아니라 집단인 파당, 계층, 계급도 의견이나 사상의 주체가 될 수 있다는 점을 간과했다. 의회에서 정당 사이의 토론이나 이조시대의 당파들 사이의 토론들은 이런 예이다. 개인들에 의존한 토론이 완전경쟁에 가깝다면, 집단이나 계층에 의존한 토론은 과점이나 독점에 가깝다. 설령 그렇지 않더라도 미리 각본을 짜놓고 서로 입을 맞추어 토론에 참여할 수도 있다. 이런 토론장의 상황은 시장에서 모종의 담합에 상응한다. 밀은 공정거래(법)에 해당되는 공정토론(fair discussion)을 주장하나 현실적으로 공정토론에 여러 장애들이 있다(p. 59).

셋째, 밀의 토론은 참여자들의 동등성을 전제로 한다. 밀이 전제로 하는 개인주의에 이미 동등성이 내포되어 있다. 보다 넓혀 토론의 참여자가 개인이 아니라 집단이나 계층이라도 밀의 입장에서는 이런 동등성을 상정할 것이다. 그런데 이는 현실이라기보다 이상에 가깝다.

현실에서는 자본가과 노동자, 상급자와 하급자, 부모와 자식, 남녀사이 등 도처에서 발언권의 차이를 발견할 수 있다. 이는 시장의 대기업과 중소기업이 융자 등 경제정책에 대한 영향력에 있어 동등하지 않다는 데서도 확인된다. 교환에 의존하는 시장이 생산과정을 위시해 경제전체에 동등성이 지배하는 것처럼 보이게 하지만 실제로는 그렇지 않을 수 있다.

넷째, 위의 논의를 통해 밀이 생각하는 토론이 실체가 아닌 형식이나 절차에 치중해 토론의 물질적인 기반을 무시한다는 점이 드러난다. 그 자신이 현실사회에서 인간 각자가 자신의 이익에 충실하다고 주장하면서도 이런 이익이 사고와 연결될 가능성을 차단한 셈이다. 오히려 그는 의견이나 사고가 다른 것들과 같이 단지 의견의 소유자 개인이 아니라 인류 전체와 관련된다고 주장했다(p. 21). 이는 밀이 인간의 의견이나 생각에 개인의 이익으로부터 어느 정도 독립적인 보편성을 부여했다는 의미가 된다.

의견이나 사고의 물질적인 기반을 인정하는 경우 토론은 단순히 불완전할 뿐만 아니라 문제를 은폐해 잘못된 현실을 정당화할 가능성이 있다. 또한 실질적인 토론은 배후에서 물질적인 기반을 둔 세력관계에 따라 이미 결정되어 있는데, 토론이 마치 여러 의견을 수렴한 것처럼 위장해줄 수 있다.

물론 토론이 가지는 역동성으로 모종의 불확실성이 생기게 된다. 이런 불확실성으로 인해 물질적인 기반의 영향력이나 사전 각본 및 음모가 그대로 지켜진다는 보장은 없다. 그렇지만 동시에 개인들의 의견들을 절충하고 종합하는 방향으로 토론이 흘러간다고 장담할 수도 없다. 결국 물적인 기반이나 경제적인 이익의 영향과 토론 자체가 가지는 역동성을 결합하는 일이 토론에 대한 균형 잡힌 시각을 낳는 방향이다.

다섯째, 밀은 이론이나 의견을 진리가 아니라 유용성의 관점에서 보며 진리성이 유용성의 일부라고 생각했다. 이는 밀의 공리주의를 드러내는데, 대륙의 철학자들이 전혀 동의할 수 없는 부분이다.

2.3. 좋은 삶의 요소로서 개성

개성(individuality)은 개인의 자생적인 성격으로서 독창성을 낳는데 독창성은 인류의 소금이다. 개성은 남이 하지 않는 것을 선택하고 남이 하는 것을 선택하지 않아 괴팍함으로 보일 수도 있다. 그렇지만 사회의 발전을 위해서는 이런 기호나 생활방식의 다양성이 필수적이다.

이 같이 개성은 관습과 권위에 대한 도전이고 신에 대한 복종의 거부이다. 기독교에서는 자기부정(self-denial)만을 내세우나 이교도적인 자기주장(self-assertion)도 필요하다. 자기관리는 자기개발과 결합되어야 한다. 각자가 자신에게 더 가치 있게 되면서 남에게도 더 가치 있게 되며, 개인이 더 가치 있게 되면서 개인들로 구성된 사회도 더 가치 있게 된다(p. 70).

관습, 권위, 복종은 검열을 통해 개인의 인격이나 욕망과 감정을 억압하고 기계적으로 만들어 생기를 앗아간다. 이에 따라 사람들은 자신의 선호를 묻지 않게 된다(pp. 68-69). 이런 일이 반복되면서, 이제 사람들은 자신이 따를 본성(nature)조차 잃어버리게 되었다. 이런 것들이 억압을 통해 인간의 본성을 전족(纏足)과 같이 위축시킨다(p. 77). 이제 영국에는 사업이외에는 힘이 넘치는 분야가 없다(p. 78). 근대에 들어 언론의 보도나 경쟁이 획일성(conformity)과 하향평준화를 낳고 있다.

2.4. 개인에 대한 사회의 권위가 가지는 한계

사회가 계약에 의존하지는 않으나 사회속의 개인은 사회가 주는 해택에 보답해야 하고 모종의 행동 방향을 유지해야 한다. 이런 행동 방향은 서로의 이익을 해치지 않고 각자가 희생이나 노동의 관점에서 자신의 몫을 다하는 것이다. 타인에 대한 피해에는 타인의 권리침해, 타인에 대한 정당화될 수 없는 피해나 손실, 타인과의 거래에서의 허위, 타인에 대한 우위의 부당한 이용, 타인의 변호를 위한 배심원으로서의 역할회피 등이 있다.

사람은 각자 자신의 행복이나 이익에 대해 가장 밝으며 이에 대한 최종 심판관이다. 자신에 대한 의무는 신려를 넘어서 자긍심이나 자기발전을 의미한다. 각자의 기호는 각자의 의견이나 돈만큼 각자의 것이다(p. 93).[3)]

3) p. 93, And a person's taste is as much his own peculiar concern as his opinion or his purse.

그렇지만 어떤 사람도 고립된 존재가 아니다. 그러므로 각자에 대해 자신과 관련된 부분과 타인이나 사회와 관련된 부분을 구분할 필요가 있다. 자신의 신체가 손상되거나 재산을 잃게 되면 자신뿐만 아니라 자신에게 의존하던 사람들에게 피해를 주어 선의 전체 합(the general sum of good)이 줄어들게 된다. 나아가 이런 연관이 없더라도 각자는 타인이 모방할 본보기를 제공한다(pp. 88-89).

개인에게 사적인 부분과 사회적 부분이 존재한다는 밀의 주장은 타당하나 이들이 양분된다는 생각에는 문제가 있다. 오히려 모든 인간에 있어 사적인 부분과 사회적인 부분이 상호작용하면서 형성되고 유지된다고 보아야 한다. 또한 밀은 개인의 사회적 성격을 개인이 소유한 신체나 재산이 타인에게 미치는 영향으로 상정했다. 이는 인간들의 관계 이전에 인간의 소유물을 상정하고 이렇게 규정된 인간들이 나중에 사회관계를 형성한다고 보는 셈이다. 여기서 시장과 교환의 유추가 강하게 드러난다. 이와 관련 각자의 관심사가 의견, 지갑 그리고 기호 혹은 선호라는 밀의 진술은 정치, 경제, 문화를 아우르는 자유주의의 입장을 구체적으로 표현한다.

2.5. 적용

(1) 현재까지 두 가지 원칙이 제시되었다. 첫째, 순전히 개인의 이익과 관련된 행위에 관해서는 사회적으로 강제하지 않고 권고나 충고에 그쳐야 한다. 둘째, 타인의 이익이 관련된 행위는 사회적으로 구속해야 한다.

그런데 타인의 이익이 침해된다고 무조건 정부의 개입이 정당화되지는 않는다. 제도가 나빠서 이해가 충돌될 수 있으나, 좋은 제도하에서도 이해의 충돌을 완전히 배제할 수 없다. 과밀한 직업이나 경쟁적인 시험에서 특정인의 성취는 타인의 손실을 통해 이루어지지만, 이에 대해 정부가 개입할 근거는 없다. 오로지 사기와 강박이 있을 때만 정부의 개입이 정당하다.

또한 매매라는 사회적 행위도 타인이나 공중의 이익에 영향을 주므로 가격고정이나 제조과정에 대한 정부의 개입이 정당하게 보인다. 그러나 오랜 투쟁과 논쟁을 거쳐 판매자, 그리고 특히 구매자의 자유가 보장되면 양질의 제품이 저렴하게 제공된다는 자유무역의 원리가 밝혀졌다. 이에 따라 이 부분에서 정부의 개입이 옳지 않다는 결론에 도달하게 되었다.

이런 자유무역의 원리는 자유의 원리만큼 견고하지만 자유무역의 원리에 자유의 원리가 연루되어 있지 않으므로 양자는 별개이다. 자유무역의 원리는 제약자체가 악이라는 입장이 아니라 제약이 원하는 결과를 낳을 수 없다는 논리에 근거하고 있다.

거래와 관련해 독약과 같은 특정 상품에 대한 사용금지는 자유의 원리와 관련이 있다. 이 경우 생산자나 판매자가 아니라 구매자의 자유가 침해받을 수 있다. 그렇지만 범죄 등에 사용되는 것을 예방하기 위해 약품의 내용을 명시하거나, 거래에 서명이나 증언을 요구하거나, 거래시간이나 장소 등을 기록하도록 규정할 수 있다. 모든 제품은 과도하게 많이 매매될 가능성이 있으며 판매자들이 이를 조장하지만, 이를 정부가 규제할 수는 없다. 이미 언급한 두 원칙의 경계선상에 있는 또 다른 행위들로 음주, 도박, 화간을 들 수 있다.

정부가 특정 상품의 사용을 완전히 금지할 수는 없지만 조세 등을 통해 특정 상품의 사용을 줄이게 하거나 장려할 수는 있다. 사람에 따라 비용의 증가는 금지와 다름이 없다. 이는 특정 기호에 대한 벌금이다.

여기서 밀은 "적용"이라는 제목에 어울리지 않게 상당한 혼란을 겪고 있다. 자유를 사회구성원들의 상호작용이나 관계를 배제한 채 개인의 차원에서 설정한 후, 사회현상을 설명하면서 어려움을 겪고 있다고 생각된다. 특히, 자신의 자유개념으로 교환을 설명하려들면서 거듭해서 난관에 봉착했다.

밀의 자유개념이나 경제학의 파레토적정 개념이나 모두 개인들의 사회관계나 상호작용을 배제한다는 점에서 공통적으로 오류를 안고 있다. 결과적으로 밀은 자유의 원리가 거래 등 경제활동에는 대체로 적용되지 않는다는 입장으로 기울고 있다. 이는 그가 정치와 경제 혹은 자유와 효율을 격리시켰다는 의미가 된다. 나아가 그렇게 분리한 목적이 경제와 효율을 보호하는데 있었다고 추정할 수도 있다.

보다 구체적으로 밀은 타인에게 피해를 주는 경우와 그렇지 않은 경우를 나누고 이에 따라 정부개입의 허용 여부를 결정했다. 그런데 시장의 경쟁 속에서 진행되는 교환이나 거래에서는 한 개인의 이익이 타인의 손실인 경우가 비일비재하다. 결과적으로 밀은 자신의 논리에 따라 너무 많은 경우에 정부의 개입을 허용할 수밖에 없다. 그러므로 그는 자유의 원리와 자유무역의 원리를 별개로 취급하면서 교환과 경제활동에 대해서는 자유무역의 원리를 천명했다.

밀은 경제활동과 관련해 금지로부터 장려나 둔화로 나아가고, 가능과 불가능의 이원적인 구분에서 비싸거나 싸다는 연속적인 분류로 나아가고 있다. 여기서 이미 신고전학파 경제학의 흐름을 엿볼 수 있다.

(2) 자발적인 선택이 모두에게 허용되어야 하지만 노예가 되겠다는 자발적인 선택은 허용되지 않는다. 다시 말해, 자유롭지 않을 자유는 허용되지 않는다. 결혼 등 서로를 묶는 인간관계를 낳는 약속이나 계약은 당사자들이 자발적으로 취소할 수 있어야 하고 제한된 시간만 유효해야 한다. 그렇지만 화폐가치가 관련된 계약이나 약속은 이에 해당되지 않아 언제나 준수해야 한다(p. 114).

부부관계에서 남자뿐만 아니라 여자의 권리가 존중되어야 한다는데 대해서는 논란의 여지가 없다. 또한 부모는 자식에게 의식주뿐만 아니라 교육을 제공해야 한다. 이렇게 보면 교육의 의무를 부과하거나 임금저하를 낳는 출산과 관련된 정부개입은 정당하다. 정부는 교육의 내용이나 장소가 아니라 교육의 의무만을 강제하므로 개인의 다양성은 존중된다. 이를 위해 훔볼트(Wilhelm von Humboldt)가 주장한 바와 같이, 어린이들에게 공개적인 시험을 수시로 시행할 필요가 있다.

자유의 원리와 직접 관련이 없지만 정부개입이 논란의 대상이 될 수 있는 건은 세 가지 정도이다. 첫째, 사업이나 산업에 대한 개입에 대해서는 정치경제학과 관련해 논의한 바 있다. 둘째, 배심원으로서의 참여, 지방자치, 비영리단체 참여 등은 참여자의 정신교육을 위해 자발적으로 이루어지도록 해야 한다. 셋째, 정부의 관료조직이 선량들을 끌어들이면서 확대되는 것은 정부자체나 사회전체로 보아서도 궁극적으로 해롭다. 이와 대조되는 흐름은 프랑스의 군대나 미국의 사업체에서 나타난다(p. 124). 국가의 궁극적인 가치(worth)는 국가를 구성하는 개인들의 가치이다(p. 128).

밀의 이런 주장에 대해 마르크스는 자본주의경제에서 각자 스스로 선택해서가 아니라 구조적으로 모두가 일종의 노예가 되어버린다고 반박할 것이다. 반면 밀은 화폐가치가 개입된 계약을 취소할 수 없다고 말해 화폐의 존재나 임금계약이 노예를 낳지 않는다고 생각한 셈이다. 마르크스는 화폐나 계약이 부여하는 자유에도 불구하고 노동자는 노예와 비슷하다고 보거나, 심지어 화폐에 노예가 됨으로써 노동자는 수전노(守錢奴)와 노예(奴隷)의 결합에 가깝다고 주장한다. 부차적이지만 책의 머리와 본문에서 밀이 훔볼트를 인용해 그로부터 많은 영향을 받았다고 추정할 수 있다.

3. 밀의 『공리주의』: 상세한 논의[4)]

밀은 시즈위크와 함께 벤담이 제시한 공리주의의 계승자이다. 밀의 『공리주의』(Utilitarianism, 1861)를 논의하는 데 있어 중요과제는 『정치경제학의 원리』 및 『자유론』과의 연관성이다. 『정치경제학의 원리』가 시장원리에 대해 논했고, 『자유론』이 개인의 자유를 주장했다면, 『공리주의』는 효용원리를 다루었다. 『공리주의』가 편익이나 이익을 다룬다는 점에서 한편으로 『정치경제학의 원리』와 맞닿아 있고, 법과 정의에 대해 다룬다는 점에서 『자유론』과 공통 부분을 가지고 있다.

『공리주의』에서 밀은 먼저 효용원리가 타인의 자유를 손상하지 않는 한도 내에서 자신의 이익을 고려하는 원리라고 규정해, 효용원리와 개인의 자유가 상호 부합된다고 주장했다. 반면 시장원리는 효용원리와 외견상 무관한 것처럼 그는 말했다. 그러나 그는 차등보상이나 과세 등 구체적인 논의에서 효용원리와 시장원리의 경합이나 충돌가능성을 의식하고 있었다.

3.1. 일반론

소크라테스는 프로타고라스를 비판하면서 최고선(summum bonum)을 위해 공리주의를 내세웠다. 공리주의는 윤리나 시비를 감성이나 본능이 아니라 이성에 근거해 설명한다.

밀의 주장과 달리 소크라테스, 플라톤, 심지어 아리스토텔레스조차 공리주의로 규정하기에는 이성에 대한 의존도가 높고 쾌락과 고통에 대한 의존도가 낮다. 밀의 생각은 공리주의가 이성에 의존한 윤

---

4) 이 부분은 홍 훈 (2008) 『인간을 위한 경제학』에 대한 보다 상세한 주해이다.

리이론이라는 주장으로 이어지는데, 이 역시 논란거리이다. 공리주의를 대함에 있어 차가운 계산에 의존하면서도 인간의 고상한 부분보다 감성에 의존한다는 이중성을 일단 안고 들어가야 한다. 이렇게 보면 밀은 실질적으로 처음부터 공리주의에 관한 근본적인 의문을 스스로 촉발시키고 있다.

3.2. 공리주의란 무엇인가

(1) 공리주의는 효용 혹은 최대행복의 원리(The Greatest Happiness Principle)에 근거한다. 이는 욕망의 대상이 언제나 쾌락을 낳거나 쾌락을 낳는 수단이라고 생각한다. 이에 대해 서로 반대되는 두 가지 비판이 있다.

한편으로 효용이 쾌락에 반대된다고 해석해 효용이론이 무미건조하다는 입장이다. 이 입장에서는 효용이론이 유용성(the useful)만을 강조해, 이를 즐거움(the agreeable, amusement)나 미(the ornamental, beauty)와 분리시킴으로써 비현실적이라고 비판한다. 다른 한편으로 효용이론이 저열한 육체적인 쾌락에 몰두한다고 비판하는 입장도 있다. 전자는 효용이라는 단어가 쾌락이라는 단어보다 앞설 때를 나타내고, 후자는 그 반대일 때를 나타낸다.

밀은 공리주의의 내면에 있는 잠재적인 갈등, 즉 이성과 감성, 계산과 쾌락의 갈등을 노출시켰다. 그런데 공리주의가 처음부터 시장이나 상인의 금전적인 계산을 쾌락이나 고통으로 끌어들였다고 추정할 수 있다. 쾌락과 고통의 산술(calculus of pleasure and pain)이라는 표현이 이를 말해준다. 쾌락이나 고통은 감성이므로 차가운 계산의 대상이 되기 힘든데 비해, 계산으로 이루어진 기업의 회계는 감정을 배제한다. 이는 "장사에는 피도 눈물도 없다"(There is no room for sentiment in business)는 속언에서 드러난다.

어떻든 양자의 갈등은 경제학에 들어와 효용과 이윤의 차이나 소비자와 생산자의 차이로도 나타난다. 기존의 경제학 이론은 후자를 전자로 설명하는데 비해, 행동경제학자 세일러의 심적 회계라는 개념은 전자를 후자로 환원하는 듯이 보인다. 쾌락과 고통이라는 개념들과 비용과 편익이라는 개념들 사이에도 이런 혼란이 숨겨져 있다.

유용성, 즐거움, 그리고 미는 스미스 등에 나오는 필수품, 편의품, 사치품의 구분에 상응하는 듯이 보인다. 스미스가 다이아몬드와 물의 역설을 해결하기 위해 이들을 끌어들였다는 점을 기억할 필요가 있다. 밀이 주장한대로 효용이 이들을 모두 포용한다면 효용이론은 진정한 의미에서 이 역설을 해명하는 논리가 될 가능성이 있다. 밀은 효용, 쾌락 및 고통의 면제, 선, 행복을 모두 동일한 의미로 사용하고 있다. 물론 많은 철학자들이 이에 동의하지 않는다.

(2) 에피쿠로스 이래 공리주의가 인간에게 동물적인 저열한 욕망만을 허용한다는 비판이 지속되어 왔다 그러나 공리주의는 인간이 육체적인 욕망뿐만 아니라 정신적인 욕망을 가지고 있다는 점을 인정해 왔다. 다만, 내적인 가치 때문이 아니라 지속성, 안전성, 비용 등 정황적인 요소들로 인해 정신적 욕망이 육체적 욕망보다 더 낫다고 주장했다. 이에 따라 욕망들에 양적 차이뿐만 아니라 질적 차이를 부여하는 편이 올바르다(pp. 138-139).[5)]

질적인 차이는 대부분 사람들이 윤리적인 의무와 무관하게 선호하는데서 나타난다. 인간은 보다 높은 수준의 욕망과 쾌락을 누릴 능력(capacity)을 원한다. 이런 이유로 인간은 만족한 바보나 돼지보다 불만족한 소크라테스이기를 원한다. 물론 인간이 일시적으로 보다

5) 밀이 공리주의라는 용어를 처음으로 사용했다(p. 137 각주 1).

저열한 욕망을 충족시키려는 유혹을 받을 수 있으며, 고상한 감정을 느낄 능력이 연약해서 고상한 감정이 쉽게 소멸할 수도 있다. 젊은이의 경우에는 이런 경향이 더욱 심하다. 그렇지만 경험이 있는 사람들은 이런 질적인 차이를 가려낼 수 있다.

사실 쾌락뿐만 아니라 고통도 이질적이므로 이에 대해 각자 경험에 의존할 수밖에 없다(p. 142). 고상함이 본인의 행복과 동일하지 않다고 하더라도, 타인의 행복을 증대시킨다는 점은 확실하다. 그러므로 고상한 욕망의 개발이 최대행복의 원리에 여전히 요구된다.

밀은 『자유론』에서 자유주의를 내세우면서 경쟁이나 언론의 개입으로 인한 능력 등의 하향평준화를 우려했다. 여기서는 공리주의를 내세우면서 다시 욕망의 저열성이나 평준화에 우려를 표명해 일관성을 유지했다. 더구나 감정이나 쾌락의 차이가 아니라 이를 향유할 능력을 언급해 욕망의 질에 보다 적극적인 의미를 부여했다.

밀의 이런 생각이 귀족주의나 엘리트주의를 낳을 가능성이 있다. 그렇다면 귀족주의나 엘리트주의가 자유주의나 공리주의와 모순 되지 않는지 검토해야 한다. 쾌락과 고통이 서로 이질적이라는 주장은 자칫 공리주의 자체의 존립 근거를 붕괴시킬 듯이 보인다. 그러나 경험에 의존해 이들이 동질화된다는 입장을 부각시키고 있다.

(3) 공리주의에 대해 인간이 행복을 달성할 수 없으며 행복을 누릴 자격도 가지고 있지 않다고 비판하는 사람들도 있다. 이들은 인간이 행복 없이도 살 수 있도록 교육받아야 한다고 주장한다. 그러나 행복이 인간의 목표가 아니라고 하더라도 불행의 회피는 확실히 인간의 목표이다. 또한 공리주의는 격렬한 환희가 지속되는 비현실적인 상황이 아니라 다수의 즐거움이 소수의 괴로움을 압도하는 상황을 행복으로 규정한다. 행복을 결정하는 요소는 평정과 흥분인데, 이

들의 적절한 조합이 대부분 사람들에게 가능하다.

이런 일이 현실에서 가능하지 않은 이유는 교육과 사회제도(social arrangements)가 안고 있는 문제들 때문이다. 또한 개인적으로 보면 이기심으로 인한 주위 사람들에 대한 애정의 결핍, 공공선에 대한 무관심, 그리고 지식이나 예술 등과 관련된 문화적 소양의 결여가 행복의 성취를 어렵게 만든다. 이에 비해 가난은 개인의 양식과 신려로, 질병은 교육과 의학의 발전으로 각기 극복될 수 있다.

밀은 개인주의에 의존하므로 교육과 사회제도를 개인에게 외적인 존재들로 파악하리라고 짐작할 수 있다. 여기서 밀은 쾌락과 행복을 동일시한다.

(4) 영웅이나 순교자는 덕성을 유지하기 위해 생명을 포기하는 등 자기헌신이나 희생을 통해 자신의 행복을 포기한다. 그러나 이들의 미덕이 자신의 행복은 아니더라도 타인의 행복은 증진시키기 때문에, 미덕이 전체의 행복이나 쾌락을 증진시킨다고 보아야 한다. 가령, 타인에게 순교를 요구하는 순교자는 더 이상 숭고하지 않다.

이런 의미에서 미덕은 행복이나 쾌락에 포함된다. 공리주의는 스토아철학이나 초월론적 윤리학만큼 자기희생이 존재한다는 점을 인정한다. 그렇지만 공리주의는 자기헌신이 행복의 총량을 증진시키는데 도움이 되지 않으므로 그 자체로 선이라는 이들의 주장을 부정한다.

여기서 공리주의가 개인의 행복이 아니라 전체의 합산된 행복을 추구한다는 점을 강조해야 한다. 공리주의는 각자가 자신의 행복과 타인의 행복 사이에서 무차별하고 공정하며 관대한 방관자가 되기를 요구한다. 공리주의 역시 자신을 대하듯이 남을 대하고 이웃을 사랑하라고 주장한다. 또한 법과 사회제도, 그리고 교육과 여론을 통해 개인의 행복이 전체의 행복과 일치되게 하고, 양자의 조화에 대해 각자 생각하도록 만들어야 한다.

p. 50, 각자의 행복이 그 사람에게 선이므로, 일반적인 행복은 모든 사람들의 총합에게 선이다.[6]

공리주의가 자기헌신이나 희생을 인정한다는 밀의 주장에 근거해 이 사상이 반드시 이기심에 집착하지 않는다고 말할 수 있다. 그렇지만 전체가 개인으로 쪼개지며 개인의 합이 전체라고 보는 점에서 개인주의임에 틀림없으므로, 공리주의는 이기적인 행위에 보다 적합하다.

공정한 방관자는 스미스의 『도덕감정론』을 연상시킨다. 사실 밀은 동정심의 범위를 언급하고 주위 사람들에 대한 애정과 공공선에 대한 무관심을 연달아 말했다. 이는 (아마도 벤담과) 밀이 스미스의 도덕감정을 발전시켜 작은 사회와 거대사회, 혹은 공동체와 시장을 모두 포괄하는 논리로 공리주의를 이해했다고 추정할 수 있다.

부연하면 공리주의와 초월론적인 윤리학의 차이는 후자가 감성에 비해 이성을 강조하며, 개별성에 비해 전체성을 강조한다는데 있다. 양자를 결합하면, 전자는 개체들의 개별적인 감성이나 감각을 강조하고, 후자는 전체나 사회를 지향하는 이성을 강조한다는 대비가 가능하다.

(5) 이런 논리에 따라 혹자는 반대로 공리주의가 모든 사람이 항상 사회 전체를 생각한다고 가정해 너무 높은 기준을 요구한다고 비판한다. 그러나 이런 비판은 행위의 준칙과 행위의 동기를 혼동한데서 나온다. 공리주의는 행위의 동기가 지닌 도덕성에 가장 무관심하

---

6) p. 50, each person's happiness is a good to that person, and the general happiness, therefore, to an aggregate of all persons.

며 동기가 행위의 결과를 결정한다고 보지 않는다.

가령, 동기가 의무감이든 금전적인 보상이든 같은 결과를 가져올 수 있다. 현실 속에서 많은 사람들은 타인의 권리나 기대를 손상하지 않는다는 조건하에서 그저 관련당사자의 이익에 신경을 쓰면 된다. 개인들은 일반적으로 공적인 효용(public utility)이 아니라 사적인 효용(private utility)에 관심을 두면 된다.

여기서 일견 밀은 공리주의가 공정한 방관자를 포용한다는 주장을 뒤집어서 사적인 효용에만 관심을 두면 된다고 주장했다. 이를 위해 그는 동기가 중요치 않다는 점과 타인의 이익을 해치지 않는다는 자유주의의 논리를 동원했다. (아마도 벤담과) 밀 역시 스미스와 마찬가지로 공동체와 시장 사이를 왕복했다고 생각된다. 일단 동기, 의도, 성향 등에 대한 밀의 주장은 벤담의 주장과 함께 논란거리이다.

(6) 동일한 방식으로 공리주의가 행위의 결과만을 고려해 무미건조하고 냉정하다는 비판도 반박할 수 있다. 이는 공리주의가 인간이 아니라 행위나 행위의 결과에만 중점을 둔다는 비판으로 해석할 수 있다. 그런데 이런 비판은 공리주의뿐만 아니라 모든 종류의 윤리적 기준에 적용된다. 스토아철학은 행위 이외에 인격을 포용하는 듯이 보이나 실제로는 그렇지 않다. 장기적으로는 모든 윤리이론에서 인격의 질과 행동의 옳고 그름은 일치된다.

이 비판을 인간의 윤리적인 성격만을 강조해 미적인 감각 등 인간의 여타 아름다운 성격을 무시한다는 의미로 해석할 수도 있다. 그러나 이 역시 다른 윤리이론에도 해당되는 문제이다. 인간의 여타 성격에 대한 판단은 동일한 윤리이론 안에서도 적용에 있어 엄격성과 관대함 등 여러 이견을 낳는다. 그러므로 이런 의견의 차이가 공리주의에서 비롯되었다고 볼 수 없다.

이외에 공리주의가 무신론이라는 비판도 있으나 신이 인간의 행복을 원했다면 이런 비판이 성립되지 않는다. 또한 신의 계시된 의지가 포괄적이어서 별도의 윤리학을 필요로 한다면, 다른 윤리적 기준뿐만 아니라 공리주의도 이런 역할을 수행할 수 있다.

공리주의가 원리나 권리가 아니라 편의(expediency)에 호소한다는 비판도 있다. 편의는 순간의 이익을 위해 원칙에서 벗어나는 일이다. 그런데 정직이라는 원칙을 예로 보면 다른 윤리학도 이로부터 자유롭지 못하다. 물론 원칙에 대한 예외가 확대되지 않게 해야 하는데, 이를 위해 충돌하는 효용들을 저울질할 필요가 있다.

공리주의가 요구하는 저울질과 계산에 시간이 필요한데, 이런 시간이 사람들에게 부여되지 않는다는 비판도 있다. 이렇게 말하면 성경의 행동준칙을 따를 시간이 없다는 논리도 가능하다. 이에 대해 인류가 지내온 과거라는 시간이 인간에게 부여되어 경험을 통한 학습이 이루어졌다고 말할 수 있다. 따라서 1차 원리가 아니라 2차 원리를 통해 행위가 가능하다. 다시 말해, 효용이라는 최종목표로 가는 길에 이정표와 표지판을 가설할 수 있다. 이는 선원이 계산을 하지 못하더라도 항해지도를 이용해 항해할 수 있는 것과 비슷하다.

끝으로 공리주의가 인간의 약점에 주목해 윤리규정의 준수가 아니라 위반에서 효용을 찾는다는 비판도 있다. 그러나 어떤 윤리이론도 예외로부터 자유로울 수 없다. 의무가 서로 충돌할 때 궁극적인 기준은 존재하지 않는다. 바로 이럴 때 효용에 호소할 필요가 있다.

3.3. 효용원리의 궁극적인 구속력(sanction)

(1) 효용원리가 작동하기 위해서는 일상생활 속에서 개인들이 다른 윤리의 기준이 아니라 효용원리를 채택하거나 선호할 근거가 있어야 한다. 이런 의문은 특정의 윤리기준이 정착되어 신성시되기 이

전에 흔히 제기된다. 그런데 효용원리의 궁극적인 구속력은 인간이 동료들에 대해 가지고 있는 관심에서 나온다. 이는 자연스러우면서 또한 사회적이다.

모든 윤리기준이 그렇듯이 효용원리도 외적인 구속과 내적인 구속(sanctions)을 가지고 있다. 외적인 구속은 동료들과 신의 호의 및 불쾌이며, 내적인 구속은 양심이다. 양심은 주관적인 감정의 덩어리로서, 우리를 압박하고 이를 깨뜨리고 행동하면 가책(remorse)을 낳아, 궁극적인 구속력을 갖는다. 공리주의에 대해서도 이 같은 감정을 육성할 수 있다.

초월론적인 이론은 이런 주관적인 감정이 외부에 객관적 실체(reality)로서도 존재한다고 주장한다. 그러나 신에 대한 믿음에서 확인되는 바와 같이 믿음은 궁극적으로 주관적인 감정을 통해, 그리고 이에 비례해서 작용한다. 윤리가 단순히 주관적인 감정을 근거로 하는 경우보다 객관적인 실체로서 존재한다고 할 때 더 강력해 보인다. 그렇지만 실제로는 이보다 외적인 구속이 더 강력하다.

초월론적인 윤리학에 대한 비판에서 밀이 객관성을 약화시키고 주관성을 강조했다는 점이 드러난다. 이는 밀의 공리주의가 경제학의 한계효용이론과 부합되리라는 예상을 충족시켜 준다. 윤리를 위시해 주관성에 대한 밀의 전반적인 강조는 사회적 실체나 사회관계 및 사회구조 등에 대한 경시로 이어질 수 있다. (마르크스는 물론이고) 칸트가 『법률철학』를 통해 인간과 물체의 관계에도 법이라는 사회성이나 전체성을 부여했다는 사실은 이런 해석을 뒷받침한다. 여기서도 밀이 인간을 사회성이 없는 원초적인 개인으로 파악했다는 점을 확인할 수 있다.

(2) 이런 도덕적인 감정이 태생적인지 아니면 후천적인지 논란이

있다. 직관주의자들은 내재적이라고 주장하면서 동료들의 이익에 대한 고려에서 나온다는 점을 인정했다. 사실 개발될 수 있다는 점에서 도덕적인 능력은 후천적이면서도 자생적으로 생겨나 자연적인 기반을 가지고 있다. 도덕적인 감정의 자연적인 기반은 동료인간들과 하나가 되려는 인간의 사회적인 감정이다.

이런 사회적인 상태는 야만인의 시대를 지나면서 인간에게 지극히 자연스럽고(natural) 필연적이며(necessary) 습관적(habitual)이 되었다(p. 164). 이런 감정은 본능에 가까워 거의 생존의 물리적(physical) 조건과 같은 성격을 지닌다(p. 165). 더불어 이런 감정은 인간의 동정이나 교육, 그리고 외적 구속을 통해 문명의 발전과 더불어 보다 자연스럽게 된다.

이런 의미에서 도덕적인 감정은 자연적이면서 사회적이고 자연적이면서 인공적이다. 사회적 존재(social being)로서 인간은 이런 감정을 자연적인 필요(natural want)로 지니고 있다(p. 167). 주인과 노예로 이루어진 사회가 아니라면 이런 사회성은 인간들의 동등성을 기초로 한다(p. 165). 여기서 동등성은 모든 사람의 이익에 대한 동등한 존중을 의미한다.

이 부분에서 밀은 공리주의에 자연적인 기반을 부여해 옹호하려는 목적으로 자연과 인공, 자연과 사회의 쉽지 않은 결합을 손쉽게 내세웠다. 이 과정에서 그는 다른 인간과의 일체성이라는 사회성을 인간의 본성으로 제시했다. 그런데 다른 인간과의 일체성은 원래 자신이 주장했던 개인주의에 부합되지 않는 듯이 보인다. 인간의 동등성을 언급해 밀은 아리스토텔레스나 홉스나 루소를 연상케 한다. 또한 물리적 조건을 운운하면서 인간의 본성, 습관, 사회성을 뒤섞었다.

3.4. 효용원리에 대한 가능한 증명

(1) 효용원리에 대한 논증은 인간의 궁극적인 목표에 대한 논증이다. 이 논증을 위해서는 현실의 인간들이 바라는 바를 보여주면 된다. 이는 사람들이 물체를 볼 수 있고 소리를 들을 수 있으면, 물체가 보이고 소리가 들리는데 대한 논증이 되는 것과 마찬가지이다. 효용원리는 인간의 궁극적인 목표가 유일하게 행복이라고 주장한다. 일단 현실의 인간들이 행복을 원한다는 사실은 확인할 수 있다.

그런데 현실 속에서 인간은 효용뿐만 아니라 덕성을 추구하므로 행복이 유일한 목표인지를 다시 확인해야 한다. 공리주의는 다른 윤리이론만큼 덕성을 존중하는데 그 근거는 다음과 같다. 공리주의에서 행복은 어떤 집합적인 총체가 아니므로 음악이나 건강 등 개별 쾌락을 수단이 아니라 그 자체 행복의 일부로 이해한다. 이런 의미에서 덕성이 그 자체로 추구될 수 있다.

또한 덕성은 원래 목표가 아니라 행복을 위한 수단으로서 쾌락 혹은 특히, 고통의 회피를 목표로 삼았었는데 행복과의 연상으로 인해 그 자체가 목표로 변신했다. 이는 돈이 수단임에도 불구하고 그 자체 강렬한 갈구의 대상으로 변하는 현실과 유사하다. 특히, 돈은 원래 유용한 물체들을 얻기 위한 수단이었는데, 스스로 인간생활의 동인이 되어 물체들을 압도하고 있다. 이 경우 돈은 수단이 아니라 목표의 일부로 간주될 수 있다.

비록 내적인 쾌락을 담고 있어 차이가 있는듯하지만, 권력이나 명예도 이 점에서 돈과 비슷하다. 이들은 원래 모두 수단이었으나 나중에 목표의 일부가 되어 그것에 대한 단순한 소유가 지속성이나 강도에 있어 더 큰 쾌락을 준다. 이와 비슷하게 덕성도 현실에서 목표로 간주되더라도 행복이라는 목표의 일부분으로서 추구된다고 말할 수 있다.

물론 미덕과 권력, 돈, 명예 사이에는 차이가 있다. 권력, 돈, 명예는 이를 소유한 사람이 사회의 여타 구성원에게 불쾌감을 주는데 비해, 미덕은 이들에게 축복을 준다. 이런 이유로 공리주의는 행복을 위해 가장 중요한 미덕을 무한대로 촉진하는데 비해, 권력, 돈, 명예는 전체의 행복을 손상시키지 않고 늘리는 한도에서만 허용한다. 이런 차이에도 불구하고 미덕의 소유가 기쁨을 주고 미덕의 결핍이 고통을 준다는 데는 변함이 없다.

그런데 미덕의 경우 달성한 미덕으로부터 얻는 기쁨이 이루지 못한 미덕의 결핍을 드러내면서, 동시에 고통을 낳는다. 말하자면, 미덕은 쾌락과 함께 고통을 준다. 사실 거의 대부분의 경우 쾌락과 고통은 구분되지 않고 결합되어 나타난다(pp. 172-173).

밀은 여기서 관찰에 근거해 공리주의를 방어했다. 더욱이 그는 대단히 독창적인, 그렇지만 그만큼 수상한 논리로 덕성을 행복, 그리고 효용과 연결시켰다. 돈이나 권력을 수단이 아니라 그 자체 목표로 삼는 인간이나 사회의 현실을 당연시하면서 이를 덕성의 배후에서 효용을 찾아내는 근거로 삼았다. 또한 그는 덕성과 돈을 가깝게 놓기 위해 돈이나 덕성이나 모두 목표의 전체가 아니라 목표의 일부로 설정했다.

긍정적으로 보면 밀은 덕성이나 돈과 권력 등이 모두 보편성을 획득할 가능성이 있다는 통찰을 보여준다. 특히, 돈 등이 목표가 되면서 소유자체가 중요해진다고 말해 돈이 교환수단이 아니라 퇴장된다는 점을 인식했다. 이렇게 보면 아리스토텔레스-스미스-밀-마르크스를 관통하는 연속성을 찾아낼 수도 있다.

그러나 인간의 고매함을 고집한 고대희랍에서부터 보편적인 원리로 상정한 덕성을 속세에서 보편적인 원리로 작동하는 돈이나 권력과 동일한 차원에서 취급한 데는 상당한 비약이 수반된다. 밀의 생각과 반대로 인간에게 궁극적인 목표는 덕성인데 인간이 오히려 행복이나 쾌락에 따라 움직인다고 말할 수도 있다. 이렇게 보면 덕성이 아니라 행복이나 쾌락이 돈이나 권력과 같은 수준에 놓이게 된다.

밀은 화폐와 권력 및 명예 사이에 차이를 두어 화폐와 달리 권력 및 명예에 내적인 쾌락이 담겨 있는 듯 보인다고 말했다. 이 차이에서 밀이 권력 및 명예보다 돈이 목적이 되는데 대해 보다 의구심을 갖고 있다고 추정할 수 있다. 또한 미덕과 권력, 돈, 명예 사이에는 차이가 있음을 인정했다.

결과적으로 그는 미덕이 그 자체로 목적은 아니지만 최상의 수단이라고 생각했다. 그런데 밀 자신의 논리에 따라 돈 등과 달리 미덕이 타인에게 쾌락을 주며 무한히 추구된다면, 돈 등과 근본적으로 다르며 목적의 반열에 놓여야한다는 반박이 가능하다.

쾌락과 고통이 결합되어 나타난다는 주장은 상위나 양질의 욕망을 밀이 인정했다는 사실과 부합된다. 대체로 모차르트의 작곡과 같이 상위의 욕망에서 쾌락이나 고통이 동시에 나타나기 때문이다. 반대로 고상하거나 귀족적인 욕망을 부인하는 경우 쾌락과 고통의 결합에 대해서도 부인할 가능성이 높다. 가령, 미제스는 노동에서 고통뿐만 아니라 쾌락을 느낄 수 있는 사람은 모차르트와 같은 극소수에 불과하다며 쾌락과 고통을 명확한 구분했다.

그런데 욕망의 질적인 차이와 쾌락과 고통의 결합은 모두 근대 신고전학파에서 벗어난다. 이 입장에서는 욕망의 질적인 차이는 시장 이외의 영역에서 사전적으로 욕망을 평가한다는 문제를 안고 있다. 또한 쾌락과 고통의 결합은 특정 재화나 행위를 비용과 편익으로 나누지 못해 적정화를 어렵게 만들 수 있다. 이런 점들에서 밀은 근대의 신고전학파와 구분된다.

(2) 의지가 욕망(desire)과 다르다는 반박도 이와 비슷하게 처리할 수 있다. 의지는 능동적인 현상이고 욕망은 수동적인 감수성이다. 그런데 의지도 욕망에서 나왔으며 습관화되면서 욕망으로부터 독립해 이와 대립적인 존재로 나타난다. 습관화되면서 의식되지 않은 채 행동이 이루어지거나 행동 이후에 의식이 나타나 습관의 힘은 신중한 선호(deliberate preference)와 다르다. 그렇지만 의지는 부모의 슬하를 떠나 습관의 휘하에 들어간 욕망의 자식이다. 이 점에서 의지는 내재적으로 선이 아니라 선을 위한 수단이다.

여기서 밀은 기존 철학의 기본범주들을 공리주의의 입장에서 재해석했다. 미덕은 윤리학의 기본개념이고, 의지는 사회계약론과 대륙의 윤리학의 근거이다. 밀은 한편으로 미덕, 의지, 습관의 기원이 쾌락이나 욕망에 있었다는 점을 들어 공리주의를 정당화했다. 그렇지만 다른 한편으로 그는 그 기원과 무관하게 독립적인 기능을 갖는 현상의 존재나 기능의 정당성을 부인하지 않았다. 돈, 권력, 명예, 그리고 그의 입장에서 미덕이 그런 경우들이다. 후자로 가면 전자로 갈 수 없는데, 밀이 양자 사이에서 우왕좌왕(右往左往)하고 있다.

3.5. 정의와 효용의 연관

(1) 사람들이 정의에 본능적으로 집착하기 때문에 정의에 절대성이나 자연성이 개입되어 있다고 느낀다. 그러나 이 경우에도 기원과 구속력을 구분해야 한다. 문제는 정의감에 대해 인간감정의 일반적인 법칙으로 설명이 가능한지 아니면 여전히 특별해서 자연으로부터 주어진다고 보아야 하는지 여부이다.

정의개념은 자유와 재산 등에 대한 법적 권리의 존중, 법을 넘어선 도덕적 권리의 존중, 응분의 보수나 대가(desert)에 대한 고려, 신의의 존중, 공평성, 평등성 등을 포함하고 있다. 법적 권리는 이를 불법적으로 획득했을 때만 문제가 된다. 도덕적 권리는 법 자체가 잘못 되었을 때 작동한다. 응분의 보수나 대가는 선에는 선으로, 악에는 악으로 갚아주는 것을 의미한다. 신의의 존중은 약속을 지켜 기대를 저버리지 않음을 의미한다. 공평성은 공적인 이익이 걸려 있을 때 문제가 된다. 평등성에 대해서는 각자 자연적 정의라고 주장하는 여러 견해들이 공존하고 있다.

물리적 차원의 바름이나 구부러짐에서 옳음(right)이나 그름(wrong)이라는 단어가 나왔다는 점에서 시비가 법보다 앞선다고 생각할 수 있다. 그러나 법이나 권리가 실정법에 국한되어 있어 기원에 있어 그 반대라고 볼 수도 있다. 사적인 영역에서조차 무언가 강제되기를 원해 수정된 형태로 법의 자취를 찾아볼 수 있다. 이 같이 의무(duty)는 부채(debt)와 같아서 법, 여론, 양심 등이 명하는 강제성을 지닌다(p. 184).

그런데 정의이나 정의로 인한 의무는 도덕성 일반이나 도덕적 의무와 구분된다. 도덕적 의무를 포함해 모든 의무에는 강제와 벌이 수반된다. 이런 의무에는 옳고 그름의 판단이 따르게 되는데, 의무가 아닌 경우 이런 강제나 시비가 아니라 설득이나 권유, 바람직함이나 그렇지 못함의 판단이 수반된다. 전자는 정의를 포함해 도덕일반을 나타내며, 후자는 편익이나 가치 있음(worthiness)을 나타낸다.

도덕 일반으로부터 정의를 규정하기 위해서는 완전한 의무와 불완전한 의무가 구분되어야 한다. 불완전한 의무는 자선(beneficence, generosity)과 같이 불특정 다수에 대한 의무로서 대상이나 시간에 있어 개인의 선택을 허용한다. 이에 비해 완전한 의무는 특정인을 지정해 권리를 부여한다. 양자는 각기 자비와 정의로 이어진다.

이같이 징벌욕구와 특정인에 대한 지칭으로 구성된 정의감(the sentiment of justice)은 그 자체로서 편익에서 나오지 않으나, 정의감에 담긴 도덕성은 편익으로부터 나온다(p. 68). 정의감은 가해자를 벌하려는 욕구와 특정인(들)이 피해를 받았다는 인식의 두 가지 요소로 구성되어 있다. 전자의 욕구는 자기방어의 충동과 동정심으로 구성되어 있는데, 이 두 가지는 모두 자연스럽고 본능 그 자체이거나 아니면 본능에 가깝다. 따라서 이 욕구는 동물세계에서도 발견된다.

그러므로 징벌욕구는 보복의 자연스런 감정이다. 그렇지만 인간은 다른 동물과 달리 모든 타인에 대해 확장된 동정심(enlarged sympathy)을 느낄 수 있다. 또한 보다 높은 지적인 능력을 통해 사회전체와 이익의 일치를 이룰 수 있다. 이 때문에 인간이 종족이나 국가에 대해 정의감을 가질 수 있다는 차이가 있다.

이런 자연스런 감정이 타인의 이익까지 고려하는 사회적 동정심의 지배를 받아 공동선 혹을 일반선(the general good)에 부응하도록 움직이면 도덕적으로 된다(p.189). 결과적으로 정의는 동물적인 부분과 이성적인 부분을 함께 지니고 있다.

그러므로 징벌의 욕구에는 보복이나 복수의 감정이 개입되어 있다. 그런데 이런 감정이 사회적 동정(the social sympathies)이나 사회적 정서(the social feeling)에 의해 구속될 때 비로소 도덕이 개입될 수 있다. 즉, 자신에 대한 가해가 사회 전체에 대한 가해가 될 때만 이런 욕구의 발산이 허용된다.

물론 각 개인은 피해를 받을 때 사회 전체를 생각하지 않는다. 그렇더라도 이런 조건에서 개인이 항시 벗어나 있지는 않다. 왜냐하면 본인은 명시적으로 알지 못하더라도 규칙을 고려함으로써 자동적으로 사회전체의 이익을 고려하게 되기 때문이다(pp. 69-70. 72).

공리주의에 반대하는 칸트조차 지적한 바와 같이, 규칙은 전체이익을 고려해 모든 합리적인 인간들이 동의할 수 있어야 성립한다. 결과적으로 '정의의 감정'은 '정의의 개념'(the idea of justice)으로 발전하며, 이 속에는 행동의 규칙과 규칙을 시행하려는 욕구 두 가지가 구성요소로 담겨 있다. 전자는 확장된 동정심과 지적인 자기이익(intelligent self-interest)에서 비롯되는 도덕적 요소이며, 후자는 정의감에 동반된 자기주장의 힘을 대변한다(p. 70).

피해자의 권리는 정의의 감정이나 개념과 특정인에 대한 규정이 겹쳐서 나타나는 형태이다. 사회는 이 피해자에게 교육이나 여론 혹은 법의 강제를 통해 권리를 부여한다. 사회가 권리를 부여하지 않는 경우 이 개인은 우연이나 자구책에 의존할 수밖에 없다. 직업상의 경쟁을 통해 획득한 것에 대해 권리를 가지지만 그 액수를 보장할 수는 없다(p. 189).

여기서 밀은 행복 혹은 효용과 정의의 관계를 논했다. 구체적으로 밀은 정의가 행복과 구분되는 별도의 속성에 기인하는지 아니면 단순히 행복을 추구하는 요인들에서 파생되는지를 분석했다. 또한 일반적으로 주장하는 바와 같이 정의가 편익과 엄밀하게 구분되는지를 논의했다.

밀은 정의의 기준이 여러 가지이며, 각 기준을 적용하는 구체적인 상황에서 여러 이견이 공존하고, 이런 이견들 중 편익을 고려하려는 입장이 적지 않음을 강조했다. 그의 논리는 정의에 개입된 요인들이 이 같이 잡다하기 때문에 이들 모두를 관통하는 논리로 행복이나 효용이외에 다른 것을 찾을 수 없다는 방향으로 흘러가고 있다.

밀은 완전히 본능이나 감정에 지배되는 자연적인 사회와 동정심이나 계몽된 이기심에 지배되는 법 및 권리의 사회를 구분했다. 그런데 시장이 어떤 존재인지에 대해서는 분명히 하지 않았다. 아마도 그에게서 시장은 완전히 자연적인 사회도 아니지만 우연이나 노력이 작용해 완전히 법과 권리로 규정되지도 않는다.

그는 사회의 이익이 습관적으로 내재화된 규칙에 의해 고양된다는 앞선 논의를 연장시켰다. 여기서 이미 언급한 바 피해를 받은 특정인(들)에 대한 규정이 결합된다. 또한 밀이 정의 개념을 순전히 이성이 아니라 부분적으로 동물적인 감정에 의존해 설명했다는 점은 대륙의 논리와 대립되는 영국적인 현실주의라고 생각된다.

밀은 시장에서 발생한 결과에 대해 구체적인 수량으로 권리를 부여할 수 없다는 점을 분명히 했다(p. 71). 그렇다면 이런 주장의 근거는 무엇인가? 한 가지 추정은 가해자나 피해자를 분명히 규정할 수 없기 때문이다.

(2) 이 같이 권리는 각자의 소유물을 보호한다. 사회가 피해자에게 이런 권리를 부여하는 이유는 단지 전반적인 유용성이나 효용(general utility) 때문이다. 전반적인 유용성이 정의감과 동떨어져 있는 것처럼 보이는 이유는 정의감에 포함된 동물적인 요소, 즉 보복에 대한 갈증 때문이다. 따라서 정의감에서 이를 제거하고 윤리적인 것만 남긴다면 거리감이 없어진다.

보다 특정적으로 신체와 재산의 안전이라는 중요한 이익이 걸려있다. 이 이익은 물리적인 영양 다음으로 중요하기 때문에 특별한 감정이 수반되어 다른 종류의 이익으로 등장하게 된다. 해야 하는 것(ought and should)이 반드시 그렇게 되는 것(must)이 된다. 불가결함이 인정되면서 도덕적인 필연성이 생겨 거의 물리적인 필연성 이상의 구속력을 갖게 된다(p. 190).

위에서 설명한 바와 달리 정의가 효용과 무관해 내적인 신탁에서 얻어진다고 보기에는 그런 신탁이 너무 모호하다. 공리주의가 쉽게 변하는 것에 의존하는데 비해 정의는 불변의 원칙이므로 신뢰할만하다는 주장이 있다. 그러나 유용성뿐만 아니라 정의에 대해서도 여러 원리들이 공존하고 있다. 자유의지나 계약 개념으로 이런 상황을 해결할 수 없다. 이런 기준들보다 강렬하고 자연스런 원리는 동일한 종류로 되갚는 동종보복(lex talionis)이다. 물론 이에 대해서도 논란은 있다.

또한 경쟁적인 사회에서 획득한 우월한 보상에 대해서도 논란이 있다. 이 모든 경우에 결국 사회적 효용이 선호를 결정할 수밖에 없다. 조세에 대해 상품가격과 마찬가지로 인두세로 동일한 절대액수를 부과하자는 주장과 비례세를 부과하자는 주장이 대립하고 있다. 이와 관련해서도 공리주의 밖에 기준이 없다.

흔히 정의는 사람마다 달라지지 않는 확고한 기반 위에 놓여져야 하는데, 사회적 유용성이라는 기준은 사람마다 달라 변덕스러우므로 정의의 기준이 될 수 없다고 주장하는 사람들이 있다. 그렇지만 정의의 기준도 유용성에 대한 기준만큼 다양하고 변덕스럽다. 이 때문에 정의에 관해 사람들은 외적인 기준을 끌어들이거나 아니면 자신의 편향에 따라 선택하게 된다. 소위 사회계약론이 이런 문제들을 해결하는 듯이 보이지만, 사기나 무지가 개입되는 경우에는 법원에서도 이런 이론에만 의존할 수 없다(p. 74).

양형이나 경제적 보상, 혹은 조세의 정의를 논하는 경우에도 이런 혼란이 반복되고 있다. 이런 이견들을 진정시키는 유일한 기준은 사회적 유용성 혹은 효용이며 공리주의이다. 이는 서로에게 부당한 힘을 행사하지 않고, 응분의 선이나 재화(good for good, evil for evil)를 부여하는데 있다. 후자는 자연스럽고 합리적인 기대를 충족시키는데 우정이나 약속의 준수를 포함한다.

이외에 공평성, 평등, 자발성 등 여러 가지 구체적인 정의의 규칙들을 공리주의가 포용할 수 있다. 공평성과 평등성이 강조되면서 이것이 절대적이고 사회적인 분배의 정의가 된다. 벤담이 말한 바와 같이 공리주의는 모두의 행복을 동등하게 고려한다. 그렇다고 정의가 편익으로 환원되지는 않는다. 효용에 근거하면서도 정의는 사회적 유용성 중에서 보다 높은 위치에 속한다.

4. 밀의 자연관과 사회철학 논의

4.1. 밀의 『자연론』

철학과 경제학에 있어 자연개념이 이런 저런 방식으로 오랫동안 생각의 방향을 좌우했다는 것은 주지의 사실이다(Hong, 2006). 밀의 경우 『정치경제학의 원리』(1848)에서 생산과 분배를 구분하면서 자연과 인공이나 사회에 대해 나름대로 구분했다. 그런데 그는 『자연론』(1874)에서 자연이나 자연스러움과 인공의 차이를 이 보다 포괄적으로 논의했다. 생산과 분배에서 제시했던 구분이 『자연론』에도 이어지는지 확인할 필요가 있다.

이 글에서 밀은 먼저 자연의 두 가지 의미를 제시했다. 물적이거나 인적인 자연으로부터 빚어지는 현상전체가 넓은 의미의 자연이고, 이 중에서 인간의 개입(human intervention)을 제외한 나머지가 좁은 의미의 자연이다. 후자에서 자연(Nature)은 인공(Art)과 대립되며, 자연은 자생적(spontaneous)이어서 인공적인(artificial) 것과 대립된다(p. 8, 13).

이 입장을 전개하기 이전에 그는 주어진 물체의 자연을 물체의 속성들과 힘들의 모음(the aggregate of its powers and properties)으로 규정했다. 이어 모든 물체들의 자연을 모으면, 전체 자연이 된다고 그는 주장했다. 또한 자연은 모든 사물에 대한 총칭(a collective name for all things)이라고 그는 말했다.

흄뿐만 아니라 밀에게서도 개별자와 구분되거나 이와 독립적인 전체는 인정되지 않는 것 같다. 이는 양자 모두에서 경험주의의 경향이 강하다는 의미도 된다. 밀 역시 경험에서부터 점차 일반화하는 과정을 중시했다(p. 8).

이어서 밀은 자연이 존재(what is)와 당위(what ought to be) 모두

에 적용된다는 또 다른 측면을 언급했다. 이는 자연법이 물리(物理)적인 법칙(法則)과 윤리(倫理) 및 법(法) 모두에 적용된다는 데서도 확인된다.

여기서 존재로서의 자연과 당위로서의 자연이 어떻게 연결되느냐는 의문이 제기된다. 이는 인간이 행위할 때 자연을 있는 그대로 모방해도 좋은가의 문제이다. 그는 이 문제가 자연현상과 인간의 관계(between a man and a natural phenomenon)로부터 인간들 사이의 관계(between two men)를 도출하는 문제와 같다고 말했다(p. 17).

결론적으로 밀은 첫 번째 의미의 자연은 모든 것을 포괄하기 때문에 존재와 당위의 연결을 무의미하게 만든다. 두 번째 의미의 자연에서는 존재와 당위의 연결이 비합리적이고 부도덕하다고 그는 생각했다.

구체적으로 그는 자연이나 자연적이라고 불리는 것과 인간의 본능이 여러 가지로 불완전하다고 보아 인간의 예지와 고안이 요구된다고 생각했다(p. 15). 또한 교육을 통한 습관, 즉 제 2의 자연에 대한 육성 등 인위적 개입이 불가피하다고 그는 주장했다. 이 같이 그는 정의와 자비를 실천하기 위해서 인적 자연뿐만 아니라 물적 자연에 대한 수정이 필요하다고 생각했다(p. 16).

이런 전체 줄거리는 끝에 요약되어 있다(p. 32). 밀에 대한 보다 상세한 내용은 아래와 같다.

밀에 의하면 인간은 존재로서 자연의 법칙에 대한 지식을 가지고 있든 그렇지 않든 전반적으로 자연법칙으로부터 벗어날 수 없다. 그렇다고 모든 자연법칙에서 헤어나지 못하는 것은 아니다. 특정의 자연법칙으로부터 벗어날 수도 있고 하나의 법칙을 다른 법칙으로 상쇄시킬 수도 있다.

또한 자연이 저지르는 행위나 자연의 재앙은 인간의 행위로 보면 상당수가 살인이나 방화 등 범죄에 해당된다. 이런 자연의 행태가 현명함과 좋은 목적을 가지고 있다고 주장하는 사림들이 있다. 그러나 인간이 이런 행위를 했더라면 그렇게 말할 수 없다는 점에서 그 근거가 박약하다. 인간의 범죄에도 우연히 좋은 효과가 수반될 수도 있으나, 여전히 범죄는 범죄로 남는다. 시작과 끝이나 사건과 기대 사이의 이런 괴리는 어디에서나 나타난다.

그리고 선이 악을 상쇄하거나 악이 선을 상쇄하는 경우도 있다. 그렇지만 선은 선대로 스스로를 강화시키고, 악은 악대로 스스로를 가중시키는 경향도 있다(p. 20). 전자에는 건강, 힘, 부(富), 지식, 덕성 등이, 후자에는 이와 반대로 질병, 허약, 무지, 가난 등이 속한다. 이들은 모두 습관이나 전염을 통해 강화된다. 여기서 밀은 모든 여타 선이 부의 수단이지만, 거꾸로 부가 때로는 여타 선의 수단이기도 하다는 의견을 개진했다(p. 20). 밀은 이런 자신의 입장을 자연신학(natural theology)에 대한 부정으로 규정했다(p. 21).

이성과 성찰에 대비되는 충동이나 본능에 대한 긍정적 태도도 타당하지 않다. 충동이 인간의 생존에 필요하지만 이성을 통해 관리할 때만 그것의 파괴력이나 지배력을 억제할 수 있다. 이렇게 보면 인공적인 규율이 결여된 자연 상태(the natural state)는 좋은 습관이 없는 미개상태와 같다.

용기가 자연 상태에서 가장 강력하다고들 말하나 자연 상태의 인간에게는 용기가 아니라 공포가 가장 크다. 이런 이유로 인간에게 교육을 통한 습관의 육성과 관습의 기능이 중요하다. 청결함에 대한 욕구도 인간에게 자연적으로 주어지지 않으며 인공적인 상태에서만 생겨난다. 또한 인간이 이기심이외에 동정심을 타고나지만, 가꾸지 않으면 동정심도 또 다른 종류의 이기심으로 남게 된다. 주변사람들에 대한 동정심에 이방인들에 대한 강력한 무정함이 수반될 수도 있기 때문이다.

문명인보다 야만인이 거짓말을 더 잘해 정직이라는 면에서 떨어진다. 그러므로 자연적(natural) 정의가 관습적(conventional) 정의보다 먼저 나타난 것이 아니라 오히려 그 반대이다. 이런 점에서 정의는 법적(legal) 정의이어야 한다. 같은 관점에서 습관을 통해 제2의 자연을 육성해야 한다.

이제 밀의 입장을 조망해 보자. 밀의 자연은 물적인 자연과 인적인 자연으로 구성된다. 전자는 물리현상으로 나타나며 후자는 인간이 동물과 공유하는 본능이나 감정으로 규정된다. 그는 이렇게 구분된 자연을 인간이 수정 없이 모방하는 것을 자연윤리나 자연신학으로 규정하고 이를 비판했다. 따라서 밀은 자연 · 인공의 구분과 존재당위의 구분을 결합 혹은 혼합했다.

밀에서는 자연과 인간, 자연과 인간의 관계와 인간들 사이의 관계, 그리고 인간의 본능이나 감성과 이성이 이분법적으로 명확히 갈라진다. 자연과 인간이나 사회에 대한 이원론은 앞서 『정치경제학의 원리』에서 밀이 생산과 분배에 대해 제시한 입장에 부합된다.

그런데 밀은 자연을 좁게 정의해 인간의 이성이 개입되는 모든 행위가 자연에 반한다고 생각했다. 이에 따라 밀은 자신의 비판 대상을 너무 손쉬운 존재로 만들어버렸을 가능성이 있다. 진정한 논란거리는 자연에 모든 인간의 개입을 배제하지 않고 일단 포함시키되, 이 중 어디까지를 자연으로 보고 어디까지를 인공으로 보느냐이다

이성적 인간을 배제한 자연에 대한 규정에 이어 밀은 자연과 인간의 관계를 인간관계에 대한 기준으로 삼았다. 물론 자연 혹은 자연과 인간의 관계에 대한 모방을 비판했다. 그렇지만 밀이 자연이나 자연과 인간의 관계를 윤리를 판단하는 기준으로 삼았다는 점, 즉 윤리를 물리에 비추어 본다는 점을 주목해야 한다. 예를 들어, 번개로 인해 사람이 죽는 것을 어떤 사람이 다른 사람을 죽이는 것과 비슷하게 취급하고 이에 근거해 자연에 대한 모방이 인간에게 윤리적 기준이 될

수 없다고 그는 주장했다.

여기서 밀은 자연이나 물체와 인간의 관계가 인간관계에 앞선다고 보고 이를 우선시했다. 윤리가 원초적으로 인간관계를 규정한다는 대다수의 판단을 놓고 보면 윤리를 자연과 인간의 관계에 비추어 논의한 점이 독특하다. 사실 이런 식으로 흄이나 스미스 등이 자연윤리를 규정했다고 보기도 어렵다.

무엇보다 이런 밀의 입장은 신고전학파에 부합된다. 신고전학파에서는 인간과 재화의 관계가 인간관계보다 앞서고 이에 대한 기준을 제공한다. 이 점은 밀의 방법에 대한 케언즈(John Elliot Cairns)의 논의에서도 확인된다(홍 훈, 2007, 193쪽). 밀이나 신고전학파나 모두 특정 종류의 개인주의를 기저에 깔고 있다. 이에 따라 밀과 신고전학파에서는 개인과 재화의 관계가 모여 교환관계를 이루고 이들이 다시 모여 사회전체를 포괄한다.

이 같이 밀에서는 재화나 화폐와 인간의 관계에 기초해 교환관계나 여타 인간관계를 설명하는 논리구조가 윤리를 설명하는데 투사되거나 연장되었다고 추정할 수 있다. 부나 다른 좋음에 관한 밀의 입장도 이에 부합된다. 그의 논리는 절충적이면서도 부가 여타의 선이라고 주장하기보다 그 반대로 여타 선들이 부의 수단이라는 쪽으로 흐르고 있다. 그는 여러 선중에서도 물체적인 성격이나 개인의 소유물이 될 가능성이 높은 부에 우위를 부여했다. 물론 더 넓게 보면 밀이 옹호하는 공리주의가 이런 경향의 저류를 이룬다.

자연이나 자연과 인간의 관계의 모방에 대한 비판에서도 밀은 흄이나 스미스와 차이를 보인다. 또한 자연신학이나 예정조화에 대한 부정이나 인위적 개입에 대한 강조로 볼 때도 밀은 흄이나 스미스와 다르다. 이에 따라 자본주의나 시장경제에 대해서도 밀은 흄이나 스미스보다 개입을 요구하리라고 추정할 수밖에 없다.

본능이나 동정심에 대한 부정도 자연신학에 대한 비판과 마찬가지로 밀과 흄이나 스미스의 차이를 낳고 있다. 주변집단에 대한 동정심과 여타 집단에 대한 무관심의 공존은 마샬이나 하이에크가 시장경제나 거대사회를 옹호하기 위해 사용한 논리와 비슷하다. 이는 스미스의 도덕감정이 소집단에서 유효하지만 거대사회에는 유효하지 않다는 결론을 낳는다. 또한 이는 스미스의 『도덕감정론』과 『국부론』이 불연속적이라는 기존 해석을 강화시킨다.

그런데 밀에서 자연이나 자연과 인간의 관계가 부각되면서, 인간과 사회가 모두 인공 속에 포괄되고 혼합되어 거의 구분되지 않는다. 이는 인간관계나 사회의 내용에 대해 밀이 충실하지 못하다는 의미가 된다. 헤겔이나 마르크스뿐만 아니라 아리스토텔레스, 루소, 칸트 등에 있어 인간관계는 자연 혹은 물체와 인간의 관계보다 앞선다.

또한 본능과 이성에 대한 명확한 구분은 아리스토텔레스 등 종래의 철학과 스미스가 파악하는 인간자체나 윤리의 자연성과 다르다. 밀에서와 달리 이들에 있어 이성은 감성이나 본능과 다르지만 이와 분리되어 있지 않다.

특히, 아리스토텔레스는 『니코마코스 윤리학』이나 『정치학』에서 인간의 본능이나 감성뿐만 아니라 이성도 자연스럽게 생각했다. 또한 인간이 개척하고 이용하는 자연이나 재화와 인간의 관계보다 인간과 인간의 지배관계나 교우관계가 더 본질적이다. 아리스토텔레스에서는 인간관계, 그 중에서 지배관계가 다른 모든 관계의 준거가 된다. 그러므로 자연과 인간의 관계가 아니라 어떤 종류든 인간관계가 더 원초적이므로, 전자에 비추어 후자를 판단하지 말고 반대로 후자에 비추어 전자를 판단해야 한다.

더불어 루소는 『사회계약론』에서 사회 모든 구성원의 개별의지들이 모여 사회계약을 통해 일반의지를 이루면서 사회의 질서가 형성된다고 주장했다. 일반의지에 기초한 사회계약은 사회의 한 구성원과 재화의 관계도 아니고 교환에서와 같이 두 명의 관계도 아니다. 이에 비하면 밀은 자연과 인간의 관계를 우선시했을 뿐만 아니라 인간관계를 말하는 경우에도 두 명이 이루는 교환관계나 개별적인 계약관계에 붙들려 있다.

루소와 비슷하게 긴드도 『법률철학』에서 한 명의 의시나 두 명의 의지가 아니라 다수 혹은 보다 정확하게 전체 사회구성원들의 참여를 통해 만들어진 법이 질서를 형성한다고 보았다. 이런 법에 의해 소유물이나 재산이 정당화 된다. 그러므로 사회 전체와 사회 속의 법적인 인간관계가 소유물이나 재화 등 물체 사이의 관계보다 앞서며, 또한 이를 규정한다. 밀과 신고전학파에서는 이와 반대로 개인과 재화의 관계가 모여 사회 전체를 포괄한다.

4.2. 밀의 사회철학에 대한 논의

(1) 브라운(D. G. Brown, 1972)에 의하면 밀은 『자유론』에서 대중화되어 다수의 폭력이 지배하거나 정부의 속박으로 인해 개인의 창의성이나 개성이 억압될 가능성을 염려해 개인의 자유를 강조했다. 그러므로 타인에게 해를 끼치는 경우 개인의 자유를 간섭할 수 있다는 밀의 논리는 간섭의 필요조건이지 충분조건이 아니다. 즉, 이런 상황에서 개인의 자유가 간섭을 받을 수 있다는 의미이지 언제나 간섭을 받아야 한다는 적극적인 의미가 아니다.

또한 『자유론』과 『공리주의』 사이의 긴장을 지적해야 한다. 전자는 개인의 창조성을 존중하기 위해 전통이나 습관에 대해 부정적인 입장을 취했다. 이에 비해 후자는 이미 지적한 바와 같이 전통이나 습관에 의존해 개인이 공익을 촉진하도록 유도할 수 있다는 긍정적인 입장을 제시했다.

(2) 하딘(R. Hardin, 1986)은 자유주의를 공리주의적으로 해석해 밀에 대한 재구성을 시도했다. 그의 논의는 공리주의 관점에서 여러 가지 권리들을 어떻게 판정할 수 있는지 보이는데 핵심을 두고 있다. 그에 의하면 일차적으로 권리는 상호작용 속에서 발생하는 행위자체에 적용되고, 공리주의는 행위의 결과에 적용된다. 그런데 그는 행위의 결과에 비추어 개인들을 보호하기 위해 권리나 권리의 제한이 제도화된다는 점을 강조했다. 이에 따라 그는 제도화된 공리주의나 공리에 근거한 파생적인 권리 이론을 내세웠다.

여기서 그는 권리나 권리의 제한이 행위가 가지는 전략적 선택의 범위를 제한한다고 규정했다. 하딘의 전략적 선택은 특별히 제한적이 아니라 개인의 일반적 선택과 크게 다르지 않아 보인다.

하딘은 권리를 세 가지 부류로 나누었다. 즉, 사생활과 관련된 각 개인의 고유영역, 시장의 교환이나 계약과 같이 양자의 관계가 존재하는 영역, 그리고 표현이나 발표의 자유, 근로시간제한, 노예금지 등 사회전체가 연루되는 영역 등 세 가지이다. 이 분류를 통해 하딘은 타인의 이익이 문제되거나 집단의 이익이 연루되는 경우, 자연권이나 선험적 의무가 아니라 공리주의 원칙에 따라 권리의 제한을 설명할 수 있다고 보았다.

물론 이 모든 주장은 개인이 자신의 이익을 최선으로 판정할 수 있다고 전제한다. 그렇지만 뒤의 논의에서 보면 하딘은 개인이 결코 자신의 이익에 대한 최상의 수호자라고 생각하지는 않은 것 같다.

하딘이 관심을 두는 부분은 계약의 자유나 재산권, 투표권과 같이 권리의 행사가 각 개인에게 완전히 귀속될 수 없어 외부효과를 갖는 경우, 즉 양자의 계약이 소속 집단의 이익에 영향을 미치는 경우이다. 임금인상이나 근로시간의 제한을 위한 노동자들의 집단협상이나 노예제 금지의 경우를 보자.

각 개인에게 완전히 선택권을 부여해 노동자나 개인이 개별적으로 선택하게 허용하면 모두가 보다 낮은 임금에 보다 많은 시간을 노동해야 하고, 또한 노예로 전락할 가능성이 높다. 그러므로 이런 경우 각 개인의 폭넓은 선택이 전체적으로 불이익이 된다. 따라서 규정이나 법을 통해 권리가 양도 불가능하다고 규정해 보호해야 한다.

언론이 자유 등도 이와 비슷하다. 이런 상황에서 각 개인은 자신이 속한 집단의 이익을 위해, 그리고 자신들이 대항하고 있는 집단들에 대해 전략적 불균형을 교정하기 위해 권리의 제한이나 행사를 제도화할 필요가 있다.

이 관점에서 보면 자유주의와 공리주의는 주로 집단적 권리에 대해 다른 견해를 제시한다. 자유주의가 메인(Henry Maine)이 주장한 "신분에서 계약으로"라는 현상을 강조한다면, 공리주의는 토인비(Arnold Toynbee)가 주장한 "신분에서 계약으로, 계약에서 다시 새로운 신분으로"를 강조한다. 이런 경우 부권주의나 온정주의(paternalism)라는 비판이 있을 수 있다. 그런데 각 당사자에게 물어 이들이 이런 제한에 대해 합당하다고 판단할 때만 국가가 이런 보호를 제공한다면 온정주의가 아니다.

(3) 하트(H. L. A. Hart)는 효용과 권리의 관계를 논의하기 위해 공리주의에 대한 비판자로서 롤즈, 도킨(Richard Dworkin), 노직(Robert Nozick)을 다루었다. 하트는 롤즈와 도킨은 상반된 비판을 제시했지만 비판으로서 여러 가지 약점을 지녔다고 지적했다. 그의 해석에 의하면 롤즈는 공리주의가 개인들 사이의 차이를 간과했다고 비판했다. 도킨은 이와 반대로 공리주의가 개인들을 동등하게 취급하지 않았다고 비판했다.

우선 롤즈의 『정의론』에 의하면 공리주의는 전체 행복의 최대화를 목표로 삼기 때문에 개인을 전체의 일부분으로 취급한다. 둘째, 공리주의가 개인들을 동등하게 취급하는 측면이 있으나 쾌락이나 고통이라는 도구적 차원에서 인간을 파악하므로 인간의 진정한 가치를 고려하지 않는다. 셋째, 사회는 그 자체가 쾌락이나 고통의 주체일 수 없으므로 이것의 분배를 고려하지 않는 공리주의는 문제가 있다. 넷째, 공리주의는 한 개인의 시점 간 선택과 여러 개인들을 대상으로 한 사회전체의 선택을 동일시한다.

그렇지만 롤즈의 주장은 모든 사회복지정책을 무력화시킨다는 문제점을 안고 있다고 하트는 비판했다. 노직은 이 같은 근거에서 공리주의에 반하는 정치이론을 발전시켰다. 노직은 인간에게 오로지 몇 가지의 신성불가침한 기본권이 부여되었다고 주장하면서, 국가를 사기, 강박, 절도나 계약 위반 등에 대한 파수꾼이나 야경꾼으로 규정했다.

하트의 이런 해석에 근거해 공리주의와 경제학의 자유방임주의가 극단적으로 대립될 가능성을 고려해야 한다. 공리주의와 달리 노직의 자유방임주의도 개인을 묶는 공동체 같은 단위를 부정했다.

노직은 이 이상의 국가개입이 롤즈가 지적한 개인들 사이의 차이를 억압하는 공리주의적 오류를 낳는다고 주장한 셈이다. 그런데 역설적으로 이런 주장이 행복을 사회구성원들 사이에 차별적으로 분배하든, 아니면 동등하게 분배하든 상관없다는 가장 매력 없는 공리주의의 결론으로 나아가게 된다. 노직은 인간이 스스로 인간다운 삶을 형성해 추구하려면 구속으로부터 해방될뿐만 아니라 자원이 필요하다는 점을 간과했다.

도킨은 노직과 달리 포괄적 의미의 자유를 부정하고, 구체적이고 개별적인 차원의 자유를 인정했다. 그렇기 때문에 도킨에서는 자유와 평등의 포괄적인 대립이 존재하지 않는다. 노직이 소극적인 정부를 강조했다면, 도킨은 적극적이고 개입적인 정부를 주장했다.

이 부분에서 서양의 경제이론이 평등과 효율의 갈등에 초점을 맞추는데 비해, 정치이론이 자유와 평등의 갈등에 초점을 맞춘다는 점이 확인된다. 사실 서양 사회사상의 기본 갈등은 이 두 가지로 압축된다.

도킨은 이런 정부의 개입에 대한 정당성을 일반적인 복지의 증대라고 보아 표면적인 주장과 달리 일종의 공리주의에 의존했다. 그렇지만 원래 공리주의가 표방한 평등주의를 유지하는 순수한 형태의 공리주의에 그는 의존했다. 공리주의가 평등주의를 잃게 된 이유는 그 안에 부패요인이 개입될 수 있기 때문이다. 구체적으로 다수결을 통해 공리주의자들이 동등한 배려와 존중(equal concern and respect)을 침해할 수 있기 때문이다. 이는 동등한 대우(equal treatment)와 구분된다.

이런 주장을 내세우기 위해 도킨은 자유를 언론이나 신앙의 자유와 같은 도덕적 권리와 계약의 자유나 소유권과 같이 도덕과 무관한 권리의 두 가지로 나누었다. 그에 의하면 전자는 공리주의에 근거한 간섭을 받는 경우 (위에서 정의한) 인간의 동등성을 해치는 결과를 가져온다. 후자는 전반적인 복지의 관점에서 제한될 수 있다. 그런데 이런 분류의 기준은 대다수의 정치이론에서와 같이 중요성이나 가치의 관점에 의존하지 않는다. 이 분류는 전자가 관계적이거나 절차적인데 비해, 후자는 그렇지 않다는 대비에 근거한다.

구체적으로 개인적 선호(personal preferences)와 외적 선호(external preferences)를 구분해야 한다. 전자는 개인에게 할당되는 재화에서 비롯되는데 비해, 후자는 타인에게 할당되는 재화에서 비롯된다. 도킨에 의하면 순수한 의미의 공리주의는 전자만을 고려해야 하다. 후자가 개입되는 경우 공리주의가 평등주의를 해치기 때문이다. 하트가 제시한 이런 차이는 개인의 경제적 결정과 정치적 결정 혹은 '소비자 선택'과 '사회적 선택'의 차이와도 관련이 있다.

외적 선호가 낳는다고 주장하는 계층이나 계급 간의 투표권 차별은 개별적 자유나 절차적 합리성이라는 도킨의 주장에 의존하지 않고 자유에 대한 포괄적 권리에 의존해 방지할 수 있다. 더구나 사심없는(disinterested) 제3자가 투표에 참여해 그 결정에 영향을 미치는 것을 외적 선호의 부패요인 혹은 구성원의 평등을 해치는 요인으로 간주할 수 없다.

하트의 비판에 대해 해당되는 문제에 관심이 있으면서(not uninterested) 동시에 사심이 없는(disinterested) 집단이 존재하는지 의문을 제기할 수 있다.

자유에 대한 거절을 평등에 대한 거절로 오해하는 것이 도킨의 가장 큰 약점이다. 다수결의 결과가 소수에 대한 다수의 압도로 나타날 때 소수의 입장이 가치 없다든지 열등하다는 결론으로 나아가기보다 이들의 주장이 수적으로 밀렸다고 해석하는 것이 정상적이다. 또한 현실에서 다수결이 불공정한 결과를 낳는 경우란 절차적 합리성이 손상되었을 때라기보다 편견에 가득한 다수가 폐쇄적인 집단을 형성해 어떤 논의나 설득도 거부할 때이다.

노직과 도킨은 모두 공리주의에 대한 과거의 신조와 권리이론에 대한 새로운 신조 사이에서 아직 방황하고 있다.

(4) 맥클로스키(H. J. McCloskey, 1963)는 전통적인 해석과 달리 밀이 훨씬 더 국가개입을 허용하는 입장에 서 있었다고 주장했다. 그에 의하면 밀은 전통적인 자유주의의 입장에서 벗어나 사회의 이익이나 편익을 위해 노력해야 한다고 주장했다. 전통적인 자유주의는 각 개인이 자신의 이익에 대한 최상의 심판관이자 수호자라는 생각을 가지고 있다. 밀은 이런 생각에 여러 제한을 가해 상당수의 경우

개인이 자신의 이익에 대한 최상의 심판관이 아니거나 설령 그렇다고 하더라도 최상의 수호자가 아니라는 점을 인정했다. 이것이 미성년자나 금치산자가 아닌 정상적인 성인의 경우에도 사실이라고 밀은 생각했다.

이에 대한 대표적인 사례로서 노조의 결성을 들 수 있는데, 세계화 시대에는 이에 대한 재론이 지속되고 있다.

또한 국가가 사기와 강박을 처벌하는 기능에 전념하면 된다는 전통적인 자유주의에서도 밀은 벗어났다. 더불어 그것은 밀 자신이 제시한 "타인의 대한 해"라는 기준을 넘어서 보다 적극적인 국가를 상정한다. 이런 국가개입의 근거는 단순히 공리로 환원될 수 없는 다양한 종류의 선들인데, 대표적으로 진리, 합리적 신념, 자기완성, 지식의 창달 등을 들 수 있다.

맥클로스키의 해석에 의하면 밀은 신고전학파가 전제하는 소극적인 자유주의 국가의 이념에서 크게 벗어나 있다. 그렇더라도 밀을 중도좌파나 좌파로 분류하기는 어렵다고 생각된다.

4장
칸트와 경제학

Früher kannte ich Kant, aber jetzt nicht.
(이전에 나는 칸트를 알았으나, 이제는 더 이상 모른다.)
Früher kannte ich Kant gar nicht, aber jetzt ja ein bißchen.
(이전에 나는 칸트를 전혀 몰랐으나, 이제는 조금 알겠다.)[1)]

임마누엘 칸트(Immanuel Kant, 1724-1804)는 논의의 추상성과 깊이 때문에 이해가 쉽지 않은 사상가이다. 특히, 사회과학도들에게는 너무 심오하게만 보인다. 그나마 그의 윤리학이나 사회철학은 조금

1) 첫 번째 구절은 대학시절 독일문화원에서 독일어를 배우면서 독일방송에서 흔히 나오는 말장난이라고 당시 선생님께 전해 들었다. 'kannte'와 'Kant'의 대비가 핵심이다. 두 번째 구절은 내가 첫 번째를 변용한 것이다. 몇 번 시도해 보았지만 칸트라는 위대하지만 생면부지의 철학자가 벌이는 추상적인 논리는 언어장애를 떠나서 언제나 이해하기 힘들었다. 경제학과의 거리도 있고 해서 그에 대해서는 포퍼(K. R. Popper) 등을 통해 간접적으로 들어 왔을 뿐이다. 이제 비록 인식론은 아니지만 조금이나마 그에 대해 이해가 가능한 것 같아 그 기쁨을 두 번째 구절을 통해 표현해 보았다.

나은 듯하다. 여기서는 그의 법철학을 이해하려고 노력했다. 이 시점에서 칸트에 대한 해독이 요구되었던 이유는 공리주의, 한계효용학파, 신고전학파와의 대비때문이었다. 이런 관점에서 영어번역본을 위주로 하되 독일어 원본을 대조하면서, 경제학이나 공리주의와 관련된 부분만을 정리해 보았다.

칸트의 법철학은 『도덕철학』(*Die Metaphysik der Sitten*, 1790)에 담겨 있고 영어로는 『법률철학』(*The Science of Right*)으로 번역되었다. 그는 법철학의 기본문제를 내 것과 네 것(meum et teum)의 구분으로 설정했다. 그도 논의의 근간으로 아리스토텔레스가 제시한 정의의 원칙, 특히 분배적 정의의 원칙을 활용했다(p. 41, 46). 두드러지는 특징들을 미리 요약해 보자.

첫째, 칸트는 윤리나 법을 사회나 전체의 관점에서 설정해 일견 인간과 물체의 단순한 관계에서도 전체성을 확인했다. 이 점에서 칸트는 물리적인 관계를 그 자체로 받아들이는 벤담이나 밀의 공리주의와 구분된다. 또한 개인과 재화의 직접적인 관계를 설정하는 한계효용학파나 신고전학파와도 구분된다. 반면 사회성이나 전체성을 강조한다는 같은 이유로 칸트는 헤겔이나 마르크스와 유사하다. 물론 이 삼자의 유사성은 공리주의 및 영미 경제학과 명확하게 대비된다.

둘째, 칸트는 보편적 인간이 중요한 상황에서, 자아와 타자가 대립하거나 교류하는 상황을 거쳐, 다시 전체가 중요한 상황으로 넘어간다. 이는 이성이나 의지로 규정되는 인간으로부터, 타인과의 관계에서 등장하는 인간을 거쳐, 사회 속의 인간으로 넘어가는 과정이기도 하다. 이 과정은 경제학에서 등장하는 바 임의의 1에서 2로, 그리고 다시 n으로의 이행과 비슷하다.

1. 칸트의 『법률철학』

1.1. 자연과 법

칸트는 법적인 것을 자연적인 것과 엄밀하게 구분했다. 익히 짐작할 수 있듯이 칸트는 인간의 이성을 강조하면서 시민사회의 법률을 이에 근거해 설명했다. 그는 이성적인 것을 법률적이고 시민적이거나 초감각적인 것과 동일시했다. 또한 그는 이들을 경험적이고 감각적이거나 물리적인 것 혹은 현상적인 것과 대립시켰다.

이에 따라 그는 정당한 법률이 물리적인 점거와 무관하며 경험적인 관찰을 넘어선다고 생각했다(pp. 7-10, 13-14, 20, 25, 30, 36, 46-47). 이성적인 것과 경험적인 것의 차이는 논증과 예시로 구분되기도 했다(p. 76). 또한 그는 법적인 상태가 자연상태와 대립된다고 생각했다.[2] 그는 법률적이고 시민적인 것이 사회적인 것의 부분집합이라고 생각하면서, 자연에 대해 사회가 아니라, 보다 특정적으로, 법률이나 시민을 대립시켰다(p. 7, 20, 49, 73).

칸트는 국가들 사이에도 자연상태는 전쟁상태라고 말하면서, 이를 극복하기 위한 국가연합을 주창했다(p. 70, 71, 74). 이를 통해 그는 영구평화에 도달할 수는 없지만 영구평화에 끝없이 접근할 수 있다고 주장했다. 이런 주장은 인식에 대한 접근과 마찬가지로 칸트적이어서 마르크스와 구분된다.

칸트는 자연상태도 모종의 사회이지만 시민사회도 아니고 정의로운 사회도 아니라고 주장했다. 사회적이라고 무조건 시민적이 아니라 단순히 인위적일 수 있기 때문이다(p. 47, 73). 또한 자연상태

---

2) 법적인 상태는 der rechtllche Zustand; the juridical state, the civil state, civil society로, 자연상태는 der natürliche Zustand; the natural state, nature 등으로 표현되었다.

의 재산분배는 진정한 의미에서 공유도 사유도 아니다(p. 16). 재산뿐만 아니라 남녀관계에 대해서도 동물적인 본성(nach der bloßen tierischen Natur)이 아니라 법에 따른(nach dem Gesetz) 장기적인 결합을 결혼으로 규정했다(p. 28).

칸트가 물리적인 것과 사회적인 것을 구분하고, 사회적인 것을 다시 이성적인 것 및 법률적인 것으로 좁혔다는 점을 주목할 필요가 있다. 이는 제대로 된 법률을 통해 사회를 이성적으로 관리될 수 있다는 의미가 된다. 나중에 논의되는 바와 같이, 이런 입장은 교환을 계약으로 파악하고 계약을 의지로 파악하는데서 단적으로 확인된다.

일반적으로 사상가의 입장에 따라 사회는 정치나 경제 혹은 시장과 동일시되곤 한다. 이런 맥락에서 칸트는 시장에 대한 법률의 우위를 주장한 셈이다. 토지와 관련해 국토가 단순히 부분의 합계가 아니라 법에 따른 분할에 의존한다는 칸트의 진술도 이를 뒷받침한다(p. 57, 75). 그는 국가에 속한 사람과 유목민을 구분해 유목민에 대한 현재의 동경과 대조를 이룬다.

국토에 대한 칸트의 입장은 되도록 전체를 부분이나 개체로 분할하거나 분석했던 벤담이나 밀, 그리고 신고전학파 경제학과 정반대이다. 그렇지만 이와 같은 사회적 성격의 내용과 관련해 칸트는 주류경제학뿐만 아니라 마르크스와도 대비된다. 칸트는 일단 사회를 넓게 규정하고나서, 다시 좁혀 법적이거나 시민적인 사회를 부각시켰다. 이에 비해 마르크스는 사회를 넓게 규정한 후, 여기서 법적인 사회나 시민사회가 아니라 자본주의를 부각시켰다.

칸트 전반에 흐르고 있는 경험적인 것에 대한 격하는 흄을 극복하려는 의지를 보여준다. 넓게 보아 흄은 경험이나 감각을 중시했고, 사회계약에 적대적이었고, 시장에 대해 우호적이었다. 이렇게 보면 칸트는 이성에 대한 강조, 사회계약이나 의지의 중요성, 시장 대신 법률에 대한 의존 등 여러 측면에서 일관되게 흄에서 벗어나고 있다.

칸트는 흄과 가까운 아담 스미스와도 거리를 두고 있다고 보아야 한다. 특히, 흄과 스미스가 모두 인간의 감각이나 감정을 존중하고 인간의 본성을 강조하면서 자연법률이나 자연윤리를 주장했다는 해석이 지배적이다. 이런 해석에 의존하면 흄이나 스미스는 모두 자연상태와 엄격히 구분되는 법적인 상태를 옹호한 칸트와 차이가 난다. 나아가 주류경제학이 흄이나 스미스를 이어받았다고 보면 주류경제학 전체가 이 점에서 칸트와 줄기를 달리한다고 판단할 수 있다.

다른 한편으로 인간의 의지와 사회계약을 중시했다는 점에서 루소와 칸트는 다같이 사회계약이론에 부정적인 흄이나 스미스와 대립된다. 그러나 자연상태에 대한 부정적 태도나 법적인 상태와 자연상태의 거리로 인해 칸트는 루소와도 차이를 보인다.

루소는 개별의지들(volonté particulière)이 사회계약으로 인해 형성한 전체의지(volonté générale)가 자연상태의 회복이라고 생각했다. 이에 비해 칸트는 자연상태를 야만 그 자체로 보아 이를 법적인 상태와 엄밀하게 구분했다. 또한 국가의 목표가 반드시 개인의 후생이나 행복과 일치되지 않는다는 명시적인 진술로 인해 칸트는 스미스뿐만 아니라 루소와도 구분된다(p. 53).

뿐만 아니라 칸트는 법률에 의한 시민사회의 형성과 이에 근거한 재산분배를 내세우면서 노동에 의존해 재산을 정당화하는 논리를 부정했다. 명시하지는 않았지만 이는 로크를 과녁으로 삼은 것 같다. 칸트는 노동이 소유의 징표나 신호(sign)일 뿐이며 노동이외에 다른 징표들도 있다고 주장해 노동의 지위를 격하시켰다(p. 20).

이 같이 칸트는 노동이 이성이나 법과 무관하거나 심지어 대립한다고 생각했다(p. 22). 그는 노동에 근거해 소유를 설명하는 논리가 물체를 인격화하는 오류이며 현실(facto)에 의존하는 것이라고 주장했다. 이 점에서 칸트는 스미스를 포함한 고전경제학뿐만 아니라 마르크스와도 대립된다. 특히, 마르크스는 정반대 방향으로 나아갔다. 마르크스는 재산에서 노동을 발견했고, 가치개념을 결합시켜 노동을 통한 재생산을 설정했으며, 나아가 노동자에게 사회의 이성 혹은 전체의지를 부여했다.

1.2. 인간과 사회

칸트는 인간에 대한 논의로부터 사회에 대한 논의로 이행했다. 칸트는 루소와 마찬가지로 인간을 의지(der Wille)라는 관점에서 파악해 여러 사람들이 모인 사회를 여러 의지들의 결합(the united common will)으로 생각했다. 의지는 앞서 언급된 자연이나 경험이외에도 우연(chance)이나 자의(accident)와도 대립된다(p. 21).

보다 중요하게 그는 몇 차례에 걸쳐 하나의 의지, 두개의 의지, 그리고 모두의 의지들이라는 세 가지 기준이나 순서를 원용했다. 그는 라틴어를 사용해 이들을 각기 현실이나 자의적인 개인행동(facto, de facto, arbitrary individual action), 협약(pacto, contract), 그리고 법(lege, law)으로 규정했다. 또한 이들을 일방(unilateral, the private will), 쌍방 혹은 양자(bilateral or dual), 전방(omnilateral or universal, the united will)으로 표현했다(pp. 14-17, 19, 24, 27, 29, 44).

추정컨대, 먼저 현실은 일방적이고 물리적인 점유와 통한다고 생각된다. 그리고 협약이나 거래 및 계약(contract)은 쌍방이 만나 이루어진다. 끝으로 사회계약이나 법은 사회의 모든 구성원들이 모여 이룩한다. 뒤의 두 가지는 2와 n이나 전수로 상업적 계약과 사회계약으로도 구분될 수 있다. "올바르게 살아라(Honeste vive).", "남에게 잘못을 저지르지 마라(Neminem laede).", "모두에게 응분의 몫을 주어라(Suum cuique tribue)."라는 경구들의 차이는 이런 구도를 반영한다(p. 6).

국가(national), 국제(international), 세계(cosmopolitan)라는 구분도 이런 구도에 부합되는 것 같다(p. 48). 또한 자신이 동의한 법에만 복종하는 헌정적 자유(constitutional freedom), 다른 시민과의 동등성을 나타내는 시민적 동등성(civil equality), 시민국가의 일원으로서 지니는 정치적 독립성(political independence)도 이런 구분에 부합된다(p. 50).

이는 칸트가 인간에서 사회로, 그리고 인문학에서 사회과학으로 넘어오면서 생기는 변화이다. 전자에서는 인간이나 이성자체가 문제된다면, 후자에서는 여러 인간이나 여러 이성이 문제되기 때문이다. 전자에서는 기껏해야 나와 타자의 문제가 등장하지만, 후자에서 나는 여러 인간들 중 하나에 불과하다.

그렇기 때문에 외형상 이런 문제는 경제학이나 수학에도 등장하는 〈1 2 .... n〉의 논법과 비슷하다. 칸트와 경제학자 모두가 독립적인 개체와 이들 중 양자의 만남, 그리고 이를 모든 개체들의 종합을 상정한다. 전쟁의 기본 단위를 두 명의 결투라고 본 클라우제비츠의 견해도 이와 유사한 틀 속에 있다.

경제학에서는 교환을 설명하기 위해 제번스나 멩거(Carl Menger), 그리고 현대 신고전학파가 교환의 주체나 상품의 숫자를 1. 2 그리고 n으로 설정했다. 그런데 이는 〈1, 2, 4〉, 〈2, 4, n−1〉 등의 부분집합이 생겨나 집단, 연합, 계층, 계급을 이루는 상황을 중시하지 않는다. 보다 중요하게 칸트와 달리 경제학은 교환이나 시장현상에 국한해 이런 논의를 전개하고 의지가 아니라 이익, 특히 사익의 관점에서 이를 파악한다. 끝으로 루소나 칸트가 생각하는 사회계약은 사회의 모든 개별의지들이 모여 이루는 총체성이나 전체성을 나타내므로 임의 다수인 여럿과도 다르다.

그런데 이런 외견상의 차이가 근본적인 차이인지 검토해 보아야 한다. 만약 근본적인 차이라면 칸트는 아리스토텔레스에 접근하게 된다. 사실 칸트는 도덕적인 명제가 공리주의에 반한다는 점을 명시했다(p. 62). 반면 근본적인 차이가 아니라면 칸트는 시장에 보다 우호적이라고 판단할 수 있다. 이런 비교를 위해서는 공리주의자이면서도 대륙의 철학을 의식했던 시즈위크(Henry Sidgwick)가 중요할 것 같다.

부차적이지만 계약의 이행과 관련해 이송되는 과정에 있는 물건의 소유권이 모호해 질 수 있다. 이에 관해 연속성의 원칙에 따라 일시적으로 해당 물체가 계약의 당사자 양쪽 모두의 소유이거나 양자의 결합된 의지의 소유로 간주할 수 있다고 칸트는 주장했다(p. 26). 그러면서 그는 이런 상황을 물리적인 운동에 비유해 물체가 올라가다가 내려가는 상황을 물체가 올라가면서 내려간다고 표현할 수 있는 것과 마찬가지라고 말했다.

1.3. 교환과 계약

칸트는 교환을 법적인 범주인 계약의 관점에서 파악했다. 칸트가 법률에 압도되면서 교환을 계약의 관점에서 파악하고 의지의 만남으로 설정했다. 아마도 이런 이유 때문에 경제학에서 주장하는 바와 같은 교환이론을 칸트에게서 발견할 수 없다. 그런데 계약에 대한 세 가지 분류(gratuitous, onerous, cautionary)도 일방적인 헌납, 상호적인 취득, 계약의 보장으로 앞서 제시한 세 가지 구분에 부합된다(p. 33).

이런 칸트의 논의는 헤겔뿐만 아니라 마르크스에게서도 자취를 남겼다. 특히, 『자본론』 1권 2장의 교환과정에 대해 논하면서 마르크스는 상품을 물건으로, 상품소유자를 의지의 소유자로 설정했다. 또한 재산을 규정하는데 인간의 외부에 존재하는 물체로 설정해 서비스에 대한 문제의식이 크지 않다는 점도 독일의 철학자들에게 흐르는 저류이다(p. 25).

물론 마르크스는 물상화나 물신성 개념에 의존해 교환의 의지나 교환의 이익을 상품의 의지나 자본의 이익으로 바꾸어 놓았다. 마르크스의 입장에서는 상품이 인간의 의지나 이익에 따라 처분되는 수동적인 존재가 아니라 거꾸로 인간을 압도하는 자율성을 가지고 있다. 이 점에서는 칸트와 마르크스 사이에 분명한 차이가 있다.

칸트는 화폐에 대해서도 큰 의미를 부여하지 않고 잡다한 설명들을 산발적으로 제시했다(pp. 34-35). 화폐의 가치척도나 유통수단 기능을 이야기하다가, 다시 국가에서 화폐로 납세를 요구하면서 화폐가 발생했다는 논리도 제시했다. 루소와 같이 앞서 제시한 〈1 2 … n〉의 논리에 의존해 화폐의 발생을 설명할 수도 있었을 텐데, 그는 그렇게 하지 않았다. 전반적으로 교환과 화폐에 대한 칸트의 설명은 당대의 경제학자뿐만 아니라 아리스토텔레스보다 더 후퇴한 듯하다.

다만, 흥미롭게도 칸트는 〈1 2 … n〉의 의지라는 틀을 사상의 교류와 상품의 교류 혹은 교환으로 예시했다. 그러면서 그는 두 가지 예를 동등하게 취급했다. 이 과정에서 그는 사상의 교류는 책이 매개하고 상품의 교환은 화폐가 매개한다고 해서 책과 화폐의 유추를 한껏 높여 놓았다. 이에 따라 그는 "책이란 무엇인가?"(Was ist en Buch?)라는 일견 교과서적인 주제와 "화폐란 무엇인가?" "(Was is Geld?)"라는 추상적인 주제를 나란히 다루었다(p. 34).

여기서 칸트가 책과 화폐를 동등하게 취급하고 생각의 교류와 상품의 교환을 동등하게 취급했다고 해석할 수 있다. 또한 일반 상품뿐만 아니라 학문이나 교육까지도 가격이 부여되는 대상임을 인정했다(p. 35). 이로부터 칸트가 시장의 상품교환에 대해 적어도 적대적이지 않았다고 추정할 수 있다.

만약 아리스토텔레스라면 책과 화폐는 비교불가능하다고 보거나, 아니면 적어도 동등하거나 비슷하게 취급하지 않았을 것이다. 그만큼 아리스토텔레스는 시장과 화폐를 경계했다. 아리스토텔레스가 경계했던 화폐에 대해 칸트는 그저 담담하다. 결과적으로 칸트가 노동에는 부정적이면서 동시에 화폐에는 수용적이라고 종합할 수 있다.

화폐와 교환을 긍정적으로 생각했다는 추가적인 증거로 법이 인간관계 및 행위의 내용이나 목적이 아니라 형식에만 관심을 둔다는 칸트의 주장을 들 수 있다(p. 2). 예를 들어, 물건을 구입해 이윤을 남기는지 여부에 대해 간여할 필요가 없다고 그는 말했다. 이를 상업주의나 이윤추구에 대한 방관이나 용인으로 해석할 수 있다. 더불어 그는 부동산을 가지고 다닐 수 없으니 돈으로 바꾸어 그 가치를 가지고 가야 한다고 말했다(p. 66).

또한 동일 이윤을 받겠다고 계약한 합명회사에서 남들보다 더 많이 일한 경우나 화폐가치의 하락으로 인해 임금의 실질가치가 하락한 경우를 처리하는 문제에 대해 그는 법적인 판단을 유보했다. 이 역시 경제영역에 대한 자율성의 부여로 해석할 수 있다(pp. 4-5). 이런 점들에서 칸트는 밀에 가까이 있다.

칸트도 아리스토텔레스와 마찬가지로 사회의 부수적이거나 수동적인 구성원과 자율적이거나 능동적인 구성원을 구분했다. 그는 전자의 예로 여자나 하인뿐만 아니라 남을 위해 일하는 목수, 거주하는 가정교사, 토지에 얽매인 소작인을 들었다. 이에 비해 후자의 예로 자영의 소상품생산자나 자유로운 경작자를 들었다(pp. 50-51). 전자는 정치적으로 자족적이지 못해 타인의 의지에 의존해 보호받고 후자와 동동하지도 않다.

여기서도 시장이 인간을 자유롭거나 자율적으로 만든다는 칸트의 생각이 확인된다. 뒤집어서 칸트는 시장이 가하는 압박이나 배금주의에 대해서는 논의하지 않았다. 착취나 계급을 논외로 하더라도 바로 이 점이 칸트와 마르크스의 근본적인 차이이다.

1.4. 내용이나 실체와 형태

이와 관련해 내용이나 실체와 형태나 형식의 관계에 대한 칸트와 마르크스의 견해를 비교할 필요가 있다. 한편으로 내용이나 물질과 구분되는 형태에 대한 집중은 마르크스에서도 확인된다. 마르크스도 유통이라는 상품의 신진대사를 논의하는데 있어 사용가치라는 내용이 아니라 그 형태의 변환(der Formwechsel)에 초점을 맞춘다. 더구나 가치형태는 마르크스의 사상에서 핵심을 이룬다. 이렇게 보면 양자 모두에 있어 물체나 내용은 자연적인데 비해, 형태는 사회적이다.

다른 한편으로 형태에 대한 집중은 형식에의 함몰로서 부르주아 사회의 절차나 법이 가지는 한계를 드러낸다고 마르크스가 반복해서 비판한 바이다. 칸트뿐만 아니라 칸트에 친화적인 베버(Max Weber)는 이런 의미에서 가치중립적인 사회학(value-free sociology)으로 비판의 대상이 되었다. 이에 대해서는 루이스(John Lewis)를 참조할 수 있다. 이 지점에서 마르크스는 칸트와 대립된다. 이 경우 형태의 내용이나 사용가치가 아니라 형태의 실체나 가치가 문제된다.

일견 모순처럼 보이는 칸트와 마르크스의 유사성과 차이점을 종합하기 위해서는 양자 사이에 내용이나 실체와 형태의 구분이 다르고 초점을 두는 형태도 차이가 있다고 생각해야 한다. 이미 언급한 바와 같이 칸트에서 의미 있는 사회성은 합리적이고 법률적인 존재로 좁혀지는데 비해, 마르크스가 관심을 두는 사회성은 유물적인 존재와 자본주의경제로 좁혀진다.

따라서 칸트는 자연적이고 물리적이며 경험적이고 감각적인 것을 내용으로 삼고, 이를 추상화한 이성적이고 법적인 형태에 집중한다. 이에 비해 마르크스는 자연적이고 물리적이며 경험적이고 감각적인 것을 그 처제로 내용을 삼지 않고 이에 근거한 사회적 내용을 실체로 삼는다. 그리고 상향과 하향의 추상화와 구체화를 통해 이와 밀접하게 연관된 형태를 설정한다.

흔히 실체와 내용에 대한 칸트와 헤겔 및 마르크스의 차이로 실체와 형태의 필연성 여부를 지적한다. 루빈(Isaak Rubin)에 의하면 칸트와 달리 헤겔과 마르크스는 실체와 형태 혹은 가치실체와 가치형태의 관계가 필연적이라고 생각했다. 이 해석을 따르면 칸트에 있어 내용은 이를 추상화해서 얻은 형태나 형식과 무관한 존재이다. 이에 비해 헤겔과 마르크스에서는 내용이나 실체 자체가 형태와 무관하지 않다. 마르크스에서 사회적 실체가 노동가치 이외에 무엇인가라는 문제는 남지만, 분명히 마르크스에서 가치실체와 가치형태는 필연적인 연관을 가지고 있다.

교환, 계약, 그리고 실체나 노동 모두와 관련되는 노동계약(ein Verdingungsvertrag; contract of hire)에 대한 칸트의 입장을 살펴볼 필요가 있다. 칸트 역시 계약을 통해 고용되는 노동자가 노예와 다르다는 점을 부각시켰다. 그렇지만 그는 주인의 전횡으로 인해 노동자가 하인과 비슷해져 인간이 아니라 재산으로 전락할 가능성이 있음을 인정했다. 이런 이유로 그는 계약서에 노동의 수량과 질을 명시해야 한다고 덧붙였다(p. 61).

여기서 칸트는 명석하게도 노동계약이 노동과정의 가변성으로 인해 다른 계약과 달라질 수 있다는 점을 지적했다. 그럼에도 불구하고 그는 계약을 통해 이 문제가 해결될 수 있다고 보았다. 마르크스나 현대의 기업이론은 노동의 질과 수량을 계약에 적어도 완벽하게 명시할 수 없다고 생각한다. 이 점에서 칸트는 마르크스나 현대의 기업에 미치지 못한다. 앞서 언급한 바와 같이 내용이나 실체와 무관하게 형태나 형식을 강조한 칸트의 입장이 이 지점에서 한계를 보인 셈이다.

마르크스는 착취개념을 통해 노동과정의 기변성을 가장 명확하게 제시했다. 최근의 기업이론도 전통적인 신고전학파와 달리 착취를 노동추출로 약화시켜 수용했다. 더불어 전반적으로 불완전계약 등의 개념을 통해 계약서에 명시할 수 없는 정황을 광범위하게 인정하고 있다.

1.5. 수단과 목적

모든 인간을 단순히 수단이 아니라 목적으로 대해야 한다는 칸트의 호소력 있는 명제를 상기할 필요가 있다. 교환을 포함해 인간의 교류에 있어 모두를 자신의 수단이 아니라 목적으로 대하는 것이 아리스토텔레스와 기독교의 공통적인 정신이라고 생각된다. 칸트는 타인이 언제나 목적일 수 없다고 생각했으므로 이를 약화시켜 인간관계의 도덕성을 다시 주장한 셈이다. 아리스토텔레스와 칸트에 있어 시민들은 서로를 목적으로 대하므로 높은 수준의 동등함을 유지한다.

이에 비해 신고전학파는 교환관계에서 드러나듯이 인간들이 현실경제와 사회 속에서 다른 인간을 오로지 수단으로 간주하며, 또한 그렇게 하더라도 사회가 붕괴되지 않는다고 생각한다. 신고전학파에게 다른 인간을 수단이 아니라 목적으로 대하라는 주장은 실현가능하지 않은 이상에 불과하다. 이 학파의 입장에서는 모든 인간들이 서로를 수단으로 삼는다는 점에서 인간들이 동등하다. 혹은 모든 사람들이 수단화되는 낮은 수준에서 인간들 사이의 동등성이 유지되는 셈이다. 물론 시장에서 이런 전제 위에서 벌인 행위들의 결과가 사람들에게 얼마든지 차등적으로 나타날 수 있다.

마르크스도 모든 사람이 서로에게 목적이 되는 상황을 사회주의나 공산주의로 설정했다. 사회주의의 지향목표는 아리스토텔레스에 가깝고 칸트와도 멀지 않다. 반면 현실인 자본주의에서는 특정 계급이 스스로를 목적으로 삼으면서 다른 계급을 수단으로 삼는다. 즉, 자본가계급이 잉여가치와 이윤의 극대화라는 목표를 달성하기 위해 노동자계급을 수단으로 삼아 착취하고 있다.

특정인들이 다른 인간들을 지속적이며 일방적으로 수단화하지만 그 역은 성립하지 않으므로 이런 상황은 당연히 동등함을 파괴한다. 더구나 자본주의는 이윤추구나 재산증식이라는 세속적인 목표를 위해 노동자를 수단으로 삼고 있다. 이는 고대희랍의 귀족들이 철학적인 사색이나 정의 및 도덕의 실현이라는 고상한 목표를 위해 노예를 착취한 것보다 더 나쁘다.

뿐만 아니라 노동자는 이런 저열한 목표의 수단일 뿐만 아니라 스스로 돈의 노예이다. 그러므로 적어도 이런 두 가지 이유에서 자본주의의 노동자는 고대희랍의 노예보다 더 열등하다. 이런 의미에서 자본주의의 본질을 구성하는 불평등은 가장 저열한 종류의 차등이다.

신고전학파가 기치로 삼는 만인에 대한 만인의 수단화나 경쟁은 홉스가 내세운 만인에 대한 만인의 투쟁과 같기도 하고 다르기도 하다. 마르크스의 관점에서 보면 전자는 후자의 부르주아적인 지양이다. 왜냐하면 모두의 생명을 살려 지속적으로 서로에게 수단이 되게 하기 때문이다. 나아가 마르크스의 견해로 자본주의에서 내세우는 시민의 평등은 계급의 불평등을 은폐한다. 이에 반해 신고전학파는 만인에 대한 만인의 수단화가 자본주의 현실이라면서 일방에 대한 타방의 지속적인 수단화나 착취 혹은 구조적인 불평등을 부정한다.

1.6. 동등성과 사회관계

칸트는 인간이 태생적으로 동등하다고 생각했다(p. 6). 이에 따라 그는 동등함(equality)을 기준으로 부부관계, 부자관계, 주인과 하인의 관계, 시민들 사이의 관계 등 제반 인간관계나 사회관계를 논의했다. 가령, 결혼에서는 한 사람이 상대방을 획득하면서 다른 사람도 상호적으로 다른 상대방을 획득하기 때문에 서로 동등하다(pp. 28-29).

그는 처음부터 법이 자발적인 행위에 근거한 인간들 사이의 관계를 대상으로 삼는다는 점을 분명히 했다(pp. 1-2). 무엇보다 그는 시민들이 응분의 대가를 받아 이들 사이의 관계가 동등하게 설정된 상태로 시민국가를 규정했다(pp. 46-47).

인간관계에 대한 칸토의 강조는 나와 물체와의 관계가 동시에 타인과의 관계라고 생각한데서 드러난다. 이렇게 생각한 이유는 전체 의지와 법률에 의한 정당한 분배를 통해 소유가 가능해졌기 때문이다(pp. 17-18). 이에 따라 법적인 매개를 거치지 않은 인간과 물체의 관계는 감각적이고 현실에 의존하는데 비해, 인간들 사이의 관계는 합리적이고 법에 의존한다고 그는 주장했다(p. 22).

이 점에서 칸트는 아리스토텔레스와 유사하다. 실제로 칸트는 논의의 근간으로 아리스토텔레스의 정의의 원칙, 특히 분배적 정의의 원칙을 활용했다(p. 41, 46). 또한 아리스토텔레스에서와 같이 동등성은 비례성과 연결되며 법률에 있어서 생명과 죽음의 비교 등 동종보복으로 예시된다(pp. 63-64). 이와 관련해 죽음 혹은 죽임이 최고의 평등주의자(equalizer)라는 그의 표현은 자못 문학적이다(p. 64).

칸트 역시 시민들이나 인간들 사이의 동등성과 차등성에 관한 고민을 가지고 있었다고 생각된다. 입법, 행정, 사법이라는 국가삼권의 관계를 동등한 관계와 차등적 관계 혹은 우열관계의 복합, 즉 수평과 수직의 결합으로 해석한 것도 같은 맥락에 있다고 생각된다(pp. 51-52).

그런데 칸트는 동등성이라는 기준과 인간들 사이의 관계가 가지는 사회적 중요성을 아리스토텔레스보다 명확히 했다. 반면 노예제도가 폐지되었으므로 칸트에서 주인과 노예의 관계는 더 이상 논의거리가 아니었다(p. 27-28, 32). 이 점에서 칸트를 아리스토텔레스와 헤겔이나 마르크스 사이의 매개로 이해할 수 있다.

그런데 아리스토텔레스, 칸트, 마르크스는 인간관계나 사회관계를 각기 정치관계 혹은 지배관계, 법적인 관계, 경제관계나 생산관계로 파악했다. 여기서 이들이 사회를 파악하는 관점의 차이가 드러난다. 특히, 칸트가 법적인 사회관계에 집중했다면, 마르크스는 경제적인 사회관계에 초점을 두었다.

여기서는 이들이 모두 인간관계나 사회관계를 우선시하고, 이에 근거해 재산이나 물체를 파악하며 이들과 인간의 관계를 정립했다는 점이 일차적으로 중요하다. 이런 입장은 교환관계 등 인간관계를 인간과 물체의 관계로 치환하는 벤담 등 공리주의와 신고전학파와 정반대이다. 조금 비약하면 칸트는 경험적으로 관찰되고 감각적으로 주어진 유용한 물체나 이런 물체와 인간의 물적인 관계에서 추상화를 통해 인간관계나 사회관계를 읽어냈다고 말할 수 있다. 이렇게 보면 칸트는 마르크스와 유사하다.

칸트의 생각을 공리주의와 보다 명확하게 대비하기 위해 생각을 넓혀 볼 수 있다. 칸트는 인간과 물체 혹은 재화의 관계에서 재화가 인간의 소유물이라는데 중점을 두고, 이 관계에 법적으로 소유를 정당화하는 전체성이나 사회성이 개입되어 있다고 주장했다. 그런데 공리주의는 어떤 개인에게 특정 재화가 소유물이라는 점이 아니라 쾌락의 대상이라는 점에 착안했다.[3] 그러나 쾌락의 대상에서도 법적인 성격은 아니나 일종의 사회성이나 전체성을 읽어낼 수 있다. 이런 흐름은 칸트보다 마르크스나 베블렌에서 두드러지게 나타난다.

예를 들어, 칸트는 자동차가 나의 소유물이 되기 위해서는 자동차를 사유재산으로 인정하는 전체의지나 법이 개입된다고 주장했다. 이에 비해 벤담은 개인의 소유물이라는 측면이 아니라 개인이 자동차를 타고 여행하면서 즐길 수 있다는 점을 강조한다. 벤담은 특정 물체가 쾌락의 대상이 된다는 점을 순전히 개인적으로 파악했다.

3) 벤담과 칸트를 포괄하는 함축적인 표현이 향유(享有) 정도 되겠다.

이에 대해 화성인, 아프리카 원주민, 개항기의 한국인에게 자동차는 쾌락의 대상이 될 수 없다는 점을 지적할 수 있다. 이는 특정 재화가 쾌락의 대상이 되는데도 문화 등 두터운 사회성이나 전체성이 개입된다는 의미가 된다. 쉽게 말해, 많은 사람들이 자동차를 이용하고 있다든지, 자동차 없이는 사회적 신분이나 지위를 유지하기 힘든 상황을 그려볼 수 있다. 여기에 휘발유와 도로가 없다면 자동차는 무용지물이라는 점에서 재화들의 보완관계도 개입된다. 이렇게 보면, 재화나 물체를 소유물이 아니라 쾌락의 대상으로 간주하는 경우에도 사회성이나 전체성을 읽어낼 수 있다.

물권법(real)과 인권법(personal)에 대한 칸트의 구분은 의지의 존재여부, 물적인 관계와 인간관계, 차등관계와 평등관계 등에 근거한 듯하다(p. 28, 31). 가령, 하인이나 어린이는 의지가 박약해 물체와 비슷하나, 인간이므로 완전히 물적인 관계에 있지 않고 완전히 평등하지도 않다. 이런 이유로 하인이나 어린이는 물적이면서 인적인 소유가 된다.

흥미롭게도 칸트는 물체의 작용과 반작용에서 동등함을 발견하면서 인간들 사이의 동등성을 이에 비유했다(p. 3). 이는 인간의 자발성이나 자유를 물체의 자유로운 운동과 비슷하게 취급하면서 제시한 윤리와 물리의 유비라고 생각된다. 또한 그는 공정한 분배를 수직선이나 직선에 비유하기도 했다(p. 4).

앞서 칸트는 소유권의 이전을 올라갔다 내려가는 물체에 비유했다. 그런데 이와 비슷한 예는 마르크스에도 등장했다. 마르크스는 박사학위 논문에서 에피쿠로스와 데모크리토스의 자연철학을 비교하면서 물체가 수직에서 벗어나는 경우를 인간의 자유의지나 자의식에 비견했다.

앞서 언급한 죽음이나 죽임이 최고의 평등주의자라는 진술에 대해 해명할 필요가 있다. 칸트의 생각에 부합되는 문학의 비유에서는

"죽음이 너희를 평등하게 만들지니"라고 했단다. 귀족이든 천민이든 다 죽고 죽으면 마찬가지이기 때문이다. 그런데 마르크스도 만만치 않게 『자본론』에서 대문호 셱스피어를 인용하면서, 자본주의의 현실 속에서 "돈이 너희를 평등하게 만들지니"라고 부르짖는다. 돈으로 바뀌면 성스러운 봉사든 아동착취로 만든 상품이든 다 같기 때문이다. 이 같이 법을 강조하는 칸트와 화폐를 강조하는 마르크스의 대립은 놀라울 정도로 팽팽하게 유지된다.

2. 칸트와 마르크스: 가라따니 고진의 경우

가라따니 고진(柄谷行人, 1941-)은 마르크스를 바탕에 깔고 있는 일본의 철학자 겸 문학평론가로서 서양에도 이름이 알려져 있고, 한국에서도 꽤 인기가 있는 사람이다. 영어로도 발간된 『트랜스크리틱』(2005)에서 그는 칸트와 마르크스에서 유사성을 찾으려고 노력하면서 이에 근거해 새로운 사회를 위한 운동방향까지 제시했다.

가라따니는 한국학계에서 쉽게 찾아 볼 수 없는 깊이와 폭을 가지고 있는 것 같다. 그는 이 책에서 마르크스를 주해하면서 칸트에 대한 나름대로의 해석을 제시했다. 거기에 푸르동과 베른쉬타인을 논하고, 비트겐쉬타인과 괴델 등등을 설명했다. 더구나 인문학자는 물론이고 대다수 사회사상가들이 생경하게 생각하는 왈라지언 일반균형이나 신리카도학파에 대해서도 평가했다. 여기서 그는 인문학과 사회과학을 넘나들 수 있다는 자부심을 드러낸다.

이렇게 하면서 그는 인식, 국가, 자본을 관통하는 논의를 전개했다. 물론 경제학자보다는 논리나 흐름에 있어 느슨하다. 그러나 거쳐가는 범위에 비추어보면 그는 상당히 일관성을 유지하고 있다. 여기서는 책의 핵심주제인 칸트와 마르크스의 유사성에 중점을 두되, 칸트와 부합되게 재단된 마르크스가 어떤 문제를 안고 있는지에 대해서만 논의하고자 한다.

가라따니에 등장하는 커다란 줄거리는 인식, 국가, 자본사이의 유비이다. 그는 이 세 가지를 왔다 갔다 하면서 유사성을 찾는다. 이들은 모두 종교적이고 초월적이다. 세 가지 항에서 세 가지의 쌍을 만들어 낼 수 있으므로, 인식과 국가, 국가와 자본, 인식과 자본의 세 가지 유비를 설정할 수 있다. 끝으로 이들을 전체적으로 종합할 필요가 있다.

2.1. 인식과 국가

가라따니에 의하면 인식과 국가는 표상(表象)과 대의(代議)이라는 유비를 가진다. 이 두 개념은 독일어로는 Darstellung과 Vertretung으로 다르지만, 영어로는 representation이라는 한 단어에 담겨 유비가 강화된다. 실체에 대한 표현이나 국민의 의사를 대변하는 것이나 일견 비슷할 수 있다.

먼저 인간의 인식이 상호 작용하는 여러 인간들을 상정할 필요가 없는데 비해, 대의제에서는 이를 상정해야 한다는 점을 가라따니는 고려하지 않고 있다. 이는 통상 말하는 인문과학과 사회과학의 대상이 가진 차이일 수도 있다. [1 n] 혹은 [1/n 1]이 사회과학의 대상이 보이는 특징이라면, 인문과학에서는 이런 구분이 필요 없거나 오히려 [0 ∞]을 대상으로 한다.

달리 보면 나와 타자라는 도식이 인간의 인식을 강조하는 인문과학에는 타당하나 사회과학에는 걸맞지 않는다. 사회에서 모든 인간은 n(n〉2) 중의 하나에 불과하다. 만약 각자가 n−1을 묶어서 타자로 생각한다면, 이는 모두 자신을 1/2로 생각하는 것과 같다. 이에 따라 사회는 1이 아니라 n/2가 되어 터져 나갈 것이다. 이와 관련해 자아가 강한 사람들이 사회성이 적고, 이들이 모이면 배가 산으로 올라간다는 말이 적절할 수 있다.

이는 나와 타자라는 설정에 독단, 폭력성, 폐쇄성이 내포되어 있다는 의미도 된다. 만약 n=2이면, 이런 문제가 없으므로 인문과학이 쉽게 수용할 수 있는 사회는 2명으로 구성된 단순한 사회이다. 같은 이유로 n=2가 인문과 사회의 가교가 되기도 한다. 두 사람의 대화, 두 사람의 교환이나 교류 혹은 계약, 두 사람으로 이루어진 부부나 연인의 사회가 그 예들이다.

[1 n]은 통치자와 다수의 시민들, 화폐와 다수의 개별상품들이나 개별자본(기업)들의 관계로 예시되며, [0 ∞]은 신과 무 혹은 존재와 무 등으로 예시된다. 다수의 시민들이 존재하지 않는다면, 통치가 필요 없다. 또한 다수의 상품들이나 개별 자본들이 존재하지 않는다면 생산의 무정부성도 공황도 사전적으로 배제된다. 달리 말해, 반드시 사회성이나 인간관계가 수반되지 않는 철학자의 인식은 포럼 혹은 공청회나 상품의 가치실현과 차이가 있다.

보다 긍정적으로 생각하면, 경험적으로 관찰되는 것들이나 자료 혹은 현상들을 n이라고 보고, 이들을 설명하는 보편적인 원리를 1이라고 볼 수 있다. 마르크스가 독일과 영국 혹은 헤겔과 흄 사이를 이동했다거나 헤겔뿐만 아니라 베일리를 존중했다는 가라따니의 주장들은 이를 부분적으로 뒷받침한다.

이렇게 되면, 인식에서 현실과 인식의 부합이나 현실로부터 사변의 괴리는 각기 시민들에 대한 정상적인 대의와 시민들과 국가 사이의 대립이나 괴리에 상응한다. 또한 이는 상품과 화폐의 정상적인 운행과 공황에 상응한다. 그렇지만 인식에 있어 n과 1이 시민들과 통치자의 관계나 상품들과 화폐의 관계와 동일하지 않으므로 여전히 간격은 남는다. 가라따니가 생각하는 인식과 국가의 일치는 푸코가 생각하는 중상주의 국가의 이성(raison d'état)에 대해서나 상정할 수 있다.

2.2. 국가와 자본

국가와 공황 모두에 1과 n의 관계가 담겨 있다. 국가의 통치자는 사회계약을 통해 여러 시민들이 위임한 권력을 행사하므로 이상적인 상태에서 통치자는 n이면서 동시에 1이다. 이와 비슷하게 경제에서 필사적인 도약을 통해 가치를 실현하려는 상품들은 n이면서 1을 지향한다. 가라따니에서 국가와 자본의 유사성은 국가의 위기상황과 자본의 위기상황인 공황에서 두드러진다. 그런데 이 유비에도 다음과 같은 문제들이 있다.

우선 국가나 공황이나 모두 초월론적으로 취급되는데 문제가 있다. 국가는 관료, 군대, 경찰의 존재로 언제나 관찰 가능한데 비해, 공황은 일시적으로만 구체적인 모습을 드러낸다. 이는 가치 혹은 가치형태가 구체적이면서 추상적이기 때문이다.

또한 양자 모두에 있어 1과 n의 분리여부나 거리가 문제된다. 통치자가 n을 대변하는 1인 상황에서 n이 아니라 소수를 대변하거나 아무도 대변하지 못하는 경우(죽기 직전의 네로)가 위기이다. 이런 위기는 지배자의 축출이나 제거로 해소된다. 공황이 발생하면 상품과 화폐가 분리되어 상품들이나 개별자본(기업)이 가치를 상실하거나 자본이 파괴된다.

그런데 이렇게 놓더라도 상당한 차이가 남는다. 국가의 위기가 독재자의 제거로 나타나는데 비해, 경제의 위기는 상품이나 금융자산의 가치폭락과 화폐의 품귀로 나타난다. 무엇보다 국가의 위기가 가라따니에서는 정치체제의 보편적인 위기로 설정된다. 그는 국가의 위기를 민주주의에서도 피할 수 없다고 본다. 마치 화폐를 피할 수 없듯이 국가의 위기도 피할 수 없다. 그러나 서양 문명에는 그래도 정치체제로서 민주주의가 전쟁이나 독재 등 국가의 위기를 극소화한다는 신념이 정착되어 있다. 그러므로 국가에 대한 가라따니의 해석은 서양문명 혹은 인류문명 전체에 대한 회의로서 상당한 부담을 안고 있다.

또한 국가에서 [1 n]의 관계와 경제에서 [1 n]의 관계에도 차이가 있다. 국가의 권력은 운동이라기보다 어느 정도 대표되는지 상태의 확인에 가깝다. 이에 비해 경제의 재생산은 생산과 유통의 반복적인 운동이다. 이는 정치영역의 대의(representation)와 경제영역의 재생산(reproduction)이라는 표현으로 구분된다.

더불어 정치에서는 다수의 시민이 모두 지배자와 맺는 관계가 중요하다. 이에 비해 경제에서는 다수의 상품들이 화폐와 맺는 관계뿐만 아니라 개별 상품들과 이를 생산하는 개별 자본(기업) 사이의 관계도 중요하다. 개별 상품들이나 개별 자본들 사이의 관계가 존재하지 않고 가치나 자본이 언제나 하나로 움직인다면 공황은 발생할 수 없다.

끝으로 국가의 흥망성쇠에 공황과 같은 주기성을 부여하기 어렵다. 아마도 플라톤이 말하는 정치체제의 유전과 최장기 50년의 콘드라티에프(Nikolai Kondratiev)의 경기변동 혹은 경제변동을 상정하면, 그나마 이런 차이가 최소화된다. 조절이론(Régulation)이나 사회적 축적이론(social structure of accumulation)이 강조하는 제도들 속에 정치체재의 변동을 포함시키면 보다 근사해진다. 그래도 주기성의 유무는 엄연한 차이로 남는다.

아리스토텔레스나 마르크스주의 국가이론에 의하면 지배자와 피지배자의 관계는 자본가와 노동자의 관계에 보다 가깝다. 사실 지배자 대 다수의 시민이라는 틀이나 화폐 대 다수의 상품이라는 틀에 마르크스가 비판했던 자유주의나 다원주의 사회과학 이론의 혐의가 없지 않다.

끝으로 가라따니는 생산과 노동, 그리고 착취를 배제해 원하는 유비를 찾아내고 있다. 그런데 이는 마르크스뿐만 아니라 사회의 현실도 제대로 반영하지 못한다. 마르크스를 굳이 따르지 않더라도 기업의 존재는 피할 수 없는 현실이고, 생산과 금융을 포함하는 기업의 지배구조는 점점 더 중요한 경제 및 사회문제가 되고 있다.

2.3. 자본과 인식

자본과 인식은 부분적으로 사변과 투기로 표현되며 이들이 영어에서 모두 speculation이라는 데서 유비가 강화되는 듯이 보인다. 여기서도 유비에 대한 장애는 자본개념에는 다수의 존재나 상호작용이 필수적인데 비해, 인식에서는 반드시 그렇지 않다는데 있다. 또한 자본은 운동이므로 헤겔에서와 달리 칸트에서 인식이 운동이 아니라면 자본과 인식의 유사성은 더욱 달성되기 힘들다. 이런 차이들이 사변과 투기의 거리에서 다시 확인되고 있을 뿐이다.[4)]

가라따니의 전반적인 특징이자 약점으로 노동이나 생산과정, 계급관계, 그리고 가치실체와 잉여가치에 대한 생략을 들 수 있다. 그는 자본과 연관된 잉여가치의 창출을 기술의 차이로 설명한다. 이를 통해 시각의 차이와 유통과정을 강조하는 자신의 입장에 부합되는 방식으로 잉여가치를 해명하고 있다.

기술의 차이가 가치체계의 차이를 낳고 여기서 잉여가치가 발생한다는 주장이다. 다시 말해, 그는 잉여가치의 발생을 상대잉여가치와 연결시켜 기술변동으로 인한 가격체계의 시차(視差)에 의존해 설명했다. 이에 따라 그는 노동자와 자본가의 투쟁 등을 절대잉여가치로 규정하고 봉건주의의 유산으로 간주했다.

---

4) 투기는 "튀기다"라는 속어와 통한다.

이런 생각은 마르크스에 대한 희석이고, 기술에 대한 이해로서도 문제가 있으며, 시각의 차이라는 그의 입장에도 부합되지 않을 수 있다. 우선 기술의 차이로 잉여가치를 설명하면 생산과정에서 노자계급관계에 기초한 잉여가치의 착취라는 마르크스의 입장에서 완전히 벗어난다. 노동자와 자본가의 착취, 투쟁이나 게임을 절대잉여가치로만 취급할 수는 없다. 보다 중요하게 잉여가치를 모두 기술변동으로 설명할 수 있다면, 잉여가치의 획득은 자동적으로 이루어지거나 자본가들 사이의 경쟁으로 전부 설명되어야 한다. 그러나 현실적으로 공장이나 회사에서는 노동자와 자본가의 투쟁적 협조가 지속되고 있다.

생산을 논외로 삼는다는 점에서 가라따니는 신고전학파와 비슷하다. 나아가 그에게서 계급, 착취, 생산, 노동, 기업과 공장 등은 모두 도매금으로 배제되고 있다. 그런데 마르크스의 생각 중에서 노동가치나 잉여가치를 오류로 보고 착취개념을 거부하더라도 생산이나 생산이 벌어지는 기업과 공장의 중요성은 부정하기 힘들다. 이렇게 하는 경우 현실적으로 엄연히 존재하는 기업의 조직이 의미를 잃게 된다. 또한 연구 분야로서 인사관리나 생산관리, 그리고 조직의 경제학은 대상을 잃게 된다.

최근의 기업이론에서 마르크스 착취이론의 약화된 논리인 노동이나 노력추출이 인정되고 있다. 그렇다면 기업이나 공장에서 발견되거나 채택되는 기술도 같은 맥락에서 파악되어야 한다. 이렇게 보면 가라타니 고진은 『트랜스크리틱』에서 칸트조차 인정한 노동의 가변성이나 마르크스의 착취 중 어느 것도 인정하지 않아 상당한 해석상의 왜곡을 범했다.

나아가 마르크스에 대한 반영여부를 떠나 기술의 차이를 시각의 차이나 문화의 차이와 비슷하게 취급하기도 힘들다. 마르크스의 입장이기도 하지만 일반적으로 기술의 차이는 여러 기업들 사이의 경쟁을 통해 생겨나므로 불현듯 부딪히게 되는 차이라기보다 지속적으로 누적되어 형성된 차이나 변화이다. 기업이나 기술을 진화로 파악하려는 슘페터(Joseph Alois Schumpeter)나 넬슨(Richard Nelson)의 노력은 이를 예시한다.

그러므로 시각의 차이가 문화나 문맥의 차이(예, 남미토인에게 기독교를 전파하는 스페인 신부의 상황)를 설명하는 데는 적절할 수 있어도, 기술의 차이(예, 현대 자동차와 중국의 자동차)에는 적절치 않다. 후자의 경우 시점이 다르다고 하나 여러 가지를 공유하는 두 체계를 상정해야 한다.

더불어 가라따니는 화폐와 가치형태를 강조하고 교환과정을 중시하면서 상품과 화폐 혹은 상품소유자와 화폐소유자의 비대칭성을 내세웠다. 나아가 그는 상품소유자와 화폐소유자의 비대칭성을 노동자와 자본가의 세력관계와 동일시했다. 이렇게 하면서 생산과정을 교환과정으로 환원하고 있다.

상품소유자는 수동적이고 화폐소유자는 능동적이라고 말해 그가 마르크스와 반대의 논리를 제시했다는 점도 이와 연결되어 있다. 이는 가치형태론에 교환과정론을 삽입한 결과라고 생각된다. 상품시장에서 상품소유자가 자본가이고 화폐소유자가 노동자이므로 시장에서 화폐소유자인 노동자에게 능동적인 역할을 부여하기 위해 이 같이 주장했다고 추정된다. 잉여가치의 발생에 대한 입장과 결합시키면 가라따니의 입장은 교환주의로 규정된다.

그가 일시적으로 표방했던 지역통화(Local Exchange Trading Schemes)는 지역별로 다양한 통화들을 이용해 유통을 활성화하고 지역공동체와 비슷한 경제체제를 지향한다. 지역 간의 차이를 염두에 둔다는 점에서 시각의 차이라는 관점에 부합된다. 이자를 지불하지 않는다는 점에서 화폐의 역할 중 가치저장이나 퇴장을 배제하고 유통수단의 기능만을 수용하는 셈이다. 또한 화폐가 퇴장될 위험이 없으므로 유통이 촉진될 가능성이 있다.

그런데 지역통화는 물물교환보다 낫지만 여전히 가치평가의 어려움을 안고 있다고 볼 수 있다. 가라따니의 책이 개정되면서 이 부분이 삭제되다시피해, 그가 이 제도에 대한 신념을 잃었다고 생각된다.

가라따니에 의하면 데카르트의 합리주의는 독단론으로 이어지고 베이컨의 경험주의는 상대주의로 이어지는데, 칸트가 양자를 극복하기 위해 초월론적인 존재를 제시했다. 이와 대칭적으로 리카도 등 고전학파는 노동가치론을 내세웠고, 베일리는 이를 비판해 순전히 관계에 의존하는 상대적인 가치이론을 주장했다. 그런데 마르크스는 이를 극복하기 위해 가치형태를 제시했다. 이 도식에 따르면 합리주의와 경험주의에 노동가치론과 상대적인 가격이론이 각기 상응한다. 이에 따라 칸트의 초월론에 마르크스의 가치형태가 부응한다.

노동가치나 잉여가치의 발생에 대한 제한적인 인정, 칸트와 마르크스의 친화력, 가치형태에 대한 강조를 고려할 때 가라따니의 해석은 노동가치론이 아니라 가치와 이를 반영하는 가치형태를 핵심으로 삼는다. 합리주의가 독단론이 되지 않으며 초월론적인 성격을 유지한다는 것은 가치의 존재를 인정하되 이를 노동시간에 근거한 가치로 실체화할 수 없다는 논리로 추정할 수 있다. 이를 프랑스의 추상노동학파나 바스카르(Roy Bhaskar)나 로슨(Tony Lawson)의 비판적 실재론(critical realism) 혹은 초월적 실재론(transcendental realism)에 비추어 볼 필요가 있다.

2.4. 인식, 국가, 자본

인식, 국가, 자본 모두에 걸쳐 가라따니에서 관계에 대한 설정이 문제된다. 가라따니는 각 부문에서 관계가 외적으로는 존재하지만 내적으로는 존재하지 않는다고 간주한다. 이 역시 마르크스의 생각과 다를 뿐만 아니라 일반적으로도 오류일 가능성이 높다.

먼저 나와 타자의 관계가 나나 타자에 내면화되지 않는다고 생각한다. 사실 가라따니가 강조하는 시각의 차이는 이같이 내가 박약하고 유동적이라면 설정되기 힘들다. 이와 마찬가지로 국가나 국가의 의기도 다국과의 관계 속에서 주로 파악된다. 이는 내정과 외침 혹은 내란과 전쟁을 완전히 분리시키는 것이다.

끝으로 경제적인 의미의 교환은 공동체와 공동체 사이에서 발생한다고 본다. 이에 따라 공동체 내부에는 수탈관계나 선물교환이 유지된다. 이 같이 교환관계도 외적으로만 파악해 내면화된다는 사실을 부정했다. 기업이나 기업의 상품을 논하면서도 기업의 내부나 생산과정에 무관심한 것도 시장에서의 경쟁으로 인해 기업의 내부가 변화하고 진화한다는 점을 고려하지 않은 탓이다.

마르크스의 견해이기도 하지만 일반적으로 인간은 사회를 이루고, 또한 사회를 이루는 과정에서 그리고 이룬 후에 사회로부터 영향을 받는다. 유사하게 인간은 다른 인간과 관계를 맺기도 하지만 이런 관계로부터 학습하고 그러면서 자신도 변형된다. 이런 학습이나 변형은 인간관계가 모든 인간에게 내면화되는 것을 의미한다. 이런 관점에서 인간의 인식, 지배자와 피지배자의 관계와 국가들 사이의 관계, 그리고 교환관계를 이해해야 한다.

가라따니는 인간이 주어져 있고 그들이 이루는 것이 사회라고 보아 인간으로부터 사회로의 발전만을 고려하는 셈이다. 이 점에서 가라따니는 신고전학파와 유사성을 지니고 있다. 보다 긍정적으로 보면 그는 흔히 인문학에서 설정하는 인간, 윤리로 무장된 견고한 인간, 그리고 사회와 독립적인 인간을 상정한다고 볼 수도 있다.

3. 칸트와 마르크스의 접점

3.1. 리카도와 베일리에 대한 마르크스의 평가

이와 관련해 리카도와 베일리에 대한 마르크스의 평가를 살펴보자. 마르크스는 『잉여가치학설사』의 3부에서 리카도와 베일리를 비교 검토했다. 이 검토는 양자 모두를 이해하는데 도움이 된다. 또한 베일리에 대한 비판을 통해 실체와 형태에 대한 마르크스의 구분이 명확해진다. 구체적으로 『자본론』(1867)뿐만 아니라 『잉여가치학설사』(1862-1863)도 『정치경제학비판』(1859)보다 나중에 저술되었다. 따라서 『정치경제학비판』 → 『잉여가치학설사』 → 『자본론』의 순서에 따라 마르크스의 생각을 조망할 수 있다.

마르크스가 『비판』에서와 마찬가지로 『학설사』에서도 추상노동과 사회적 노동을 명확히 구분하지 않았다는데서도 이를 확인할 수 있다(pp. 126-128, 135). 그렇지만 노동이 순전히 양적인 측면에서부터 분리되어 자본주의 고유의 사회적 성격을 갖는다는 점이 『비판』에서보다 보다 선명해진다(p. 128). 이는 양적인 측면(die Wertgröße)에 대립되는 질적인 측면(die qualitative Seite, die Qualität)으로서 실체와 형태에 상응하는 구분이 성숙되고 있음을 보여준다.

전체적으로 보면 리카도가 넘겨준 노동량이 일찍부터 설정되었고, 『비판』에서 사회적 노동이라는 자본주의의 고유성이 정립되었다. 이어 『학설사』에서 가치량으로부터 실체 및 형태가 구분되고, 다시 실체로부터 형태가 구분될 조짐을 보이고 있다. 이를 통해 실체와 형태가 명확히 구분된 『자본론』에 더욱 근접하고 있다.

그럼에도 불구하고 추상노동 개념은 명시적으로 등장하지 않으며, 사회적 노동이 추상노동과 뒤섞여 나타난다. 또한 사회적 노동이 다른 어떤 노동과도 손쉽게 교환될 수 있는 화폐와 관련되어 있다.

해당 구절은 아래와 같다.

> p. 128, 리카도의 오류는 가치량에만 몰두한다는 데 있다……. 그러나 이들에 포함된 노동은 사회적 노동으로, 객체화된 개별 노동으로 등장해야 한다……. 상품들에 포함된 사적인 개인들의 노동들이 동등한 사회적 노동으로, 그래서 모든 것과 교환될 수 있는 노동으로 전환된다는 것은 교환가치가 화폐로 등장하는 데에 내포되어 있는 문제의 질적인 측면이다. 그런데 리카도는 이 논의를 전개하지 않고 있다.
>
> p. 133, 이들의 차이가 순전히 양적인 크기의 차이들이 되기 위해서는 이들이 질적으로 동일해야 한다. 그럼에도 불구하고 이같이 단순한 평균노동으로의 환원이 상품의 가치들이 하나의 단위로서 해소되는 노동의 질에 대한 유일한 규정은 아니다……. 하나의 상품에 포함된 노동량이 이 상품의 생산을 위해 사회적으로 필요한 양이라는 사실은…… 가치량과 관련된 단지 하나의 규정이다. 그러나 가치들의 단위를 이루는 이 노동이 단지 동등하고 단순한 평균노동에 불과한 것은 아니다. 이 노동은 특정의 생산물에 체현된 사적인 개인의 노동이다. 그럼에도 불구하고 가치로서 이 생산물은 사회적 노동의 체현이어야 하며 그 자체로서 직접적으로 하나의 사용가치에서 모든 다른 사용가치로 전화될 수 있어야 한다……. 그러므로 이런 사적 노동은 그것의 반대인 사회적 노동으로 직접 등장해야 한다. 이렇게 전환된 노동은 그것의 직접적인 반대인 추상적인 일반노동이며, 그렇기 때문에 하나의 일반적인 등가물로 등장해야 한다.
>
> p. 135, 개별노동이 추상적으로 일반적인 노동으로, 그리고 이러한 형태 속에서 사회적 노동으로 등장해야 한다는 것[5)]

---

5) p. 128, Was bei Ricardo der Fehler ist, ist, daß er bloß mit der Wertgröße beschäftigt ist⋯·Aber die in ihnen enthaltne Arbeit muß als gesellschaftliche Arbeit dargestellt werden, als entäußerte individuelle Arbeit....Diese Verwandlung der in der Waren enthaltnen Arbeiten der Privatindividuen in gleiche gesellschaftliche Arbeit, daher als in allen austauschbare Arbeit, diese qualitative Seite der Sache, die in der Darstellung des Tauschwerts als Geld enthalten ist, ist bei Ricardo nicht entwickelt

p. 133, Sie muß qualitativ gleich sein, damit ihre Unterschiede zu bloß quantitativen,

여기서 가치실체가 자연적 속성과 무관하다는 마르크스의 생각이 다시 확인된다(p. 125, 127). 또한 자본의 출발점이 자립적인 가치(selbständige Darstellung des Werts wie im Geld)이고 진행 중인(prozessierend) 가치나 진행 중인 화폐임을 마르크스는 분명히 했다(pp. 128–129, 134). 더불어 마르크스는 불변의 가치척도라는 리카도의 문제가 가치에 대해 문제를 잘못 설정한데서 비롯되었다고 주장했다. 마르크스의 가치론에서는 이런 문제가 등장하지 않는다(p. 132).

본문에서 마르크스는 거리가 관계 그 자체와 다르지 않다고 주장했다. 그런데 가치도 이와 같다고 주장한 베일리를 반박하기 위해, 그는 앞서 거리도 두 지점이 공간에 속한다는 동일성을 전제로 한다는 점을 지적했다. 각주에서 그는 다시 삼각형과 평행사변형의 면적이 비교될 수 있다는 설명을 추가했다(p. 141 각주). 이는 『자본론』 1권 1장 1절에서 다시 원용되었다. 이 예는 고대희랍의 철학자들이 고민해 왔던 기하학과 통약의 문제에서 비롯되었다.

전체적으로 가치가 순전히 상대적이라는 베일리의 주장에 대한 마르크스의 비판을 검토해야 한다. 자세히 보면, 한편으로 베일리는

---

bloßen Größenunterschieden werden. Diese Reduktion auf einfache Durchschnittsarbeit ist jedoch nicht die einzige Bestimmtheit der Qualität dieser Arbeit, worin als Einheit sich die Werte der Waren auflösen….Daß das Quantum der in einer Ware enthaltnen Arbeit das zu ihrer Produktion gesellschaftlich notwendige Quantum ist…, ist eine Bestimmung, die nur die Wertgröße betrifft. Aber die Arbeit, die die Einheit der Werte bildet, ist nicht nur gleiche, einfache Durchschnittsarbeit. Die Arbeit ist Arbeit des Privatindividuums, dargestellt in einem bestimmten Produkt. Als Wert soll jedoch das Produkt Verkörperung der gesellschaftlichen Arbeit sein und als solches unmittelbar verwandelbar aus einem Gebrauchswert in jeden andren…. Die Privatarbeit soll sich also unmittelbar darstellen als ihr Gegenteil, gesellschaftliche Arbeit; diese verwandelte Arbeit ist als ihr unmittelbares Gegenteil abstrakt allgemeine Arbeit, die sich daher auch in einem allgemeinen Äquivalent darstelle

p. 135, daß die einzelne Arbeit sich als abstrakt allgemeine und in dieser Form als gesellschaftliche darstellen muß….

가치가 순전히 상대적이라고 주장했고, 다른 한편으로 리카도는 가치가 물체의 속성이라고 했다. 이에 대해 마르크스도 가치가 순전히 절대적이거나 순전히 상대적이지 않다는 점을 인정했다.

이와 같은 마르크스의 복잡한 진술은 가치실체는 상대적인 절대성을, 가치형태는 절대적인 상대성을 가진다는 주장으로 요약된다. 여기서 절대성은 가치가 물체의 자연적 속성으로 간주된다는 의미이다. 또한 상대성은 가치가 물체들 사이의 우연적인 관계 속에 설정된다는 의미이다.

가치실체의 상대적 절대성은 가치실체가 물체의 속성처럼 보이지만(절대성) 사회성(상대성)을 가진다는 의미를 가진다. 반대로 가치형태의 절대적인 상대성은 사회성(상대성)을 가지지만, 자의적이지 않고 자연법적인 성격(절대성)에 근거한다는 의미이다. 결국 가치실체는 일견 자연적으로 보이지만 사회적이므로, 절대적이면서도 상대적이다. 가치형태는 이와 반대이다.

마르크스의 입장에서 베일리는 실체와 형태를 절대성과 상대성 혹은 자연성과 사회성으로 양분함으로써 양자의 연관을 부인했다. 이에 비해 마르크스는 전자와 후자를 각기 상대적인 절대성과 절대적인 상대성, 혹은 사회적인 자연성과 자연적인 사회성으로 규정해 필연적인 연관을 모색했다고 해석할 수 있다.

이렇게 볼 때 마르크스의 입장에서 가치는 상품에 내재되어 있으면서 동시에 관계와 분리될 수 없는 존재이다. 그러므로 마르크스는 리카도가 주장한 노동가치설을 유지하면서도 베일리의 생각을 가치의 표현이나 가치형태로 발전시켜 수용했다. 마르크스의 생각을 도식화하고 『자본론』에서 등장하는 가치형태론의 구도와 연결시키면 아래와 같다.

리카도의 절대성=자연성	베일리의 상대성=사회성
마르크스의 상품과 가치실체	마르크스의 화폐와 가치형태
상대적 절대성=사회적 자연성	절대적인 상대성=자연적인 사회성
자신의 사용가치에 담겨진 가치	다른 사용가치에 표현된 가치

마르크스는 리카도의 가치론이 가치를 절대화했다는 베일리의 주장에 대해 사회적으로 필요한 평균노동 등을 운운하면서 그것의 상대성을 부각시켰다. 이는 노동가치라는 실체가 단순히 절대적이고 자연적인 속성이 아니라고 지적한 셈이다(p. 126).

또한 그는 가치형태가 순전히 상대적이 아니라 절대적인 기반을 필요로 한다고 주장했다. 이 주장은 가치의 사회적 성격을 부각시키면서도 가치가 순전히 자의적이고 우연적 상황에 의해 결정되지 않는다는 점을 강조한 논리이다. 다시 말해, 베일리에 대해 실체를 기반으로 하는 법칙성을 내세우기 위한 목적을 담고 있다(p. 130). 이와 관련해 『잉여가치학설사』 3부의 핵심적인 구절들을 주해해 보자.

> p. 126, 이를 통해 상품의 가치가 상대적인 그 무엇에서 절대적인 그 무엇으로 전화되었다고 말한다면, 전적으로 잘못이다. 오히려 그 반대이다. 사용가치로서의 상품은 자립적인 그 무엇으로 등장한다. 이에 대해 가치로서의 상품은 오로지 사회적으로 필요한 동등하고 단순한 노동시간의 관계를 통해서만 설정되고 규정된다. 가치는 지극히 상대적이어서, 재생산에 요구되는 노동시간이 바뀌면, 자신에게 실제로 투입된 노동시간이 그대로 있더라도 바뀌게 된다.[6)]

6) p. 126, Es ist durchaus falsch zu sagen, daß dadurch der Wert der Ware aus etwas Relativem in etwas Absolutes verwandelt werde. Umgekehrt. Als Gebrauchswert erscheint die Ware als etwas Selbständiges. Als Wert dagegen als bloß Gesetztes, bloß bestimmt durch ihr Verhältnis zur gesellschaftlich notwendigen, gleichen, einfachen

마르크스는 가치의 측정과 독립적으로 가치실체를 설정하더라도 가치가 절대화되지 않는다면서 가치가 자연적 존재가 아니라고 주장했다. 절대성의 부인이 가치에 대한 자연주의적 규정의 부정을 의미한다는 점은 사용가치가 자립적이라는 언술에서 드러난다. 리카도의 오류가 가치를 절대화한데 있지 않고 오히려 상대적으로 만든데 있다는 마르크스의 주장도 이런 관점에서 이해할 수 있다. 즉, 사용가치라는 자립적이고 절대적인 존재를 노동가치라는 사회적인 존재로 만들었다는 비판으로 이해할 수 있다.

가치실체의 상대성은 사회적으로 필요한 노동 등에 비추어 노동가치가 규정된다는 점과 기술변동에 의해 과거의 가치가 새로운 가치로 갱신된다는 점으로 확인된다. 이런 점들은 모두 가치실체의 사회적 성격을 강조하는 논리들이다. 따라서 노동가치 역시 절대적이 아니라 상대적이지만, 투하된 노동가치 대 사회적 노동이라는 노동차원의 상대성을 나타낸다. 종합하면 가치실체는 상품에 내재되어 있지만 자연적이 아니라 사회적이다.

> p. 130 상대적 가치는 일차적으로 가치일반이라는 질로부터 구분되는 가치량이라고 말할 수 있다. 그렇기 때문에 후자는 또한 결코 절대적이지 않다. 두 번째로 한 상품의 가치는 다른 상품의 사용가치에 표현된다고 말할 수 있다. 이는 해당 상품의 가치가 표현되는 다른 상품에 상대적이라는 점에서 오로지 상대적 가치표현이다. 커피 1파운드의 가치는 순전히 상대적으로만 차에 표현된다. 그것을 절대적으로 표현하거나, 심지어 노동시간이 아니라 다른 상품과 관련지어 상대적 방식을 통해 절대적으로 표현해 보자. 그러려면 무한히 많은 모든 다른 상품들과의 방정식들

Arbeitszeit. So sehr relativ, daß, wenn die zur Reproduktion erheischte Arbeitszeit [sich] ändert, ihr Wert [sich] ändert, obgleich die in ihr wirklich enthaltne Arbeitszeit unverändert geblieben ist.

을 통해 표현해야 한다. 이것은 상대가치의 절대적인 표현이다. 왜냐하면 그것의 절대적 표현은 노동을 통한 표현이며, 이 절대적 표현을 통해 그 가치가 상대적인 그 무엇으로 표현되지만, 그것이 가치로 존재하는 절대적인 관계 속에서 그렇게 되기 때문이다.[7)]

마르크스는 가치실체가 절대적이 아니라는 앞선 주장을 서두로 다시 가치형태가 순전히 상대적이지 않음을 주장했다. 이에 대해 가치의 표현이 절대적이기 위해서는 무한히 많은 상품들로 한 상품의 가치가 표현되어야 하는데, 이것이 결국 노동가치라는 근거라고 그는 말했다. 그렇기 때문에 가치형태는 궁극적으로 가치실체에 의존함으로써 절대성을 획득한다. 노동시간으로 표현하는 경우에도 그것이 어차피 표현이기 때문에 상대적이지만 가치실체가 절대적인 관계 속에서 성립되기 때문에 절대적인 표현이 된다.

마지막 구절에서 가치가 가치인 것은 절대적인 관계 때문이라고 그는 말했다. 교환 자체가 상대적인데 비해 그것을 뒷받침하는 관계는 절대적이라는 주장이다. 이는 교환이 보다 궁극적인 관계에 근거해 가치표현이 단순히 상대적이 아니라는 의미를 지닌다. 요약하면, 마르크스는 여기서 다시 순전히 상대적으로 보이는 가치표현을 절대

---

7) p. 130, Relativer Wert heißt erstens, Wertgröße im Unterschied von der Qualität Wert überhaupt zu sein. Deswegen ist der letztre auch nichts Absolutes. Es heißt zweitens: Der Wert einer Ware ausgedrückt im Gebrauchswert einer andren Ware. Dies ist ein nur relativer Ausdruck ihres Werts, nämlich in relation to the commodity in which it is expressed. The value of a pound of coffeee is only relatively expressed in tea; to express it absolutely - even in a relative way, that is to say, not in regard to the time of labor, but to other commodities - it ought to be expressed in an infinite series of equations with all other commodities. This would be an absolute expression of its relative value ; its absolute expression would be its expression in terms of labour and by this absolute expression it would be expressed as something relative, but in the absolute relation, by which it is value.

화함으로써 가치실체와의 연결을 모색했다.

> p. 138, 한 물체와 다른 물체의 관계는 두 물체의 관계이므로 어느 한 물체에 속한다고 말할 수 없다. 이와 반대로 한 물체의 힘은 그 물체에 내재한 그 무엇이다. 비록 다른 물체들과의 관계 속에서 이 내재적인 질이 드러날지라도 여전히 마찬가지이다……. 여기서 물체의 가치가 물체에 속하지만 순전히 "관계"로서 존재하는 그 무엇으로 제시하려는 시도가 생기게 된다.[8)]

마르크스는 베일리가 가치를 한편으로 순전히 상대적이라고 생각해서 관계 속에 설정하면서도 다른 한편으로 물체의 속성으로 본다며 그의 이중성을 지적했다. 여기서 가치에 대한 마르크스의 생각도 읽어 낼 수 있다. 마르크스 역시 가치를 속성과 관계 두 가지로 규정했다. 그런데 베일리와 같이 양자가 상호 분리되어 있다고 생각하지 않고 이들을 연결하려고 노력했다. 그렇기 때문에 물체의 속성이 상품의 속성이면서 그러한 속성이 자연적 요인이 아니라 사회적 요인에 의해 결정된다고 종합했다. 이런 사회적 실체가 다름아니라 교환관계의 내재화를 통해 형성된다고 보았다.

> p. 140, 이 관계는 무엇인가? 특정 수량의 커피와 교환되는 면화의 수량이다. 커피가 교환되는 관계가 아니라 오로지 커피가 현재 교환되고 있고 교환되어 온 그런 관계를 말한다. 관계라는 규정이 교환에 앞서가기 때문에, 교환이 "관계"에 의해 규정되지, 관계가 교환에 의해 규정되지

---

8) p. 138, Relation of a thing to another is a relation of the two things and cannot be said to belong to either. Power of a thing, is, on the contrary, is something intrinsic to the thing, although this, its intrinsic quality, may only manifest itself in its relation to other things····. Es ist hier der Versuch gemacht, den Wert des "object" als etwas ihm Gehöriges und doch bloß als "relation" Existierendes darzustellen.

않는다. 따라서 우리는 커피와 면화를 압도하면서, 이들과 분리된 그런 관계를 기각해야 한다.[9)]

먼저 마르크스는 교환되는 상황이 아니라 현재 진행되고 있거나 이미 진행된 교환을 대상으로 상정했다. 이 구절에서 그는 교환이 추상적인 상태나 비율, 나아가 일회성의 행위가 아니라 현실의 교환, 그리고 행위의 반복임을 강조했다. 행위의 반복이 관계를 전제로 한다고 보면, 그는 여기서 교환을 일회적인 행위가 아니라 지속적인 관계로 상정한 셈이다. 결과적으로 그는 교환되는 상품들을 지배하는 관계를 설정하지 않았다고 베일리를 비판한 셈이다. 이는 총체성과 개별성이나 분석적인 성격의 대립이기도 하다.

p. 142, 이 교환은 이들을 자연적인 물체로 서로 연관짓는 그런 관계가 아니다. 또한 이 교환은 이 물체들을 인간의 필요와 연결짓는 그런 관계도 아니다. 왜냐하면 이들의 유용한 정도가 그들이 교환되는 수량들을 결정하지 않기 때문이다.[10)]

마르크스는 교환관계가 자연적인 물체들 사이의 관계도 아니고 자

9) p. 140, Was ist die Relation? The quantity of cotton against which a quantity of coffee is exchanged. Es könnte nicht von einer Relation gesprochen werden, in which it exchanges, sondern bloß von einer relation, in which it is or has been exchanged. Denn ginge die Bestimmung der relation dem Austausch voraus, so wäre der Austausch durch die "relation" bestimmt und nicht die relation durch den Austausch. Wir müssen also auch die Relation drop, die etwas über den Kaffee und Cotton Übergreifendes, von ihnen Getrenntes ist.

10) p. 142, Dieser exchange ist kein Verhältnis, das sie als natürliche Dinge zueinander haben. Es ist auch kein Verhältnis, das sie als natürliche Dinge zu menschlichen Bedürfnissen haben, denn es ist nicht die degree of their utility that determines the quantities in which they exchange.

연적인 물체와 인간의 필요 사이의 관계도 아니라는 점을 명시했다. 여기서 교환에 대한 마르크스의 입장이 주류경제학이나 앞서 논의한 벤담과 밀의 공리주의와 명확히 대립된다는 점을 확인할 수 있다.

이 주해를 통해 『잉여가치학설사』 2부의 리카도에 대한 논의에서 등장하는 베일리의 비판에 대한 평가도 이해할 수 있다(p. 169). 여기서 베일리로부터 가치를 절대화했다고 리카도가 비판받은 이유로서 리카도가 가치형태를 도외시했다는 점을 마르크스는 지적했다.

노동가치설은 사회적 노동이라는 기준에 비추어 투하된 노동의 비율을 정하기 때문에 가치의 상대성이 약화되지 않는다고 마르크스는 주장했다. 또한 리카도는 종종 상대가치에만 신경을 쓰기 때문에 베일리의 주장과 같이 가치를 절대화시켰다기보다 오히려 충분히 절대화시키지 못했다고 마르크스는 뒤집어 반박했다.

베일리에 대한 마르크스의 입장은 나중에 『자본론』의 논평(1권 p. 98 각주36)에도 등장한다. 리카도는 상대적 가치를 절대적으로 만든 것이 아니라 외견상의 상대성(die Scheinrelativität)을 배후의 진정한 관계 (das hinter dem Schein verborgene wahre Verhältnis)로 환원했다. 또한 리카도의 문제는 상품과 가치형태 혹은 교환가치의 내적인 연관을 규명하지 못한데 있다고 마르크스는 평가했다.

마르크스는 가치와 가치형태의 관계라는 비판의 기준을 처음으로 『자본론』에서 명시했다. 여기서도 마르크스는 리카도에 대한 베일리 등의 비판이 단순히 옳지 않다고 말하기보다 사실은 그 정반대라고 주장했다. 리카도가 상대적 가치를 절대적으로 만들었다기보다 절대적인 가치를 상대적으로 만들었다는 것이다.

이런 평가는 가치를 교환비율의 배후에 존재하는 관계로 보지 않는 한 해명되지 않는다. 즉, 리카도가 주장한 노동가치가 상대적이라고 해석하려면 노동가치가 교환비율이라는 표면적인 관계는 아니지만 모종의 관계와 연결되어야 하기 때문이다. 이렇게 본다면 전체적으로 마르크스의 가치론은 칸트의 초월적인 가치론과 명확히 구분된다.

이와 관련해 기포드(A. Gifford, 1999)의 주장을 주목할 필요가 있다. 기포드는 맬더스와 다윈의 친화력에 근거해 생물학과 경제학의 상호 연관성이나 유사성에 주목했다. 이들의 논의는 마르크스보다 포이에르바하(Ludwig Feuerbach)와 친화력을 가진다.

그에 의하면 문화는 인간관계나 사회관계의 복잡성을 축소시키기 위해 생겨난다. 즉, 사회의 구성원이 늘어감에 따라 인간관계는 훨씬 더 빨리 증가한다(pp. 133-134). 구성원의 숫자와 인간관계의 숫자는 조합($nC_2+nC_2+...+nC_{n-1}+nC_n$)으로 나타낼 수 있다. 기포드는 규칙에 초점을 두었으나 규칙뿐만 아니라 마르크스의 가치형태도 이런 관점에서 해석할 수 있다.

마르크스는 가치가 교환관계와 착취관계를 나타내며 가치형태는 이런 사회관계의 구체적인 모습이라고 주장했다. 마르크스가 사회관계를 반드시 개인 사이의 관계로만 규정하지 않았고 인간관계를 압도하는 물적인 관계를 배후에 깔고 있다는 점에서 기포드와 차이가 있다. 그렇지만 이 두 가지 점을 잠시 접어두면, 마르크스의 가치형태는 기포드가 말하는 문화나 규칙과 통한다. 특히, 화폐가 물물교환에서 기다란 교환의 연쇄를 단축시켜준다는 『정치경제학 비판』의 논의는 이와 잘 맞는다.

3.2. 프루동에 대한 마르크스의 비판

가라따니의 마르크스 해석은 프루동(Pierre-Joseph Proudhon, 1809-1865)에 대한 그의 우호적인 입장과 부합된다. 이런 관점에서 프루동에 대한 마르크스의 비판을 고려할 필요가 있다. 프루동에 대한 마르크스의 비판은 세 가지 정도이다.

(1) 『철학의 빈곤』(*Misère de la Philosophie*, 1847)에서 마르크스는 프루동이 헤겔의 변증법을 제대로 구사하지 못했다고 비판했다. 원래 마르크스가 불어로 쓴 이 책의 제목 『철학의 빈곤』은 프루동이 지은 『빈곤의 철학』(*Philosophie de la Misère*. 1846)에 대한 대구이다. 이 대구를 통해 프루동의 철학적 훈련이 부족하다는 입장을 표현했다.

구체적으로 운동으로 보아야 하는 변증법을 고정된 상태나 고착된 격자들의 모음으로 보거나 모순(contradiction)이나 대립(der Gegensatz)을 이율배반(antinomy)으로 본 점들을 마르크스는 꼬집었다. 모순이나 대립은 지양이나 극복과 변증법적인 결합을 낳지만, 이율배반은 상충, 혼합이나 타협을 낳을 뿐이라고 마르크스는 생각했다. 이런 점들에서 프루동은 헤겔보다 칸트에 가까울 수 있다. 가라따니가 칸트를 중시한다는 것은 프루동에 대한 우호적인 태도와 합치된다.

(2) 『그룬트리세』(*Die Grundrisse*, 1858)와 『자본론』에서 마르크스는 프루동과 다리몽(Alfred Darimon) 등 프루동주의자에 대해 자본주의에서 화폐의 필연성을 강조했다. 특히, 『그룬트리세』에서 마르크스는 상품과 화폐를 백성과 왕의 관계에 비유했다. 그의 논리에 의하면 정의상 왕은 하나(1)이므로 모든 백성(n)이 왕이 되려고 하면 누구도 왕이 될 수 없다. 마찬가지로 모든 상품들(n)이 화폐(1)가 되기를 바랄 수 없다. 프루동주의자는 모든 상품이 화폐가 될 수 있다고 믿는 셈이다. 해석하면, 마르크스는 자본주의의 생산이 무정부적이기 때문에 유통과정에서 상품이 자신의 가치를 자동적으로 실현할 수 없으며 화폐와 교환되어야 하는 도약을 피할 수도 없다.

또한 화폐의 타파가 자본주의에 대한 근본적인 개혁을 가져오리라고 이들이 생각한데 대해서도 마르크스는 비판했다. 마르크스는 분배상의 개선이나 화폐제도의 개혁이 아니라 계급적인 착취에 근거한 생산체제에 대한 타파가 자본주의를 극복할 수 있는 방안이라고 생각했다. 화폐에 대한 개혁은 생산과정자체에 대한 타파 없이는 성공적으로 정착될 수 없다.

이렇게 생각한 이유는 화폐가 자본주의의 상품생산사회와 불가분의 관계에 있다고 마르크스가 믿고 있었기 때문이다. 그는 『자본론』 1권 1장 3절에서 상품과 상품의 교환에서 화폐를 도출하면서 가치형태에 관해 모순과 대립의 변증법에 의존했다. 이 논의는 프루동이 구사하지 못한 방법을 통해 프루동의 입장과 반대되는 화폐의 불가분성을 논증하려는데 목표를 두었다. 즉, 상품사회에서 화폐가 자생적으로 발생하며 상품사회에서 화폐가 필연적이고 자본주의와 불가분의 관계에 있는 존재임을 보이려는 의도를 담고 있다.

마르크스의 입장에서 보면 프루동은 화폐가 자본주의사회와 분리될 수 있다고 생각한 셈이다. 가라따니는 가치형태의 존재와 상품과 화폐의 비대칭성 등을 인정하면서도, 프루동에 대해 우호적이어서 지역통화 등을 주장했다.

(3) 마르크스는 재산이 도둑질의 결과라는 프루동의 주장을 반박했다. 프루동은 『재산이란 무엇인가?』(*Qu'est ce que la propriété?*)에서 이런 주장을 피력했다. 마르크스는 도둑질을 하려면 도둑질할 물건이 있어야 한다고 비판했다. 마르크스는 생산과 착취 없이 도둑질이나 수탈 혹은 조공 등이 가능하지 않다는 점을 지적했다. 더구나 도둑질이나 수탈 등이 반복적으로 이루어졌다는 역사적 사실에 비추어 보면 지속적인 착취관계나 생산체계를 전제하지 않을 수 없다. 이 부분에서 생산이나 착취에 대한 프루동의 경시를 지적하면서 마르크스는 경제의 재생산을 강조했다.

또한 마르크스는 프루동이 경제적인 범주가 아니라 도둑질이나 강탈 등 법적인 범주에 집착했다는 점도 비판했다. 마르크스는 법이 보편성을 자부하나 부르주아 경제체제가 부과하는 한계를 벗어날 수 없다고 생각했다. 가령, 법적으로 보장받은 계약 하에서 주고받는다면, 프루동에게는 어떤 문제도 있을 수 없다. 그러나 마르크스의 입장에서는 계약이라는 법적인 행위가 부르주아체계 내에서만 정당할 뿐 보편적인 정당성을 갖지 않는다. 특히, 노동계약은 서로 주고받고 자발적으로 이루어지므로 정당한 것처럼 보이지만, 생산과정의 착취라는 "도둑질"을 정당화하기 때문에 자본주의의 모순을 은폐한다.

이와 관련된 마르크스의 입장을 경제적인 의미의 재생산으로 압축된다. 프루동에 대한 가라따니의 우호적인 입장은 생산이나 착취에 대한 그의 배제와 맥락을 같이 한다. 또한 가라따니가 계약에 대해 우호적이라는 점도 마르크스보다 프루동에 가깝다.

3.3. 마르크스의 『고타 강령 비판』과 사회정의

『고타 강령』(*The Gotha Programme*)은 1차 공산당 조직이후에 이 조직 내에서 사회 민주주의 성향을 지닌 라쌀레(Ferdinand Lassalle)의 입장을 주축으로 마련한 당의 강령이다. 이에 대해 마르크스나 엥겔스는 공산당의 입장에서 벗어난다고 비판했다.

전반적으로 마르크스는 사회주의와 공산주의의 건설을 외치면서도 주로 자본주의 비판에 집중해 사회주의와 공산주의 사회의 이상적인 모습을 상세하게 논의하지 않았다. 그런데 『고타강령 비판』(*Critique of The Gotha Programme*)에서 그의 입장이 드러난다. 마르크스는 『고타강령 비판』을 통해, 엥겔스는 베벨(August Bebel)에 대한 서한을 통해, 거의 비슷한 내용을 반복했다.

물론 당시의 공산당 운동은 모두 마르크스와 엥겔스의 지적인 영향 아래 있었다. 그러므로 운동의 중심에 있었던 베벨과 리프크네히트(Wilhelm Liebknecht)뿐만 아니라 라쌀레도 양자의 영향을 받고 있었다. 그러나 운동과정에서 라쌀레는 마르크스주의 노선에서 벗어났고, 베벨과 리프크네히트는 마르크스주의와 라씰레의 입장 사이에서 우왕좌왕했다고 알려져 있다. 특히, 라쌀레가 공격의 대상이 되었던 이유는 보불전쟁 이전부터 라쌀레가 융커계급의 대변자인 비스마르크와 결탁했다는 사실이 포착되었기 때문이다.

여기서 마르크스는 자본주의 붕괴이후 국가의 존재여부와 분배와 관련된 사회정의에 대한 윤곽을 제시했다. 이 모든 것들은 일차적으로 라쌀레를 겨냥했지만, 바쿠닌(Mikhail Bakunin) 등 무정부주의자들에 대한 비판으로 활용되기도 했다. 같은 맥락에서 이 글들은 레닌에 의해 카우츠키(Karl Kautsky)와 크로포트킨(Petr Kropotkin)에 대한 반박으로 발전하기도 했다.

엥겔스의 반복과 레닌의 해석을 고려해 『고타강령 비판』을 정리하자. 우선 자본주의가 붕괴된 직후에 성립되는 낮은 단계의 사회주의에서 자본주의의 잔재를 청산하고 이를 계속 억압하기 위해서는 과도기적으로 프롤레타리아 계급의 독재가 불가피하다. 또한 보다 높은 단계의 사회주의인 공산주의로 이행한 이후에야 국가가 소멸하게 된다. 과도기적인 독재를 인정했다는 점에서 마르크스는 무정부주의와 거리를 두고 있다.

둘째, 낮은 단계의 사회주의에서는 과도기적으로 각자의 노동과 노동증명서에 근거해 분배가 이루어진다. 이에 비해 높은 단계의 사회주의에서는 능력 및 노동과 공급이 분리되어 능력에 따른 노동과 필요에 따른 분배가 이루진다.

낮은 단계는 그 내용만으로 보면 프루동, 오엔(Robert Owen), 그레이(John Gray) 등이 주장한 것과 크게 달라 보이지 않는다. 물론 마르크스의 일관된 논리에 따라 화폐가 소멸했다는 전제에서 이런 논리가 나온다. 높은 단계는 생산력의 증가를 전제로 한다. 이런 마르크스의 주장은 정의에 대한 마르크스의 입장을 나타내므로 아리스토텔레스나 롤즈 등과 비교할 근거가 된다.

이와 같은 주장을 내세우면서 마르크스는 『고타 강령』과 라쌀레에 대해 다음과 같은 점을 비판했다. 1) 노동의 모든 산물이 노동자의 몫이라고 주장해 노동의 산물 중 공공새나 공공부조를 위해 필요한 부분을 간과했다. 2) 자본가계급을 유일한 생산수단의 소유계급으로 규정해 의도적으로 지주계급을 제외했다. 3) "자유로운 국가"를 주장해 노동자계급의 자유가 아니라 국가의 자유를 강조했다. 이와 관련해 특히 국가가 교육의 방법이나 내용을 장악하는데 대한 경계가 부족했다.

지주계급에 대한 의식이나 교육 등에 대한 국가의 개입과 관련해서는 사회주의 이행의 보편적인 문제뿐만 아니라 독일의 특수성을 포함한 것으로 보인다. 또한 교육에 대한 마르크스의 언급은 "철학자가 세상을 해석하는데 그치지 않고 세상을 바꾸어야 한다." "교육자가 교육되어야 한다." 등보다 구체적인 제안이다.

여기서 논의할 문제는 노동가치론과 사회주의 정의이론과의 연계성이다. 우선, 보다 발전된 단계에서는 능력이나 노동뿐만 아니라 필요도 고려되므로 노동가치론과 기본적으로 차이가 있다. 낮은 단계의 사회주의이론은 노동가치론에 보다 가깝다. 이는 노동량이 자본주의에서뿐만 아니라 보편적인 가치평가의 기준이 될 수 있음을 의미한다.

문제는 자본주의에서 추상노동을 기준으로 수량화했던 노동가치와 여기서 말하는 노동이 어떻게 같고 다른지이다. 간단히 말하면, 사회주의의 기준인 노동은 자본주의의 가치와 무관한 노동이다. 그렇다면 추상노동이 아닌 노동은 어떤 노동이며, 어떻게 측정할 수 있는가?

우선, 사회적 필요노동 중에서 생산의 무정부성과 관련된 부분은 사회주의의 노동 산정에서 불필요하며, 오로지 주어진 시점에서의 기술조건만이 고려대상이다. 또한 마르크스 자신이 지적한 바와 같이, 소모된 자본재의 보전, 사회간접자본의 건설, 병자나 약자를 위한 사회부조 등을 순생산물에서 공제하고 남은 부분이 분배의 대상이 된다.

둘째, 사회주의 정의이론에서도 추상노동은 아닐지라도 동질성은 확보되어야 한다. 그렇지 않을 경우 적절한 분배가 이루어질 수 없다. 자본주의에서는 교환관계에서 이런 동질성이 확보된다면, 사회주의에서는 무엇으로 동질성을 확보할 수 있는가? 단순노동과 숙련노동의 구분이나 숙련이나 교육기간의 문제가 있다.

노동가치가 사회주의의 정의이론으로 쉽게 연결되지 않는데 비해, 효용이론은 보다 쉽사리 공리주의와 연결된다. 효용이론이 개인들의 행위에 대한 설명으로 쾌락이나 고통 혹은 이익을 제시한다면, 공리주의는 이들을 사회전체 차원에서 합산한다는 차이가 있다. 개인의 행동준칙에서는 동일하나 이런 개인들의 행위를 통합하는 원리에 있어 공리주의가 반드시 시장원리와 동일하지 않다. 이 점에서 공리주의에 대한 하이에크의 반대가 이해된다. 물론 효용의 합산에 여러 가지 어려움이 개입되어 있다. 그러나 전체적으로 효용이론과 공리주의는 뿌리에서부터 상당부분 비슷하다. 적어도 노동가치가 사회주의의 분배이론으로 활용될 수 있는 정도보다 효용이론과 공리주의는 더 밀착되어 있다.

3.4. 잉여개념에 대한 역사적 고찰

근대 물리학에서는 에너지 불변의 법칙을 굳게 신봉해 왔다. 몇몇 사람들의 주장에도 불구하고 이와 유사한 주장을 경제학에서 찾기는 쉽지 않다. 왜냐하면 경제학은 항시 중요한 경제량이 변하고 그 중에서 상당수는 늘어난다고 보는 경향이 있기 때문이다. 국민총생산, 자본, 노동이나 인구 등이 대표적인 예이다. 이 같이 경제적 의미의 수량이 늘어난다는 생각을 떠받히는 개념이 잉여(surplus)이다. 이 글에서는 잉여개념이 역사적으로 어떻게 변동해 왔는지 고찰해 보고자 한다.

우선 가장 단순한 잉여개념은 물량의 증가이다. 이런 생각은 경제활동을 마치 한 그루의 나무가 여러 그루의 나무로 변하거나 가축이 새끼를 낳아 번식하는 것과 같이 취급하는데서 생겨난다. 즉, 경제활동, 특히 생산을 통해 투입물보다 더 많은 산출물이 나온다고 본다. 물론 이 주장은 어느 수준 이상의 생산성을 전제로 한다. 또한 경제에 여러 산업과 상품이 존재하고 산업 간에 투입산출관계가 존재하므로 경제전체수준에서 투입물과 산출물을 계산해야한다.

이런 논리는 현재 잉여접근법(surplus approach)을 강조하는 신리카도학파와 친화력이 있다. 그러나 여러 잡다한 상품이나 재화들을 동질적으로 파악할 필요성 등 몇 가지 이유로 인해 이 생각을 가치가 결부된 "부가가치"(value added)라는 중립적이고 포괄적인 개념으로 바꾸어 논의할 필요가 있다. 현실경제에서 부가가치는 투입물과 산출물의 차이를 구한 후 그것에 가격을 곱해 하나의 덩어리로 만드는 방법으로 계산된다. 그렇지만 이에 대한 이해방식은 학파마다 크게 다르다.

우선 마르크스의 잉여가치(der Mehrwert; surplus value)는 노동시간이라는 객관적인 기준에 의존해 잉여를 파악한다. 그의 입장에서는 자본가가 노동자를 착취한 결과로 잉여가 발생한다. 이 경우 잉여가치는 잉여생산물과 달리 경제에서 늘어난 여러 종류의 상품들을 하나의 덩어리로 파악한다. 마르크스의 잉여는 생산과정에서 발생하는 특징과 함께 계급관계를 기반으로 삼는다. 뒤집어서 마르크스의 잉여는 교환과정에서 개인들 사이에 거래하는 과정에서 발생하지 않는다.

반면 현재의 주류경제학에 등장하는 소비자 잉여(consumer

surplus)와 생산자 잉여(producer surplus)는 주관적인 평가와 가격이라는 관점에서 잉여를 파악한다. 마샬(Alfred Marshall)이 수요와 공급이라는 양날 위에 신고전학파 경제학을 구축하면서 신고전학파의 잉여개념이 주관적인 요소와 객관적인 요소를 포함하게 되었다. 이들에 앞서 등장한 한계효용학파에 의하면 잉여는 순전히 주관적이며 공리주의적인 입장과 친화력을 갖고 있다. 그런데 이 주관적인 요소가 신고전학파에게 골칫거리이다.

가령, 비용편익분석에서 드러나듯이 거리에 신호등을 설치하는 경우 그것에 들어가는 비용은 비교적 객관적으로 계산이 가능하다. 그러나 이로 인한 편익을 계산하는데는 인간의 목숨에 가치를 부여해야 한다는 어려움이 있다. 이에 대한 주관적인 가치의 파악이 쉽지 않아 대체로 당사자들의 질의 등에 의존하는데 이에는 소득과 화폐가 개입된다.

또한 소비자잉여는 개인들 사이의 교환과정에서도 발생한다. 이 논리의 핵심은 한계효용의 체감이다. 종래 리카도가 토지의 지대발생에 적용했던 논리를 신고전학파가 모든 생산요소와 모든 경제주체들에 확대시켰다. 이렇게 되면서 토지나 지주의 특수성은 사라지고 모든 생산요소들과 모든 경제주체들이 무차별해졌다. 이에 따라 신고전학파의 세계에서는 시장에서 허용하는 모든 경제활동에서, 그리고 모든 경제주체들이 동등하게 잉여를 얻는다고 생각한다.

이것은 모든 경제주체들이 상호 간에 타인을 수단으로 삼음으로써 누구도 지속적이며 일방적으로 타인의 수단이 되지 않는다는 입장을 반영한다. 혹은 마르크스의 용어로 경제주체들 모두가 타인을 착취함으로써 특정 경제주체나 계급이 다른 경제주체나 계급을 지속적으로 착취할 수 없다는 주장을 담고 있다. 윤리학자들이 경제주의에 대해 지적하는 모든 인간의 수단화는 경제학자에 의해 이런 식으로 방어된다.

이런 변동에 대해서는 누구보다도 마샬이 명확하게 파악했다. 먼저 그는 지대를 논의하면서 종전에 서로 같다고 알려졌던 것이 다르다고 판명되거나 서로 다르다고 알려졌던 것이 같다고 밝혀지면 과학의 발전이라고 주장했다. 이는 리카도의 지대이론이 모든 생산요소에 적용된다는 점을 염두에 두고 있다. 또한 인간이 경제활동의 수단이자 목표이라는 마샬의 주장은 시장경제가 인간을 수단으로 전락시킨다는 주장에 대한 항변이다.

이런 차이는 여러 소득에 대한 입장의 변동으로 나타난다. 특히, 역사적으로 보면 임금은 항상 정당한 소득으로 규정되었으나 임금을 제외한 나머지, 즉 잉여의 주요한 형태가 무엇인지에 대해서는 견해가 바뀌어 왔다(Marx, 1862-1863, Part I, pp. 47-48).

우선 중상주의는 상업이나 무역에서 거래당사자들 사이의 가치이전(profit upon alienation or oscillation)을 통해 발생하는 이윤을 강조했다. 이는 중상주의가 개인간의 상업이나 국가간의 무역을 영합게임으로 본 셈이다. 이에 비해 중농주의는 지대를 대표적인 잉여의 형태로 보고, 이윤이나 이자가 여기서 파생된다고 생각했다.

고전학파에 이르면 핵심적인 잉여의 형태는 산업이윤이 된다. 여기서는 지대가 부차적이며, 이자는 이윤에서 파생된다. 신고전학파에 이르면 임금, 지대, 이윤, 이자 등을 동등하게 취급하게 된다. 그러나 근대에 들어서면서 현실적으로 이윤이 아니라 이자가 중요해지다가, 이제는 투자배당이나 주가변동수익이 부각되고 있다.

이 같은 변화는 생산요소나 소유계급의 중요성 변화로 이해할 수 있다. 즉, 중상주의는 상업자본과 상업자본가를 중시한데 비해, 중농주의는 토지나 농업자본, 그리고 지주계급을 중시했다. 이에 비해 고전학파는 산업자본과 그것의 소유자인 산업자본가를 중시했다. 신고전학파에 오면 모든 생산요소와 생산요소의 소유자는 모두 생산에 필요한 존재들로서 동등하게 취급된다. 그러나 세계화와 더불어 금융자본과 금융자본가가 중시되고 있다.

전반적으로 보면 지대 → 이윤 → 이자, 지주 → 산업자본가 → 금융자본가, 토지 → 산업자본 → 금융자본으로 그 중요성이 변동했다. 더구나 금융자본 중에서는 은행자본에서 주식자본으로 그 중요도가 옮아가고 있다. 그러나 비우량주택담보대출과 이에 근거한 파생상품 양산으로 인해 2008년 9월에 미국에서 시작된 금융위기는 이런 흐름을 바꾸어 놓을 수도 있다.

이런 상황을 통해 인간의 경제가 점점 더 스스로를 재생산하거나 배태성을 부정하는 방향으로 나갔다고 해석할 수 있다. 우선 경제가 토지나 농업으로 대변되는 자연에 묻혀 있다가, 이와 상당히 독립된 제조업 중심의 실물에 의존하다가, 급기야 이제는 이와도 동떨어진 금융, 그 중에서도 은행이 아니라 주식시장에 의해 좌우되고 있다. 그리고 이런 상황이 현재 전 세계적인 금융위기를 낳고 있다.

서양의 근대 초기와 현재라는 양극단을 잉여창출의 관점에서 대비해 보자. 그것은 농업과 주식금융업, 지대와 주식시세차익, 토지와 주식, 자연과 극단적인 가공의 대비이다. 전자가 자연에 기대여 무기물을 유기물로 바꾸는 변형의 과정이라면, 후자는 실물을 대변하는 종이의 움직임 혹은 종이를 대변하는 상징의 이동으로 구성된 과정이다. 전자는 수동성, 비이동성, 정태적인 성격, 안정성, 구체성을 특징으로 한다면, 후자는 능동성, 이동성, 동태적인 성격, 불안정성, 추상성 혹은 비인격성을 그 특징으로 삼는다.

근대 초기에도 불확실성이 없지는 않다. 21세기 초가 경제와 사회 자체의 불확실성에 시달린다면, 근대의 초기는 자연이 주는 홍수, 태풍, 가뭄 등의 불확실성에 시달렸다. 나아가 인간의 기술발전이 변형시킨 생태계는 인간에게 여러 가지 반격을 가해오고 있다. 가령, 세계화와 함께 지구온난화가 진행된다고 말할 수 있다. 세계화가 각국의 경제성장을 지향하고, 현재 이런 성장이 화석연료의 소비를 가속화시키는데, 화석연료의 소비가 지구온난화의 주범이기 때문이다. 뿐만 아니라 이윤동기에 의한 유전자조작과 광우병, 그리고 멜라민 첨가를 간과할 수 없다.

이 같이 근대 초기의 경우 불확실성은 물리적 충격이나 생물학적인 변이로 나타나지만, 21세기 초의 경우에는 그런 불확실성이 정신적이거나 사회 · 심리적으로 나타난다. 가령, 전쟁이 농업에 주는 영향은 물리적인 생산력의 파괴이다. 이에 반해 전쟁이 주식시장에 주는 영향은 전쟁 그 자체가 증권거래소에 가하는 물리적인 파괴가 아니다. 그것은 전쟁에 대한 예감이 주는 심리적인 영향이다. 이것은 전쟁과 공황을 비교했을 때 드러나는 차이와 같다. 혹은 전쟁은 아니더라도 신체적인 손상이 앞선 시대의 특징일 수 있다.

또한 양자 모두에 대해 연금생활자(rentier) 혹은 유한계급의 부상을 지적할 수 있다. 근대에는 지대를 가지고 놀고먹는 존재라면, 현대에는 우량주식에 돈을 묻어두고 거기서 나오는 수익을 즐기며 산다. 지주가 중간에 마름을 두어 소작인과 거리를 두지만, 소작인과의 갈등을 피할 수 없다. 이에 비해 주식투자자는 특정 기업에 묶일 필요가 없으므로, 특정 기업의 특정 노동자와 아무런 관계도 맺을 필요가 없다. 그렇기 때문에 주식투자자는 제반 사회관계에서 벗어나 있는 것처럼 보인다.

그런데 생산수단과 소유계급의 중요성이 경제 혹은 사회 전체에서 이들이 차지하는 비중과 반드시 일치하지는 않는다. 2008년 9월 우리는 미국에서 시작된 금융공황과 함께, 멜라민이 첨가된 식품으로 중국에서 시작된 불량식품파동으로 시달리고 있다.

금융공황이 금융계의 현상으로서 고도의 추상성을 가진데 비해, 식품파동은 생태계의 현상으로 우리의 먹을거리와 관련된 극히 구체적인 현상이다. 금융공황은 마르크스, 케인즈, 민스키가 우려하는 바이다. 이에 비해 불량식품과 생태계에 대한 거역은 조지스큐-레겐(Nicholas Georgescu-Roegen)이나 생태학자들의 관심사항이다.

그러나 모두 극도의 이윤, 효율성, 그리고 물질추구가 낳은 결과이다. 그리고 모두 금융공학과 식품공학이라는 공학의 전문성이 개입되어 소비자의 합리성이 쉽게 제고될 수 없는 분야라고 생각된다. 사실 양자는 모두 경제학자조차 쉽게 꿰뚫어볼 수 없는 어려움을 제공하고 있다. 또한 양자 모두 자본주의체제나 경제와 사회의 관계에 대한 심각한 재고를 요구한다.

5장

경제학의 자유주의

1. 로빈스의 『경제학의 성격과 의미에 관한 논고』

로빈스(Lionel C. Robbins, 1898-1984)는 『경제학의 성격과 의미에 관한 논고』(*An Essay on the Nature and Significance of Economics Science*, 1952)에서 신고전학파 경제학을 정의했다. 그는 경제학의 대상이나 문제가 희소한 자원의 적절한 배분임을 천명해 신고전학파의 성격을 규정하는데 있어 효시를 이루었다.

일반적으로 신고전학파는 발라스 및 마샬과 연결된다. 그런데 이들이 신고전학파의 방법과 주로 관련된다면, 로빈스는 신고전학파의 문제에 대한 규정과 연결된다. 그가 캠브리지대학이 아니라 신설 런던정경대학에 하이에크를 불러들여 케인즈와의 대결을 조장했다는 사실은 이런 공헌과 합치된다.

1.1. 경제학의 주제

로빈스는 경제학의 대상을 희소한 자원의 적정한 배분으로 정의하고 이를 여러 사물에서 발견되는 경제적인 측면으로 간주했다. 이에 따르면 경제학의 대상은 정신에 대비되는 물질이나 윤리 및 정치에 대비되는 특정 종류의 존재가 아니라 여러 구체적인 사물들에 존재할 수 있는 경제적 측면이다(pp. 16-17).

이는 경제학의 대상을 물질적 복지의 원인(the causes of material welfare)을 규명하는데서 찾은 당시의 견해와 대비된다. 그는 기존 견해가 물질이나 물체를 서비스를 제외한 유형적인 재화로 좁게 해석했다고 비판했다.

로빈스에 의하면 자원이나 재화가 희소하고 여러 가지 대안적인 용도들을 가지고 있어야 비로소 자원배분의 문제가 발생한다. 이 같이 자원배분은 여러 대안적인 용도들 중에서 어느 것을 선택하느냐의 문제이다. 또한 자원이나 재화가 여러 용도를 가지고 있다는 것은 여러 대안적인 목표들을 전제로 한다. 더불어 자원이나 재화가 여러 용도를 가지고 있다는 생각은 대체와 교환의 필요성을 낳는다. 희소성에 근거한 목적들과 수단들의 가치관계와 이들의 변동이 경제학의 대상이라고 그는 주장했다.

희소자원에 시간도 포함되므로 실질소득과 여가에 대한 선택도 대상에 포함된다(pp. 12-13). 또한 각주를 통해 로빈스는 시간의 자원화는 사람들이 전반적으로 자신을 도구화하는 것임을 지적했다(p. 14 각주 2). 목표와 수단은 각기 수요와 공급과 연결되고, 목표나 수단의 변동은 각기 수요와 공급의 변동과 연결된다(p. 16).

교환경제가 경제학의 중요대상이지만 경제학의 대상이 이에 국한되지 않는다. 이런 교환관계의 배후에 존재하는 희소성의 관계와 개인에게 자발성이 주어져 가치평가(valuation)가 개입되는 경우가 중요하다(pp. 19–20).

로빈스가 물적인 복지의 원인을 유형적인 재화에 한정한 것은 전통적인 경제학의 대상을 좁혀 자신의 비판을 용이하게 만들었을 가능성이 있다. 오히려 고대로부터 전달된 보다 확연한 경제사상이나 경제학의 주제는 유형적인 재화든 무형적인 서비스든 생계유지를 위한 부나 성장의 요인이다. 이에 의하면 생계유지와 연관된 부나 성장의 원인과 희소자원의 적정배분이 경제학의 문제로서 대두된다. 이와 대조적으로 로빈스는 가치평가를 통한 목적과 수단의 관계와 그것의 변동이 경제학의 대상이라고 말했다.

희소자원에 시간을 포함시키고 실질소득과 여가의 선택을 포괄한 것은 이후 신고전학파 노동경제학의 출발점이 되었다. 여기서 실질소득은 소득을 통해 얻는 재화나 서비스를 포함하며, 인간이 자신을 도구로 만든다는 사실도 부각된다. 스스로 도구화된다는 것은 자신이 가진 자원뿐만 아니라 자신을 남에게 봉사하는 도구로 만든다는 의미이다.

자신이 소유한 자원뿐만 아니라 자신까지 도구화하므로 도구화되는 범위가 넓어진다. 또한 이는 시장경제의 교환을 통해 모두가 상대방을 도구로 활용하고 스스로를 도구로 제공한다는 생각에 부합된다. 이제 상대방뿐만 아니라 자신도 도구로 만들어 도구화가 완결된다. 보다 적극적으로 말해 로빈스는 교환이나 시장의 논리에 부합되는 선택이나 도구화의 논리를 설정했다.

아리스토텔레스와 마르크스의 관점에서 이런 생각을 평가해 보자. 아리스토텔레스의 관점에서 보면 실질소득과 여가에 대한 선택은 비교될 수 없는 것들을 비교하거나, 우열이 있는 목표들을 동등하게 만들거나, 아니면 목표와 수단을 전도하는 오류에 해당된다. 그의 논리에 의하면 시민은 실질소득을 생계를 유지하는 수준으로 낮추어 노동을 되도록 삼가고 많은 여가를 확보해야 한다. 여가는 노동이나 소득증대나 취미생활이 아니라 정치적 참여와 철학적 사색을 위해 요구된다. 그의 입장에서 모두가 도구가 아니라 노예를 제외한 모두가 목적이어야 한다.

이와 대조적으로 마르크스는 자본주의체제의 현실 속에서 구조적으로 여가는 선택의 대상도 아니고 참여나 사색을 위해 남겨지지도 않는다. 다수를 이루는 노동자계급의 잠재적인 여가는 잉여노동시간으로 전환되어 착취되고, 자본가계급의 잠재적인 여가는 착취를 관리하는데 투입된다. 달리 말해, 자본주의에서 잠재적인 여가는 참여나 사색이 아니라 착취와 영여가치의 획득에 활용된다. 또한 이런 활용이 노동자나 자본가 개인의 선택사항이 아니라 구조적인 성격을 가진다. 그의 입장에서 자본주의사회에서 노동자가 도구이고 자본가가 목표이며 심지어 자본가까지도 자본의 도구일 뿐이어서 누구나 구조적이고 필연적으로 도구가 된다.

로빈스가 목적과 수단의 관계에서 가치를 발견했다는 점을 신고전학파의 특징으로 주목해야 한다. 또한 목적과 수단을 각기 수요와 공급과 연결시킨 것은 공급이나 생산의 목표가 수요나 소비라는 한계효용학파 특히, 오스트리아학파의 생각을 반영하지만 독특한 발상이다. 이렇게 해석하더라도 경제라는 테두리 안에서만 수요나 소비가 목표이다. 이런 이유로 로빈스가 윤리나 미적인 가치에 독자적인 의미를 부여하지 않거나 이를 중립적으로 간주했다고 추정할 수 있다.

1.2. 목표와 수단

목표와 수단이 가치나 가치평가를 통해 연결되며 목표와 수단의 관계, 그리고 목표나 수단이나 이런 관계의 변화가 경제적인 측면으로 경제학의 대상이다(p. 38). 경제학이 목표와 수단의 관계에 초점을 맞춘다는 것은 경제학이 목표나 수단자체나 이들의 내재적인 성격을 대상으로 삼지 않는다는 의미가 된다. 이 점에 유의하지 않으면 경제학은 단순한 회계나 기술에 대한 어설픈 논의에 빠져들게 된다.

구체적으로 경제학은 여러 목표들이나 대안적인 용도들을 전제로 하지만 여러 목표들에 대해 중립적이어서, 이런 목표들이 각 개인에게 주관적으로 우열을 가질 뿐이다. 이런 이유로 경제학은 윤리학이나 미학과 구분된다.

또한 주어진 목표에 어떤 수단들이 적합한지는 기술적인 문제로서 경제학의 영역을 넘어선다. 그렇다고 경제학이 생산문제를 배제해야 한다는 논리로 이어지지는 않는다. 생산에 있어 기술적 측면이 아니라 가치적인 측면이나 사회적인 측면이 경제학의 대상이다. 그런데 자연과학자들은 양자를 혼동하는 경향이 있다(p. 34). 이 점에서 경제학은 자연과학과도 구분된다. 기술이 하나의 목적에 여러 수단이 존재하는 상황과 관련된다면, 경제학은 여러 목적과 여러 수단이 존재하는 상황을 다룬다(p. 35).

경제학이 목표 자체에 관해 논하지 않는다는 주장에 대해 화폐 획득을 만인 공통의 목표로 들이댈 수 있다. 논란은 있지만 화폐 획득은 그 자체로 목표라기보다 교환의 매개체나 계산의 수단이다. 구두쇠만이 화폐 획득 자체를 목표로 삼는다(pp. 30-31).

경제이론뿐만 아니라 경제사도 상대적 희소성이나 목적과 수단사이의 관계가 시간의 흐름에 따라 어떻게 변동하는지를 연구한다. 물질주의나 유물사관은 기술의 역사가 인류의 역사라고 보는 등 기술 그 자체가 사회나 경제를 규정한다는 결정론에 빠져 있다.

로빈스는 경제학이 목표 자체를 다루지 않는다는 점에서 윤리학이나 미학과 구분되며, 수단과 관련해 기술 자체를 다루지 않으므로 자연과학과도 구분된다고 주장했다. 그의 주장 중 자연과학은 몰라도 윤리학과 경제학의 무관성은 논란거리이다.

그의 입장에서 경제학은 하나가 아니라 여러 용도나 목적을 전제하지만, 이런 목적의 내용이나 가치에 대해서는 논할 수 없다. 목적이 하나이면 경제학은 필요 없어지므로 여러 목적들을 전제로 하지만, 목적들의 우열을 가리는 일은 경제학(그리고 모든 과학)의 범위를 넘어선다.

주지하듯이 화폐가 목적인가 수단인가의 문제는 치열한 논란의 대상이며 이에 대한 입장이 여러 가지 이론적인 파장을 내포하고 있다. 그런데 화폐가 수단에 불과하다는 로빈스의 주장은 경제학이 목표들에 대해 중립적이라는 주장과 무관하지 않다.

만약 자본주의경제에서 화폐 추구가 목표이고, 그것도 가장 중요하고 거의 유일한 목표이며, 이 목표가 도덕적으로 비난받을 만하다고 보자. 그렇게되면 경제학이 목표들에 중립적이라는 주장은 경제가 추구하는 부정적이고 유일한 목표인 화폐추구를 은폐하기 위한 이념으로 전락하게 된다.

더구나 개별주체들이 여러 목표들을 동등한 평면위에 놓고 이들을 수단의 관점에서 계산하는 중립성은 시장에서 모든 것들이 화폐 하나로 환산되는 익명성과도 무관하지 않다. 나아가 희소성, 목표와 수단의 평면적인 관계, 가치평가 등이 모두 시장의 화폐적 교환이나 화폐의 지배에서 거꾸로 도출되지 않았는지 면밀히 검토할 필요가 있다.

사실 화폐추구가 목표가 아니라 수단이라는 로빈스의 주장은 화폐추구를 가능한 목표들 중에서 배제하므로 윤리나 목표에 대한 그의 중립성이나 무관심을 넘어선다고 꼬집을 수 있다. 로빈스에서는 재화위주의 경제이론이 물질주의와 혼동되고, 다시 물질주의가 마르크스적인 유물론과 혼동되고 있다. 이는 고전학파와 마르크스에 대한 혼동이기도 하다. 어떻든 주지하듯이 마르크스를 기술결정주의로 규정하기는 어렵다.

1.3. 경제적 수량의 상대성

경제적 수량은 수요에 비추어 측정되므로 절대적이 아니라 상대적이다. 또한 물체가 그 자체로서가 아니라 인간과의 관계 속에서 인간의 평가를 통해 의미를 가진다는 점에서도 상대적이다. 부도 실체적 속성 때문이 아니라 희소하기 때문에 존재한다. 가치도 그 자체로 측정된 수량이 아니라 관계이다(p. 56).

이에 대한 실제의 예는 일차대전 직후 무기제조기계가 무용지물이 되고 이 기계가 생산한 무기들이 가치를 잃은 경우에서 찾을 수 있다. 전시와 평시의 차이는 무기에 대한 수요에 있으며 목표가 바뀌어 수단의 희소성이 달라졌다는데 있다. 여기서 물질적인 부에 집착하는 캐넌(Edwin Cannan) 등의 입장이 안고 있는 문제점이 드러난다.

이로 인해 단순한 물체의 누적과 수요의 충족, 그리고 기술적인 생산성과 가치 생산성이 구분되어야 한다. 목적이 바뀌면 가치도 바뀌므로 매몰비용 개념이 성립되고 제번스가 말한 대로 "과거는 영원히 흘러갔다"는 구절이 유효해진다.

가치는 그자체로 측정된 수량이 아니라 관계나 선호에 대한 서수적인 표현이기 때문에 합산할 수 없다. 현재와 미래의 상대가격 변동이 중요하며, 평가에 있어 여전히 미래는 중요하나 과거는 의미가 없다(pp. 62-63).

전통적으로 경제학은 부의 생산이론과 부의 분배이론으로 나뉘었다. 그런데 희소성과 수량의 상대성을 고려하면 이 구분은 잘못이다(pp. 64-65). 전통적인 입장에서는 경제를 커다란 기계로 보아 투입되는 총량과 산출되는 총량을 다루거나 이런 수량들이 어떻게 나뉘는지 논의해 왔다. 이것은 정당하지 않다. 오히려 인간과 경제재 사이에 존재하는 관계들을 비롯해 여러 관계들을 다루어야 한다(p. 68).

수요와 공급 혹은 목표와 수단의 형식논리가 적용되면 경제문제가 존재한다고 보기 때문에 로빈스는 전시와 평시를 구분할 필요가 없거나 단순히 수요의 변동으로 처리하면 된다. 그에게는 넓은 범위의 수요가 그 자체로 존중됨으로써 평시에 생산된 주거뿐만 아니라 전시에 생산된 대포도 모두 부로 처리된다. 아마도 선형계획 등이 이런 논리의 연장선상에 있는 것 같다.

이 지점에 이르면 로빈스와 정반대로 물적인 부나 생계유지에 집착하고 전시와 평시를 구분하는 전통적인 견해가 우월해 보인다. 여기서 로빈스는 수요의 내용이나 경제활동의 목표에 대한 무관심이나 중립성을 극도로 표출하고 있다. 이에 따라 그는 인명과 생산수단을 파괴하는 무기와 인명을 유지시키고 생산수단을 이용해 생산되는 생계수단에 차등을 두지 않았다.

로빈스를 통해 신고전학파가 평시와 전시를 무차별적으로 취급하는 경향이 있음을 확인할 수 있다. 이념적으로 신고전학파는 자유로운 교환과 상업을 강조하면서 시장경제가 전쟁을 대체한다고 주장한다. 그런데 이론적으로는 이와 같이 가치이론에 따라 교환에 머물지 않고 전쟁까지 포괄해 모두 목표와 수단이나 선택의 논리로 설명한다.

여기서 로빈스는 주관적 가치이론을 결여한 물리적인 관점을 물질주의(materialism)로 규정했다. 그러나 주관적 가치이론에 의존하더라도 경제주의의 동의어로서 물질주의라는 진단을 받을 수 있다. 하이에크가 이 같은 비판을 받았다. 또한 객관적인 가치이론에 의존한 마르크스도 유물론으로 규정되었다. 오스트리아학파나 마르크스는 모두 물체자체가 아니라 가치에 의존했지만 이들이 의존하는 가치가 경제적 가치로 압도되었다는 비판을 받았다.

반면 주관적 가치이론만이 모종의 관계에 근거한다고 볼 수도 없다. 마르크스도 관계에 의존한다. 그런데 마르크스에 있어 중요한 사회관계는 인간과 재화의 관계와 구분되며 이에 앞선다. 그러므로 신고전학파와 마르크스주의의 차이는 관계와 물체 자체의 차이가 아니라 중시하는 관계의 차이이다.

그럼에도 불구하고 고전학파와 마르크스주의가 관계 대신에 물체를 강조했다는 로빈스의 해석을 보다 근본적으로 해명할 필요가 있다. 이를 위해서는 고전학파 등이 주장한 노동가치론이나 생산비용이론이 물체 자체에 대한 집착으로 해석될 가능성을 인정해야 한다.

로빈스의 해석은 상품의 생산과정 등 교환이나 시장에 이르기까지의 과정을 무시해 상품이 생산이나 수송과정 등의 산물이라는 점을 논외로 하면서 생기는 오해이다. 다시 말해, 상품의 과거를 묻지 말라는 구호에 충실해 상품의 생산과정이나 이와 연관된 관계를 무시하면 상품은 그저 시장에서 발견되는 물체와 같아진다. 상품이나 재화를 물체로 취급하고 오로지 미래의 소비에 초점을 두면 재화와 개인의 관계를 유일한 관계로 상정할 수 있게 된다.

이렇게 보면 마르크스와 로빈스(그리고 오스트리아학파)는 각기 자신들의 가치이론을 상정하기 이전에는 상품이나 재화가 아무런 의미가 없는 물체라는 점에 동의한다. 또한 양자 모두 상품이나 재화를 인간과 연결시켜 경제학의 대상으로 만들면서 의미를 부여한다. 그런데 로빈스에서 재화는 인간과의 관계 속에서 평가받아 의미를 찾는다. 이에 비해 마르크스에서 상품은 사회관계에 의존한 가치를 통해 존재의의를 찾는다.

과거는 흘러갔다는 제번스의 언표는 여러 가지 측면에서 신고전학파를 반영한다. 이는 소비활동에 중점을 두는 한계효용학파의 가치이론을 대변해 생산에 중점을 두는 고전학파나 마르크스와 대비된다. 즉, 이는 재화나 상품이 생산에서 시작해 교환 및 분배를 거쳐 소비에 이른다는 사실을 반영한다. 이런 경제과정을 시간의 흐름으로 해석하고 교환을 현재로 보면, 생산은 과거가 되고 소비는 미래가 된다.

좀더 생각할 부분은 교환이 현재가 되는 이유이다. 교환에 중점을 두기 때문에 제번스를 위시한 신고전학파가 교환을 현재로 상정했다고 해석할 수 있다. 그러나 보다 중립적으로 보면 모든 가치이론의 일차적인 설명대상이 가격이고, 가격이 출현하는 단계가 객관적으로 교환이므로, 교환이 현재가 된다고 볼 수 있다.

이런 의미에서 생산과정이나 비용이 가격에 미치는 영향이 중요치 않다는 로빈스의 주장은 경제활동에 있어 전반적으로 과거가 아니라 미래만이 중요하다는 논리와 부합된다. 이 때문에 제번스의 언표는 매몰비용으로 이어진다. 또한 이는 생산을 위한 자본재나 금융자산의 가치를 설명하는데 실물과 무관하게 오로지 미래의 수익만이 중요하다는 논리와도 합치된다. 여기서 실물은 과거이고 화폐나 금융은 미래라는 연결고리를 명확히 해야 한다.

이런 입장은 노동가치론이나 비용가치이론과 대비되며, 특히 마르크스의 죽은 노동 개념에 대립된다. 뿐만 아니라 이 입장은 현대의 행동경제학이 내세우는 준거의존성에 정면으로 배치된다.

1.4. 경제학적인 일반화의 성격

평가는 주관적이며 관찰되지 않는다(p. 87). 또한 미래가격에 대한 사람들의 예상도 스키너(B. F. Skinner) 등의 행동주의에서 원하는 바와 같이 관찰될 수 없다(p. 88). 이 점은 인간의 행위에 심리적 요인이 개입되고 인간의 행위에 목적이 있어 사회현상이 물리현상과 다르다는 점을 말해준다(p. 89) 경제학은 돈벌이나 이기적인 인간만을 다루지 않는다(p. 94). 화폐가 어느 정도 영향을 미치지만 유일한 요인은 아니다.

1.5. 경제학적인 일반화와 현실

멩거의 위대한 발견은 경제학이 주관적인 평가와 기술적인 조건들을 전제로 하지만 이들을 분석대상으로 삼지는 않는다는 점이다. 이런 자료들은 변동하며, 경제학이 이런 변동 자체를 설명할 수는 없다(p. 106, 127). 그러므로 오래 전에 측정된 탄력성을 현재 상황에 적용할 수 없다. 자연과학에서는 질적인 분석에서 양적인 분석으로의 이행이 불가피한데 비해, 사회과학에서는 이런 이행에 여러 가지 어려움이 있다(p. 111).

멩거에 대한 칭송이나 사회과학과 자연과학의 차이, 그리고 사회과학에서 수량분석의 어려움 등에 있어 로빈스는 하이에크와 유사하다.

1.6. 경제학의 의미

두 사람이 느끼는 만족을 비교할 길은 없다(pp. 139-140). 그러므로 부자로부터 빈자로의 소득이전이 전체효용을 증대시킨다는 논리도 성립하지 않는다. 경제학이 선택의 자유를 내세우지만 어떤 분배가 좋은지 말해주지는 않는다. 경제학은 여러 목표들에 대해 중립적이어서 어떤 목표가 나은지도 말할 수 없다(p. 145, 147). 이런 점에서 목표의 차이와 수단의 차이를 구분해야 한다(p. 150). 목표는 윤리학과, 수단은 경제학과 관련된다(p. 152).

로빈스의 생각과 달리 행동경제학에서는 준거의존성과 손실 · 이윤의 비대칭으로 인해 소득재분배에 대해 부정적인 결론을 낳을 가능성이 높다. 목표와 수단에 대해서는 이분법이나 이원화가 아니라 다층적인 연계를 상정해, 낮은 수준에서의 목표가 보다 높은 수준에서는 수단이 된다고 보아야 한다. 이렇게 보면 경제학이 가려낼 수 없는 목표가 어느 수준에서부터 시작되는지 명확히 할 필요가 있다. 위의 논리는 공리주의나 후생경제학에 대한 거부를 내포하고 있다.

2. 하이에크의 『법, 입법 그리고 자유』

하이에크(Friedrich August von Hayek, 1889-1992)는 3권에 18장으로 구성된 『법, 입법 그리고 자유』(*Law, Legislation and Liberty*, 1973-1979)에서 자신의 후기사상을 종합적으로 다루었다. 여기서 그는 법과 정치 등을 포괄적으로 논의하면서 자신의 시장주의를 상당 부분 반복법을 통해 집요하게 펼쳐 나갔다. 장별로 요약하고 이에 대해 논평해 보자.

2.1. 서문, 이성과 진화

서문: 헌정(constitution)은 제한된 정부를 말하며, 이는 다수결의 의지가 제한된다는 뜻이다. 이 책의 기본착상들은 다음과 같다. 자기생성적(self-generating)이거나 자생적 질서(spontaneous order)와 조직(organization)이 구분된다는 점, 분배적 정의는 조직에서만 의미를 지니며 자생적 질서로 이루어진 거대사회나 개방사회에서는 의미없다는 점, 동일한 대의기구가 행위의 규칙을 만들고 동시에 정부를 지휘하는 자유민주주의는 서서히 전체주의로 변형된다는 점 등이다.

나는 18세기에 몽테스키외가 수행했던 작업을 20세기와 관련해 진행했다. 이 작업은 경제학, 법학, 정치학, 사회학, 윤리학 등 여러 학문에 걸쳐 있다. 이런 작업에는 학문의 분업, 특히 경제학과 법학의 분업이 해롭다. 스미스, 흄, 몽테스키외는 이런 분리를 인정하지 않았다. 이후의 논의는 한편으로 변호사들이 연구하는 행동의 규칙이 이들이 모르는 질서를 낳으며, 다른 한편으로 경제학자들이 연구하는 질서가 이들이 모르는 규칙에 의존한다는 사실을 보이고자 한다.

11장에서 나는 모든 사회제도가 인간의 의도로 생겨났고 사회질서가 이런 제도에 전적으로 의지할 수 있다는 구성적(혹은 순박한) 합리주의를 비판하고 진화적(혹은 비판적) 합리주의를 제시했다. 또한 인간의 마음이 자연과 사회 밖에 있다는 생각을 비판하면서 사회제도뿐만 아니라 인간의 마음도 진화의 산물이라는 점을 보였다.

구성적 합리주의는 법실증주의 및 공리주의와 연결되어 있으며, 상당 부분의 사회학과 사회주의를 낳는다. 근대 들어 사회주의와 비사회주의에 대한 판정이 과학적으로 가능하다는 점이 알려졌다. 구성적 합리주의는 자신이 설명할 수 없는 가치들을 자의적인 인간의 결정, 의지의 행위, 단순한 감정 등으로 규정했다.

서문에서 이미 하이에크는 자신의 입장을 천명했다. 그는 거대사회가 인위적인 고안에 의존하는 조직이 아니라 규칙에 의존하는 자생적 질서를 통해 유지된다고 보았다. 그는 자신의 입장을 진화적 합리주의로 규정하고, 이에 반대되는 입장을 구성적 합리주의로 규정했다. 여기서부터 적과 아군을 구분하는 하이에크의 이분법이 시작된다. 극단적인 공산주의자와 같은 논쟁방식이다.

그렇지만 학문의 세분화에 대한 반대는 같은 자유주의자라도 미국의 학자들과 하이에크의 다른 점이다. 포퍼는 거대사회를 개방사회로, 구성적 합리주의와 진화적 합리주의를 각기 순박한 합리주의와 비판적 합리주의라고 불렀다. 하이에크와 포퍼의 차이가 단순한 용어의 차이인지는 차차 검토해 보아야 한다.

이성과 진화: 인간의 행위를 파악하는 데 두 가지 방식이 있다. 첫 번째 방식은 명확히 잘못되었지만 우리에게 희망을 무제한적으로 실현할 수 있다는 허영심을 불어넣어 거부하기 힘들게 만든다. 이와 반대로 두 번째 방식은 거의 누구도 그것의 기본적인 주장을 거부하지 않으면서도 결론을 환영할 수 없기 때문에 잘 받아들이지 않는다.

첫 번째는 인간의 제도를 인간이 고안했다고 보며 인간의 행위가 특정 목적을 위해 언제나 조정될 수 있다고 생각한다. 이런 구성주의적 견해는 이성의 시대에 의해 뒷받침되지만, 실은 인간이 가진 원시적 사고에서 비롯된다. 이 원시적 사고는 제도의 발생을 인간 중심으로 파악해 하나의 생각하는 마음이 제도를 만들어냈다고 본다. 두 번째는 성장이나 진화에 의존해 인간의 제도를 설명하면서 특정 집단의 생존이나 우위를 보장하는 제도들이 살아남게 된다고 본다. 이것이 진화론적 견해이다.

구성주의의 대표자는 플라톤, 데카르트, 홉스, 루소, 헤겔, 마르크스 등이다. 특히, 근대의 데카르트는 명시적인 전제로부터 도출되어 논증된 명제만을 진리로 삼아 그렇지 않은 명제들을 모두 부정했다. 이성에 대한 데카르트적인 믿음은 관행이나 우연을 부정하며, 전통, 관습, 그리고 역사에 대해 전반적으로 경멸을 낳는다. 이 입장에서는 발명, 고안, 사회계약 등이 중요하다. 또한 이 입장에서는 언어로 표현되지 않았고 그 기원을 인간이 알 수는 없지만 여전히 현실의 관행을 통해 사람들이 준수하는 규칙이 있다는 점을 인정하지 않는다.

그런데 실상 이런 규칙들은 사회구성원들이 모르는 사이에 선별과정을 통해 진화되었다. 인간의 지식은 모든 구체적인 사실들을 주워 담을 수 없다는 한계를 지니고 있다. 이는 필연적이고 치유될 수 없는 인간의 무지이다. 이런 상황에서 환경에 적응하기 위해 구성원들은 스스로 말로 표현할 수는 없지만 행위를 통해 규칙들을 준수하고 있다.

이런 것들이 데카르트적인 의미에서 진리인지는 확인할 수 없다. 구성주의는 인간이 전지전능하고 근원적으로 무지하지 않은 것처럼 생각해 모든 것을 통제할 수 있다고 생각한다. 그런데 수없이 많은 사실이나 자료를 누구도 다 파악할 수 없으며, 원시적인 소사회에서만 이런 사실들을 공유할 수 있다. 거대사회와 개방사회에서는 지식이나 사실이 분할(fragmentation)되어 각자가 일부분만을 알고 있다(p. 14).

구성주의는 누군가 이런 모든 사실들을 종합해 사고하거나 모든 사람들이 동시에 생각할 수 있다는 착각에 빠져 있다. 이런 의미에서 구성주의는 과학을 과신하고 구체적인 사실들에 대한 지식을 전제로 하는 특정 사건에 대한 예측을 장담한다. 그러나 과학이든 기술을 통해서든 근원적인 무지를 극복할 수 없기 때문에 인간은 복잡 현상에 대해 예측할 수 없다. 과학은 사실들에 대한 지식이 아니라 체계적인 반박을 이겨낸 가설들에 대한 지식이다.

데카르트적인 사고에 의하면 인간의 마음이 자연계의 밖에서 이미 성숙된 상태로 주어져 있어 사회와 문화의 제도들을 고안할 수 있다. 이와 달리 인간의 마음은 자연과 사회의 환경에 대한 적응과정 속에서 진화해 왔다. 이런 문화적 유산은 집단의 구성원들이 인지하지 못하지만 집단의 성공이나 생존 가능성을 높인 관행이나 규칙들이다. 인간은 생각하기 전에 행동했다(p. 18).

언어로 표현할 수 없지만 인간이 준수하는 규칙들은 어린이의 언어습득, 예절, 도덕, 그리고 법에서 확인된다. 이것들은 인간에게 본성적이거나 태생적이 아니라 전승되는 문화이다. 무엇보다 이것들은 맨더빌이나 흄이 생각했고 아담 퍼거슨이 표현한 '인간이 고안하지 않은 인간 행위의 결과' (the result of human action but not of human design)이다. 이 개념은 자연과 인공(physis and nomos)이나 자연과 관습이라는 고래의 이분법을 극복한 제 3의 중간적인 범주를 지칭한다.

이는 몰리나(Luis Molina)의 자연가격과 같이 굉장히 많은 상황에 의존해 신만이 일 수 있는 존재이다. 자연가격 개념에는 정의로운 가격의 결정을 시장에 맡겨야 한다는 함의가 있다. 이에 반하는 논리가 합리주의적인 자연법이론을 주장한 그로티우스와 법실증주의이다. 양자는 선험적인 전제에서 법을 도출하느냐 경험적인 지식에 의존하느냐의 차이를 보이지만, 법을 구성할 수 있다고 보는 점에서는 동일하다.

자연법에 대립되는 논리가 영국의 관습법이다. 이 전통은 영국의 맨더빌, 흄, 스미스, 퍼거슨, 독일의 훔볼트와 사비니, 오스트리아의 멩거로 이어진다. 이들은 다윈 이전의 다윈주의자들이었다. 이들에게 진화와 자생적 질서의 형성은 쌍둥이 개념이다. 영국에서 이에 반하는 논리가 벤담의 공리주의이다.

이들은 진화에 의존하지만 사회적 진화론과 구분된다. 사회적 진화론은 제도나 관행이 아니라 개인의 선별에 중점을 두며, 문화적인 유산이 아니라 태생적인 속성에 초점을 맞춘다. 또한 이들은 헤겔이나 마르크스의 단계이론과 같이 예정된 역사의 경로나 필연적인 법칙성을 내세우지 않는다.

하나의 생각하는 마음을 사회에 상정하는 사람들로는 이외에도 루소와 케인즈가 있다. 이들은 사회가 그 자체로서 생각하고 행동한다고 본다. 이는 부당한 의인화이고 유사인간주의이며, 정령주의이고 의도주의이자 인공주의이면서, 궁극적으로 구성주의이다. 구성주의는 자생적 질서와 조직을 구분하지 못한 채, 조직에 적용되는 논리를 자생적 질서에도 적용하고 있다.

이 두 가지 대립되는 견해를 구성적인 합리주의와 진화적인 합리주의라고 부를 수 있다. 양자 모두 추상화나 추상적인 성격을 인정하지만, 전자가 이를 사고나 개념에 국한시키는데 비해, 후자는 현실의 행위를 결정하는 모든 과정에 부여한다. 구체적인 지식이 담겨 있지 않은 규칙의 중요성이 이를 함축하고 있다.

이런 추상성은 논리가 아니라 현실에서 나온다. 또한 이런 추상성은 구체적인 사물에 집착하는 본능이나 직관과 구분된다. 또한 의식하지 않은 상태에서 행위가 이루어진다고 해서 무의식을 인정하는 것도 아니다. 여기서 말하는 행위는 무의식에 의한 행위와 달리 여전히 합리적이고 목적 지향적이다.

구성주의는 특정 의지나 목적을 모두에게 강요하는 경향이 있다. 그러나 추상적이고 일반적이기 때문에 사고가 구체적인 행위를 결정할 수는 없다. 추상적인 사고가 이와 같은 한계를 지니기 때문에 자생적 질서는 오로지 일반적인 규칙을 부과할 뿐이다. 이 같이 추상성에 대한 의존은 이성의 한계를 인정한다. 이를 무시하는 구성주의는 비합리주의와 연결된다.

이제 하이에크에 대해 논의해 보자. 하이에크에 있어 행동의 단위는 개인이나 개체인데, 행동으로 인해 생존하거나 소멸하는 단위 혹은 선별되는 단위는 집단이다. 이는 그가 관심을 두고 있는 사회제도가 개인 단위에서 성립될 수 없기 때문이다. 그의 입장에서 구성주의는 미신을 타파하려는 이성주의가 만들어낸 새롭고 보다 견고한 미신이다. 이는 마르크스가 주인 · 노예관계를 청산했다고 자부하는 근대에서 자본가 · 노동자관계라는 새롭고도 보다 견고한 주인 · 노예관계를 찾은 것과 묘한 유사성을 가진다.

하이에크에게서도 이론, 사실, 자료 혹은 정보 등이 명확히 구분되지 않고 있다. 그에게서 사회구성원들은 규칙을 개념적으로 파악하지 못하며 대부분의 사실들을 모른다. 그런데 규칙은 모르면서도 준수하는데 비해, 구체적인 사실 등은 그저 모른다. 또한 규칙은 사회구성원들이 모르면서도 행동을 통해 공유하는데 비해, 사실들에 대해서는 각자 알고 있는 것과 모르는 것이 구분된다.

인지능력이 환경과의 적응 속에서 진화되었다고 말하면서 인간이 생각하기 전에 행동했다는 지적은 마르크스에도 등장한다. 마르크스도 『자본론』 1권에서 괴테를 인용하며 태초에 말씀이 아니라 "태초에 행동이 있었다"(Im Anfang war der Tat.)고 말했다. 넓게 보면 양자 모두 경제나 사회가 인식이나 인지에 미치는 영향을 인정한 셈이다.

물론 하이에크와 마르크스의 차이점도 엄연히 존재한다. 하이에크의 핵심구절인 인간이 고안하지 않은 인간행위의 결과에서 인간행위의 결과는 마르크스와 공통이지만, 인간이 고안하지 않았다는 점에서는 견해가 다르다. 그리고 이 차이가 하이에크의 입장에서 여타 구성주의자와 마르크스가 공유하는 부분이다. 또한 하이에크에 있어서는 개인이 행동단위이면서 집단의 선별을 결과로 낳는다. 이에 비해 마르크스에 있어서는 개인이 아니라 계급이라는 집단이 의미 있는 행동의 단위이며 이런 행위가 사회전체의 생존이나 구원을 가져온다.

하이에크와 신고전학파의 차이로 해명이 요구되는 부분이 공리주의에 대한 입장이다. 이와 연결되는 부분이 자신과 롤즈 사이에 차이가 없다는 하이에크의 언술이다. 기존 경제학과 공리주의 모두로부터 롤즈가 상당히 떨어져 있다고 보면 이 역시 정리되어야 한다.

스미스가 마지막 윤리학자이자 최초의 경제학자이며, 다윈이 마지막 경제학자이자 최초의 생물학자라는 패튼의 해석을 주목할 필요가 있다(p. 153).

질서나 규칙이 본능과 이성의 사이, 그리고 자연과 인공의 사이에 존재한다는 하이에크의 개념이 뵘바베르크(Eugen von Böhm-Bawerk)와 하이에크의 자본개념에도 적용될 수 있는지 검토할 필요가 있다. 오스트리아학파의 자본개념은 자연과 노동의 결합체이면서, 양자의 매개체이다. 이에 비해 질서나 규칙을 경시하는 케인즈에서 자본은 이런 존재가 아니다.

2.2. 생긴 질서와 만든 질서

복잡현상을 논하기 위해서는 질서(order) 개념이 요구된다. 질서의 역할은 단순현상에서 법의 역할과 같다. 여러 요소들이 서로 연결되어 있고, 그것의 공간적이거나 시간적인 일부를 알면 전체에 대한 기대를 형성할 수 있고, 그런 기대가 올바르다고 판명될 가능성이 높은 상태로 질서를 정의할 수 있다. 따라서 질서는 여러 기대들의 정합성이나 의도와 기대의 부합을 통해 유지된다.

이런 의미에서 질서는 특정인의 사고로 고안되지 않았으며 명령과 복종이나 위계적 구조에 의존하지 않는다. 후자에 의존하는 질서는 외적으로 주어지는데 비해, 진정한 질서는 시장의 균형과 같이 내적으로 주어진다.

경제학과 생물학에서는 이런 자생적 질서가 이미 오래 된 주제이지만, 물리학에서는 최근 들어 자기조직적인(self-organizing) 체계나 자기생성적인(self-generating) 체계로 나타났다. 질서와 대립되며 외적이고 인위적이며 구성적인 구조는 조직(organization)이다. 희랍어로 양자는 생긴 질서(cosmos)와 만든 질서(taxis)로 구분된다.

생긴 질서는 여러 사람들의 행위의 결과이지만 누구도 고안하지 않았다. 도덕이나 언어도 자생적 질서에 속하는데 스미스의 보이지 않는 손은 이런 질서를 표현한다. 이 질서는 구체적이 아니라 추상적이기 때문에 그 구성요소들 사이의 관계를 감각적으로 포착할 수 없다.

이 질서는 특정의 구체적인 목표를 가지고 특정의 결과를 지향하는 단순성을 지니지 않아, 특정 목적으로부터 독립되어 있고 추상적이며 복잡하다. 이런 질서에서는 구성요소들이 의식하지 못하는 상태에서 이들의 행동을 통해 추상적 관계들의 구조가 유지되면서 해당 집단의 생존가능성이 높아진다.

이런 구조의 재생산이 나타나는 모습은 구성요소들의 행위의 반복성, 규칙, 초기위치, 모든 구체적인 상황들에 의존한다. 이 중에서 우리는 규칙 등 추상적인 측면들을 알고 있을 뿐 개별요소들과 구체적인 상황들에 관련된 사실 모두를 알 수는 없다. 이에 대한 지식은 구성원들에게 분산되어 있어 집중시킬 수 없다.

개체들이 규칙을 준수하는 상태에서 상황의 변동에 적응하면서 자생적 질서가 유지된다. 시장질서에서는 보다 많은 수익을 위해 노력한다는 규칙이 있지만 여기서 생기는 질서가 이로우려면 관습적인 규칙들이 요구된다. 이 규칙들도 질서와 마찬가지로 대체로 자생적이지만, 모든 규칙이 그렇지는 않다. 그러나 인위적으로 만들어진 규칙에 근거해서도 자생적 질서가 생길 수 있다.

자생적 질서와 조직은 현실사회에서 공존하지만 이들을 우리가 원하는 대로 결정할 수 없다. 조직에는 가정, 농장, 공장, 기업, 법인체, 연대단체, 공공기관, 씨족, 부족, 혈족 등이 있다. 자생적 질서는 몇 개 핵들을 중심으로 이보다 느슨하게 얽혀있다.

조직 중에서 정부는 강제적인 기능과 서비스의 기능을 가지고 있는데, 헤겔 이후로 종종 대문자 'S'로 시작하는 국가로 규정되기도 했다. 조직은 정부나 기업처럼 특정 기능이나 목표를 위해 직접적인 명령에 의존하는데 비해, 자생적 질서는 다목적이고 다기능이며 익명적인 규칙에 의존한다. 조직의 규칙은 존재하더라도 명령의 빈자리를 메우는 보조적인 역할에 그친다. 그래서 조직은 하나로 집중된다. 이에 비해 자생적 질서는 여러 개체들에 흩어져 있는 지식을 충분히 이용해 각자가 질서의 구체적인 내용을 채우도록 허용한다. 시장질서가 자생적 질서의 대표적인 예이다.

조직이 아니라 생물학적인 구조를 보여주는 유기체(organism)는 일종의 자생적 질서이다. 그렇지만 개별요소들의 위치가 고정되어 있고 이들의 숫자가 변하지 않는다는 점에서 진정한 의미의 자생적 질서와 차이가 있다. 이런 이유로 유기체는 자생적 질서와 달리 구체적인 성격을 띠며 쉽게 파악된다.

하이에크에 의하면 자생적 질서는 자생적 규칙뿐만 아니라 인위적 규칙에 근거해서도 발생한다. 또한 그는 인위적 조직의 존재를 부정하지 않지만 조직과 자생적 질서의 인위적 결합을 부정한다. 이런 주장들은 자생적 질서의 생명력을 뒷받침한다. 자생적 질서의 느슨한 연결망은 가라따니 고진의 이상과 유사하다.

2.3. 원칙과 편의

자유는 개체들이 보편적으로 적용될 수 있는 원칙(principles)을 따르고 중앙집권적인 권위에 의존하는 편의(expediency)에 따라 움직이지 않을 때 유지될 수 있다. 또한 이렇게 할 때 사회에도 가장 이익이 된다. 일견 원칙에 따르는 경우 편의에 따르는 경우보다 이익이 적다고 생각할 수 있다. 그렇지만 원칙을 따르는데 드는 비용은 가시적이고 이익은 불투명한데 비해 편익을 따르는 경우에는 그 반대이기 때문에 이같이 착각한다.

이런 불투명성은 개체들이 사회의 원칙들을 일상생활 속에서 준수하면서도 논리화하지 못하기 때문에 생긴다. 인간의 행동이 의도하지 않은 결과를 낳는다는 점을 고려하면 원칙에 따른 개체의 행동이 핵심이 되어야 한다. 그렇기 때문에 비록 한 사회의 이념으로 비난받을지 모르지만 기본적인 원칙들은 거대사회를 지키는데 불가결하다.

시장에서 일차적으로 발견되는 자생적 질서는 법률의 발전에서도 확인된다. 법을 통해 질서를 구성하려는 입법자보다 변호사가 이런 발전을 실제적으로 이룩하고 있다. 변호사는 사회의 일반적인 원칙을 의심하지 않고 이를 적용하기 때문이다. 변호사는 이런 적용과정을 통해 법이 대원칙에 합당해지도록 만든다.

그럼에도 불구하고 서양의 현실은 이 같은 흐름에서 벗어나고 있다. 이에 대한 단적인 사례는 변호사들이 사법(私法)이 아니라 공법(公法)에 관심을 둔다는 점이다. 이런 실상은 경제학자들이 자유방임적인 시대의 종언과 같이 잘못된 경제학을 전파하고 법학자들이 이를 수용한 탓도 있다. 이런 이유로 인해 상당수의 법학자들은 전체주의적인 성향을 띠고 있다.

하이에크의 논리를 예시해 보자. 여기 기업가가 주어진 비용과 예상되는 가격 하에서 하나의 재화를 특정 기술을 이용해 특정 수량만큼 생산했다고 하자. 우선 이 기업가는 생산요소와 재화의 가격을 알고 있다. 그렇지만 이 기업가는 이런 가격들이 어떻게 형성되었는지 완전히 알 수도 없고 자신의 기업 활동에 이런 정보를 필요로 하지도 않는다. 또한 이 기업가는 자신이 이용할 수 있는 기술이 어떤 것인지 대체로 알고 있다. 그렇지만 이 기업가는 다른 기업가들이 어떤 기술을 이용하는지 알 수 없다. 이런 것들은 사실에 대한 이 기업가의 지식이나 무지이다.

이 기업가는 오로지 자신의 이윤을 최대화하는데 목표를 두고 있는데 이 점에서는 다른 기업가도 마찬가지이다. 이 기업가는 거리에서 발견한 걸인을 동정하기보다는 그 돈으로 이윤을 남기는 행동방식을 택한다. 이것은 일종의 가치나 규칙이라고 볼 수 있는데 기업가들은 왜 자신이 이런 규칙을 따라야 하는지에 대해 알지 못한다. 이 기업가는 규칙에 대해 인식하지 못하면서도 이를 실행한다.

이 기업가는 자신이 생산한 재화가 결과적으로 시장에서 어떤 가격에 얼마만큼 팔릴지도 알 수 없다. 또한 사회 전체적으로 이런 자신의 경제활동이 다른 기업가와의 경쟁 속에서 소비자들에게 이익을 가져온다는 사실도 알 수 없고 알 필요도 없다. 더구나 사회적으로 자신의 행동이 모든 경제주체들에게 풍요를 가져다준다는 점도 예측하거나 알 수 없다. 이것은 기업가가 자신의 행동이 가져올 개인적이거나 사회적인 결과에 대해 무지함을 의미한다.

하이에크는 이같이 개인들이 스스로 완전히 파악하지 못하는 규칙을 실행함으로써 사회에 이익이 되는 결과를 낳을 수 있는 자생적 질서의 존재를 주장한다. 하이에크가 개인의 합리적 행동을 공유하면서도 왈라지언 일반균형에 대해 비판하는 이유는 개인들의 행동이 낳는 의도되지 않은 결과를 인정하지 않아 스미스의 보이지 않는 손을 인식하지 못했다는데 있다. 또한 비록 효용이라는 관점을 공유하면서도 입법에 근거해 사회전체에 대한 변혁을 기도하기 때문에 공리주의는 심각한 문제를 안고 있다.

보이지 않는 규칙에 대한 하이에크의 의존은 자칫 자유주의의 논리를 종교와 같이 받아야 들여야 한다는 커다란 문제점을 안고 있다. 하이에크는 통화주의자와 비슷하게 정책의 필요성이 과거 정책의 산물이라고 주장했다. 인간의 행동이나 정책이 의도되지 않은 결과를 낳기 때문에, 이것을 다시 수정하기 위해 다른 정책이 요구되고, 그러한 정책들은 또 다른 의도되지 않은 결과를 낳는 악순환을 겪는다는 논리이다.

이 같은 생각에는 인간의 행동이 낳는 결과를 예측하기 어렵다는 전제가 깔려 있다. 여기서 원칙에 따른 개체의 행동이나 편의에 따른 중앙권력의 정책이 모두 의도되지 않은 결과를 낳는다. 그렇지만 전자는 이로운 결과를 가져오고 후자는 해로운 결과를 가져온다고 하이에크가 주장한다.

또한 그는 지속적으로 혁명적인 변혁을 비판했고, 구체적인 현실에 기초한 점진적인 정책(realism)도 반대하므로, 모든 종류의 정책에 대해 무용론을 주장한다는 결과가 나온다. 이 점에서 하이에크는 경제적인 자유주의자라고 볼 수 있다.

전반적으로 고려할 문제는 하이에크에서 개체와 집단 혹은 전체의 성격이다. 개체가 국가와 대립된다는 점은 확실하다. 그렇지만 개체가 단순히 개인을 의미하는지 아니면 여러 중간집단들로서 가정이나 교회 등도 포함하는지 분명치 않다. 그의 생각은 특히 경제에 등장하는 기업에서 문제가 된다. 경제단위로 보면 기업이 하나의 개체이지만 각 기업에는 여러 개인들이 조직되어 있다. 또한 시장에서 기업이라는 개체의 자유가 기업이라는 조직 내에서 회사원 개인의 자유와 배치될 수도 있다.

하이에크 역시 개인의 합리성, 토론의 전통, 그리고 일정 수준의 문명을 서양사회의 전제로 삼고 있다. 전통이 없으면 그의 논리는 적용되지 않는다(p. 55).[1] 그렇기 때문에 그의 입장에서도 이 전제가 성립되지 않을 때 중앙권력을 통해 개입해 개인에 대한 자율성을 억압하고 그 보다 큰 중간집단의 자율성만을 허용할 수 있다. 이와 관련해 한국사회에 하이에크가 주장하는 원칙이나 전통이 존재하는지 생각해 볼 필요가 있다.

2.4. 법 개념의 변천

법은 입법보다 더 오래 되었다. 입법은 비로소 근대에 들어 부상했다. 이런 이유로 언제나 법에 대한 해석이 입법보다 더 중요했다. 그리고 역사적으로 삼권은 명확하게 분리되지 않았다. 법에 대한 해석과 법의 제정이라는 두 가지 임무가 결합되어 근대의 입법부가 생겼다. 입법을 강조하는 입장에서는 명문화된 법을 강조하며 문자화된 법을 적용함으로써 사회의 안정을 기할 수 있다고 생각한다. 이런 생각은 전제로부터 결론을 도출하는 데카르트적인 발상으로 주어진 법이 적용된다는 입장에 근거하고 있다.

그러나 이런 대륙적인 전통의 사고방식은 법의 역사로 보면 사실이 아니다. 사람들은 정의로운 행동의 규칙을 개념화하지 못하면서도 행동을 통해 이런 규칙을 준수해 왔다. 이 규칙들은 해당 집단의 생존이

---

1) inadequate when transferred to countries where such traditions did not prevail.

라는 면에서 효율성을 높여왔다. 언어의 사용과 마찬가지로 규칙의 준수에서도 무엇인가에 관한 근원적인 지식이 아니라 어떻게 할지에 관한 지식이 활용된다(p. 76). 이런 전통은 켈젠(Hans Kelsen)의 법실증주의를 포함하는 구성주의적인 합리주의와 대립된다.

이 점은 스코틀랜드의 도덕철학으로부터 영향을 받은 동물행동학이나 문화인류학의 연구에서 확인된다. 동물들에게는 규칙이 형식이나 의식의 형태로 각자의 영역이나 재산을 제한한다. 이 경우 규칙은 성향이나 습성으로 나타난다. 인간세계에서도 이런 규칙들이 작동한다. 그런데 이런 규칙과 법은 명시적으로 표현되지 않은(unarticulated) 채 오래 전부터 존재했다.

일상의 과정 속에서는 이런 규칙들이 활용되면서 발견되고 보존될 뿐 창조되지 않는다. 또한 이런 규칙들을 모두 형상화해서 파악하는(articulate) 일은 나중에도 불가능하다. 가령, 현 시점에서도 공정한 경기규칙들을 모두 파악해 전달하기란 쉽지 않다. 더불어 이런 규칙들은 어떤 전제에서 도출되지는 않지만 이행하려면 다른 규칙들을 필요로 한다.

이런 역사에 부합되는 전통이 영국의 관습법이다. 관습법의 전통에서는 입법자의 제정이나 개정이 아니라 변호사의 해석이 중요하다. 변호사들이 특정 법규가 법의 기존 질서체계에 부합(compatibility)하는지를 해석하면서 실질적으로 새로운 규정을 만든다. 이와 같은 해석이 누적되어 현존하는 관습법이 형성되었다.

이런 상황에서 입법은 의회의원의 역할이 아니라 변호사의 역할이 된다. 물론 원초적으로 특정 계급의 이익을 반영해 만든 법이 오랜 동안 존속해 온 경우 이런 해석만으로 문제를 해결할 수 없다. 이런 경우에는 입법을 통한 새로운 규칙의 제정을 마다할 수 없다.

규칙에는 사실에 관한 규칙과 규범적인 규칙이 있다. 일반적으로 사실명제로부터 가치명제를 도출할 수 없다. 그렇지만 규칙이 사실상 행위를 통해 관찰되는 경우 사실규칙과 규범규칙의 경계는 애매해진다. 같은 이유로 인과에 대한 지식과 행위규칙에 대한 지식이 명확히 구분되지 않을 수 있다.

집단의 생존에 공헌했기 때문에 선별을 거쳐 진화한 규범에도 이런 애매함이 있다. 특히, 새로운 규칙은 지배자가 제정해서 생긴다기보다, 주로 외부인과 접촉하는 접경지대나 항구에서 일어나는 조용한 물물교환을 통해 생겨난다. 그리고 사회구성원들의 기대가 형성되는 관습을 통해 규칙들이 수용되었다.

고대 그리스에서 법은 지배자의 주권적인 의지를 제한하기 위해 만들어졌으며, 로마의 법도 의도적인 입법의 산물이라고 보기 힘들다. 법은 주로 법률가들의 법률 찾기에서 나왔고, 일부만이 입법의 결과로 생겨났다. 이런 의미에서 새로운 법(new law)이란 형용모순에 가깝다. 근대에도 법은 절대독재와 민주주의의 열망에 대한 억제책이었다. 영국의 관습법에서는 입법과 사법이 명확히 구분되지 않아 법률가의 역할이 컸다. 대신 입법부는 기존 법체계에서 의심스런 지점들을 명확히 하는데 그쳤다.

이런 법은 특정 목적으로부터 독립적이다(purpose-independent). 또한 사례에 일반원칙이 담겨있기 때문에 사례에 의존하는 관습법이 명문화된 법보다 오히려 더 추상적이다. 변호사는 규칙을 파악하기 위해 사례들로부터 관련성(the relevant)과 우연성(the accidental)을 가려내면서 추상화하게 된다. 그런데 저절로 생긴 법이라도 계급이익 등의 영향을 받아 근원적으로 잘못 만들어졌거나 법체계의 상당부분에 문제가 있을 경우에는 입법을 통해 교정해야한다. 그리고 법의 개정시에는 여론의 반발이 있는지 확인해야 한다.

2.5. 생긴 법: 자유의 법

재판관이 해석한 법이 진정한 법인데, 이는 변호사의 법이나 고대 희랍의 법질서(nomos) 등으로 규정된다. 여기서 재판관은 자생적 질서에 속하는 기관이다. 사회라는 질서정연한 관계 속에서 인간들이 집단을 이루며 모여살기 위해서는 인간들이 공통의 규칙을 준수해야 한다.

이런 공통의 규칙은 사회의 개체들이 관습에 의존해 형성하는 기대를 바탕으로 삼는다. 기대는 특정 인간의 의지, 특정인의 희망, 관련인의 이름과 무관하다. 익명성은 추상성을 의미하며, 이를 위한 추상은 원시인의 능력을 벗어난다. 판사들은 이런 추상화를 통해 행동의 규칙을 찾아내려고 노력해 왔다.

규칙은 상호의존적인 개인들의 모든 기대가 아니라 정당한 기대만을 존중한다. 오히려 정당한 기대를 정당화하려면 일부의 기대들은 좌절시켜야 한다. 이런 추상적인 규칙들은 특정 집단에게 우위를 부여하며 폐쇄된 집단 안에서 뿐만 아니라 우연히 마주치는 사람들 사이에도 작동할 수 있다. 이 규칙들은 행위자가 모르는 상태에서 준수되므로, 무엇인가에 관한 지식(know-that; wissen)이 아니라 어떻게 할지에 관한 지식(know how; kennen)에 의존한다(p. 99).

판사가 자신의 노력을 통해 공표하는 규칙은 기존 규칙들의 체계나 생긴 질서의 공백을 메우는데 불과하다. 판사는 불문법을 조문화하거나 기존 법조문의 문자가 아니라 그 정신을 해석한다. 어떤 법체계도 통째로 제정될 수는 없다. 오히려 법체계는 일반인들이 이미 준수하고 있는 규칙을 발견해 표현한데 불과하다.

법은 타인을 향한 행위와 주로 관련된다. 그런데 행위의 영향을 완전히 파악할 수 없고 상황이 변하므로, 규칙들이 타인을 향한 행위나 가해를 완전히 포괄할 수 없다. 이런 이유로 우리는 규칙과 기대형성에 대해 시행착오의 과정(trial and error)에 의존할 수밖에 없다.

상황이 변하고 불확실해 각자가 환경에 적응하면서 새로운 지식을 발견하며 이런 지식을 이용하려는 체제에서는 모든 기대가 아니라 정당한 기대만이 존중된다. 물론 기대들에 대한 충족을 전체적으로 극대화하는 방향으로 기대들이 보호되어야 한다. 그런데 지속적으로 구체적인 사항들(the particulars)이 변동해야만 추상적인 전체질서(an abstract overall order)가 유지된다(p. 103).

시장에서도 일부 기대들이 좌절됨으로써 전체적으로 기대들이 충족되는 경향이 유지된다. 시장에서 개별요소들이 상호조정 되어 질서가 유지되므로, 개체들의 움직임은 자의적인(random) 움직임과 다르다. 여기서 유지되는 질서는 추상적인 관계들의 체계(a system of abstract relationships)로서, 개별자들이 목표로 삼지 않았음에도 불구하고 결과적으로 나타나는 존재이므로, 가치(value)라고 부를 필요가 있다(p. 104, 110). 여기서 추상적인 관계들은 다시 한 층 더 높은 관계들의 관계를 이룰 수도 있다(p. 122).

이 가치는 눈에 보이지 않고 머리 속에서 재구성될 수 있을 뿐이다. 혹은 가치들은 여러 다양한 목적을 달성하게 도와주는 질서의 추상적인 측면들이다. 여러 사실들을 고려해 이런 가치들을 준수하면서 질서가 형성되어 새로운 가치가 나온다고 볼 수도 있다(p. 111). 이런 질서 속에서의 행위는 개별사실들에 대한 고려뿐만 아니라 규범을 필요로 한다. 이렇게 형성되는 가장 포괄적인 질서가 시장질서이다.

각자의 고유영역을 정하고 각자에게 허용되는 행동들의 범위를 정하는데 있어 재산이 핵심이다. 또한 법, 자유, 재산이 삼위일체를 이룬다. 법은 경계나 반경을 정할 뿐 특정인에게 특정 물체를 분배하지 않으며, 분배적 정의를 지향하지도 않는다. 종종 이런 경계의 설정이 쉽지 않다. 동산보다 부동산의 경우 인근효과, 즉 외부효과 등을 가지고 있어 특히 경계설정이 어렵다.

정의로운 행위의 규칙들은 소극적으로 부정을 방지하는데 목표를 두며, 기존 법체계와의 정합성을 기준으로 삼는다. 이런 의미에서 법 해석은 내재적인 비판(immanent criticism)의 성격을 갖는다. 이는 데카르트적인 도출과 구분된다. 이런 법을 통해 여러 사람들의 기대가 맞아떨어지면서 재화의 총량이 극대화된다. 법은 특정의 행위를 지시하는 것이 아니라 허용되는 행동의 범위만을 지정한다. 이런 이유로 진정한 의미의 법은 다목적의 수단으로서 언어 다음으로 인간에게 많은 다양성을 부여한다.

하이에크는 밀과 달리 시장경제를 더욱 의식해 기대의 실망을 명시했다. 또한 행동의 효과들에 대한 예측이 어렵다거나 상황의 변화를 지적한 점도 시장경제와 연관이 있다. 개별자의 의도나 목표 위에 있는 질서를 가치로 규정한 하이에크의 논리는 한편으로 칸트와, 다른 한편으로 마르크스와 비슷하다. 나아가 비판적 실재주의의 옹호자들이 인정했듯이 하이에크가 이 사조와 결합될 가능성도 높다.

2.6. 만든 법: 입법의 법

의회에서 만든 법(thesis)은 본래적인 의미의 법, 즉 정의로운 행동의 규칙에서 벗어난다. 의회의 입법은 정의로운 행동의 규칙을 목표로 삼지 않고, 정부를 통제하기 위해 정부의 직접적인 조치를 겨냥한다. 따라서 만든 법은 특정 시점에서 특정인에게 특정 자원을 제공해 특정 목표를 달성하도록 특정 행위를 지시한다. 이런 법은 정부나 조직일반과 관련되므로 정의로운 규칙을 관장하는 법원조직 내에도 존재한다. 본래적인 의미의 법은 행위의 범위를 규정할 뿐 특정 행위나 특정 조치를 지정하지는 않는다.

조직과 관련된 규정들이 본래적인 의미의 법과 동등한 자격을 부여받으면서 다같이 법으로 불리게 되어 혼란을 낳고 있다. 법에 관한 이런 혼란은 삼권분립에 관한 초기논의에서 이미 등장했다. 구체적인 조치나 행위를 지향하면서 의회가 전능한 존재가 되었다. 공리주의는 이런 경향을 강화시켰다.

정부는 주로 평화와 정의를 위한 규칙의 시행과 시민들에 대한 여러 서비스의 제공이라는 두 가지 임무를 지니고 있다. 그런데 특정목적을 위해 명령을 발하는 후자와 관련해 오해가 생기고 있다. 정부의 임무에 관한 이런 구분은 사법과 공법의 구분에 상응한다. 그런데 (형법을 포함하는) 사법은 개인적인 후생에 부응하고 공법은 공적인 후생에 부응한다고 사람들은 오해하고 있다. 그렇지만 공동의 목표를 지향한다고 공동의 후생이 증진된다는 보장이 없다. 오히려 공법에 대한 치중은 법실증주의나 전체주의에 부합된다.

헌법은 역사적인 투쟁의 산물이고 억압받은 사람들에게 동등한 시민권을 주었다는 의미를 가지고 있다. 그러나 헌법은 이미 존재하는 법의 상부구조에 불과하므로 이에 대해 특별한 권위를 부여할 필요가 없다. 더구나 헌법은 그 자체로서 정의로운 행동의 규칙들도 아니다.

전반적으로 보면 공법은 소멸하고 사법은 남는다. 행정법은 조직의 규칙뿐만 아니라 행정조직과 시민들과의 관계에 대한 규정, 재산과 개인들에 대한 행정력에 관한 규정 등을 포함한다. 개인의 행위에 대한 침해를 막기 위해 두 번째는 지방기관에 맡겨야 한다. 세 번째는 개별적인 지정이 아니라 편익의 일반원칙에 따르도록 만들어야 한다.

경제의 하부구조와 관련된 정부의 정책적인 조치는 모든 시민들에게 차등적으로 영향을 미친다는 점에서 문제가 있다. 이 문제도 지방정부에 맡겨 어느 정도 해소할 수 있다. 정책적인 조치는 공동의 목적을 달성하기 위한 재원의 조달이나 비용의 분담에 있어 협상에 의존하며 익명성이 없어 특정목적과 특정인과 연결된다. 이런 점들에서 정책적인 조치는 정의로운 행동규칙과 구분된다. 이런 이유로 공공부문의 크기는 제한되어야 하고 이들이 개별시민들에게 미치는 영향이 예측 가능해야 한다.

정부의 강제가 사회적 목표를 위해 입법화된다고 말할 때, '사회적'이라는 말의 의미가 모호하다. 먼저 이 경우 법에 의한 과거의 차별을 제거하려는 의도를 가지고 있다. 그러나 특정집단이나 특정인들을 위해 사회적 결과를 수정하는 일은 옳지 않다. 정의는 거래의 공정성과 관련해 강박이나 사기를 배제할 뿐 거래의 결과에 관여해 정의로운 가격이나 임금을 제시하지는 않는다.

둘째, 입법이 사회적 소수집단을 특별히 배려하려는 의도를 가지기도 한다. 이런 필요성은 부인할 수 없지만 획일적인 원칙에 의존해야 한다.

셋째, 소위 사회적 입법이 특정 집단의 특정 목표를 위해 마련될 수 있다. 이 경우 사회적 정의라는 미명하에 목적독립적인 규칙이 목적의존적인 규칙으로, 혹은 사법이 공법으로 변하는 경향이 있다. 이에 따라 공법이 시민들의 머리끝에 올라서게 된다. 이는 자생적 사회가 서서히 조직으로 변한다는 의미가 된다. 이는 모든 불만을 정치권에서 해결해야 한다는 압박과 이로 인해 다수가 자신의 목표를 전체의 목표로 위장하는 과정의 연속이다.

특정 행위가 행위의 범위를 지정한다는 법의 소극성에 대한 하이에크의 강조는 선택의 자유와 정확히 부합된다. 여기서 공리주의에 대한 하이에크의 반발이 의회주의에서 비롯되었음을 알 수 있다. 외견상 마르크스와 하이에크가 의회주의에 반대한다는 결론에 있어서 비슷해진다. 정부에 대한 경계가 정부와 관련된 법에 대한 경계를 낳아 하이에크로 하여금 사법과 대비되는 공법의 문제를 지적하게 만들었다.

'사회주의' 뿐만 아니라 '사회'나 '사회적'이라는 개념에 대한 하이에크의 반발은 정치적이라는 개념에 대한 반발보다 더 보수적이라고 해석할 수도 있다. 아리스토텔레스 등에 있어서 '정치적'이라는 용어가 '사회적'이라는 용어로 보수화되었는데, 하이에크는 이마저도 다시 '경제적'이나 '시장적'으로 대체하려고 노력하는 셈이다. 물론 마르크스주의에서 사용한 흐름을 보면 사회나 사회적이라는 용어는 중립적이라기보다 좌파적이다.

2.7. 일반적인 후생과 개별적인 목표

편의와 원칙의 이분법에 따라 의지와 의견, 충동과 성향, 목표와 가치, 명령과 규칙, 조직과 질서, 그리고 목표지배(teleocratic)와 규칙지배(nomocratic)가 구분된다. 여기서 공리주의는 첫 번째에 상응하는 구성주의이다.

공리주의는 사회 전체에 대해 효용을 설정하고 사회나 사회의 효용을 의인화(hypostatized utility, anthopomorphically) 했다(p. 22). 또한 효용은 목적이 아니라 수단에 적용되는데, 공리주의는 인간의 목표를 쾌락으로 획일화했다(p. 18). 더불어 공리주의도 개인들이 자신의 행동이 가져오는 결과를 완전히 파악할 수 없다는 인간의 무지를 간과했다(p. 19).

규칙의 변경은 체계 전체에 대해 일거에 이루어지는 것이 아니라 전통과 계승된 가치에 근거하고 기존 체계를 부분적으로 점검하는 내적인 비판에 의해 가능하다. 또한 규칙은 장기간에 걸쳐 준수될 때 비로소 자신의 기능을 다하게 된다.

하이에크가 공리주의를 구성주의로 규정한데 대해 몇 가지 설명이 요구된다. 그의 정의에 따라 사회전체를 설계한다는 점에서 공리주의는 구성주의임에 틀림없다. 그러나 이렇게 보면 공리주의에 직간접으로 의존하는 후생경제학도 구성주의가 될 가능성이 높다. 하이에크는 마르크스와 거시경제학에서 케인즈뿐만 아니라 미시경제학의 후생경제학과도 대립할 가능성이 있다.

이로 인해 하이에크는 효용개념을 공유해 미시경제이론에 대해 우호적이면서도 후생경제학에 적대하게 된다. 또한 사회계약론이나 롤즈의 정의이론은 이미 구성주의로 규정된다. 그런데 롤즈는 구성주의가 아니라 인간의 이성이 아닌 감정에 의존한다는 점에서 공리주의를 비판했다. 이는 하이에크의 비판과 각도가 다르다. 하이에크의 입장에서는 결국 인간의 유인을 감정으로 규정하든 이성으로 규정하든 상관없이 사회전체에 대해 설계한다는 점에서 모두 구성주의가 된다.

그런데 인간의 목표를 쾌락으로 획일화한다는 하이에크의 비판은 공리주의뿐만 아니라 효용이론자체로도 번질 수 있다. 인간의 무지를 간과했다는 비판도 이런 해석을 뒷받침한다(19쪽). 또한 공리주의가 사회를 의인화해 개인들의 다양한 목표들을 도외시했다는 비판을 놓고 보면, 하이에크는 오히려 기존 경제학보다 롤즈의 입장에 가깝다.

사실 그는 머리말에서 자신과 롤즈 사이에 별 차이가 없다고 주장했다(서문 xii-xiii). 하이에크가 경제적인 활동이 다양한 개인들의 목표를 위한 수단에 불과하다고 보았으므로, 주체의 활동이 효용을 목표로 삼는다고 생각한 왈라스주의자와 차이가 있다.

전반적으로 하이에크에 있어 인간이 알고 있는 지식이나 정보가 무엇인지 규명해야 한다. 이는 인간이 전체적으로 알고 있는 것과 모르는 것, 그리고 각 개인이 사유하는 지식으로 나눌 수 있다.

각주에서 하이에크는 의지라는 개념이 데카르트적인 전통에서 나오며, 헤겔이 밝혀 놓았듯이 루소가 명시적으로 부각시킨 개념임을 지적했다(p. 154). 또한 하이에크는 완전한 지식을 상정했다는 오해를 살 수 있다는 이유로 포퍼의 사회공학에 대해 유보를 표시했다(p. 157). 이는 자연과학과 사회과학의 구분이나 계량경제학적인 방법에 대한 포퍼와 하이에크의 견해 차이와 연결된다.

끝으로 공리주의에 진화적 공리주의와 구성주의적 공리주의가 있는데, 진화적 합리주의자 중 스미스 등은 전자에 속하고, 벤담 등 구성적 합리주의자는 후자에 속한다(p. 155). 이는 스미스를 위시한 경제사상에 이미 공리주의적인 성향이 있음을 인정하고, 공리주의의 범위를 넓게 정의했음을 의미한다. 그러므로 본문에서 벤담의 공리주의가 비판받는 이유는 효용이나 유용성에 대한 집착이 아니라 정부차원의 입법과 결과에 대한 일방적인 집착에 있다고 파악해야 한다.

로빈스뿐만 아니라 하이에크도 목표에 대한 중립성이나 겸손함 혹은 몰가치론을 표방하고 있다. 사실 현대의 신고전학파에게 가치중립성은 금과옥조이다. 여기서 수단적인 성격은 각자가 주어진 재화나 자원을 어떤 목적에 활용하든 자유라는 의미를 갖고 있다. 이는 좋게 보면 목표의 다양성을 의미하지만, 나쁘게 보면 재화나 자원의 용도를 방관하겠다는 자세를 드러낸다.

재화의 수단적인 성격이 인간을 수단으로 취급하는 경향과 상통한다는 점이 보다 심각한 문제이다. 앞서 아리스토텔레스, 칸트, 마르크스와 달리 로빈스를 필두로 한 신고전학파가 인간의 상호수단화나 인간관계의 수단화를 당연시한다는 점을 지적했다. 이 같이 재화나 자원의 수단화는 인간과 인간관계의 수단화와 같이 간다. 따라서 가치중립성이 겉으로 보는 바와 달리 지당하지 않음을 알 수 있다.

신고전학파는 개인과 재화의 관계에 중점을 두어 인간자체나 인간관계에 별로 관심이 없다. 이런 이유로 이 점을 명시적으로 드러내지 않는다. 그렇지만 이 점은 자체 논리에서 도출되는 피할 수 없는 귀결이다. 또한 이 점을 우리는 시장경제의 일상에서 수시로 경험하면서 살아가고 있다. 그러므로 하이에크도 이런 비판에 노출되어 있다.

2.8. 정의에 대한 추구

정의는 법의 근원인데, 사회의 상태가 아니라 개인의 행위가 가지는 속성이다. 또한 인간이 변경할 수 없는 사실이나 상태에 대해서는 정의롭거나 정의롭지 못하다고 말할 수 없다. 이런 의미에서 자연은 정의롭지도 부정하지도 않다. 더불어 정의개념은 행위 자체에 적용될 뿐 행위의 결과에는 적용될 수 없다. 개인들로 구성된 집단이나 정부의 행위에 대해서도 정의를 논할 수 있다. 그러나 그 결과에 대해서는 역시 정의를 논할 수 없다.

오히려 행위가 의존하는 규칙에 대해 옳거나 그르다고 판단해야 한다. 구체적인 목적으로부터 독립적인 규칙이 추상적인 질서를 만들어내는 경우, 개체의 위치 등 구체적인 내용을 미리 결정할 수 없다. 또한 이에 대해 정의를 논할 수도 없다. 그러므로 사회정의나 분배적 정의는 자생적 질서가 아니라 조직에나 합당한 개념이다. 정의로운 규칙들로 재산, 계약, 유언 등과 관련된 법규를 들 수 있다.

이런 규칙들은 구체적인 상황으로부터 독립적이며 익명적이어서 미래의 여러 상황에 적용될 수 있다. 이 때문에 규칙들은 특정 행위를 촉구하는 적극적인(positive) 방식이 아니라 특정 행위를 금지하는 소극적인(negative) 형식을 띤다. 또한 규칙은 보편화의 시험을 통과해 일반화될 수 있어야 한다. 규칙의 목표는 각자에게 정당한 기대를 심어주는데 있다. 이는 의지할 수 있는 것, 자신의 목적을 위해 활용할 수 있는 물적인 대상과 서비스, 가능한 행위의 범위 등으로 구성되어 있다.

이런 질서에는 불확실성이 상존하므로, 이 질서에서 나오는 결과로 특정인이 모든 것을 잃을 수도 있다. 그렇지만 그 결과에 대해 정의개념을 적용할 수는 없다. 이는 부족사회에서 거대사회로 넘어오면서 규칙의 성격이 추상적이고 보편화되어 타인의 지식을 서로 모르는 상황으로 나가면서 생기는 특징이다. 여기서 정의는 이익들의 절충이나 상태의 속성이 아니라 전지한 인간이 없는 상태에서 무지에 적응하는 방법에 가깝다.

보편화되기 위해서는 일관성의 원칙에 따라 이방인까지 준수할 수 있을 정도로 특정 상황이나 효과들로부터 규칙이 독립적일 수 있도록 다듬어야 한다. 여기서 논의의 출발점은 사회계약과 같이 원초적으로 구성되는 것이 아니라 규칙들의 체계(a system of rules)로서 현재 주어져 있다.

물론 문명권에 따라 출발점이 다를 수도 있으나 수렴적인 진화(convergent evolution)에 의해 어느 정도 일반적인 원칙이 형성된다(p. 40). 소유물의 안전, 계약을 통한 이전, 약속의 이행에 따른 근대 사법에서 계약의 자유, 재산의 불가침, 가해에 대한 보상 등이 정의의 원칙이 된다. 물론 현존하는 규칙들에는 부족사회의 유제들이 섞여 있다.

정의의 원칙이 소극적이므로 우리는 적극적인 정의의 기준을 가지고 있지 않다. 그렇다고 해서 정의의 원칙이 순전히 주관적이라고 말할 수는 없다. 사실 우리는 완전히 새로운 규칙들의 체계를 구축할 수 없고, 현존하는 규칙들의 체계도 완전한 보편성을 지니고 있지 않다. 그렇지만 우리에게 의지, 이익, 감정으로부터 독립적인 객관적 기준이 존재한다. 기존 규칙의 체계에 비추어 규칙들을 정제하는 과정은 자의적인 의지가 아니라 내적인 정합성에 의존하므로 포퍼의 반박과정과 유사하다. 여기서 정의의 선별과 진리의 선별이 비슷해진다(p. 43).

이와 반대로 인간의 이성이 아니라 입법자의 의지에 따른 법이나 규칙의 제정과 적극적으로 법의 내용까지 규정하려는 사회주의적인 발상이 켈젠의 법실증주의이다. positive라는 단어는 그리스나 로마에서 설정하거나 부과한다는 어원을 가지고 있다. 이런 이유로 법실증주의는 정의로운 행동규칙과 조직원리의 구분을 모호하게 만들었다. 법실증주의는 분배적인 정의와 같은 적극적인 정의기준의 부재를 객관적인 기준의 부재로 간주한다. 결과적으로 이 입장은 사법의 약화나 소멸에 기여했다. 전통적인 견해에서는 정의개념이 법에 앞서는데 이 입장은 반대로 생각한다.

이런 입장을 내세우기 위해 켈젠은 여러 개념들을 모호하게 만들어야 했다. 규칙을 규범으로 대체했고, 질서를 특정 상태가 아니라 특정 조치를 위한 규범으로 표현했다. 또한 규범의 존재를 유효성으로 만들고, 유효성을 다시 입법의지로 규정했으며, 인간의 모든 행위를 창조나 설정 등으로 규정했다. 이를 통해 자생적 질서를 인간이 고안했고 그 내용을 인간이 채웠다고 주장했다. 이런 상황에서 법실증주의는 특정 목적이나 이익을 위한 강제를 자생적 질서를 유지하기 위한 강제와 동일시했다.

실제로 사회의 특정 규칙은 입법자의 의지가 아니라 명시적이거나 묵시적인 규칙들의 전체 체계와의 정합성이나 충돌의 회피를 통해 유효성을 부여받는다. 법실증주의는 입법자가 전지전능하다고 보므로 법을 없애고 행정명령만 남기는 사회주의에 해당된다. 정의에 대해 여러 생각이 공존하더라도 객관적인 정의의 기준이 존재할 수 있다는 점을 법실증주의는 간과했다. 그런데 수렴적인 진화가 인정되더라도 하나의 규칙체계만이 남게 된다고 장담할 수 없다. 모든 문화적 질서는 이념에 의존하는데, 켈젠은 또 하나의 이념을 제시하고는 이념에 의존하지 않는다고 선언한 격이다.

도덕적인 규칙은 자생적이고 법적인 규칙은 인공적이라는 구분은 오류이다. 왜냐하면 후자의 중요 부분이 자생적이기 때문이다. 그리고 두 가지 종류의 규칙은 하나의 덩어리를 이룬다. 진화를 통해 변화된 규칙들은 외적인 자연의 일부는 아니지만 문화현상이고, 문화현상은 인간의 자연스런 부분이다.

그러므로 진화된 법이나 규칙을 자연법이라고 부를 수도 있다. 그렇지만 진화가 아니라 합리주의적인 자연법이론도 있어 오해의 소지가 있으므로 이를 피해야 한다(pp. 59-60). 또한 국가의 무제한적인 권력과 결부되어 있는 주권 개념도 회피할 필요가 있다.

여기서 하이에크는 밀보다 더 강력하게 정의개념을 사회가 아니라 개체나 개인의 속성으로 규정하고, 행위의 결과가 아니라 행위 자체에 국한시키기 위해 노력했다. 일견 공유하는 부분이 있음에도 불구하고 하이에크가 공리주의에 대해 극히 적대적인 이유는 결과에 대한 공리주의의 집착 때문이다.

하이에크의 정의를 위한 선별과 포퍼의 반박주의는 점진적이고 보수적이라는 점에서 유사성을 가지고 있다. 그렇지만 하이에크와 포퍼 사이에 여러 차이가 있다. 하나만 들면 하이에크에서는 기존 법체계와의 논리적인 정합성이 중점인데 비해, 포퍼에서는 경험적인 반박이 중점이다.

2.9. '사회적' 혹은 분배적 정의

규칙적이고 스스로 질서를 잡는(self-ordering) 익명적인 사회적 과정의 결과를 사회정의나 분배적 정의라는 미명 하에 변화시키려는 노력은 의인화의 오류이다. 이 과정을 인간이 예측할 수도 없고 의도하지도 않았다. 사회정의나 분배적 정의의 이념은 특정인에게 특정 물체를 할당하므로 사회주의에 준한다. 그런데 사회정의를 사회주의자뿐만 아니라 도덕주의자도 부르짖고 있어 도덕적 사회주의라고 부를만하다. 이는 종교에 가까운 부족사회의 논리이다.

시장이라는 질서에서는 사회정의라는 개념이 의미를 지닐 수 없으며, 시장질서를 유지하면서 동시에 사회정의를 달성할 수 없다. 시장질서는 여러 가지 상황들에 의존하고 우연에 좌우되므로, 여기서 생겨나는 분배상의 결과를 미리 유형화할 수 없다. 미리 정해진 분배 유형을 상정하는 사회정의는 전체주의나 명령경제에서나 가능하며 시장질서에 위배된다. 이 개념은 경제에서 생겨난 분배를 누군가의 탓으로 돌리고 있다.

사회정의가 상정하는 정당한 공덕이나 노력에 상응하는 응분의 몫(deserts, merits)이나 필요(needs)는 명확히 정의되지 않는다. 시장에서는 가격과 각자가 부여하는 가치가 의미를 가질 뿐이다. 이런 가격과 가치에 따라 자원의 이동이 이루어진다. 이런 가격이나 가치(value)가 공덕과 무관하므로, 시장의 결과를 윤리적으로 변호하거나 반박하는 일은 모두 오류이다(p. 72).

이런 윤리적인 변호는 사업가들의 허영심을 채워줄 뿐이다. 그러므로 학교에서 시장경제에 대해 어디까지 윤리적이라고 해야 할지에 관해서도 고민해 보아야 한다. 시장의 경쟁은 단지 사기, 독점, 그리고 강박 없이 진행될 뿐이다.

사회적 정의에 대한 옹호에 사회를 하나의 실존하는 인간과 같이 취급하는 사회주의와 전체주의의 오류가 담겨져 있다. 같은 맥락에서 재화나 서비스에 대해 그것이 사회라는 단위에 대해 가지는 가치(value to society)를 규정할 수도 없다. 사회에 대한 가치가 의인화로 허구에 불과하므로 정당한 가격이나 정당한 임금이라는 개념은 성립하지 않는다. 시장에서 여러 목표들이 사람들 사이에 비교가능하지 않으므로 사회에 대한 가치도 성립하지 않는다. 목표의 위계가 정해져 있는 조직체에서나 사회정의가 의미를 가진다. 또한 기회의 균등은 쉽게 달성될 수 없는 개념이며, 본래의 한계를 벗어나 확장될 위험을 안고 있다.

사회적 정의는 분배적 정의와 동일하며 교환적 정의와 구분된다. 분배적 정의는 특정인의 물질적인 지위를 구체적으로 결정하려는 노력이지만, 교환적 정의는 최소한도의 규칙만을 각 개인의 행위에 제약조건으로 부과한다. 분배적 정의는 각자가 상대방에 대해 상세히 알 수 있고 각자의 행위가 사회적으로 낳는 결과에 대해 예측할 수 있는 부족사회에 적절한 논리이다. 거대사회나 개방사회에서는 이런 지식이나 예측이 불가능하기 때문에 사회적 정의가 성립될 수 없다.

구체적으로 분배적 정의는 각자의 능력이나 노력이나 희생 혹은 필요 등에 상응하는 물질적인 보상이 이루어져야 한다는 주장을 담고 있다. 부족사회에서는 이런 것이 가능하다. 그렇지만 거대사회에서는 급격한 환경 변화에 대한 적응이 불가피하기 때문에 물리적 보상에 불확실성이나 우연이나 행·불운이 개입될 수밖에 없다. 이런 이유로 분배적 정의를 실현할 수 없다.

사회정의는 교환적 정의를 넘어서 분배적 정의를 기도하는 법치국가(der Rechtsstaat)의 논리에 부합된다. 그런데 이 개념은 동등한 자들에게 대한 태도가 아니라 하급자에 대한 태도를 내포하고 있다. 이에 따라 보수를 재분배하는데 그치지 않고 조직체에서와 같이 일을 할당하게 된다. 사법이 공법으로, 자생적 질서가 조직으로 바뀌는 것이 이런 경향을 반영한다.

물론 시장질서에서도 극도의 궁핍을 막기 위해 최소한의 소득을 제공할 필요가 있다. 그렇지만 이 선을 넘어서 중앙권력이 소득분배를 결정할 수도 있다. 직접 대면하는 소집단이 아니라 익명적인 거대사회에서는 각자가 제공하는 재화나 서비스가 누구에게 도움이 되고 타인에게 어떤 가치를 가지는지 알 수 없다. 국제적으로도 기술발전이나 부의 증대는 부국과 빈국의 공존을 통해서만 가능하다. 노조는 자신에 대해 외치는 사회정의를 외국인에게 적용하려는 경우 극력 반대한다.

사람들은 자신의 기존 물질적 지위에 집착해 기대가 좌절되는데 대해 강한 불만을 가지게 된다. 그러나 자신의 기득권 자체도 일부 기대가 좌절되는 체제에서 획득되었다는 점을 기억해야 한다. 시장에서는 가치의 변동 없이는 상황의 변화를 알 수 없게 되어 있다. 그러므로 시장에서는 근면하게 노력했다고 반드시 보상이 주어지지 않는다. 사회정의에는 나은 자에 대한 질투도 내포되어 있다.

(보론) 유엔헌장은 정치적 권리에다 경제적 권리와 사회적 권리를 병기했는데, 이는 자유주의와 마르크스주의의 결합이었다. 이는 이미 루즈벨트의 선언에 시사되었다. (각주 44) 롤즈는 초기작에서와 달리 『정의론』에서는 자신의 입장을 분명히 하지 않아, 벨(Daniel Bell)이 그의 이론을 사회주의 윤리로 규정했다.

지금까지 하이에크는 가치를 서너 가지 다른 의미로 사용했다. 자유나 정의 혹은 가치판단이나 인생목표 등 이념이나 입장(p. 127, 136, 151 참조), 눈에 보이지 않는 질서의 추상적인 측면, 그리고 한계효용학파에서 강조하는 주관적인 가치(p. 124 참조)가 그것들이다. 이들의 관계를 규명할 필요가 있다.

경쟁과 관련해 등장하는 독점은 전통적인 논리에 하이에크가 의도적으로 삽입한 부분이다. 외국인에 대한 사회정의의 적용에 대한 반대에 대칭되는 것이 불균등발전으로 인한 국가별 임금의 차이와 (이민을 통하든 그렇지 않든) 이로 인한 노동자세력의 약화이다. 기득권에 대한 집착은 행동경제학에서 불행의 원인이므로 이를 수시로 붕괴시켜야 하는 시장체제는 물질적인 풍요에도 불구하고 상당한 불행을 낳는다. 여기서 롤즈와 자신이 다르지 않다는 하이에크의 판단이 『정의론』에 근거하지 않았다는 판단이 가능하다.

2.10. 시장질서

시장질서는 매순간은 아니지만, 전반적으로 그리고 장기적으로 모든 개인들이 보다 많은 재화들을 누릴 수 있는 전망이나 가능성을 높여준다. 이를 위해서는 특정인에게 특정 재화를 미리 할당하지 않아야 하며, 오히려 일부의 기대들을 좌절시킬 수밖에 없다.

원래 경제라는 용어는 가정이나 농장 혹은 기업 등 하나의 계획으로 움직이는 단위를 의미한다. 시장질서는 이런 경제들의 연결망이므로 단일한 위계의 목표들이 아니라 비교될 수 없는 여러 목표체계들을 가지고 있다. 이런 의미에서 시장질서는 교환과 외부인의 진입이라는 의미를 함께 지닌 희랍어 어원의 'catallaxy'로 표현된다. 시장질서 속에서 여러 경제 단위들이 재산, 손해배상, 계약에 관한 규칙을 지키면서 서로 조정된다.

시장에서는 공통의 구체적인 목표에 근거한 단결이나 연대가 필요치 않으며 동시에 이를 요구할 수도 없다. 또한 재화에 대한 각자의 용도를 알 필요도 없고 알 수도 없다. 이런 가운데 시장에서는 교환(barter or exchange)을 통해 서로 다른 목표와 서로 다른 지식을 가지고 서로에게 도움을 준다. 이기심이나 분업은 이런 교환의 핵심이 아니다. 이같이 목표가 아니라 수단으로 연결되므로 추상적인 질서와 소극적인 정의의 규칙들이 시장질서에 부합된다. 공통의 목표는 전시에나 요구되며 민족주의나 사회주의가 주장하는 바이다.

우리가 가진 지식은 서로 다른 목표를 추구하는 과정에서 생기는 의도되지 않은 부산물이다. 문명을 선도하는 단위는 역시 개인이다. 시장질서에서 사람들은 무엇보다 현금으로 연결되고 물질적인 필요를 충족하는 경제관계에 의존한다. 교환이 모든 인류를 포괄하는 유일한 질서이기 때문에 경제를 강조하게 된다. 그렇지만 이 입장이 다른 목표들보다 경제적 목표를 앞세우지는 않는다. 오히려 인간의 목표는 비경제적이며, 경제는 사람마다 다르고 순위가 다른 다양한 목표들을 성취하기 위한 수단이다.

시장에서는 능력과 운에 의존해 부를 창출하는 게임이 벌이지고 있다. 이 게임에서는 경제활동의 대가가 자신도 모르는 필요들을 충족시키도록 만드는 신호로 작용한다. 여기서 경제주체들은 생산요소의 가격을 고려해 자신이 모르는 생산조건들을 이용한다. 이 때 비용을 계산하는 가격체계가 핵심이다. 이들은 보이는(visible) 가격의 변동을 이용해 보이지 않는(invisible) 필요를 충족시킨다(p. 116).

가격은 과거와 무관한 미래의 지표인데, 제한된 정보를 제공하므로 운이나 우연을 배제할 수 없다. 가격에 포함된 부호형태(in coded form)의 정보는 경쟁이라는 발견과정의 결과이다. 이를 통해 모든 재화생산에 있어 대체의 비율이 같아지는 가장 저렴한 생산, 즉 파레토 최적이 가능하다. 개인은 부분적으로 자신이 모르고 통제할 수 없는 상황에 의해 보수가 결정될 때 자신의 목표를 위해 자신의 지식을 활용한다. 따라서 개인의 자유는 분배적 정의와 배치된다.

사회로 보면 새로운 교환기회의 발견은 새로운 물질의 발견만큼 중요하다. 규칙은 행동의 범위를 좁혀 불확실성을 줄이지만 이를 제거하지는 못하므로, 시장가치나 가격, 그리로 재화의 용도를 결정하지 못한다(p. 124). 또한 규칙의 준수가 노력이나 기대의 성공을 보장하지 못한다. 시장에서는 기대와 실현의 차이를 좁혀주는 시행착오와 부정적인 환류과정(negative feedback)이 작동할 뿐이다(p. 125).

불확실성이나 무지가 완전히 제거되지 않으므로, 빠른 자가 경주에서 앞서지 못하고, 강자가 전투에서 승리하지 못한다. 또한 현자가 빵을 얻지 못하고, 이해심 많은 사람에게 부가 돌아가지 않으며, 능력 있는 사람이 유리하지 않을 수도 있다(p. 127). 만약 자신이 속할 사회를 선택할 수 있다면 계층이나 기득권으로 지배되는 사회보다

운으로 결정되는 사회가 낫다고 다들 생각할 것이다. 이 점에서 운의 작용이 반드시 나쁘지 않다.

하이에크에 등장하는 신호나 부호형태의 정보로서 가격, 보이는 가격과 보이지 않는 필요, 추상적인 질서와 구체적인 규칙 등은 가치형태 개념에 준한다. 같은 이유로 비판적 실재론의 해석에 근접한다. 운이나 우연을 방기한다는 점에서 그는 롤즈와 구분된다.

2.11. 추상적인 원칙의 규율과 부족사회의 감정

현재 우리는 거대사회와 부족사회 및 전체주의 사회로 구분되는 올바름에 대한 두 가지 개념 아래서 살고 있다. 히틀러, 무솔리니, 레닌, 스탈린, 그리고 현대의 민주주의에서 나타나는 민족주의 및 사회주의는 눈에 보이는 구체적인 목표와 조직체의 사고로 물들어 있다. 이런 사고는 거대기업이나 관료조직으로부터 많은 영향을 받았다.

거대사회의 가치는 부족사회의 가치와 다르다. 공통의 구체적인 목표 없이 추상적인 규칙에 따라 인류가 서로 협동하면서 살 수 있다는 사실은 인류의 가장 큰 발견이다. 사회주의는 가치판단의 차이가 아니라 추론상의 오류에서 비롯된다.

거대사회는 특정 집단의 특권이나 기득권을 깨뜨리는 경쟁의 미덕에 의존한다. 자유주의가 주장하는 바와 같이 개인의 이기적 관심이 전반적인 이익에 공헌한다. 이에 비해 사회주의에서 주장하는 바와 반대로 조직된 집단의 이익은 일반이익에 반한다(p. 138). 이런 의미에서 전자는 사회적이고, 후자는 반사회적이다.

원래 사회정의는 박탈된 계층의 절대빈곤을 구제하려는 목표를 가지고 있었으나, 점차 기득권 보호를 위해 상대빈곤을 겨냥하는 방향으로 나아가게 되었다. 빈곤의 해소는 총소득의 증가를 통해 해결되었으며, 사회정의의 추구는 특권, 이동성의 장애, 활동의 좌절을 가져왔다.

일부 사람들이 자신의 이익을 추구하기 위해 집단을 형성하면, 사회의 다른 사람들도 소외되지 않기 위해 다투어 집단을 형성하게 된다. 이런 집단의 원조는 노조였지만, 이제는 모든 집단이 다수결을 통해 소득분배를 결정하려고 노력한다. 추상적 규칙에 근거한 정의는 개인적 충성심과 배치된다.

거대사회에서는 상대방의 구체적인 목표를 알 필요가 없으므로, 화폐에 의해 유도된다(p. 144). 거대사회에서는 누구나 주위의 눈에 보이는 소수가 아니라 보이지 않는 다수에 봉사한다. 이는 이타심에 따른 자선행위보다 자신의 이익을 위한 재화생산과 고용창출이 보이지 않는 손에 이끌려 사회에 더 도움이 된다는 의미를 가진다(p 145).

거대사회에서는 이방인도 동등하게 취급해야 하므로 주위사람에 대한 관심이 줄어들 수밖에 없다. 이런 감정적인 공백으로 인해 부족사회에 대한 루소적인 향수가 아직 남아있다. 이렇게 보면 모든 문화는 부자연스럽고 인공적이다. 그렇지만 거대사회에서도 공공목적을 위해 정부가 아닌 자발적인 단체들의 역할은 중요하다.

하이에크는 질서의 추상성, 목표의 다양성. 규칙의 소극적인 성격 등이 화폐의 무정형성이나 익명성과 부합된다고 생각했다. 여기서 그는 화폐가 가진 유동성에 주목하면서 양적인 다과와 관련된 문제를 분배적 정의로 내몰고 있다. 그는 오로지 거대기업과 관료조직의 해악을 말할 뿐 그것이 현실의 일부임은 인정하지 않는다. 또한 그에게서 이익집단과 자발적인 단체의 차이가 명확치 않다.

2.12. 다수의 의견과 현재의 민주주의

민주주의는 정치적인 교육, 그리고 무엇보다 평화로운 정권교체를 위해 중요하다. 그런데 현재의 민주주의를 지배하는 의회는 특정목적을 위한 조치들을 다수결에 따라 의결해 무한한 권력을 발휘함으로써 본래적인 의미의 민주주의를 붕괴시키고 있다.

다수결의 원리는 협상이나 주고받기, 대가 지불, 투표매수 등을 통해 다수로 구성된 조직의 형성에 의존하므로 정의의 원칙과 무관하다. 이는 의회가 규칙제정뿐만 아니라 정부의 역할을 맡아 특정 목표를 달성하기 위한 자원배분이나 소득분배에 개입하기 때문이다. 소득정책이 그런 예이다. 이로 인해 무제한적인 의회의 개입주의가 용인되고 있다.

의원들은 이익집단에 부응해 재선을 목표로 하기 때문에 정의로운 행위의 원칙을 지킬 이유가 없다. 이런 저런 이익집단에게 나누어주다 보면, 정당의 입장은 여러 사안에 대한 입장의 단순한 모음(aggregation)이나 결합되지 않은 합(additive)으로 나타난다(pp. 14-15). 민주적 절차를 거쳤으므로 다수결에 따라 무엇이든 결정할 수 있다고 보는 것은 깔려 있는 전통은 보지 않고 특정의 제도에 집착하는 오류이다. 모든 불만을 정부나 의회가 해결해야 한다는 생각도 잘못이다.

이런 상황에서는 정의로워서 다수가 결정하는 것이 아니라 반복적으로 다수가 결정했기 때문에 정의롭다고 생각하게 된다(p. 12). 이로 인해 현재의 민주주의에는 더 이상 헌정이 존재하지 않게 되었다.

하이에크는 비로소 시장에서뿐만 아니라 의회나 정부에서도 정의로운 행동의 원칙이 적용되어야 한다는 점을 분명히 했다. 사실 정의로운 행동의 규칙이라는 소극적인 원칙이 시장질서에 대한 옹호라는 목표를 위해 정비되었다고 보는 편이 타당하다. 다수결로 여러 구체적인 사안들에 대해 동의를 얻어내면 결과적으로 극히 소수만이 찬성할 일군의 사안들이 전체성을 자부하게 된다는 주장으로 하이에크를 해석할 수 있다. 이는 여러 다수들의 합집합이 아니라 교집합이 전체의 극히 일부에 불과하다는 의미이다.

다수결의 원칙을 이익집단과의 거래로 연결시킬 수도 있으나, 뒤집어 자본이나 기업의 힘을 제어하기 위한 일인일표로 생각할 수도 있다. 사실 하이에크는 의회나 정부의 힘에 제한이 없다는데 우려를 표명했다. 그러나 자본의 힘에 제한이 없다는데 더 큰 우려를 표명해야 한다.

2.13. 민주적인 권력의 분할

현재는 왕의 독재에 버금가는 의회의 독재가 지속되고 있어 대의가 쉽지 않다. 의회의 정책결정은 정의로운 원칙이 아니라 편의나 편익을 따르는데, 여기에는 특정 목표의 상대적인 중요성에 대한 판단이 수반된다.

흔히 행정부가 입법의 기능을 맡아 삼권분립이 위협을 받고 있다고 지적한다. 그러나 삼권분립은 이 같은 의회의 역할로 먼저 붕괴되기 시작했다. 규칙제정과 정부의 역할이 의회에 맡겨진 것은 삼권분립뿐만 아니라 법의 지배에도 어긋난다. 또한 의회의 규칙제정도 시장의 자생적 질서가 아니라 정부조직을 위하는 방향으로 나가게 된다(p. 26).

정의로운 행동의 원칙과 관련된 변호사의 법에 대해 의회는 아무런 관심이 없으며, 오로지 행정법에만 관심이 있다. 의회는 법을 파괴하고 이를 행정명령으로 대체하고 있다. 상당수의 행정명령들은 기업의 활동과 경쟁을 제한한다. 이들은 지식에 대한 이류 거래상인들인 언론으로부터 도움을 받고 있다. 의회에 무한정의 권력을 부여하는 대중적 주권의 이념은 사전적으로 존재하는 의지를 상정한다는 점에서 구성주의와 법실증주의의 허구에서 나온다. 이런 풍조는 절대왕권에서 비롯되었다.

헌법은 법의 상부구조에 불과하며 정의의 원칙을 실행하는 장치가 아니다. 현재 상태에서는 헌정의 반영구적인 틀을 관리하는 기관, 정의로운 행동의 원칙을 관장하는 기관, 그리고 정부의 자원을 관리하는 기관 등 3부로 정부를 재구성할 필요가 있다. 이런 의미에서 오랜 오용으로 물든 democracy 보다 demarchy라는 용어가 더 타당하다.

2.14. 공공부문과 민간부문

자생적 질서를 존중하더라도 정부의 역할이 적지 않다. 이 점에서 이 글의 주장은 최소국가이론과 다르다. 정부의 역할은 법의 이행과 국방에 국한되지 않고 공공재의 제공을 포함한다. 기본적으로 시장경제 하에서도 외부효과나 수혜자와 비용 부담자를 정확히 한정할 수 없는 비배타성이 존재한다. 이 때문에 시장기구를 통해 제공되기 힘든 재화나 용역이 존재한다는 일반론에 근거해 정부의 역할이 요구된다.

그러나 정부는 시장기구에 비해 열등하고, 언급된 정의의 일반원칙과 달리 구체적인 목적을 띠며, 편의성이나 효율성에 의존한다(p. 46, 48). 이 때문에 정부의 역할은 되도록 제한되어야 한다. 정부의 역할은 재원의 조달에만 국한되도록 하고, 재화 및 서비스의 공급에 있어서는 되도록 민간부문에 맡겨야 한다. 정부는 필요한 경우 예산을 확보하고 세금을 부과하는 역할을 담당한다. 정부의 역할을 제한하기 위해, 가능하다면 이런 자금에 의존하는 실질적인 재화의 공급이나 관리를 민간에 맡겨야 한다(p. 46).

또한 정부가 공급하는 경우에도 정부의 독점으로 남겨 두어야 할 이유가 없으며 민간부문과의 경쟁을 유도해야 한다. 더불어 이런 정부의 역할을 중앙정부가 독점할 이유가 없다. 교회, 자선단체, 복지단체 등 독립적이고 자발적인 단체들이 나름대로 역할을 발휘할 수도 있다. 나아가 여타 재화 및 서비스의 제공은 여전히 시장질서에 의존한다는 점을 상기해야 한다.

뿐만 아니라 공공부문과 민간부문의 구분이 엄밀하지 않고 유동적이므로, 양자 사이에 자립적인 부문(an independent sector)이 기능하도록 최대한 허용해야 한다. 이를 통해 재화와 용역을 되도록 시장기구가 제공하게 해야 한다. 이 부문은 금주연대와 같이 사회의 필요를 일깨우는데 주효한 소수의 선도가 다수결에 의존하는 정부에 의해 억압되지 않도록 하기 위해 요구된다.

정부의 예산에 관해서는 요구되는 공공재의 수량에 따라 세출을 먼저 결정하고 이에 따라서 세입을 결정하는 방식에 따라 총량을 규제해야 한다(p. 52). 그렇지 않을 경우 전후에 나타난 경향과 같이 지속적으로 정부예산이 증가하게 된다. 이러한 예산의 증가는 타인도 함께 납세하리라는 잘못된 믿음과 다수가 소수에게 강요할 수 있다는 오류에 근거하고 있다(p. 52). 끝으로 정부의 역할이 어떻게 제한되든 그 역할을 하나의 중앙정부가 맡을 이유가 없다. 필요에 따라서는 지방정부에게 공공재를 공급하도록 맡길 수 있다(pp. 63-64).

이런 필요에 의해 형성되는 공공부문은 개인들에게 요구되는 정의로운 행위의 규칙과 다른 종류의 법규에 의해 규제되어야 한다. 공공부문은 특정 목적을 위해 구성된 조직이므로 정의보다 편의와 효율에 의해 움직여져야 한다. 재정학에서는 다루지 않으나 정부재정의 가장 중요한 문제는 다수가 소수에게 강요하는 경향과 관료주의가 팽배해 생기는 자기팽창적인 경향을 어떻게 억제하느냐이다.

보다 구체적으로 정부의 기능은 법의 집행 및 국방, 그리고 여타 공공재들의 공급이다. 국가의 기능으로서 안보에는 국방과 지역사회의 붕괴 후 병자, 노인, 불구자, 미망인, 고아 등에 대한 보호가 포함된다. 후자와 관련해 집단적인 자금 소유라는 위험이 있지만 여전히 최저소득은 보장되어야 한다. 그러나 이런 보장이 현시점에서 전 세계적으로 확산될 수 없으며 오로지 자유주의의 원칙을 인정하는 문명에만 국한되어야 한다. 보다 중요하게 이런 최소한의 수입보장을 정당한 분배라는 전면적이거나 지속적인 소득재분배와 구분해야 한다.

법의 집행, 국방, 공공재의 제공이외에도 정부는 자연재해에 대비해야 한다. 특별히 거대사회 속에서 생기는 불확실성으로 인해 정부가 별도의 역할을 담당할 수밖에 없다. 노인, 병자, 불구자와 정박아, 그리고 과부와 고아 등이 그런 이들이다. 최소한의 소득을 모든 사회구성원들에게 보장하는 사회보장에 대해 반대할 이유는 없다. 그렇지만 상대적인 소득의 분배를 정부가 결정하는 것은 옳지 않다. 이와 관련해 정부의 조세 중에는 소득의 불평등을 가중시키는 부분도 있다는 점을 인식해야 한다.

전 세계적인 수준에서 최소한의 소득을 보장하는 것은 현재 상태에서 불가능하다. 이렇게 되면 자원의 세계적인 이동에 장애가 생겨 자유주의 원칙에서 벗어나게 된다. 그렇지만 국제간에 인종이나 문화, 인구증가율, 자유주의에 대한 수용 정도에 있어 차이가 있기 때문에 이런 장애를 당분간 용인할 수밖에 없다. 이런 예외적인 상황이 자유주의에 대한 반박이 될 수는 없다.

법의 집행, 국방, 공공재의 제공, 자연재해에 대한 대비, 사회보장이외에 정부는 우편업무와 발권력을 독점하고 있다. 우편업무와 화폐발행은 거의 모든 경제에서 국가의 기능으로 되어 있다. 그렇지만 이 두 가지는 원래 국민을 위해 마련되지도 않았고 현실적으로 그렇게 기능하지도 못했으므로 민영화의 대상이다.

특히, 화폐의 경우 민간부문에서 발행되는 신뢰할 만한 화폐가 등장해 정부의 화폐를 대체할 수 있다는 위협만이 정부의 발권행위에 규율을 가할 수 있다. 국가가 화폐발행을 통해 유효수요를 변경시킴으로써 경제를 안정시킬 수 있다는 주장은 허구이다. 이렇게 하면 단기적으로 고용을 창출할 수 있으나 장기적으로는 더욱 실업상태를 악화시킨다. 또한 정부의 정책이 유효하려면 지체 없이 정확한 시점에 화폐를 공급해야 하는데 이렇게 할 수 없다(pp. 59-60). 정부가 최대의 투자자로서 민간부문의 투자를 보완하는 역할을 발휘해야 하는데, 적절한 적응속도를 유지하기 힘들다.

정보와 교육에 대해 정부가 정보의 독점적 공급자가 되어서는 안 된다. 정보의 분배에 있어 정부의 역할이 효과적이라는 점은 인정되나, 정부가 독점적인 권한을 가져서는 안 된다. 교육에 있어 수혜자들이 자신이 얻을 이익에 관해 완전히 판단하기 힘들다거나 그러한 연령에 도달하지 못해 적절히 수요하지 않을 수 있다는 점을 일반적으로 인정할 수 있다. 이에 따라 교육의 공공성과 이에 따른 정부의 역할이 인정되지만, 정부는 재원을 조달하는데 머물러야 한다.

교육을 위한 자금을 정부가 조세를 통해 조성한다고 해서 교육이 정부를 통해 시행되어야 한다는 결론이 나오지는 않는다. 여기서도 여전히 수혜자나 수혜자 부모의 선택권이 보장되어야 한다. 이 점에서 각 부모에게 학교에 대한 선택권을 주고 웃돈을 얻는 경우 보다 낫은 교육을 받도록 허용하는 프리드만(Milton Friedman)의 교육상환권(vouchers)이 훌륭한 발상이다.

정부의 증명(certification)과 허가(licensing) 기능과 관련해 누구나 최소한의 미리 정해진 규정을 충족하는 경우 참여를 허용해야 한다. 다시 말해, 이런 정부의 기능을 통해 정부가 공급량을 조절하려고 노력해서는 안 된다. 해당 업종에서 최소한의 수준을 확보하기 위해 증명서 발급이나 인가가 필요하지만, 결코 공급을 제한하는데 이용되어서는 안 된다.

또한 정부의 수용(expropriation)이나 강제매입(compulsory purchase)은 필요하다. 그런데 일반원칙을 통해 그 권한을 제한하고, 수용할 때

완전한 보상이 이루어지게 하며, 법원의 제약을 받도록 해야 한다. 나아가 이렇게 제한하더라도 여전히 자유주의와 대립되므로 양자의 대립을 해소하는 방법을 모색해야 한다. 더불어 거대사회가 되면서 정부는 더욱더 개인의 사생활과 비밀을 보장해 주어야 한다.

지방자치와 제3부문에 대한 하이에크의 강조는 그 자체를 긍정적으로 고려할 필요가 있다. 특히, 지방자치는 자유주의의 입장에서 당연히 수용될 부분이다. 그런데 한국의 경우 국토개발과 관련해 시장주의자들이 효율성을 내세워 국토균형발전에 대해 서울중심주의를 내세운 것은 하이에크의 입장과도 배치될 수 있다.

우편과 화폐에 대해 하이에크는 적극적으로 정부의 역할을 부인한 셈이다. 특히 화폐의 발행을 국가가 독점할 것이 아니라 민간부문을 포함해 다원화시켜 견제해야 한다며, 이단적인 입장을 내세웠다. 화폐발행의 분권화는 분명히 시카고학파와도 차이를 보이는 극단적인 주장이다.

전반적으로 하이에크는 입법과 사법을 통한 정부의 역할에 대해 긍정적이지만 행정력에 대한 의존에 대해서는 부정적이다. 그는 행정부나 관료조직의 팽창보다 입법부의 무제한적인 권력을 우려한다는 특징을 보이고 있다. 이는 그가 법의 의미가 변화한데 주목했기 때문이다. 또한 그는 세계화와 더불어 논의되는 사회적 안전망에 있어 국가간 차이가 정당하다고 주장했다.

2.15. 정부의 정책과 시장

일반적으로 경쟁의 결과로 나타났고 타인을 경쟁으로부터 사전적으로 배제하지 않는 독점은 용인되어야 한다. 같은 이유로 기업의 크기나 집중은 그 자체로서 문제되지 않는다. 이런 근거에서 반독점법은 논란의 여지가 많다. 기업의 독점은 정부에서 조장했을 때 주로 문제가 된다. 어떻든 기업의 독점보다 노조나 각종 협회가 더 큰 폐해를 낳는다.

왈라지언적인 완전경쟁(perfect competition) 개념은 이상적이지만 비현실적인 기준을 제시하고 이에 근거해 현실을 판정하게 만든다. 결과적으로 이 개념은 여기서 벗어나는 현실들이 존재한다는 이유로 손쉽게 경쟁을 비판할 수 있는 구실을 반자유주의자들에게 제공하고 있다.

특히, 완전경쟁의 논리는 전지전능한 독재자로서 경매인(auctioneer)을 상정한다. 이 논리는 현실 시장의 과정을 전적으로 도외시하고 있다. 현실에서의 효율성 증대는 이상적인 수준에 접근한다는 의미가 아니라 과거에 존재했던 수준보다 효율성이 높아진다는 뜻이다. 경쟁이 주어진 지식을 이용하는 과정이 아니라 지식을 발견하는 과정이라는 점이 보다 중요하다.

거대기업은 또 다른 거대기업에 의해 억제될 수 있을 뿐이다. 정부의 개입은 종종 이런 억제 효과를 감소시키는 결과를 가져온다. 크기가 정치적 영향력을 낳는다는 주장은 오해이다. 이 주장은 물체에 대한 지배력인 경제력이 사람들에 대한 정치력으로 나타난다는 의미이다. 그런데 기업의 정치적인 힘은 기업의 크기보다는 고객들로부터 서비스를 유보하거나 고객들을 차별할 수 있는 기업가의 능력에 의해 결정된다.

재화나 서비스를 유보하는 경우 독점이 진정으로 사회에 해악을 미칠 수 있다. 이에 대한 방책으로 입법을 통한 전면적인 금지나 행정적인 권력의 행사보다 손해배상이라는 형태가 낫다. 입법적인 금지는 유효하게 시행되기가 힘들며, 행정력의 동원은 시행과정에서 자의적으로 변할 수 있다.

흔히 대기업에 대한 비판은 소기업에 비해 많은 일자리를 제공하므로 자신의 행동이 낳는 결과에 대해 더욱 책임감을 가져야 한다는 논리에 의존한다. 그렇지만 소기업과 마찬가지로 대기업도 수지타산에 따라 움직여야 한다. 그렇지 않을 경우 대기업은 정말로 거대한 힘을 가지게 된다.

다만, 대기업이 망할 경우 경제에 미치는 영향 때문에 대마불사의 믿음이 생기는 것은 기업의 규모가 그 자체로서 문제를 낳는 상황이다. 이에 대한 방책은 정부로부터 대기업을 구출할 수 있는 힘을 박탈하는 것이다(pp. 82-83).

보다 낫은 실적을 통해 독점이 형성되는 경우도 있으므로 독점자체가 아니라 경쟁을 가로막는 독점이 문제이다. 혹은 독점을 낳은 원래의 우위가 소멸했음에도 불구하고 독점을 유지하는 경우만이 사회에 해롭다. 독점적 지위를 이렇게 이해하면 기업의 독점보다 노조의 독점이 문제이다.

이런 맥락에서 개인의 이기심이 아니라 집단의 이기심이 사회적 해악이자 전체이익에 배치된다(p. 89). 기본적으로 집단이익의 존재는 경제적 이익을 극대화할 수 있는 한계원리가 아니라 전체이익을 적용하게 만든다. 노조와 같은 조직은 소비자나 노인과 같이 조직되지 않은 경제구성원들에게 피해를 주는 셈이다.

하이에크가 왈라스주의자와 공유하는 부분과 그렇지 않은 부분을 가려내야 한다. 하이에크는 이미 앞서 파레토최적의 기준을 사용했으며, 이 장에서는 한계와 효용의 개념에 대해서도 긍정적이었다(p. 91). 그렇다면 하이에크와 왈라스주의자는 개인차원이 아니라 이들이 합계되어 나타나는 시장의 결과 차원에서 견해를 달리한다고 볼 수 있다. 즉, 하이에크의 비판은 소비자나 생산자 균형보다는 시장의 균형과 관련된다.

이와 관련해 왈라스주의자가 개인의 합리성을 전제한다는데 대해서도 하이에크는 비판했다. 그에 의하면 개인의 합리성이나 상인정신이 경쟁의 전제나 조건일 뿐만 아니라 역사적으로 볼 때 경쟁의 결과이기도 하다(p. 75-6). 이 점에서 그는 분명히 진화주의자이다.

대기업의 정치적 영향력에 대한 하이에크의 부인은 비현실적이다. 또한 정부의 폐해와 함께 소기업의 시장참여를 대기업이 돈으로 매수해 봉쇄하는 경우도 고려해야 한다. 더구나 그는 웬만한 크기의 기업을 개인으로 간주하고 노조는 집단으로 간주해 기업을 기업가와 동일시하는 오류를 안고 있다. 기업도 노조와 마찬가지의 집단으로 간주할 경우 이 같은 하이에크의 구분은 크게 의미를 상실하게 된다.

2.16. 민주적 이상의 유실: 요약

현재 우리는 다수결의 미명하에 여러 집단들의 이익들을 주고받는 협상민주주의에 처해 있다. 이는 권력의 분립, 법의 지배나 주권, 법의 지배를 받는 정부, 사법과 공법의 구분, 사법절차의 원칙 등 권력을 제한하기 위한 원리들에서 벗어난다. 이 모든 문제는 법이라는 용어의 의미 변화로 귀결된다. 법이 정의로운 행동의 원칙이라는 의미를 가지고 있다가 점차 정부조직의 규칙으로 변했다. 이에 따라 의회는 고유의 입법이 아니라 정부조치를 결정하는데 중점을 두게 되었다.

이런 의미에서 자유로운 의회와 자유로운 민중 중 하나를 선택해야 한다. 의회의 이런 시혜는 투표권을 매수해 얻은 다수를 빙자해 거명할 수 없는 소수를 희생시키는 것이다. 이런 과정은 합법화된 부패로서 의원 개인의 문제가 아니라 체제에 내재되어 있다. 이를 해결하기 위해서는 입법의회와 통치의회를 구분하고 당의 구분을 약화시켜야 한다.

하이에크는 투표권의 매수와 부패를 반복해 언급했다. 그의 입장에서도 투표권은 거래의 대상이 아니다.

2.17. 모범적인 헌정

미국의 건국시조들은 입법부를 사법부뿐만 아니라 행정부로부터 분리시키려고 노력했는데, 이를 긍정적으로 보아야 한다. 전 세계적으로 헌정적인 전통을 지닌 국가는 많지 않다. 이 때문에 헌정과 관련해 민주주의를 실천하는데 명문화되지 않은 전통이나 신념이 요구된다는 점을 상기해야 한다. 헌정에는 이런 묵시적인 부분들이 명시되어야 한다. 정의로운 행위의 원칙들은 국가들 사이에 존재하는 초국가적인 제도들에도 적용될 수 있다.

민주주의를 위한 헌정은 5부로 구성된다. 헌법을 다루는 헌정법원(Constitutional Court), 정의로운 행위의 규칙을 다루는 입법의회(Legislative Assembly), 조직의 법규를 다루는 통치의회(Governmental Assembly)로 나뉜다. 그리고 통치의회는 이런 규칙과 법규들에 따라 자원을 관리하는 행정부(Government)를 거느리고, 정부에는 행정적인 관료조직이 부속된다(p. 123). 행정부는 행정의회에 소속된다.

특히, 입법의회와 행정의회의 구분이 중요한데, 임기나 구성원들을 명확하게 구분해야 한다. 입법의회는 사회각계에서 명망을 쌓은 사람들로 구성할 필요가 있다. 세입은 입법의회가, 지출은 통치의회가 각기 나누어 맡을 필요가 있다. 이와 함께 자발적인 단체들의 역할이 증대되어야 한다. 또한 연령별로 남녀의 모임을 만들어 사회적 접촉의 기회를 마련해 주고 정당의 색깔을 약화시킬 필요도 있다.

전쟁, 외적침입, 반란, 자연재해 등 긴급사태로 자생적 질서의 장기적인 보존자체가 위협을 받을 때는 이런 체제의 작동을 정지시킬 수 있다. 그러나 긴급사태를 과장해 권력을 절대화하려는 경향이 있다. 그러므로 긴급사태에 대한 판정여부를 입법의회의 비상위원회에 맡겨 이를 수권의 당사자와 분리시켜야 한다. 헌법의 결함을 메우는 일도 긴급사태로 규정할 수 있다.

명문화되지 않은 전통이나 신념에 대한 하이에크의 언급은 정의로운 행동의 원칙이 제3세계로 이동할 때 상당한 어려움이 있음을 시사한다. 그는 긴급사태를 정치적이거나 외적으로 규정해 자신의 입장에서도 사회내적인 공황을 포함시키지 않았다. 과연 나치스나 박정희정권을 보면 긴급사태(예, 일련의 긴급조치들)는 정권 연장의 유효한 도구였다.

2.18. 권력에 대한 제한과 정치에 대한 격하

사회절서에서 권력에 대한 유효한 제한이 가장 중요하다. 그런데 구성주의와 법실증주의 전통에서는 이를 위한 장기적인 규칙들을 경시하고 다수결에 의존해 왔다. 평화, 자유, 정의라는 문명의 가치와 민주주의라는 또 다른 가치는 인간의 근원적인 무지 때문에 모두 소극적이고 추상적인 금지 형식의 규칙으로 유지된다. 전쟁 때문에 권력의 집중이 강조되었으나, 이제는 전쟁상황이 아니므로 지역정부로 분권화되어야 한다.

거대사회는 여러 개인들이 자발적으로 교환관계를 맺어 성립되는 연결망이다. 이는 추상적인 질서와 추상적인 규칙에 의존한다. 이렇게 보면 사회적 정의 등 애매한 단어들을 사용하는 문인들을 탓해야 한다. 이는 저절로 생긴 질서를 만들어진 국가와 동일시하는 경향이다. 자생적 질서에서는 한 개인이 여러 사회에 소속되어 이들 사회의 동등하거나 위계를 가진 관계들이 겹쳐 중첩적이거나 중층적인 구조를 이룬다(pp. 140-141).

이 질서에서는 최소한의 획일적인 소득이외에 절대적이거나 상대적인 소득을 미리 의도하거나 예측할 수 없다. 소득과 관련된 정부의 재량적이고 차별적인 조치들은 정당하지 않다. 또한 정부는 군대유지 이외에 철도, 통신, 방송, 우편, 사회보험, 특히, 화폐발행 등을 독점할 이유가 없다. 국제사회에서든 국내에서든 정의로운 행동의 소극적인 원칙들만이 중요하다. 이 때문에 물적인 이득의 재분배를 위해 스스로를 정당화하는 정치기구를 격하시켜야 한다(p. 150).

자본주의와 사회주의 사이에 제 3의 길이란 존재하지 않기 때문에 양자택일해야 한다. 궁극적으로는 개인의 영역, 즉 재산에 근거한 개인의 자유가 최상의 원칙이다.

하이에크는 정치와 경제를 관통하는 원리로서 인간의 무지 및 불확실성과 규칙의 소극적인 성격을 제시했다. 그에 의하면 한반도의 전쟁위협이라는 선전이 권력의 집중화를 요구했다고 볼 수 있다.

소득에 대한 의도성이나 예측가능성의 부인은 시장의 소득분배에 윤리성을 부여하려는 입장뿐만 아니라 무지나 불확실성을 배제하는 시카고학파의 입장, 특히 합리적 기대가설과 극단적으로 대립된다. 여기서 그는 정치의 격하를 주장하고 개인영역을 재산과 동일시해 자신의 본심을 여지없이 드러냈다. 또한 정치의 목표가 권력 등과 무관하게 물적인 이익의 재분배라는 그의 주장은 과도한 경제주의라고 생각된다.

전체적으로 보면, 그는 지치지 않는 반복법을 구사하고 있다. 그는 국가를 사회로 끌어당기고 사회를 다시 거대사회나 자생적 질서로 만들었다. 중첩적이거나 중층적인 구조는 가라따니 고진이 그리는 사회와 비슷하다. 그런데 하이에크에서는 기업이라는 조직뿐만 아니라 화폐에 대한 집착도 찾아보기 힘들다.

2.19. 결어: 인간 가치의 세 가지 근원

이 장에서 하이에크는 자신의 전체 논의를 종합하면서 인간의 가치가 자연 · 인위의 이분법이 아니라 자연 · 문화 · 인위의 삼분법적인 근원에서 나온다고 주장했다. 그리고 이 중에서 문화라는 중간적인 근원이 바로 인류의 발전을 주도해 왔다. 제목에 나타난 세 가지 근원과 괴테(Johann Wolfgang Goethe)로부터의 인용구는 이러한 생각을 함축하고 있다.

사회적 생물학의 오류: 일반적으로 사회적 생물학은 자연 · 인위의 이분법에 근거해 인류의 발전을 설명한다. 그런데 이들보다 더 빠르고 근본적인 근거로서 문화적 과정이 있다. 자연적 과정은 유전적 발전을 의미하며, 인위적 과정이란 인간이 합리적인 사고에 의해 사회를 개조한 과정을 의미한다.

인위적 과정은 지금까지 이 책에서 비판해 온 데카르트 등의 대륙적 합리주의가 강조한 과정이다. 여기서는 자연적 과정이 추가적인 비판의 대상이다. 자연적 과정에 대한 강조가 내재적 이성이란 형식으로 대륙의 합리주의에 내포되어 있다. 그러므로 자연적 과정에 대한 비판은 대륙의 합리주의에 대한 비판의 연장이다. 이미 강조한 바와 같이 문화적 과정이란 경쟁을 통해 제도가 선별되어 진화하는 과정을 의미한다.

하이에크의 진화적 과정이 다시 문화적 과정이라는 명칭을 추가로 얻게 된 이유를 짐작할 수 있다. 앞서 하이에크가 수시로 전통의 중요성을 강조했다는 점을 기억할 때, 문화는 인간이 만들어 놓은 것 중에서 쉽게 바뀌지 않는 그 무엇을 지칭한다.

문화적 진화의 과정: 이성이나 생각과 문화는 동시에 발전하므로 이성이 제도나 문화를 창출했다는 데카르트적인 발상은 오류이다. 흔히 문명의 발전이 근대의 짧은 시간 동안에 이루어졌다고 보는 경향이 있다. 그러나 문명의 발전은 선사시대로부터 시작해 우리가 추정해 알 수 있는 역사(conjectural history) 속에서 장시간 지속되어 왔다.

이 과정은 인간 속에 있는 야만성을 순화시키는 과정이었다. 이 과정을 이해하기 위해서는 인간의 내재적 이성이 문화를 창출했다는 생각을 버리고 모방과 전승이라는 관점에 서야 한다. 왜냐하면 누차 강조해 왔듯이, 인간은 어떤 일이 왜 올바른지 이해하지 못하는 상태에서 올바른 일을 할 줄 아는 경우가 더 많았기 때문이다.

이같이 인간의 의도와 무관하게 생겨나 인간이 이해하지 못하면서도 준수하는 행동의 규칙들로부터 인간들은 자신의 주위에 대해 갖고 있는 생각에서보다 더 많은 지식을 발견할 수 있다. 이 때문에 인간의 머리는 문화를 구상(design)하는 것이 아니라 단순히 문화를 흡수할 뿐이다. 이러한 문화는 포퍼가 주장한 대로 자연 · 인위의 이분법으로 포착될 수 없는 제 3의 세계(the world 3)이다.

여기서 하이에크가 대륙의 합리주의와 정반대로 문화로부터 이성으로의 일방적인 영향을 내세우는 것이 아니라 쌍방관계를 주장하고 있다.

자기유지적인 복잡한 구조의 진화: 복잡한 구조는 단선적인 인과관계에 의존하지 않고 유형들의 복잡한 상호관계들을 통해 유지된다. 그러므로 수량적인 관계로 설명할 수 없고 사이버네틱스나 시스템이론으로 설명해야 한다. 또한 각 구성원들이 전체나 여타 구성원들의 상황에 대해 완전한 정보를 갖고 있지 않은 상태에서 행동의 준칙을 준수함으로써 유지된다. 이 때문에 주어진 자료에 의해 결정되는 균형상태로 구조를 설명할 수도 없다. 그러므로 대규모의 분업이 이루어지는 시장경제에서 이런 설명은 불가능하다.

하이에크의 이런 생각은 신고전학파의 일반균형론에 대한 비판으로 이어질 수 있다.

행동준칙의 다층화: 그런데 문화적 과정뿐만 아니라 자연적 · 문화적 · 인위적 과정이 모두 행동의 준칙을 낳는다. 이런 이유로 인간의 행동규칙들은 다층적이며 이들이 얽혀 복합성을 띤다. 자연적 과정이 낳는 규칙들은 유전적으로 전승되어 거의 변동하지 않는 본능적인 성격을 가진다. 또한 문화적 과정이 가져오는 규칙들은 인간이 인지하지 못하면서도 선별되어 확산된 것으로서 전통의 산물이다. 끝으로 인위적 과정은 특정 목적을 위해 고안된 여러 가지 규칙들을 낳는다.

자연적 과정의 규칙이나 인간의 내재적 갈망 및 본능에 근거한 규칙들은 수렵 및 채취를 위주로 하는 소규모 집단에 적절할 뿐 거대사회에는 적절하지 않다. 이것은 인간성이라기보다 동물성에 가깝다.

소규모 사회로부터 거대사회로의 이행은 내적 본성이 아니라 인지되지 않은 규칙의 준수를 통해 가능했으며, 인간을 훌륭하게 만드는 것은 자연도 이성도 아닌 전통이다. 거대사회로 이행하기 위해서는 소규모 사회에서 허용되었던 감정이 억제되어야 하며, 상호간의 조정 규칙들이 수락되어야 한다.

여기서 하이에크는 인위적 과정에 의한 규칙을 논의하지 않아,인위적 과정을 자연적 과정과 동일시하고, 본능과 내재적인 이성을 동일시한다고 생각된다.

관습적인 규칙과 경제 질서: 문명이 발전해 온 흐름을 행동규칙의 변동이라는 관점에서 보면 금법(禁法)들의 완화로 규정할 수 있다. 소규모 사회의 유대를 파괴하는 일부 개척자적인 범법자들이 사회의 이익이 아니라 자신의 이익을 위해 새로운 규칙을 도입하고, 이 규칙이 전체 사회에도 이롭다는 점이 밝혀짐으로써 이러한 완화가 가능했다. 이 과정을 통해 시장경제와 개방적인 사회로 이행할 수 있었다.

이러한 사회의 특징은 안면으로 마주치는 사회가 아니라 포퍼가 지적한 대로 추상적인 규칙과 비인격적인 신호에 의해 움직이는 추상적인 사회이다. 대규모의 분업이 이루어지는 거대사회에서는 본능적으로 옳거나 특정 목적에 부응하는 것이 아니라 전승된 오랜 규칙들이 유용하다. 이 점을 대부분의 경제학자들은 아직도 깨닫지 못하고 있다.

인간은 현명하기 때문에 새로운 규칙들을 채택하는 것이 아니라 새로운 규칙들을 채택함으로써 현명해졌다. 언어, 윤리, 법규 그리고 화폐 등 모든 문명의 이기들은 자생적인 성장의 결과이다. 이런 관점에서 좌파와 공리주의는 모두 잘못되었다.

자유의 규율: 인간은 처음부터 자유로운 상태에서 시작하지 않았다. 오히려 소사회에서 거대사회로 이행하는 문명의 발전과 더불어 비인격적인 추상적 규율과 장치가 개인들을 보호하면서 자유롭게 되었다. 교환에 근거한 개방사회에서는 수렵인과 채취자들로 구성된 소사회를 유지하기 위해 요구되는 것과는 전혀 다른 행동규칙이 요구된다. 이 규칙들은 소사회에서 허용되었던 본능의 억제를 요구한다.

그런데 이 규칙들과 경제체제들은 우리가 인위적으로 구상한 것이 아니라 우연히 발견되어 예상치 않은 수준으로 우리의 문명을 끌어올렸다. 그러나 다시금 이러한 문명을 파괴하려는 야망이 생겨나고 있다. 시장경제에 존재하는 윤리는 인간들이 스스로 보다 많은 것을 소비하기 위해 노력하기보다 타인으로부터 성공했다고 인정받으려는 욕망에 의해 움직인다는데 있다. 또한 자신의 이웃보다 알려지지 않은 다수의 인간들에게 도움을 주려는데 있다. 이 관점에서는 이미 알려진 하나의 공동선이 아니라 금전적인 이득이 사회적 승인의 기반이자 전반적인 부의 증가 원인이다.

원시적 본능의 재등장: 그런데 서양사회에 이러한 원시적 본능이 다시 등장해 위협을 가하고 있다. 이러한 원시적 본능을 옹호하는 윤리주의자나 철학자들은 과거의 규칙으로 돌아가거나 새로운 규칙을 창조하자고 주장한다. 이들은 시장의 기능을 제대로 파악하지 못한 채, 인간의 가슴에서 나오는 직관적인 윤리적 가치들이 영원한 존재라고 오해하고 있다.

그러나 문화적 선별은 합리적 과정이 아니며, 이성에 의해 계도되지 않고 거꾸로 이성을 창조한다. 우리는 윤리적 체제를 완전히 파악할 수 없다. 이 때문에 새로운 규칙은 공식적인 투표가 아니라 기존 전통과의 정합성이라는 차원에서 타인의 승인여부에 따라 점진적으로 확산되면서 도입된다.

진화, 전통 그리고 발전: 진화가 반드시 발전의 충분조건은 아니나 필요조건이다. 진화는 새로운 규율이나 적응을 요구하기 때문에 우리가 좋아하는 것만 가져다주지 않는다. 경제적 과정이 이러한 진화를 보여주는데, 이를 통해 우리가 경제적 목표만을 추구하지는 않는다. 경제적 목표는 기껏해야 중간 목표에 불과하다.

진화가 가져다주는 발전의 속도가 우리가 원하는 속도보다 빠를 수 있기 때문에 발전이 모두 바람직하지는 않다. 그렇다고 해서 그러한 발전의 속도를 정책을 통해 변경하려는 경우 발전의 기본 동인 자체가 파괴된다.

오랜 본능에 봉사하는 새로운 윤리의 구축: 마르크스

원시적 본능에 봉사하는 새로운 윤리를 구축하려 했던 인물이 마르크스이다. 마르크스는 노동가치론에 빠져 가격이 각 경제주체에게 정보를 전달해 자생적 질서를 만들어낸다는 점을 전혀 이해하지 못했다. 이 때문에 사회적 정의라는 원칙에 따라 재화가 배분되어야 한다는 논리를 내세웠다.

비록 마르크스 자신의 책임은 아니지만 이와 연관된 주장이 평등주의이다. 평등주의도 동료들로부터 승인의 정도가 다르기 때문에 발생하는 진화를 박멸한다는 문제를 안고 있다. 왜 그렇게 되었는지 따지지 않고 일부 사람들이 다른 사람들보다 낫을 수 있다는 점을 그냥 인정해 각자에게 차별적인 승인을 부여하기 때문에 모든 윤리가 유지된다.

물론 인간은 환경으로부터 영향을 받는다. 그러나 이로 인해 누군가가 나쁜 사람이라고 판정받지 않아야 할 이유는 없다. 윤리적 칭송마저도 의도가 아니라 실적에 근거해야 한다. 그렇기 때문에 집단적인 선별에 의해 형성되는 문화 속에서는 평등주의가 미래의 발전을 가로막을 수 있다.

인류학에서는 모든 문화나 윤리가 동등하다고 보는 경향이 있다. 그러나 우리의 사회는 여타 문화와 윤리가 열등하다고 취급함으로써 유지된다. 개인들의 다양한 능력에 따라 발전해 온 서양문명에 평등주의를 강요해 진화를 중지시키려고 한다면 그것은 역사의 비극적인 농담이 될 것이다.

과학적 오류에 의한 불가결한 가치의 파괴: 프로이트

과학적 오류로 대체될 수 없는 가치들을 파괴하는 사상으로 사회주의, 데카르트적인 과학주의 및 꽁뜨(Auguste Comte)의 구성주의, 그리고 이들에 근거한 법실증주의와 지식사회학을 꼽을 수 있다. 그런데 문화적으로 가장 파괴적인 영향을 미친 사람은 프로이트(Sigmund Freud)이다. 프로이트는 비윤리주의자를 자임하면서 인간이 문명에 억압되어 있다고 보아 야만인의 본능에 불과한 자연적인 본능의 발현을 주창했다. 그의 이론은 아직도 심리학 이론에 깊게 뿌

리박고 있다.

마르크스와 프로이트를 비판했다는 점에서 하이에크는 포퍼와 함께 프랑크푸르트학파에 정확히 대립된다. 사실 하이에크와 포퍼는 마르크스와 프로이트에 대한 비판에 일생을 바쳤다. 그의 최후기작 『치명적 자만심』은 이 점을 여실히 보여준다. 그 이전 어떤 저작보다 명쾌하기 이를 데 없는 이 책의 중심주제는 "본능과 이성 사이"(between instinct and reason)이다. 여기서 본능은 프로이트를, 이성은 대륙적인 이성으로 마르크스를 대변한다. 그는 이런 본능과 이성의 사이에 존재하는 전통, 도덕, 규칙이 인류의 보루라고 주장했다.

반전: 마르크스와 프로이트가 지배한 근대는 복잡한 구조에 대해 인간이 알 수 있는 것보다 더 많이 알고 있다고 착각했다는 점에서 미신의 시대이다. 역설적이지만 이러한 미신은 바로 인류 최대의 적을 미신이라고 생각했던 이성의 시대를 계승한 유산이다. 그러나 인간은 자신의 운명을 결코 지배할 수 없으며, 인간의 이성은 항시 미지와 불확실성의 세계로 인간을 이끌어 새로운 것을 배우게 함으로써 발전해 왔다.

3. 하이에크의 『자본에 대한 순수이론』

현 시점에서 하이에크의 모든 저작은 이념을 떠나서 다룰만한 가치를 지니고 있다. 그렇지만 이외에도 다음과 같은 이유로 『자본에 대한 순수이론』이 강독의 대상이 될 만하다. 우선 하이에크의 사상에서 초기작과 후기작, 이론부분과 사회철학, 혹은 왈라스주의와 진화주의가 어떻게 연결되는지가 의문이다. 이 책이 시기적으로 중간에 걸려 있어 교량이 될 수 있으리라고 생각했다.

사회철학과 방법론, 그리고 가치이론과 관련해 드러났던 마르크스와 오스트리아학파 혹은 하이에크의 유사성이 자본 개념과 관련해 어느 정도까지 확인될 수 있는지가 또 다른 이유이다. 끝으로 오스트리아학파의 자본이론이 주로 뵘바베르크에 집중되어 있으므로, 하이에크의 논의가 이 학파의 자본이론에 어떤 발전을 가져왔는지도 관심거리이다.

3.1. 균형과 과정 사이[2)]

『자본에 대한 순수이론』(*The Pure Theory of Capital*, 1941)은 하이에크의 사상적인 발전에 있어 중간에 위치한 저작이다. 하이에크는 이 책이 균형분석의 연장으로서 일반균형적인 분석과 동태적인 과정에 대한 설명의 중간에 위치한다고 자평했다(p. 23). 22-23장에서 예상치 못한 변동에 대한 적응을 논의해 비교정학과 유사하지만, 과정을 언급해 동학에 대한 갈망이 엿보인다.

하이에크는 이 책에서 균형이 현실적이거나 이상적인 상태가 아니라 현실을 비추어 볼 기준이라고 말해 보다 제한적인 의미를 부여했다(p. 24). 이런 측면은 하이에크가 완전히 일반균형이론으로부터 벗어나지 않았음을 드러낸다.

특히, 이 책의 상당부분에서 그는 명시적으로 모든 경제주체들의 행위들이 하나의 계획에 따라 움직인다는 사회주의적인 가정을 유지했고 일단 화폐를 추상화했다(pp. 26-27, 29). 실제로 그는 후기작에서와 달리 모색과정 등 왈라스의 개념들을 긍정적으로 활용했다(p.

---

2) 이 절의 제목은 하이에크의 최후기작 『치명적 자만』의 첫 장 제목 “본능과 이성 사이”에 대한 변형이다.

248). 나아가 이 책을 쓰게 된 동기가 경기변동의 문제라고 말해 그가 여전히 초기작에 한 발을 담그고 있었다는 해석을 낳는다.

하이에크는 이 책이 동태분석이 아니어서 균형의 조건(conditions)에 초점을 두며 균형에 다다르는 과정(process)을 설명하지 않는다는 점도 인정했다(p. 248). 이런 이유로 그는 자본을 다루지만 순수이론을 고집했다. 이는 하이에크가 여전히 균형분석에 애착을 가지고 있었다는 의미가 된다.

그러나 다른 한편으로 그는 상대가치나 가격의 변동으로 인한 재화나 생산요소 및 경제주체의 위치변동(its position in the whole)을 강조했다. 또한 기술변동으로 인한 생산구조의 변동 등을 광범위하게 검토했다. 이를 통해 우리는 하이에크의 후기에 나타나는 경제의 동태적인 성격을 엿볼 수 있다(p. 25).

무엇보다 각자는 전체의 움직임을 알지 못하는 상태에서 특정 가격에 대한 기대에 따라 움직인다고 말해 인간행동의 의도되지 않는 결과라는 후기작의 중심개념을 예감케 한다. 더구나 마샬, 케인즈, 슘페터 등을 두루 관통하는 불확실성이나 동태적인 분석도 다시 확인할 수 있다.

전체적으로 그는 경제주체들의 행위들 사이에 존재하는 상호의존관계와 행위자들의 미래에 대한 계획이나 기대가 상호 부합될 수 있는 조건에 중점을 두었다(p. 17, 22-23, 26). 그렇지만 동태적인 설명은 상호의존이 아니라 역사적인 과정에서 등장하는 일방적인 인과에 의존한다.

이 책을 보면 하이에크의 초기작과 후기작 사이에 연속성보다는 불연속성이 더 크다는 생각이 든다. 그의 초기작은 일반균형이론에 가깝고, 후기작은 인간행동의 의도되지 않은 결과나 진화를 강조했다. 이 저작은 양자의 중간에 놓여 있다고 생각된다.

3.2. 자본과 이자

내용적으로 이 책은 자본을 다루었다. 하이에크는 산업변동(industrial fluctuations)에 대한 관심으로 인해 자본을 다루게 되었다고 말했다. 그러나 다루는 주제 자체가 추상적이고 복잡한데다가 3차원의 도형 등을 고집하면서 그의 논의에는 전체적으로 모호한 주장들이 많다. 천착하기보다 몇 가지 줄거리만을 제시하는데 그치고자 한다.

(1) 우선 그는 제번스, 뵘바베르크와 빅셀의 자본이론을 줄거리로 삼으면서도, 이들을 수정하거나 보완한다는 입장에 서 있었다. 그는 전반적으로 뵘바베르크의 자본개념과 우회생산개념을 활용했다. 또한 1부의 서론에 이어, 2부의 단순경제에서 자본과 이자를 검토한 후, 3부에서 경쟁적인 자본주의생산과 결합시켜 논의해, 그는 뵘바베르크와 비슷한 전개방식을 택했다. 이와 함께 자본을 자연과 노동의 결합으로 보고 자본이 자연, 그리고 노동과 병존한다고 생각한 점도 뵘바베르크에서부터 지속된 오스트리아학파의 사고방식이다.

다른 한편으로 하이에크는 자연이자율과 시장이자율의 관계에 대한 빅셀의 문제의식을 이어받았다. 하이에크는 처음에는 이윤율을 이자율이라고 불렀다가, 나중에는 결국 실물이자율을 이윤율로 바꾸어 부르면서 이윤율로 다시 규정했다. 이에 따라 그는 자연이자율과 시장이자율의 관계를 실물이윤율과 화폐이자율의 관계로 정리했다.

물론 이 어려운 문제에 대해 명쾌한 답변을 제시했다고 볼 수는 없으나 끝까지 물고 늘어지는 집요함을 보였다. 이런 문제의식은『가격과 생산』등 초기작에 등장하지 않아 새로 추가되었다고 판단할 수 있다.

그렇지만 뵘바베르크와 빅셀이 생산의 우회정도를 모두 평균적인 생산기간이나 투자기간으로 집계화해서 파악한 점을 하이에크는 비판했다. 그는 가치나 가격뿐만 아니라 생산기간이나 투자기간도 이자율에 따라 획일적으로 변동하지 않으므로 개별주체나 개별생산별로 나누어 파악해야 한다고 주장했다(p. 70, 279). 내구성에 대해서도 마르크스와 같이 10년이 지배적이라고 보는 견해는 근거가 희박하다고 그는 말했다(p. 135 각주 1). 아마도 기계적인 파악이라고 생각한 것 같다.

뿐만 아니라 뵘바베르크가 자본과 이자를 설명하는데 있어 생산성 등 생산과 관련된 측면보다 소비와 관련된 시간선호에 중점을 둔 점을 하이에크는 문제로 지적했다. 이 점에서 그는 제번스를 보다 긍정적으로 평가했다(p. 42). 같은 맥락에서 그는 최종수요가 아니라 중간생산물에 대한 수요가 생산기간에 중요하다는 점을 명시했다(p. 25).

우선 뵘바베르크와 마찬가지로 하이에크도 생산을 위시한 경제활동의 목표를 소비로 간주했다. 더불어 자본의 투입이나 이자의 지불이 모두 소비를 지향한다고 생각했다. 그러나 하이에크는 뵘바베르크와 달리 자본이나 이자와 관련해서도 개체주의, 분권화, 혹은 무정부성을 강조했다. 하이에크는 뵘바베르크와 달리 자본이나 이자와 관련해서도 개체주의, 분권화 혹은 무정부성을 강조했다. 또한 하이에크는 뵘바베르크가 우회성이나 기간의 변동이 수반되는 생산과정을 성급하거나 과도하게 축약시켰다고 비판한 셈이다.

자본이론을 이자이론에 대한 부속이론으로 간주하지 않아야 한다는 하이에크의 지적도 같은 맥락에서 이해된다(p. 5). 그에 의하면 뵘바베르크뿐만 아니라 피셔(I. Fisher)도 비슷한 문제를 안고 있다(p. 43). 자본이 교환이나 소비에 일방적으로 부속되지 않는다고 주장한 셈이다.

동시에 이자는 특정 물체의 가격이 아니라 생산요소의 가격과 생산물 가격의 비율 등 시간적 차이가 개입되면서 나타난다(p. 38). 이는 하이에크의 체계에서 생산기간의 다양성이라는 주장과 결합되어 분권화된 생산과정의 변화와 이에 수반된 가치 변동을 낳는다.

보다 구체적으로 하이에크는 자본을 비영구적인 자원(non-permanent resources)으로 규정했다. 이는 자본을 토지와 노동의 결합으로 상정한 뵘바베르크의 생각을 명확히 했다. 엄밀하게 말해 하이에크에 있어 자본은 반복적으로 소득을 올려주는 비영구적인 자원의 총체이다(p. 54). 그런데 비영구적인 존재로서 자본이 영구적인 노동이나 자연과 공존하기 위해서는 지속적으로 재생산되어야 한다. 여기서 자본이 시간과 연결되므로 시간과 노동이라는 개념의 쌍을 하이에크도 활용했다.

하이에크가 생각하는 자본은 일부 재생산되지 않는 부분이나 최종소비재도 포함하나, 주로 중간생산물을 의미한다(p. 58 각주2). 중간생산물은 실제 생산기간과 생산물의 내구성이라는 두 가지 관점에서 파악할 수 있다(p. 65). 물론 내구성은 생산자원뿐만 아니라 소비재와도 관련된다(p. 57, 133). 투입과 산출에 대한 순간(point)과 연속(continuous)의 구분이 이와 연결된다.

하이에크에는 없지만 예를 들어보자. 가령, 재봉틀을 만드는 데 드는 시간과 재봉틀이 여러 벌의 옷을 만드는 데 활용되는 시간이 구분되며, 이 두 가지 시간이 모두 중요하다. 혹은 소비재로 보면 생산시간은 냉장고를 만드는데 드는 시간이고 내구성은 냉장고가 소비되는 시간이다. 전자는 생산기간이고 후자는 마모기간이나 감가상각의 기간이다.[3)]

---

3) 힉스(John Hicks)는 『자본과 시간』에서 왈라스주의적인 정태분석을 비판하고, 시간을 강조하면서 오스트리아학파의 자본이론을 자임했다. 그렇지만 그는 종전의 오스트리아학파 자본이론이 우회생산에 중점을 두면서, 장기간에 걸친 생산물의 등장을 간과했다고 비판했다. 그러면서 힉스는 건설기간(construction time)과 이용기간(utilization time)을 구분했다.

그런데 생산기간에 장단이 있듯이 내구성에도 장단이 있다. 그러므로 자본은 단기와 장기의 생산기간을 포괄하고, 영구적인 자원을 제외한 내구재와 소모적인 재화를 모두 포함한다(p. 78 각주 1). 생산기간과 마모기간은 모두 특정 재화의 서비스를 얻기 위해 필요한 시간인데, 투자시간(investment period)으로 정의된다. 또한 이런 시간의 시작과 끝이 투입(input)과 산출(output)인데, 양자 모두 결합적이거나 복합적으로 나타난다(p. 69).

더불어 비영구적인 자원으로서의 자본은 다양한 재화로 구성된 생계물자, 생산된 생산수단, 부 전체, 동질적인 기금과 구분된다. 자본이 생계물자라는 생각은 자본을 소비재나 임금재에 국한시키고 생산이전에 이미 이들이 존재한다고 생각하는 오류를 내포하고 있다(pp. 85-86).

자본이 생산된 생산수단이라는 견해는 비용이론에 의존해 현재가 과거나 역사적 근원에 의해 규정된다고 생각한다. 또한 재생산을 정확히 동일한 물체의 복제로 생각하는 문제를 안고 있다(p. 87-90). 자본을 비영구적인 자원으로 보는 입장에서는 과거가 흘러갔다고 생각하므로, 현재에 의존해 미래를 바라본다. 또한 미래에 과거와 다른 재화의 재생산을 허용한다(p. 92).

더불어 모든 부를 자본으로 보면 재생산이 필요 없는 부분까지 부당하게 자본에 포함시키게 된다. 끝으로 자본이 이질적인 임금재로 구성되어 있다고 보는 견해와 반대로 자본을 동질적이고 자립적인 기금으로 간주하는 클라크, 피셔, 나이트의 입장은 신비주의에 가깝다(p. 93).

여기서 하이에크는 재화의 내구성을 소비시간으로 개념화하고 이를 재화의 생산시간과 동질적인 존재로 상정했다고 해석할 수 있다. 이는 뵘바베르크에서 우회생산과 관련된 시간과 시간선호와 관련된 시간이 이질적이어서 이를 개선하려고 노력한 결과라고 생각된다. 또한 하이에크는 생산과정에 머물러 장기간에 걸쳐 소비재를 생산하는 소위 고정자본이나 장기간에 걸쳐 서비스를 제공하는 내구소비재를 동일선상에서 취급했다고 생각된다.

이런 생각은 재화를 생산재와 소비재로 이원화하지 않고 재화를 소비와의 거리에 따라 차수를 부여해 생산과 소비를 연속적으로 이해하는 오스트리아학파의 입장에 부합된다. 생산과정의 단계(stages)도 이런 방식으로 해석했다(p. 74). 이는 소비를 생산과 비슷하게 생각하는 논리로 해석할 수도 있으므로, 가계생산함수와 친화력을 가지고 있다.

그러나 생산기간과 소비기간 사이에는 기술적으로나 경제적으로 아무런 연관이 없다. 가령, 1년 농사의 결과인 쌀은 순식간에 소비될 수 있으며, 자동화된 공장에서 단기간에 생산된 자동차나 냉장고가 장시간에 걸쳐 소비에 봉사한다. 또한 생산기간의 변동이 소비기간의 변동과 연관을 갖고 있지 않다.

물론 (생산재나 소비재의) 생산기간과 소비기간은 기술적인 요인뿐만 아니라 경제적인 요인으로부터 영향을 받는다. 예를 들어, 자동차의 가격이 상승하면 투입노동의 증가나 강화를 통해 생산기간이 단축될 수 있다. 이런 변동은 기술변화와 분업체계의 변동으로 보다 크게 나타난다(p. 73). 또한 자원이나 재화에 따라 노력이나 비용이 증가하면서 내구성이 커져 소비기간이 늘어날 가능성이 높다(pp. 79-81). 이런 의미에서 순전히 자연요인에 의해 결정되는 제품의 수명이란 정확하지 않은 개념이다.

오스트리아학파에서 경제의 최종목표는 소비나 소득이다. 이에 따라 하이에크의 경제에는 자연 및 노동, 자본이 주요 범주로 등장한다. 자연과 노동은 영구적이어서 재생산이 필요 없고, 자본은 비영구적이지만 어느 정도 유지되는 중간생산물이며, 소비나 소득은 이들이 결합되어 나타나는 결과이다.

과거는 흘러갔다는 하이에크의 입장은 가치와 관련된 제번스의 주장을 자본에 연장시킨 것이다. 재생산이 반드시 동일가치의 동일한 재화로 반복될 필요가 없다고 주장해 하이에크는 기술변동을 허용하면서 재생산(reproduction)에 변형(transformation)이 수반되는 점을 인정했다. 이는 비판적 실재주의의 해석에 부합된다. 그렇지만 자본을 생산된 생산수단으로 보면 이런 변형이 배제된다는 그의 주장은 그 근거가 확실치 않다. 또한 자본을 동질적인 기금으로 보는데 대한 부정적인 입장도 과도한 실물주의로 규정할 수 있다.

(2) 하이에크에 의하면 이자율 혹은 이윤율은 전통적으로 말하는 바와 같이 투입물의 가치와 산출물의 가치 사이의 비율에 의해 결정되지 않는다. 이자율은 투자구조와 산출량의 관계 혹은 투입함수의 모양과 산출함수의 모양 사이의 관계에 의해 결정된다.

빅셀은 대기기간들을 기술적인 자료로 간주해 평균 대기시간이나 평균 투자기간으로 동질화한 후 이를 자본의 수량으로 정의했다. 그러나 이는 실질비용이론으로 회귀하는 오류이다. 여러 생산과정의 구성비율이 고정되어 있지 않는 한 대기기간이나 투자기간은 상대가치와 이자율에 따라 변동하므로 기술적으로 주어지는 자료가 아니다(pp. 140-144).

달리 보면, 하나의 투자기간은 모든 다른 투자기간에 의존하는데 각 개인이 모든 투자기간을 다 알고 있다고 말할 수 없다(p. 150). 이런 이유로 특정 산출을 특정 투입에 귀속시킬 수 없다. 같은 맥락에서 여러 이자율 중 지배적인 이자율을 찾으려는 케인즈의 노력은 철학자의 돌을 찾으려는 노력만큼 무모하다(p. 169).

경쟁적인 자본주의생산에서 투자에 대한 수익률이나 이윤율은 자본재와 소비재의 가격관계에 의해 결정된다. 그러므로 이윤율은 화폐융자에 대한 이자율보다 먼저, 그리고 이와 독립적으로 결정된다(p. 266). 여기서 결국 시간과 노동이라는 두 가지 요소가 중요해진다(p. 286).

이자율은 직접적으로 비용에 미치는 영향보다 중간생산물의 수요에 미치는 영향 때문에 더 중요하다. 또한 이자율은 특정 시점이나 특정 요소에 독립적으로 영향을 미치지 않고, 여러 시점을 통해 여러 요소들 사이의 관계 속에서 영향을 미친다(p. 293).

이런 이유로 여러 투자기간뿐만 아니라 자본의 수량도 동질적인 하나의 수량이나 실체로 주어지는 기술적인 자료가 아니다. 자본은 가치를 알아야 비로소 나중에 결정할 수 있는 미지수이다(pp. 191-192, 203, 294, 320). 자본의 수량을 사전적으로 규정할 수 없으므로, 감가상각도 물리적으로 정의할 수 없다(p. 301). 이에 따라 일정한 수량의 자본이란 정의되지 않는다. 일정한 자본의 수량은 그 자체가 아니라 오히려 일정수준의 소득으로 정의된다(p. 299).

지금까지 논의한 이자율은 종전 용어로 이윤율이다. 화폐이자율은 특정 물체에 대한 가격이 아니라 가격의 전체구조를 지배하는 가격들의 차이의 비율이다(p. 353). 이자율이 순전히 유동성선호와 관련되고 투자의 생산성과 무관하다는 케인즈의 주장은 근거가 없다(p. 362). 또한 하염없이 자원의 실업이 존재해 가격이 상승하지 않는다고 보는 그의 생각도 오류이다(p. 371).

우리는 직접적인 투입물뿐만 아니라 중간생산물이나 최종생산물의 물가변동도 고려해야 한다(p. 373). 케인즈는 진정한 희소성(real scarcity)을 도외시하고 인공적인 희소성(artificial scarcity)에만 집중했다. 그리고 케인즈는 이자율과 관련해 화폐적 요인들에 초점을 맞추었다(p. 374).

일반적으로 진정한 희소성과 생산기간을 고려하면 최종소비 단계에 가까이 있는 중간생산물일수록 가격과 이윤이 더 크게 증가한다(pp. 384-385). 여러 가지 투자의 상대적인 이윤율이 변동한다는 것은 투자수요곡선에 있어 투자들의 위치가 바뀐다는 의미가 된다(p. 387). 역시 이자율이 비용에 미치는 직접적인 영향뿐만 아니라 가격체계 전체에 미치는 영향을 고려해야 한다. 이럴 경우 높은 이자율에서 수익성이 있었던 투자가 낮은 이자율에서 수익성을 잃을 수도 있다(p. 388).

화폐요인이나 화폐정책이 일시적으로 실물의 움직임을 지연할 수 있고, 실물이윤율과 화폐이자율의 관계를 느슨하게 만들 수도 있다. 이런 의미에서 화폐는 느슨한 연결고리(a loose joint)이다(p. 408). 그러나 장기적으로는 표면에 나타나는 화폐요인들의 배후에서 움직이는 실물의 희소성이 지배적으로 되고, 저축률이 궁극적으로 투자율을 결정한다(p. 393, 409). 화폐요인에 대한 이런 집착은 중상주의 등 초기경제학의 모습이다(pp. 409-410).

(3) 한계효용학파, 특히 오스트리아학파는 소비를 경제활동의 핵심이라고 보아 자본재나 화폐 등 소비재 이외의 경제적 존재들을 모두 소비의 관점에서 파악한다. 이 책에서 자본의 수량이 그 자체로 주어질 수 없어 자본에서 나오는 소득으로 그 수량을 판정할 수 있다는 하이에크의 주장은 이에 부합된다. 다른 한편으로 그는 자본재나 화폐의 독자성이나 자율성을 확보해야 했다.

그러므로 자본의 수량을 소득으로 측정하는 데는 자본을 사전적인 의미의 물리적 실체로 상정할 수 없다는 견해와 경제의 목적이 생산이 아니라 소비라는 오스트리아학파의 주장이 겹쳐 있다. 또한 자본이나 화폐의 독자성과 이들과 소비의 연계성이라는 두 가지 요건이 오스트리아학파에게 요구된다. 미제스가 『화폐와 신용이론』(*The Theory of Money and Credit*, 1980)에서, 그리고 하이에크가 『화폐이론과 경기순환』에서 화폐와 소비의 관계로 고민했던 사실이 이에 대한 추가적인 증거이다.

독자성을 확보하지 못하면 자본이나 화폐가 소비재로 환원될 위험이 있다. 하이에크는 뵘바베르크가 자본재를 소비재로, 생산을 소비로 환원할 위험성을 안고 있다고 비판한 셈이다. 자본을 중간생산물이나 비영구적인 자원으로 보다 명확히한데는 이런 의도가 담겨있다고 생각된다.

케인즈의 과소소비이론에 대한 비판은 이 보다 더 부정적이다. 하이에크에 의하면 케인즈는 단기적이거나 일시적으로 발생하는 실업이나 인공적인 희소성 그리고 화폐요인에 과도하게 집착했다. 화폐요인에 일방적으로 집착해 케인즈는 장기적으로 지배하는 실물의 희소성이나 중요성을 간과했다.

이런 하이에크의 비판은 화폐를 중시하면서도 장기적으로는 실물의 우위를 장담하는 입장에 상응한다. 그런데 하이에크는 케인즈가 대신 자본의 한계효율을 도입했다는 점을 언급하지 않았다.

자본에 대한 논의에서 예상외로 드러나는 특징은 하이에크의 주장이 근대 자본논쟁의 결과들을 상당부분 반복하고 있다는 점이다. 무엇보다 상대가격이나 이자율과 무관하게 미리부터 주어지는 자본의 실체이나 물리적인 의미의 자본수량을 일관되게 부정했다(p. 5). 대신 그는 자본의 구성, 투자의 구조, 자본재들의 투입비율 등이 중요하다고 생각했다. 사실 자본을 물리적인 의미의 수량으로 간주할 수 없는 이유는 이질적인 여러 중간생산물들로 구성되어 있고 그 구성비율이 변동해 동질적인 하나의 실체로 간주할 수 없기 때문이다.

이에 따라 그는 하나의 동질적인 자본량과 이자율의 관계를 인정하지 않았다. 또한 가격이나 이자율의 변동에 따라 우회의 정도가 뒤바뀔 가능성을 강조했다. 결과적으로 자본의 수량은 주어진 자료가 아니라 경제과정에서 결정되는 가치에 의존하며 이런 과정의 결과로 나타난다(pp. 6-8). 이런 입장은 그가 상대가격과 가치에 집착했다는 점에서 이미 예상되었던 바이다.

이렇게 보면 자본개념에 있어서도 하이에크와 왈라스주의적인 신고전학파 사이에 적지 않은 차이가 드러난다. 이는 하이에크가 생각하는 생산과 신고전학파의 생산함수 사이에 커다란 차이가 있다는 의미가 된다. 이를 개체와 전체의 관계에 예민한 하이에크와 이에 둔감한 신고전학파의 거리로도 이해할 수 있다.

이에 따라 한편으로 왈라스주의와 하이에크 사이에 후기작에 나타난 여러 차이이외에 자본개념에 대한 차이를 추가해야 한다. 자본개념에 대한 차이는 동태적인 과정이나 진화와 동일하지 않으므로 별개의 차이로 간주해야 한다. 다른 한편으로 하이에크는 불확실성이나 동태적인 성격을 케인즈와 공유할 뿐만 아니라 자본개념을 상당부분 스라파와 공유했다고 해석할 수 있다.

그렇지만 이 책에는 고전학파에 대한 비판도 적지 않으며, 이 과정에서 묵시적으로 마르크스도 비판을 받았다. 특히, 유동자본과 고정자본의 이분법을 하이에크는 비판했다. 그럼에도 불구하고 화폐의 자율성을 인정하면서 동시에 생산을 강조했다는 점에서 그는 고전학파나 마르크스와 친화력을 가지고 있다(p. 33).

나아가 자본을 중간생산물로 간주해 부문간의 의존성을 분석한다는 점에서 마르크스의 재생산도식에 비견된다. 하이에크에 있어 중간생산물은 비영구적인 존재이므로 지속적인 재생산을 필요로 한다. 그는 이 점을 가지고 자본을 반영구적인 존재로 간주하는 영미의 자본이론으로부터 오스트리아학파의 자본이론을 구분했다(p. 48).

3.3. 영미학파와 오스트리아학파의 자본이론

전체적으로 하이에크는 주로 케인즈를 의식하면서 영미계통의 자본이론과 오스트리아학파의 자본이론을 비교해 놓았다(pp. 47-49). 전자는 자본을 반영구적인 고정자본과 동일시해 단속적인 재생산을, 후자는 비영구적인 유동자본의 성격을 부각시켜 연속적인 재생산을 강조한다. 전자에서 특정 자본재의 가치에 이자율이 미치는 영향이 오로지 이 특정 자본재의 내구성과 관련된다. 이에 비해 후자에서는 생산의 시간구조에서 점하는 위치로 결정된다.

전자는 기존 기술의 복제를, 후자는 기술의 변동을 상정한다. 전자는 소비재에 대한 절대적인 지출을, 후자는 소비재와 생산재에 대한 상대적인 수요를 강조한다. 전자는 자원의 불완전고용을 상정하면서 자본재와 소비재의 수요가 같은 방향으로 변동한다는데 중점을 둔다. 이에 반해 후자는 자원의 완전고용을 상정하면서 양자가 반대 방향으로 변동한다는데 중점을 둔다. 끝으로 전자는 화폐위주로 분석하고 수요의 변동을 전체 화폐지출의 변동으로 간주한다. 이에 비해 후자는 실물위주의 분석으로 특정 수요의 변동이 반대 방향으로 다른 수요의 변동을 낳는다고 생각한다.

반영구적인 고정자본의 부정기적인 재생산과 비영구적인 유동자본의 지속적인 재생산을 구분해, 하이에크는 케인즈와 멀어지면서 오히려 마르크스에 가까워졌을 가능성이 있다. 특히, 재생산개념은 균형개념과 달리 마르크스에 특징적이다. 조금 넓히면 마르크스 이전에 중농주의나 고전학파에 재생산개념이 존재했다는 해석이 지배적이다.[4] 기술변동에 대한 고려도 하이에크가 케인즈보다 마르크스

---

4) 스라파가 해석하는 리카도나 스라파 자신은 임금을 비용이 아니라 소득으로 간주하고, 소득분배를 강조하면서 재생산을 상대적으로 경시한다.

에 가깝다는 근거가 된다. 나아가 이자율에 대한 이윤율의 우위도 하이에크를 케인즈보다 고전학파나 마르크스에 가깝게 만든다.

반면 완전고용에 대한 고집은 하이에크를 케인즈뿐만 아니라 마르크스로부터 구분짓는다. 더불어 자본재와 소비재의 변동 방향에 있어서는 보완성을 강조하는 고전학파, 케인즈, 마르크스가 한편이고, 하이에크와 신고전학파가 다른 편에 있다.

그런데 하이에크에서 자본의 가치량과 화폐이자율이 특정 물체나 요소가 아니라 투자기간이나 상대가격의 전체구조와 연결되어 사후적인 결과로 나타난다. 이 점에서 케인즈의 물가도 비슷하다(p. 353). 이 부분은 하이에크가 빅셀을 통해 케인즈와 연결되는 부분이라고 생각된다.

영미이론이 자본을 고정자본과 동일시한다는 하이에크의 주장은 고전학파와 관련될 수도 있다. 반면 고전학파는 케인즈와 달리 자본을 생계임금으로 간주해 소비재와 동일시했다는 해석도 가능하다. 고전학파는 고정자본을 자연과 마찬가지로 영구적이라고 생각해 임금기금에 해당하는 부분만 재생산이 필요하다는 견해를 피력했다고 종합할 수 있다. 고정자본이 진정한 자본이라면 고전학파는 자본의 재생산을 다루지 않은 셈이다. 반면 유동자본이 자본이라면 고전학파는 자본의 재생산을 다룬 것이 된다.

3.4. 하이에크의 자본 대 마르크스의 자본

위의 논의를 중심으로 마르크스의 자본개념과 하이에크의 자본개념을 비교해 보자. 일차적으로 마르크스의 자본은 화폐자본, 상품자본, 생산자본을 포괄하므로 하이에크의 자본보다 그 범위가 넓어 보인다. 그럼에도 불구하고 첫째, 하이에크 역시 중간생산물로 구성된 자본을 논의하면서 화폐에 대한 고려가 적지 않아 화폐자본을 배제하지 않았다. 하이에크 자신의 표현으로 화폐는 경제의 느슨한 연결고리이다. 이와 관련해 이보다 앞선 『화폐이론과 경기순환』에서 하이에크가 화폐적이고 내생적인 경기변동이론을 내세우면서 화폐나 금융부문의 자율성을 부각시켜 마르크스와의 외견상 유사성을 드러냈다.

둘째, 하이에크는 우회생산이 아니라 내구성 등을 논의하면서 소비를 생산과 결합시켜 중간생산물의 소비를 함께 논의했다. 특히, 그에게서 자본이 영구적인 자원과 최종 소비서비스를 제외한 넓은 범위의 재화를 포함한다는 점이 상품자본과의 연계를 가능케 한다. 또한 자본 그 자체가 아니라 자본이 낳는 소득을 강조하는데, 이를 상품자본과 유사하게 볼 수도 있다.

셋째, 생산자본 자체와 관련해 양자 모두 자본이 여러 생산재로서 부문간에 교환되고 재생산된다는 점을 강조했다. 마르크스의 경우 이에 대한 지겨울 정도의 논의가 『자본론』 2권에서 재생산도식으로 등장한다. 하이에크는 경제주체에 대한 강조로 인해 분권화된 생산을 상정했다. 마르크스는 생산의 무정부성을 주장하기 때문에 반드시 행동주체는 아니더라도 상품이나 부문들 사이의 분권화를 상정했다. 이런 이유로 양자 모두 경제주체나 부문 사이의 상호연관이나 상호의존을 강조했다.

더불어 하이에크가 생산과정의 통시적인 단계들을 공시적인 단계로 상정한 것은 마르크스가 재생산도식에서 상정한 바와 비슷하다(p. 116). 나아가 하이에크가 논의를 위해 상정한 소득의 불변성은 마르크스의 단순재생산에 상응하는 논리라고 추정할 수 있다.

여기서 재생산이 균형과 달리 고전학파와 마르크스에 고유하다는 점을 주목해야 한다. 또한 자본을 영구성 여부로 분류한 점이 고전학파에 가깝다. 이와 달리 신고전학파는 영구적인 자원을 저량과 유량의 구분으로 설명하거나, 아예 이런 구분 없이 자원의 서비스(예, 노동 서비스)만을 다룬다.

넷째, 마르크스가 유통시간과 생산시간 등 시간을 강조해 하이에크와의 비교가능성이 높아진다. 마르크스에 있어서도 유통시간이나 생산시간은 노동시간과 구분된다. 뵘바베르크와 하이에크의 우회생산시간과 선호의 기간도 반드시 동질적이라고 볼 수 없다. 반면 하이에크의 내구성은 우회생산기간에 보다 동질적인 개념이라고 생각된다. 전체적으로 선호에 개입된 시간과 노동시간의 간격은 대단히 크다. 이에 비해 마르크스의 유통시간, 특히 생산기간은 오스트리아학파의 우회기간에 보다 근접한다.

다섯째, 물리적 존재나 실체와 대비되는 가치와 가격에 대한 강조에 있어 하이에크와 마르크스는 비슷하다. 여기에는 가치나 가격공간의 자율성이 핵심을 이룬다. 가치 · 가격공간의 자율성은 개별경제주체나 개별상품의 위치가 경제적인 과정의 결과로 나타나 물리적으로 주어진 자료에 근거해 사전적으로 파악될 수 없다는데 있다.

이런 유사성애도 불구하고 근본적인 차이점들은 남는다. 먼저 양자의 가치이론이 내용적으로 다르다. 특히, 마르크스는 노동가치에 근거해 자본의 크기를 사전적으로 정하는 경향을 가지고 있고, 이에 근거해 단순재생산과 확대재생산을 구분했다. 하이에크는 자본이라는 실체가 사전적으로 주어져 있다는 입장과 자본의 크기가 미리 주어져 있다는 입장을 수용할 수 없다. 하이에크의 관점에서는 자본을 노동가치로 규정하는 마르크스와 자본을 물리적으로 주어져 있다고 보는 영미자본이론 및 신고전학파 사이에 차이가 없다.

여기에 경제의 목표가 소비에 있다는 입장이 겹쳐 하이에크는 자본의 크기를 그 자체가 아니라 소득의 크기로 측정했다. 수량의 차원을 떠나 마르크스는 자본자체가 경제와 사회를 장악했다고 보며 생산이 소비를 견인한다고 생각한다. 이런 이유로 자본을 그 결과인 소득으로 환원할 수 없다. 또한 마르크스에 있어 자본의 크기와 잉여가치는 기술변동이나 잉여가치율 등으로 인해 일대일로 대응하지 않는다.

마르크스의 관점에서 하이에크는 공리주의나 자본주의이념에 해당된다. 이 사상들은 교환관계나 노자착취관계라는 자본주의 고유의 생산관계를 도외시하고 개인과 재화의 관계에 의존한다는데 근본적인 문제가 있다.

둘째, 마르크스에 있어 자본재는 중간재이고 비영구적이지만 이런 자본재를 통해 나타나는 자본은 항구적이고 영원하다. 마르크스에 있어 자본은 자연이 아니면서도 적어도 자본주의하에서 자연과 노동을 흡수해 자연과 마찬가지의, 혹은 그 이상의 보편성과 항구성을 보유한다. 마르크스의 상품물신숭배나 자본물신숭배는 이런 사회적인 자연성 혹은 자연적인 사회성에 근거한다.

이에 비해 하이에크에 있어 자본은 다양한 중간생산물들과 독립적으로 존재하지 않고 이들 자체이다. 그런데 그에게서도 이들 자본재는 일시적으로 존재한다. 결과적으로 그에게서는 자본 자체도 일시적이다. 하이에크(와 뵘바베르크)에 있어 영구적인 생산요소는 자연과 노동이다. 자본이 이들을 포섭하지 않았으므로 자본이 일시적인 존재로 남아 이들 영구적인 존재들과 공존한다. 일시적인 존재로서 자본이 영구적인 노동이나 자연과 공존하기 위해서는 지속적으로 재생산되어야 한다.

마르크스는 자본이 자연과 노동을 포섭한다고 보므로 자본재가 재생산되면서 노동과 자연도 재생산된다고 생각했다. 특히, 소비재나 투자재의 재생산이 노동력의 재생산과 함께 이루어진다. 마르크스와 하이에크가 다같이 재생산을 말하지만, 이 점에서 차이가 있다. 그런데 마르크스도 재생산되는 속도나 기간에 있어 고정자본과 유동자본 혹은 자본과 노동 사이에 차이가 있다는 점을 인정했기 때문에 유통기간이나 생산기간을 구분했다.

마르크스는 이런 재생산기간을 자신의 입장에 따라 노동과 자연을 포함하는 넓은 범위의 자본과 관련해 논의했다. 이에 비해 하이에크는 자신의 입장에 따라 오로지 노동과 자연을 제외한 자본과 관련해 논의했다. 이에 따라 마르크스는 자본에 임금부분을 가변자본으로 포함하는데 비해 하이에크는 이를 단순히 소비재로 간주한다. 자본의 범위가 달랐기 때문에 이런 차이가 생겼지만, 재생산이나 순환기간 등의 문제가 자본과 관련해 발생한다는 생각은 양자에 공통이다.

마르크스도 자본재가 일시적이라고 생각했으므로, 마르크스와 하이에크의 차이는 자본을 자본재와 별도의 영구적인 존재로 인정하는지 여부로 결정된다.[5] 이는 가치의 실체적 성격에 대한 입장의 차이가 자본의 실체적 성격에 대한 차이로 연장된 결과이다. 다만, 하이에크가 자본은 아니더라도 자본이 낳는 소득이 영구적이라고 생각한 점을 주목할 필요가 있다. 이를 그가 인정한 자본과 자연(및 노동)의 유사성으로 해석할 수 있다.

셋째, 마르크스는 자본이나 가치가 스스로 움직인다고 보아 화폐가 자본이나 가치의 형태라고 규정한다. 이에 비해 하이에크는 개별 경제주체들이 선택해 특정 시점에 자본이 화폐나 기타 형태로 존재한다고 보아 차이가 있다. 하이에크는 가치라는 존재를 인정하면서도 초월론적이어서 마르크스보다 부분적으로 힐퍼딩에 가깝고, 칸트

---

5) 영구적인 존재로서 자본을 인정한다는 점에서 마르크스와 클라크는 비슷하다. 그런데 마르크스는 자본이 자연과 노동을 포섭해 자신의 계기들로 만든다고 생각한다. 이에 비해 클라크는 영구적인 존재로서 자본과 노동이 공존한다고 생각한다. 마르크스와 달리 클라크는 자본과 노동 모두에 추상과 구체의 구분을 적용하는 등 양자를 대칭적으로 설정했다(홍 훈, 2007, 297쪽; 홍 훈, 2008, 333쪽).

와 친화력을 지닌다. 또한 마르크스에 비하면 하이에크는 상대가격 등 여전히 수량적인 비율에 보다 큰 관심을 기울였다.

4. 하이에크의 『치명적인 자만심』

하이에크의 『치명적인 자만심』(*The Fatal Conceit*, 1988)은 사회주의가 이론적으로 오류라는 점을 사회주의자들에게 보이려는 거창한 목표를 가지고 있다. 전반적으로 그는 이 책에서 사회주의를 비판하고 시장주의를 옹호하는 자신의 사회철학적인 입장을 반복했다. 그렇지만 그는 여타 저작에서 보다 넓은 시야를 가지고 군더더기 없이 자신의 입장을 선명하게 드러냈다. 각 장을 요약하기보다 새로 부각된 측면, 새로 명시된 부분, 혹은 새로운 방식으로 결합된 논리만을 중점적으로 논의해 보자.

4.1. 본능과 이성사이

이 장은 본능과 이성 사이에 존재하는 전통(tradition)이나 도덕 등이 인류문명의 근거라는 하이에크의 입장을 함축하고 있다. 영국적인 이성은 올바른 합리주의를 대표하므로 여기서 이성은 대륙적인 이성을 의미한다. 프로이트가 본능을 대표하고, 이성을 마르크스가 대표하므로, 이 장은 『법, 입법 그리고 자유』의 연장선상에 있다. 물론 대륙적인 이성은 본능과 통한다.

도덕을 위시한 전통은 시장 질서를 위한 사유재산이나 계약 등의 제도나 규칙으로 대표되며 문화적 진화의 소산이다. 이런 전통이나 도덕은 인구와 부에 있어 특정 집단의 생존능력을 높였기 때문에 살아남았다. 이는 구약성서의 창세기에 나와 있는 종족의 번성과 통한다. 진화로 생긴 질서를 아담 스미스는 보이지 않는 손으로 표현했다. 이는 다양한 목적을 추구하는 개체들이 모여 이룩하는 보이지 않는 유형을 의미한다(pp. 14-15).

자생적 질서 안에는 개인이외에 여러 기업이나 행정조직 등 하부질서나 미시적인 질서가 존재하며, 이들 내부에서는 다른 규칙들이 작동한다. 그렇지만 이들 모두를 포괄하는 거시적인 질서는 자생적이다. 자생적 질서와 이를 구성하는 전통과 규칙은 유전자에 의존하지 않는다는 점에서 인공적이지만, 자연선별에 의해 자연스럽게 살아남았다는 점에서는 자연스럽다(p. 19, 37).

전통을 무시하고 이성을 과신하게 되면, 과거 진화를 통해 발전해온 이성이 이제는 스스로 미래에 자신이 진화할 방향을 결정할 수 있다고 주장하는 격이 되어 모순이 생긴다(p. 22). 전통이나 관습은 논리나 심리 그리고 시점으로 보아 본능보다 뒤지고, 이성보다 앞선다. 전통과 관습의 특징은 이유를 모르면서 준수하는 맹목성에 있다(p. 23).

주어진 이성이 문명을 만든 것이 아니라 이성이나 마음과 문명이 함께 진화했다(p. 22). 변형, 적응, 경쟁으로 규정되는 진화는 다윈의 생물학이전에 사회이론이나 경제학과 문화이론이 이미 제시했다(p. 24). 문화적 진화는 생물학적인 진화와 마찬가지로 예측하지 않은 상황의 변동에 대해 적응하면서 생존하는 것과 관련된다(p. 25). 나아가 분자의 활동 등 물리현상에 대해서도 진화를 말할 수 있다(p. 27).

규칙들은 논리가 아니라 모방을 통해 습득된다. 또한 개인들은 이렇게 습득된 규칙들을 내재적 속성처럼 습관적으로, 그리고 거의 무의식적으로 준수한다. 중앙집권적인 권위는 새로운 규칙의 도입이 아니라 지배집단이 이미 용인한 규칙을 전파하는데 공헌할 뿐이다(p. 20).

그러나 문화적 진화와 생물학적 진화에는 여러 가지 차이가 있다.

문화적 진화에서는 학습을 통해 후천적으로 획득된 형질이 유전되어 라마르크적인 원리가 성립된다. 또한 부모뿐만 아니라 무한히 많은 조상으로부터 배운다. 더불어 전파의 속도가 빠르다. 끝으로 진화가 개체의 선별이 아니라 집단의 선별을 낳는다(p. 25).

당연히 문화적 진화는 다윈을 그대로 받아들이지 않으며, 사회적 다윈주의를 주창하지도 않는다. 또한 이 입장은 마르크스나 콩트의 역사발전법칙이나 역사발전단계들을 믿지 않는다. 이 입장에서는 유형이나 원리의 예측에 만족한다. 마르크스나 콩트 등은 생물학자들과 달리 개체발생적인(ontogenetic) 논리와 계통발생적인(philogenetic) 논리를 구분하지 못했다(p. 26).

자생적 질서 안에 기업이나 행정조직 등 하부질서나 미시질서를 인정했다는 점에서 하이에크가 일본의 가라따니 고진에게 영향을 미치지 않았나 생각된다. 하이에크는 자생적 질서에 대해 단순한 자연성이나 인위성이 아니라 자연적 인위성 혹은 문화적 자연성을 부여했다. 그에 의하면 본능이 자연이고 이성이 인위라면 문화적 자연성은 양자의 중간이거나 결합이다. 규칙에 대한 무지나 맹목적인 준수, 그리고 자연선별의 결과라는 점이 본능과의 유사성이다.

그런데 아리스토텔레스와 마르크스에 대한 하이에크의 비판에도 불구하고 이와 유사한 개념을 이 두 사상가에게서 발견할 수 있다. 머피가 지적했듯이, 아리스토텔레스의 경우 헥시스(hexis) 혹은 습관이 중요하다. 이에 대해서는 별도의 논의가 필요하다.

지금까지의 논의를 통해 하이에크와 마르크스 사이에 비교 가능한 지점들을 정리해보자. 하이에크가 이성에 대한 미신을 말한다면, 마르크스는 자본의 물신이라는 미신을 말한다. 뒤집어 하이에크는 사유재산과 자본에 대한 신앙을, 마르크스는 보편적인 이성은 아니지만 노동자의 이성에 대한 신앙을 설교한다.

이성 자체로 보면 경제적이거나 현실적인 문제가 이성의 형성이나 발전에 영향을 미쳤다는 하이에크의 생각은 태초에 말씀이 아니라 행동이 있었다는 마르크스의 주장과 통한다. 물론 발전단계나 생산양식 그리고 계급투쟁과 인간의 이성을 연결시킨다는 점에서는 여전히 차이가 남는다(p. 157 참조).

또한 이미 언급한 바와 같이 양자는 의회주의를 서로 반대방향에서 비판했다. 『법, 입법 그리고 자유』에서 하이에크는 다수결에 의존한 의회를 자생적 질서의 적으로 생각했다. 마르크스는 이와 반대방향에서 의회주의의 한계를 지적했다. 더불어 이 장에서 하이에크는 국가나 중앙권력의 역할이 제한적임을 지적하면서, 이들이 새로운 규칙의 도입이 아니라 지배집단이 채택한 규칙의 전파하는데 그친다고 주장했다. 이는 마르크스가 반대방향으로 주장한 계급적인 한계나 국가도구주의에 상응한다.

뿐만 아니라 하이에크는 이성에 대한 과신을 과거에 진행된 이성의 진화를 인정하면서도 미래에 전개될 진화를 부정하는 모순으로 규정했다. 혁명과 진화의 차이를 잠시 접어두자. 그렇게 하면 이는 자본주의의 과거를 인정하면서도 미래의 종언을 주장했다는 자본주의의 수호자에 대한 마르크스의 비판과 비슷하다. 또한 이는 기독교에 대한 기독교신자의 역사관과 비슷하다. 이성에 대한 신앙, 자본주의에 대한 신앙, 신앙에 대한 신앙이 각기 문제이다.

마르크스를 비판하기 위해 하이에크는 개체발생과 계통발생이라는 구분을 활용했으나, 호지슨(G. Hodgson et al, 2006)을 보면 오히려 이를 통해 양자가 매개될 가능성이 높다. 또한 질서의 자생적 성격이나 자기조직적인 성격은 이미 마르크스의 재생산에서 등장하며, 확장된 질서는 마치 확대재생산이나 제국주의와 유사하다.

몇 가지 부차적인 주장들을 살펴보자. 예측할 수 없는 상황의 변동에 대한 적응이 진화라는 하이에크의 규정은 『자본에 대한 순수이론』에 나온 비교정학과 외견상 연속적이다. 하이에크가 부분적으로 성경에 의존하고 있으나, 인구와 부의 증가가 과연 경제 및 사회의 목표인지 생각할 필요가 있다. 인구에 대한 강조는 고전학파로의 회귀일 수도 있고 진화론으로부터 받은 영향의 결과일 수도 있다. 끝으로 시장질서가 자생적 질서나 자기조직적인 체계로 규정되었다가, 다시 이 책에서는 확장된 질서로 규정되었다.

4.2. 자유, 재산과 정의의 기원

사유재산은 원래 생산자와 밀접하게 연관되어 있었으나, 소모성 재화들(perishable goods)을 포함하면서 그 의미가 확대되었다. 사유재산이 등장해 서로 협동하는 사회가 형성되면서 가격이라는 신호가 등장하고 구체적인 명령이 아니라 추상적인 규칙이 등장했다. 이런 것들이 자생적 질서를 이루면서 미덕이나 공덕의 자리를 대신하게 되었다(p. 34).

하이에크는 여기서 사유재산이 개인들이 누리는 자유의 기반이라는 자신의 입장을 보다 노골적으로 드러냈다. 사유재산은 영어로 several property인데, several은 여럿으로 나누어 개별적으로 소유한다는 의미를 지니고 있다.

그런데 그가 반복해 강조한 규칙의 추상성과 마르크스가 강조한 노동의 추상성을 그야말로 규칙이나 노동을 “추상한” 상태에서 비교할 필요가 있다. 또한 발생이나 기원 혹은 역사에 대한 관심에 있어서는 하이에크도 마르크스만큼 강렬하다.

4.3. 시장의 진화: 무역과 문명

생산이나 국가가 아니라 장거리무역을 통해 문명이 발전했다. 이 점에서 고대희랍사회에서 가격이 규제되었다는 폴라니의 주장은 오류이다. 진화나 자기형성적인 질서를 인정하고 있는 그대로의 자연을 강조했다는 점에서 아리스토텔레스는 자연과 인공의 이분법을 내세웠다. 이 때문에 그는 시장질서나 자생적 질서에 대한 감각을 가지고 있지 않았다. 뿐만 아니라 이익을 위한 무역에 대한 그의 비판도 나중에 지속적인 영향을 미쳤다.

무역에 대한 아리스토텔레스의 견해는 하이에크가 제대로 해석했다. 그러나 아리스토텔레스와 다윈의 친화력을 지적하는 글들에 비추어 볼 때, 하이에크가 지적한 진화에 대한 무지나 자연과 인공에 대한 이분법은 올바른 해석이 아닐 가능성이 높다.

4.4 본능과 이성의 봉기

근대에 들어서는 17-18세기 프랑스 사상가들, 특히 데카르트와 루소에게서 구성주의나 과학주의의 모습으로 자생적 질서에 대한 반발이 재현되었다. 자연적인 본능을 강조하는 루소는 성경의 창세기와 상통한다. 나중에는 콩트의 실증주의와 벤담의 공리주의가 이런 흐름을 이어갔다. 그런데 이런 종류의 합리주의는 미신을 물리친다면서 인간의 지성을 과신해 스스로 미신이 되었다(p. 53).

20세기에는 생물학, 진화, 그리고 경제학을 모르는 모노나 아인스타인 등 자연과학자들이 과학주의로 인해 사회주의를 주장했다. 아인스타인은 *Monthly Review*의 창간호에서 사용을 목표로 하는 생산이 이윤을 목표로 삼는 생산을 대신해야 한다고 주장했다. 케인즈도 장기적인 규칙이나 윤리를 부정해 이런 부류에 속한다(p. 57).

합리주의, 경험주의, 실증주의, 공리주의 등과 연결되는 이런 견해는 다음과 같이 네 가지 특징을 가진다. (1) 과학적으로 논증하거나 경험적으로 관찰할 수 없는 것을 준수해서는 안 된다. (2) 전통과 같이 이해하지 못한 것을 맹목적으로 따르는 것은 불합리하다. (3) 목적이

미리 명확해지지 않으면 특정의 행동방향을 택할 수 없다. (4) 미리 결과가 완전히 밝혀지지 않았으면 행동을 취할 수 없다(pp. 61-62).

그러나 구체적인 목표에 합의를 보지 않은 상태에서 자유를 유지하기 위해서는 추상적인 규칙의 준수가 불가피하다(pp. 63-64). 심지어 행복도 너무 구체적인 목표이므로 확대된 질서에서 이를 보장할 수 없다. 그럼에도 불구하고 인간이 모든 것을 스스로 통제할 수 없다는데서 나오는 소외감과 물질에 대한 죄의식이나 양심의 가책으로 인해 시장질서에 대한 반감이 줄지 않고 있다. 이런 문제점으로부터 밀도 자유롭지 못하다.

"상품에 대한 수요가 노동에 대한 수요가 아니다."라는 밀의 진술을 하이에크가 어떤 문맥에서 문제로 삼았는지 명확치 않다(p. 58). 케인즈가 이 구절을 무시했고 하이에크는 반대로 동의했다는 점에 초점을 맞출 필요가 있다. 케인즈는 상품수요가 단기적으로 고용을 창출한다는 입장에서 밀의 진술을 거부했다고 생각된다. 이에 반해 하이에크는 장기적으로 우회생산 등으로 인해 상품수요가 반드시 노동수요로 이어지지 않는다는 입장을 내세웠다고 이해할 수 있다.

하이에크가 비판한 합리주의, 경험주의, 실증주의, 공리주의 중에서 적어도 경험주의, 실증주의, 공리주의가 신고전학파와 친화력을 가진다. 이 때문에 하이에크와 신고전학파의 거리가 또 다른 측면에서 상당하다는 점을 확인할 수 있다.

4.5. 치명적인 자만심

과학적인 논증, 완벽한 이해, 목적의 명시, 그리고 결과에 대한 완전한 파악은 구성주의나 사회주의, 그리고 물리적이거나 기계적인 인식에 부합된다. 그러나 인식이나 윤리의 진화는 이런 요건들을 충족시킬 수 없고 정합성이나 부합성에 근거한 내재적인 비판을 통해 이루어진다(p. 69).

진화된 윤리는 본능과 이성의 사이에 존재한다(p. 70). 따라서 완벽한 논증이나 이해가 가능하지 않고, 목적을 미리 명시할 수 없으며, 그 결과를 미리 예측할 수도 없다(p. 71). 이렇게 보면 인식이나 윤리는 초월적(transcendent)이다(p. 72). 이는 성경에서 말하는 신의 의지와 비슷해서, 비인격적인 질서나 개인을 초월하는 구조(super-individual structure)를 설정한다(pp. 74-75).

이런 상황에서는 첫째, 지식은 매개되지 않은 경험이나 관찰이 아니라 학습된 전통을 여과함으로써 늘어난다(p. 75). 둘째, 규칙의 진화에 있어서는 누구도 알지 못했던 상황의 변화, 즉 추상적인 시장신호들에 대한 적응이 결정적이다(p. 76). 셋째, 행동규칙의 준수와 사물에 대한 구체적인 지식은 다르다(p. 78). 넷째, 여러 다양한 행위들을 공통의 목표들에 의존해 평가할 수 없다(p. 79). 다섯째, 이런 근거들에도 불구하고 인간이 확연한 목적만을 추구하려든다. 이는 부족사회의 미시적인 윤리가 남아 있고 지식인들이 궁극적인 목표에 따라 움직이기를 바라기 때문이다(pp. 80-82).

확대된 질서에서는 각자가 규칙을 지키면서 자신의 생계를 해결하거나 이윤을 추구하는데, 이런 행위가 타인에게 이로움을 주도록 되어 있다. 이런 복잡현상을 이해하지 못하는 사람들은 이를 고안이나 음모로 설명한다. 확대된 질서에서는 자본가들조차 자신의 행위의 결과나 목적을 모르기 때문에 비인격적인 과정의 도구에 불과하다(p. 82).

스스로를 생성하는 질서 속에서 인간관계들로 이루어진 추상적인 구조가 형성된다. 그런데 이 구조에서 개체들은 자신의 위치를 미리 파악하거나 정할 수 없다(pp. 83-84). 이런 이유로 흔히 내세우는 정의의 원칙은 유용성의 원칙으로 바뀌어야 한다(p. 85). 여기서 경쟁가격은 대체의 비율이나 동등성의 비율을 전달한다(p. 87).

초월론적이라는 점에서 하이에크는 칸트와 통하고, 비판적 실재주의와도 연결되며, 가라따니 고진과도 비슷해진다. 더구나 자본가들조차 행위의 결과나 목적을 모르며 비인격적인 과정의 도구에 불과하다는 주장은 마르크스를 방불케 한다. 마르크스는 노동자뿐만 아니라 자본가도 자본의 거대한 운동에 끌려 다닌다고 주장했다. 부차적이지만 대체율도 등가를 기준으로 한 비율임을 확인할 수 있다.

4.6. 무역과 화폐의 신비스런 세계

사람들은 한때 물체를 변형시키는 장인을 요술쟁이처럼 취급했다. 그러므로 물리적인 노력이나 진정한 작업을 통해 물체를 변형시키지도 않으면서 단순히 물건들을 이전하거나 이동시켜 가치를 늘리는 상인들에 대해서는 더욱 수상하게 생각했다(p. 92). 이로부터 상업과 상인에 대한 경멸이 생겨났다. 더구나 돈으로 장사하는 금융업에 이르러서는 이런 경멸이 극에 달했다(p. 101). 이는 낯선 것에 대한 창세기의 공포와 비슷하다(p. 94).

그러나 교환과 무관하게 생산물이 존재한다고 생각하면 오류이다. 사실 교환에서 부여되는 가치로 인해 교환의 대상이 되는 물체자체도 생겨난 것이다(pp. 92-93). 이렇게 보면 생산은 물리적이고 교환이나 분배는 사회적이라는 밀의 견해는 오류이다. 마르크스뿐만 아니라 밀은 시장의 가치를 의사결정의 결과로만 생각했지, 가치가 의사결정의 원인이기도 하다는 점을 인식하지 못했다.

이런 점에서 가치는 물리적인 수량과 다르다(p. 95). 그리고 궁극적인 목표들의 가치는 수단들의 가치, 즉 가격으로 표현된다(p. 96). 목표들의 체계는 안정적이고 개인에 따라 다르며 수단들의 체계는 수시로 변하고 획일적이다. 이 때문에 흔히 수단들의 체계를 경멸하게 된다. 그리고 가격의 추상성이 가공적이거나 부자연스럽다는 인상을 준다.

한계효용이론은 가치가 객관적이 아니라 주관적임을 보여준다(p. 97). 경제학은 물건들을 자신의 목적에 따라 다양하게 사용하는 사람들의 이론들에 대한 초월적 이론(meta-theory)이다(p. 98). 그러므로 집계변수를 다루는 거시경제학은 수학으로 위장했을 뿐 존재의의가 없다. 경제전체에 관한 자료가 미리 주어져 있다고 생각하는 이론경제학자들이 있으니 이는 잘못이다. 이렇게 보면 한계효용이론이 개인의 해방을 가져왔다고 말해도 과언이 아니다(p. 100).

사람들은 돈과 금융을 가장 수상하게 여기며 성(性)과 함께 가장 풀기 어려운 문제라고 생각한다(p. 101). 돈은 가장 강력한 자유의 수단이면서 동시에 가장 사악한 억압의 수단으로 간주된다. 이렇게 된 이유는 화폐가 행위를 처리하는 구체적인 방법들을 더 이상 파악할 수 없을 정도로 극히 추상적으로 만들었기 때문이다(p. 102).

> p. 102, 그래서 우리는 손쉽게 파악할 수 있는 구체적인 것을 점차 행동규칙을 규정하는 추상적인 개념들로 교체하는 과정의 극에 도달하게 된다. 즉, 화폐와 화폐제도는 칭송할만하고 이해할만한 생산을 위한 물리적인 노력들의 경계를 넘어, 구체적인 존재에 대한 이해가 끝나고 이해할 수 없는 추상이 지배하는 영역에 머물고 있는 듯이 보인다.[6)]

카토, 키케로, 세네카 등은 화폐대부를 살인과 마찬가지로 취급했다. 화폐제도도 발전하고 선별되었지만, 언어나 법을 포함한 여러 제도들 중에서 가장 미성숙하다(p. 103). 이렇게 된 이유는 정부의 독점 때문

---

6) p. 102, Thus we reach the climax of the progressive replacement of the perceivable and concrete by abstract concepts shaping rules guiding activity: money and its institutions seem to lie beyond the boundary of laudable and understandable physical efforts of creation, in a realm where the comprehension of the concrete ceases and incomprehensible abstractions rule.

이다. 이를 해결하기 위해서는 화폐발행을 경쟁적으로 만들어야 한다.

생산자, 상인, 그리고 금융업자는 잘 아는 사람들의 구체적인 필요가 아니라 추상적인 비용과 이윤에 관심을 둔다. 그러나 가격과 이윤에 대한 집착을 통해 비로소 많은 미지의 사람들에게 봉사할 수 있게 되었다(p. 104).

돈과 성에 대한 의문에 하이에크도 공감하는 듯 보인다. 여기서 자신의 최대 공격대상인 마르크스와 프로이트의 문제들인 돈과 성을 하이에크가 공유했다는 결론이 나온다. 적어도 화폐와 금융업이 극도의 추상성을 갖는다는 하이에크의 해석은 『잉여가치 학설사』에서 마르크스가 이자를 낳는 자본에 대한 물신주의를 설명한 부분과 상당히 비슷하다.

4.7. 언어의 오염

모든 언어는 이미 이론이나 현상에 대한 해석을 담고 있다. 이에 따라 서양언어의 여러 단어들도 최근 정령주의, 구성주의, 사회주의 등을 흡수하는 방향으로 의미를 바꾸었다. 이는 어린이들이 모든 물체에서 행위자를 발견하는 것과 비슷한 유치함이다(p. 107).

이런 상황은 "사회"(society)나 "사회적"(social)이라는 말이 붙는 경우, 특히 사회정의로 예시된다. 이 단어들은 인위적인 고안을 시사하고 있다. 이런 점에서 사회적이라고 주장하는 것들의 다수가 실질적으로는 오히려 반사회적이다. 자본주의나 시장경제라는 용어도 이와 비슷한 경향을 내포하고 있다. 여기서 개념들은 내용을 상실한 빈 껍데기(a weasel word)가 된다(p. 116).

4.8. 확대된 질서와 인구의 성장

확대된 질서의 거부는 수십억의 죽음과 그 나머지 인간들의 빈곤을 의미한다. 반대로 시장질서는 인구를 증가시킨다. 인구의 증가는 문명의 발전과 연결되어 있는데, 사람들은 이를 거부하는 경향이 있다. 그렇지만 맬더스가 주장한 바와 같은 인구폭발을 우려할 필요는 없다. 맬더스는 동질적인 노동을 상정해 다양한 노동에 의존하는 분업이나 특화를 고려하지 않았다(p. 122). 이와 달리 우리는 단순히 더 많은 사람이 아니라 더 다양한 사람들이 생겨난다고 생각해야 한다.

소위 프롤레타리아는 새로운 고용기회로 인해 생긴 추가적인 인구로 이해해야 한다(p. 123). 왜냐하면 경제의 성장과정이 소수의 부자를 만들어내지 않고 다수의 빈자를 나아지게 만들기 때문이다. 자본은 현재의 지출이 미래에 수익을 가져올 때까지 걸리는 시간을 메워주므로 불가결하다(p. 124). 또한 인구문제는 지구 전체가 아니라 지역별로 차별성과 다양성을 고려해 해결해야 한다. 어떤 지역에 인구밀도가 높아지고 어떤 지역에 인구가 희박해지더라도 이를 허용해야 한다.

시장과정에서는 생명을 보존하는데 자선보다 야망이나 탐욕이 더 공헌할 수도 있다(p. 129). 이렇게 보면 비용의 환산은 인간의 생명이 걸려있는 중차대한 계산이다(p. 132). 따라서 진화는 현재의 생명이 아니라 미래의 생명들을 극대화한다고 이해할 수 있다.

하이에크는 인간과 사회가 나아지는 기준으로 행복이나 후생이 아니라 물적인 부의 증가와 인구의 성장을 내세웠다. 이는 신체와 재산이라는 영미사회사상의 주제와 연결된다. 그런데 하이에크가 고전학파로 회귀하기 위해 인구를 강조했다고 보기는 힘들다. 그렇지만 신고전학파가 아니라 고전학파가 인구를 강조했으므로 결과적으로 하이에크는 고전학파에 근접하고 있다.

인구라는 기준을 내세운 이유로 행복이라는 단어의 막연함, 후생이라는 개념의 공리주의적인 연상, 하이에크 자신이 강조한 목적의 다양성, 그리고 진화와 생물학적인 유추 등이 작용했다고 추정할 수 있다. 삶과 좋은 삶이라는 아리스토텔레스의 구분에 비추어 하이에크는 전자에 초점을 맞춘 셈이다. 이는 행복에 대한 논의의 회피나 이성에 대한 의존도 감소 등과 연결되어 있다.

프롤레타리아에 대해 마르크스가 기존 노동인구 중 언제나 실업자가 될 수 있는 부분으로 생각한데 비해, 하이에크는 추가되는 인구로 간주했다. 하이에크는 인구에 대해 맬더스와 같이 장기적으로 보며 생물학적인 출산을 염두에 두었다. 자본과 연결되어 있으므로 내생적이지만, 출산에 의존하므로 외생적이며 마르크스와 구분된다. 다른 한편 자본의 성장과 연결되어 인구의 증가가 경제변수와 완전히 독립적이거나 무관하지 않다. 이 점에서 하이에크의 생각은 해로드나 솔로우의 성장모형과도 다르다.

4.9. 종교와 전통의 수호자

인간은 수십만 년 동안 작은 집단을 이루며 살다가, 문화적인 진화로 최근 들어 제도, 윤리체계, 전통 등을 지니게 되었다. 원래 자연숭배나 금기, 주술이나 종교에 대한 믿음도 집단선별을 도와주는 전통을 담고 있다. 유전자를 통한 승계뿐만 아니라 문화적인 전승도 자동적으로 이루어지지 않는다. 이 때문에 종교이나 미신을 통해 이로운 전통을 유지했다(p. 157 참조).

물론 종교적인 믿음은 논증하거나 시험할 수 없는 상징적 진리(symbolic truths)에 불과하다(p. 137). 그런데 여러 종교들 중 오로지 재산과 가족을 뒷받침하는 종교들만이 살아남았다. 합리적인 지식이 아니라 종교를 통해 배운 맹목적인 습관이 생존의 기회를 높였기 때문이다(p. 139). 이런 문맥에서 사람들이 말하는 신은 전통의 화신이다. 여기에 물론 추상적인 전통을 개인적인 의지로 이해할 위험성이

도사리고 있다(p. 140).

이제 하이에크는 종교까지 집단 선별이라는 관점에서 해석했다. 처음부터 창세기를 언급한데 의도가 있었다고 보아야 한다. 그는 하나님의 말씀이 마르크스, 히틀러나 스탈린의 말보다 낫다고 생각했다. 그렇지만 창조주의자가 아니라 진화주의자인 하이에크는 하나님의 말씀에 진화의 자연선별을 채워 넣었다. 일찍부터 암묵적인 지식이나 분산된 지식을 강조한 하이에크가 이를 종교로 승격시킨 셈이다.

재산과 가족을 존중하는 종교만이 살아남았다는 주장에서 재산은 소득이나 돈과 연결되고, 가족은 생명이나 성, 그리고 인구와 연결된다고 볼 수 있다. 여기서 하이에크는 종교를 경제와 생존으로 해명해 유물론은 아니더라도 실질적으로 경제주의를 표방하고 있다. 그런데 하이에크는 표면적으로는 경제주의를 거부해 왔다.

그렇지만 하이에크는 논증할 수 없는 부분에 대한 믿음을 강요하고 있다. 기독교의 신앙도 아니고 시장질서에 대한 믿음이므로 당연히 마르크스가 헤집고 들어올 부분이다. 화폐와 금융자본을 예로 든다면, 마르크스는 추상성과 구체성의 결합으로 물신주의를 내세우면서 이를 종교적이고 비과학적이며 이념적이라고 비판했다. 하이에크는 오로지 추상성을 강조하고 이를 구체적인 존재로 환원하려는 인식이 오류라고 주장하면서, 인지되지 않은 규칙이나 전체성을 부각시켰다. 나아가 시험할 수 없는 규칙에 대해 반증주의에 의존하는 포퍼가 동의할지 검토해야 한다.

부록 A '자연' 대 '인공'

아리스토텔레스는 정태적인 관점에서 진화와 무관한 자연과 인공이라는 잘못된 이분법을 내세워 자생적 질서에 대한 이해를 어렵게 만들었다. 이 입장은 자연이 내재적이거나 본능적이라고 제한하고, 인공적인 것은 인간의 고안에 의한 것으로 한정한다.

선별적인 진화는 생명, 마음, 인간의 상호관계를 이해하는데 열쇠가 된다. 최고의 지식인인 흄에게서도 이런 이분법이 발견된다. 스미스가 진정한 돌파구를 만들었고 이것이 멩거로 이어졌다. 이들은 일방적인 인과로 구성된 기계적인 법칙을 거부했다(p. 146). 이런 점에서 패튼이 말했듯이, 스미스는 최후의 윤리학자이자 최초의 경제학자이고, 다윈은 최후의 경제학자이자 최초의 생물학자이다(p. 147).

아리스토텔레스에게서 진화나 성장의 논리를 찾아낼 수 없고, 자연을 내재적이거나 본능적인 것으로 간주했다는 하이에크의 주장도 근거가 확실치 않다. 일방적인 인과로 구성된 기계적인 법칙에 대한 거부는 앞서 저술한 『자본에 대한 순수이론』에서 역사적이고 동태적인 과정에서 인과성을 추구해야 한다는 주장과 조화되어야 한다.

부록 B 인간들의 상호작용이라는 문제들의 복잡성

물리현상은 단순한 인과적 설명으로 족한데 사회현상에는 생명이 개입되어 복잡한 설명이 요구된다(p. 148, 149). 마르크스나 밀의 제자들과 같은 사회주의자들은 전자에 경도되어 있다. 밀의 경우 생산을 가격과 무관하게 규정했다는 점이 이를 반영한다.

여기서 하이에크는 단순한 인과적 설명을 물리학과 연결시켜 격하시켰다. 밀이 생산과 교환을 분리해 논의한 점은 인정된다. 그러나 이 점이 경제현상을 단순히 처리한 증거인지는 확실치 않다. 생산에 가격이 미치는 영향을 포함해 생산에 대한 경제학적인 설명이 중요하다고 생각하는 편이 낫다.

전체적으로 정리하면, 밀은 생산이 교환이나 가격과 무관하다고 보아 교환을 분리해서 처리했다. 이에 비해 하이에크는 교환이나 가격이 생산에도 영향을 준다는 점을 강조했다. 아마도 생산이 교환에 영향을 줄 수 있으나 교환이 생산에 미치는 영향만큼 지배적이라고 생각하지 않았다. 이에 비해 마르크스에 있어서는 생산과 교환이 상호 영향을 주고받지만, 생산이 교환에 미치는 영향이 그와 반대 방향의 영향보다 압도적이다.

5. 하이에크에 대한 평가

5.1. 하이에크의 후기사상의 골격

오스트리아학파 전체가 그렇듯이 하이에크 역시 기본적으로 시장경제와 자유주의의 철저한 신봉자로 알려져 있다. 또한 방법론적으로도 개인주의에 근거하고 있어 자본주의 경제학의 옹호자이다. 그런데 하이에크가 현대에서 갖는 의미는 단순히 오스트리아학파의 대변자라는데 있지 않다. 그는 20세기에 있어 더 이상 한 명의 자유주의자라기보다는 자유주의를 대변하는 존재가 되어 전 세계적인 연구의 대상이 되고 있다. 이런 경향은 특히 사회주의의 몰락과 더불어 급격하게 강화되었다.

하이에크의 생각은 여러 후기작에 걸쳐 반복적으로 나타난다. 『치명적 자만심』에 이르기까지 그는 자유주의 수호와 사회주의 비판이라는 자신의 입장을 놀라울 정도로 일관되게 유지했다. 차이가 있다면 자신이 경제에 대해 적용했던 논리를 점차 사회의 다른 분야로 확장시켜 더욱 설득력을 증대시키려고 노력했다는 점이다. 전체적으로 그의 사상은 다음과 같은 이분법에 근거하고 있다.

합리주의	대륙의 구성주의	영국의 진화주의
질서	단순현상 인공적 질서	복잡현상 자생적 질서
법	성문법 조직법 공법 세부규칙 특정목표 편의입법	불문법 정의로운 행동의 일반규칙 여러 목표 사법 판례
사회변화	총체적인 변혁	점진적인 개혁
주창자	데카르트 루소 헤겔 마르크스	흄 퍼거슨 스미스

무엇보다 하이에크는 후기작에 이르러 각 개인이 자신은 개념화할 수 없지만 행동을 통해 준수하는 규칙과 질서가 존재한다고 주장했다. 같은 이유로 자생적 질서는 익명적이며 일반적인 규칙과 이에 의존해 나타나는 행위 및 현상의 추상적인 유형에 의존한다. 또한 그는 이런 규칙과 질서가 문화적 진화의 자생적인 산물이라는 점을 강조했다. 뒤집어서 인간은 자신의 행동이 낳는 결과를 통제할 수 없기 때문에 사회도 완전히 통제할 수 없다. 이에 따라 인간은 자신의 구상에 구속받지 않는 자생적 질서의 존재를 인정해야 한다.

하이에크가 내세운 규칙들은 사유재산 제도나 계약, 약속 이행의 준칙 등인데 가격기구와 구분된다. 규칙들은 가격기구와 다른 방식으로 경제주체들의 행동에 영향을 미친다. 왈라스주의자는 이런 묵시적인 규칙의 존재를 인정하지 않거나, 흔히 경제외적인 제도들로 경제를 둘러싸고 있는 환경 정도로 규정한다. 이런 이유로 케인즈주의자를 포함해 경제학자들은 규칙이 주어져 있다고 보고 주로 가격기구에 집중한다.

이에 비해 하이에크는 규칙이 주체의 활동에 대한 환경이 아니라(regulative) 적극적으로 이들의 행동을 지배하거나 구성한다고(constitutive) 생각한다. 같은 이유로 그는 전통적으로 알려진 시장경제 자체뿐만 아니라 시장경제를 둘러싸고 있는 "환경"까지를 함께 고려해, 시장경제를 보다 근본적으로 옹호한다. 또한 그는 가격과 규칙이 상호 연관되어 진화 혹은 재생산 및 변형의 과정을 끊임없이 겪는다고 생각했다. 이 점에서 하이에크는 제도학파와 비슷하다.

일반적으로 규칙은 개별주체들의 행동을 규제하는 조항들로 정의된다. 그에게도 규칙은 개인들의 행동을 규제하는 법적인 규정이나 사회적인 관습 등이다. 그렇지만 규칙들은 대부분 행동주체들이 논리화하지 못하면서도 행동으로 옮길 수 있다는 암묵적 성격을 띤다.

그렇기 때문에 이들은 암묵적 지식을 구성한다.

제대로 개념화하지 못하면서도 행동으로 옮길 수 있는 규칙이란 어떤 것일까? 분명한 이유는 제시할 수 없으나 관례에 따라 어떤 사건에 대해 최종 결정을 내리는 경우가 그런 예이다. 관련된 물리학을 모르더라도 자전거를 제대로 탈 수 있는 경우가 또 다른 예이다. 여기에는 인간의 무지가 수반되지만 이런 무지는 무지몽매와 구분된다. 그가 주장하는 무지는 교육이나 홍보 혹은 학습의 부족이 아니라 인간이 가진 인식상의 원초적 한계를 의미한다. 그러므로 이는 시간이 지나면서 해소될 수 있는 정보의 부족보다 근원적이다.

하이에크의 입장에서는 인간의 본원적인 무지로 인해 사회전체를 일거에 개조하려는 노력이 좌절될 수밖에 없다. 이런 견지에서 그는 보수주의자로서 케인즈주의와 마르크스주의에 격렬하게 반대했다. 합리주의에 대한 두 가지 구분이나 구성주의에 대한 비판 등은 모두 이런 입장을 뒷받침하기 위해 그가 장시간에 걸쳐 구축한 방어벽이다.

그렇지만 철학적으로 하이에크는 선험적인 성격과 실재론적인 성격을 띠고 있어 경험주의나 실증주의에 근거해 있는 왈라스주의 경제학과 구분된다. 나아가 이런 경향 때문에 오히려 반대의 입장에 있는 마르크스주의와 일관된 대립을 보이고 있다. 심지어 이런 일관된 대립이 마르크스와의 유사성을 조성하기도 한다.

보다 구체적으로 개별주체들이 개념화하지 못하면서도 일상생활을 통해 실천하는 규칙이 존재한다는 것은 사회현상에 심층적인 구조(deep structure)가 존재한다는 논리를 가능케 한다. 이 점에서 하이에크는 실증주의나 경험주의가 아니라 본질주의나 선험주의에 부합된다.

이런 경향은 비판적 실재주의(critical realism)와 친화력을 가져 포퍼의 비판적 합리주의(critical rationalism)와 적어도 부분적으로 대립된다. 또한 흔히 경제외적인 제도들로 규정되는 규칙의 존재는 자발적 질서를 시장질서가 아니라 사회경제적인 질서(socio-economic order)로 만든다. 이에 따라 하이에크의 논리를 단순한 경제학이 아니라 정치경제학이나 사회경제학으로 만든다.

규칙은 사회구조를 통해 개인들에 대한 행동 준칙으로 형상화된다. 그렇기 때문에 규칙들을 사회구조 그 자체로 규정하기는 어렵다. 이 점에서 규칙은 가치형태에 상응한다. 결과적으로 가치가 사회구조에 해당한다면 가치형태는 규칙에 해당한다.

하이에크의 입장에서 규칙을 학자가 파악할 수 있다면 가치형태에 대해서도 학자가 자신의 논리를 통해 어느 정도 파악할 수 있다. 그렇지만 행동주체는 이것을 자신의 생활 속에서 준수할 뿐이다. 주체들은 가격이 어떻게 형성되었는지, 화폐가 어떻게 발생했는지 알 필요가 없이, 단지 상대가격과 자신이 갖고 있는 특정 수량의 화폐를 이용하면 된다.

이런 비교가 보다 완벽하게 전개되면 하이에크에 있어서 가치는 가격과 제도의 두 측면을 포괄하는 개념이 된다. 그것은 마치 마르크스의 가치가 가격과 제도라는 두 가지 측면을 포괄하는 개념인 것과 유사하다.

그런데 하이에크는 마르크스가 보이지 않는 손을 적극적으로 논리화해서 노동가치와 잉여가치라는 총체적인 실체를 설정한데 대해 비판할 것이다. 하이에크와 마르크스는 개인의 행동이 의도되지 않은 결과를 낳는다는 데에 대해서 동의한다. 그러나 의도되지 않는 결과를 사회경제의 구조적인 모순으로 개념화할 수 있다고 보느냐 아니면 궁극적인 인간의 한계로 보느냐에서 차이가 난다.

그렇다면 하이에크에 있어서 인간의 인식이 가지고 있는 한계는 어디까지인가? 규칙이 존재한다고 할 때 적어도 경제주체는 아니더라도 경제학자나 사회과학자는 규칙의 존재를 알아야 한다. 어떻게 사회과학자는 그러한 규칙을 형상화할 수 있을까? 여기서 하이에크는 사회과학자 및 경제학자(줄여서, 학자)와 사회경제 주체(줄여서, 행동주체)가 인식상의 질적인 차이를 보인다는 약간 귀족적인 입장에 도달한다.

이 점에서도 하이에크는 왈라스주의나 합리적 기대가설의 주창자들과 구분된다. 마르크스도 이와 같은 구분을 인식의 초보적인 단계에서 인정하나, 계급의식을 통해 노동자가 극복할 수 있다고 본다. 이에 비해 하이에크의 무지는 보편적이어서 극복될 수 없다.

사회과학자들이 규칙의 존재를 알고 있다면 적어도 이들에 의한 개조가 왜 불가능한가하는 의문이 제기된다. 아마도 하이에크는 과학자들도 규칙을 파악하는데 한계가 있다고 주장할 것이다. 그렇다면 행동주체들과의 차이는 무엇이냐는 의문이 다시 제기된다. 이런 맥락에서 하이에크에서 행동주체와 과학자의 위치가 보다 분명하게 설정되어야 한다.

일단 지식에 있어 학자가 행동주체보다 우위에 있다는 점은 거의 모든 사회과학이 인정한다. 그렇지만 하이에크에서 이런 차이가 양적인 차이인지 혹은 질적인 차이인지 등이 밝혀져야 한다. 이 논의에서는 일단 질서, 규칙, 정보 등이 보다 명확하게 구분되어야 한다.

우선 하이에크에 견해에 비추어 아무리 훌륭한 학자라도 자생적인 질서에 대해 완전히 파악할 수 없다. 지식이 여러 사람에게 흩어져 있으며 이것을 특정인이나 특정 집단에게 집결시킬 수 없기 때문이다. 여기서 경제주체뿐만 아니라 아무리 훌륭한 학자라도 자생적인 질서가 낳는 결과를 구체적인 시점에서 정확하게 예측하거나 통제할 수 없다.

둘째, 그럼에도 불구하고 학자는 분명히 자생적인 질서를 구성하는 규칙이나 암묵적인 지식을 부분적으로 언어로 개념화할 수 있다. 그렇기 때문에 학자의 과제는 이런 규칙들을 가능한 한 파악하는데 있다. 그리고 이런 규칙들이 개인들에 의해 어떻게 활용되어 어떤 결과를 낳으리라는 유형에 대한 설명도 학자의 몫이다. 이에 비해 행동주체는 행동을 통해 이러한 규칙을 준수하지만 그것을 언어로 명시하거나 개념화할 수 없다.

가령, 대표적인 규칙인 자연언어는 학자가 아니라 행동주체라도 충분히 문법에 맞게 구사할 수 있다. 그렇지만 그 언어의 문법적인 구조는 학자가 파악할 수 있으며 또한 학자만이 파악할 수 있다. 다른 예로, 자전거를 잘 타기 위해 자전거 운전에 작용하는 물리적인 법칙을 알 필요는 없다. 여기에 작용하는 물리법칙은 학자가 파악할 수 있고 학자만이 파악할 수 있다.

이런 논리를 연장하면 행동주체는 가격기구로 나타나는 여러 가지 정보를 분석하고 해석해 자신의 경제활동에 대한 지표로 삼는다. 그렇지만 학자는 가격기구의 역할과 가격이 경제전체를 묶어나가는 방식을 파악할 수 있으며 또한 학자만이 이것을 파악할 수 있다.

물론 행동주체들은 규칙을 어떻게 활용하는지 알고 있으므로 규칙에 대해 실용적인 수준에서나마 관념을 가지고 있다고 해석할 수 있다. 그러나 주체들은 개념화된 지식을 가지고 있지 않다. 규칙이 어떻게 발생했으며, 그 규칙이 경제사회 전체의 움직임과 어떻게 연계되어 있는지, 그리고 아마도 왜 그 규칙이 유용한지를 모른다. 이 점에서 하이에크는 경제의 배태성을 주장한 폴라니와도 연결될 수 있다.

셋째, 지식이나 정보에는 행동주체들이 공유하는 부분과 고유하게 간직하고 있는 부분이 있다. 먼저 공유지식과 관련해 모든 경제주체들이 여러 가지 가격들에 대해서는 공통적으로 알고 있으며, 이것을 신호로 해서 자신의 활동들을 계획한다. 또한 가격 이외에도 여러 가지 통계적인 자료(예, 거시자료나 날씨)나 비통계적 자료(예, 각종 행사)도 공유한다.

사유지식으로 각자가 처한 상황과 연결된 사실들이나 정보를 들 수 있다. 각 경제주체는 자신의 선호를 알며 자신이 가지고 있는 소득 등 갖가지 개인적인 제약들을 알고 있다. 반면 이런 것들을 다른 주체들은 알 수 없다. 말하자면 이와 관련된 개인적인 상황에 대해 다른 주체나 학자는 알 수 없다. 냉면을 만드는 어떤 식당의 기술도 그런 예이다. 학자가 비록 규칙을 대부분 명시할 수 있으나 이 규칙을 따르는 수많은 주체들이 개별적으로 가진 지식들을 종합할 수는 없다.

공유하는 정보와 사적인 정보의 존재를 인정한다는 점에서는 왈라스주의자도 하이에크와 차이가 없다. 그렇지만 하이에크는 공유든 사유든 정보나 지식의 불완전성을 광범위하게 인정하며 정보나 지식이 그대로 주어지지 않고 발견되어야 한다고 생각한다. 이 점에서는 하이에크가 왈라주의자와 구분된다.

이 같이 학자는 규칙을 인식할 수 있으나 그러한 규칙을 주체들이 자신의 개별적인 상황에 비추어 이행함으로써 나타나는 사회 전체적인 결과는 스스로 예측할 수 없다. 이에 비해 주체들은 규칙을 인식할 수 없으나 자신의 개별적인 상황에 비추어 그 규칙을 충실하게 준수한다. 또한 이런 주체들의 행동이 모여 사회를 재생산하면서 사회를 변형시킨다.

5.2. 하이에크의 사상에 대한 조망과 비판

전체적으로 하이에크의 위치를 설정해 보자. 하이에크의 진화는 마르크스의 혁명뿐만 아니라 기독교의 창조와 대립된다. 또한 그가 강조한 시장의 동태적인 과정은 왈라스적인 경제학의 균형과 다르며, 그의 자생적 질서는 케인즈의 정부개입에 대한 비판을 낳는다. 특히, 하이에크가 기존 신고전학파인 왈라스적인 경제학과 현저한 차이를 드러낸다는 점을 주목할 필요가 있다.

진화와 혁명

하이에크는 일부 고전학파 경제학자와 다윈을 좇아 진화주의(evolutionism)를 신봉하므로 마르크스의 혁명주의(revolutionism)에 반대한다. 그는 포퍼와 마찬가지로 인간의 이성이 갖는 한계를 강조하면서, 인간과 사회에 대한 전면적인 개혁에 대해 점진적이고 자생적인 개혁을 내세웠다. 이런 생각은 왈라스주의자도 공유하고 있다. 그렇지만 하이에크는 이런 논리를 진화에 의존해 주장하므로, 마르크스와 다른 방식이지만 역사에 대한 관심을 피할 수 없다.

이 점에서 하이에크는 왈라스주의를 위시한 신고전학파와 구분된다. 양자의 차이는 어떤 방식으로든 역사에 관심을 가지고 있느냐 아니면 관심을 가지고 있지 않느냐의 차이이다. 대부분의 경제학에게서 발견되는 소위 "이론"에 대한 맹목적인 경배와 역사에 대한 본능적인 거부감은 하이에크가 아니라 왈라스주의에서 비롯된다.

진화와 창조

하이에크의 진화주의는 만물이 일거에 신에 의해 창조되었다는 기독교의 창조주의(creationism)와도 대립된다. 진화와 창조의 대립은 다윈이 등장한 이래 현재까지 지속되고 있다. 하이에크가 『치명적인 자만심』에서 성경에 빈번히 등장하는 자손의 번창을 신앙이 아니라 진화로 해명한데서 이런 대립이 명확해진다.

그런데 익히 알려진 바와 같이 왈라스주의적인 체계에서는 이기심이라는 인간의 본성과 시장이 모두 보편적인 자연상태로 주어져 있다. 이는 인간의 본성과 시장이 일거에 창조되었다고 보는 입장에 준한다. 하이에크는 인간의 이성이나 인간성과 시장이나 가격체계가 모두 진화했다고 보기 때문에 개인주의나 시장주의를 공유하면서도 일반균형체계와 대립하고 있다.

과정과 균형

하이에크의 동학은 무엇보다 왈라스주의적인 경제학의 균형과 대립된다. 그는 인간의 무지와 불확실성을 강조하므로 경제를 동태적인 과정으로 파악했다. 이에 비해 왈라스주의는 정보의 부족이나 불확실성을 심각하게 받아들이지 않아 경제의 정태적인 균형을 상정한다. 왈라스적인 일반균형의 다른 조건이 변치 않는다는 가정에 대한 하이에크의 비판은 바로 이런 차이를 드러낸다.

하이에크에서 정보나 지식의 부족, 그리고 동태성과 진화는 경제에 대한 예측을 어렵게 만든다. 이에 비해 왈라스주의나 합리적 기대가설은 경제학자뿐만 아니라 심지어 경제주체에게도 예측능력을 부여한다. 같은 이유로 수학적인 방법과 계량적인 방법에 대한 이견이 존재한다.

자유방임과 정부개입

하이에크는 케인즈와 인간의 무지 및 경제의 불확실성을 공유한다. 이 점에서 양자는 왈라스주의에 대립된다. 그렇지만 하이에크가 주창하는 시장질서는 케인즈주의적인 정부개입과 복지국가에 대비된다. 그 이유는 하이에크가 자생적 질서의 과정에 대한 개입이나 이런 과정의 결과에 대한 사후적인 교정을 위험하다고 보았기 때문이다. 또한 시장질서의 한 부분에 손을 대면 이와 관련된 다른 부분에도 손을 댈 수밖에 없어, 결국 모든 것에 손을 대는 결과를 낳게 된다고 그는 주장했다.

이런 이유로 하이에크는 케인즈주의가 전체주의의 전주곡에 불과하다고 주장했다. 이 논리에 따라 그는 시장경제와 사회주의 사이에 안정적인 중간 혹은 혼합경제가 존재하지 않는다고 주장했다. 공리주의에 대한 비판도 국가주의나 전체주의에 대한 부정에서 비롯된다.

이제 하이에크의 입장에 내포된 문제점들을 지적해 보자.

첫째, 하이에크가 강조하는 전통과 관습이 어떤 문명에서는 자연스럽게 형성되고 다른 문명에서는 그렇지 못했다. 개항의 격랑과 일제 식민지시대를 거친 한국사회에서도 이런 전통이 충분히 축적되지 못했다고 주장할 수 있다. 특히 다원주의로 함축되는 정치, 경제, 문화 활동의 특징을 한국사회는 충분히 갖추고 있지 못하다. 이는 19세기 말부터 현재까지의 상황에서 확연히 드러난다. 예를 들어, 헌법과 시장경제가 모두 우리 사회에서 자생적으로 발생했다거나 제3 공화국 시대의 경제성장이 자생적이었다고 손쉽게 주장할 수 없다.

하이에크나 프리드만뿐만 아니라 롤즈 등 현대와 근대의 다양한 서양학자들은 자유주의를 유지하기 위해 개인에게 어느 정도의 합리성과 사회 전체에 어느 정도의 문명이 요구된다고 주장해왔다. 또한 이런 문명이 군건하지 못하면 부권주의나 온정주의가 부상하게 된다는 점을 인정했다. 이 점에서 하이에크를 포함해 서양사상이 여타 문화권에 적용될 때 한계를 지닐 수 있다. 더불어 전통과 관습을 구축하는 방식으로서 윤리나 공동체에 대한 의존, 정부의 개입, 부권주의, 혹은 엘리트주의 등이 등장할 수 있다.

둘째, 자생적 질서와 인공적 질서의 차이를 명확히 해야 한다. 하이에크에 의하면 자생적 질서는 개개인들이 자신의 이익에 비추어 활동함으로써 발생하고, 인공적 질서는 전체적인 의지라는 미명하에 부과된다. 여타 시장경제주의자와 마찬가지로 하이에크 역시 개인이라는 존재가 궁극적인 행동단위라고 보기 때문에 개인에 대한 사회적인 규정을 경시하고 있다. 이런 이유로 그는 개인의 이익이나 의지와 사회의 이익이나 의지를 명확하게 갈라낼 수 있다고 생각했다. 그러나 역사적으로 볼 때 개별이익과 전체의지가 이 같이 명확하게 구분될 수 있는지 의문시된다.

이런 이분법으로 인해 하이에크는 현실적으로 존재하는 기업 등 여러 경제와 사회의 조직들을 무당하게 경시하고 있다. 기업 등 생산조직을 경시하므로 그는 기업을 생산자와 거의 동일시한다. 이 점에서는 하이에크와 왈라스주의자 사이에 별로 차이가 없다.

셋째, 하이에크는 구성주의에 대한 비판과 일관되게 연결해 인간이 추상화하거나 논리화할 수 없지만 인간 행동에 규칙이 작용한다고 주장했다. 그렇기 때문에 논리화할 수 없다고 해서 질서가 존재하지 않는다고 단정해서는 안 된다고 주장한다. 이 논리는 인간이 인식하지 못하면 통제할 수 없고 통제할 수 없으면 변혁할 수도 없다는 주장으로 이어진다.

그런데 인간의 지적인 욕구는 논리화할 수 없는 것을 인정할 수 없다. 그러므로 누구나 이 같이 논리화할 수 없는 질서를 들어 자신의 입장을 변호한다면, 논의가 진전될 수 없을 뿐만 아니라 사회는 지극히 보수적으로 될 수밖에 없다.

넷째, 하이에크는 인간이 추상적으로 표현하고 규정할 수 없지만 행동의 준칙으로 실질적으로 작용하는 부분을 강조했다. 그에 따르면 진정한 의미의 법은 이미 행동의 준칙으로서 일상생활 속에서 기능해 왔다. 정의로운 행동의 규칙이라는 의미에서 법은 이미 성문화되기 이전부터 존재했다. 그렇기 때문에 성문화된 법은 이미 존재하던 법을 추상화해서 표현한데 불과하다.

이러한 추상화나 표현의 수단을 언어로 보기 때문에 결국 하이에크는 언어를 수동적인 존재로 본다. 그가 언어에 능동적인 성격을 부여하는 부분도 있다. 그러나 전반적으로 그는 언어가 이미 행동을 통해 존재하던 것을 표현하는데 불과하다는 주장으로 경도되어 있다. 이 같은 관점은 현실적으로 우리가 언어를 이용해 자신들의 생각을 표현할 때 자신들이 갖고 있던 생각이 발전하고, 나아가 언어 자체 내에 동적인 자율성이나 자생적 질서가 생긴다는 점을 경시하고 있다.

다섯째, 하이에크가 개인에게 자유를 갖도록 하고 사회주의를 비판한 논리들 중 하나가 개인들이 가진 지식을 중앙에서 통합할 수 없고 개인의 구체적인 상황에 대해 개인 자신만큼 잘 알고 있는 존재가 없다는 것이다. 여기서 그가 말하는 지식이 무엇인지 분명치 않다.

하이에크가 말하는 지식은 분명히 공개되고 공인된 지식은 아니라고 생각되며 그렇다고 다들 아는 정보라고 볼 수도 없다. 물론 각 개인이 자신의 구체적인 상황에서 자신의 이익에 합치되도록 판단할 가능성이 높으며 여기에 동원되는 지식도 각자가 잘 알고 있으리라고 짐작할 수 있다. 그러나 때로는 타인이 객관적인 관점에서 각자가 처한 상황에 대해 보다 정확히 판단할 수도 있다.

경제학 내에서 이런 반박의 근거를 찾는다면 행동경제학의 최근 연구결과를 들 수 있다. 카네만, 세일러, 캐머러 등이 행동경제학의 사회철학으로 제시하는 자유방임적인 온정주의(libertarian paternalism)는 개인의 합리성에 결손이 있다는 주장에 근거하고 있다.

또한 한국사회와 관련해 지식을 정보로 보든 과학적인 지식으로 보든 정부나 특정 계층의 독점을 지적할 필요가 있다. 가령, 각종 정부기관이나 지식 엘리트의 존재 등은 모두 이에 대한 근거가 된다. 더구나 한국사회에서는 타인의 구체적 상황에 대해 자신이 더 잘 알고 있으며 타인을 계도할 수 있다고 보는 경우가 허다하다. 한국사회에서는 여전히 가부장주의, 엘리트주의, 정보의 편중과 독점이 작동하고 있어, 하이에크의 생각과 상당한 거리를 두고 있다.

여섯째, 하이에크는 시장경제와 정치영역이나 법적인 영역, 그리고 학문영역에서의 일상적인 활동과 발전의 원리를 동일시해 통일장적인 논리를 내세웠다. 그런데 학문이나 토론의 영역에는 예산제약이 개인마다 다르지 않은데 비해, 시장경제에서는 이런 차이가 중요하다고 볼 수 있다.

보다 일반적으로 소득이나 돈, 발언권, 투표권의 차이와 상호연관에 대해 성찰할 필요가 있다. 일반적으로 소득의 차이는 시장에서 힘의 차이를 낳는데 비해, 발언권은 토론장에서 적어도 형식적으로는 동등하게 추어진다. 투표권은 주주총회에서와 같이 소득이나 지분에 따라 차등될 수도 있으나, 공직자에 대한 국민투표에서와 같이 일인일표제를 유지할 수도 있다. 전자의 경우 소득의 행사와 비슷해지고, 후자의 경우 발언권의 행사와 비슷해진다. 물론 발언권이든 투표권이든 돈이나 소득의 영향을 받는다면 비록 형식적으로 동등하게 주어지더라도 결국 그 동등성이 실질적으로 유지될 수 없다. 어떻든 이 문제에 대한 보다 깊은 논의가 불기피하다.

5.3. 하이에크와 공리주의에서 가격과 규칙

하이에크에 있어서 규칙과 가격의 관계는 다소 애매하다. 거슬러 올라가 보더라도 규칙과 가격의 관계는 공동체(community)와 시장사회(market-based society)의 갈등으로 나타난다. 그 전례들은 하이에크가 크게 의존하고 있는 스미스와 밀에게서 이미 발견된다.

스미스에 있어 『도덕감정론』과 『국부론』의 충돌이 이런 갈등의 원조이다. 또한 밀에 있어 윤리를 논의한 『공리주의』와 시장경제를 논의한 『정치경제학 원리』 사이에 이런 갈등이 숨겨져 있다. 전반적으로 이런 갈등은 가격의 역할을 강화시키면서 도덕의 역할을 축소시키는 방식으로 해소되었다. 이런 방식의 해소는 주로 공리주의를 통해 가능했는데, 그 결과 갈등이 심각하게 나타나지 않았다. 이 문제를 보다 구체적으로 논의해 보자.

먼저 아담 스미스에 있어 양대 저작사이의 문제는 이타심과 이기심의 갈등으로 등장했다. 이 갈등은 독일의 역사학파에 의해 '아담 스미스 문제'로 정식화되었다. 스미스는 『도덕감정론』에서 공동체와 같은 작은 사회에서의 행동 준칙을 논의하면서 이타심이나 동정심(sympathy)을 강조했다. 이에 비해 『국부론』의 스미스는 시장과 같은 거대사회에서의 행동준칙을 논하면서 이기심을 강조했다. 이 같이 스미스는 공동체와 관련해 도덕이나 규칙을 논의한데 비해, 시장과 관련해서는 주로 가격기구를 논의했다. 따라서 두 저작 사이에 존재하는 불연속성은 이기심과 이타심의 대립뿐만 아니라 규칙과 가격의 대립으로도 표현할 수 있다.

이와 유사한 긴장이 밀에게서도 발견된다. 밀은 『공리주의』에서 공리주의가 습관의 힘에 의존해 개인의 사회성과 타인의 행복을 고려하는 행동기준이 될 수 있음을 강조했다. 타인의 행복에 대한 밀의 강조나 개인이 '공정하고 자비로운 방관자'로 기능한다는 그의 주장은 스미스가 『도덕감정론』에서 주장한 논리와 비슷하다. 이에 비해 시장경제에 초점을 맞춘 『정치경제학원리』는 가치론 등에서의 내용상 차이에도 불구하고, 스미스의 『국부론』과 유사하게 이기심을 전제로 가격기구의 기능과 중요성을 내세웠다.

이와 같이 스미스와 밀에 있어, 한편으로 개인의 심성으로서 이타심과 이기심이 대립하고, 다른 한편으로 규칙과 가격 사이에 불연속성이 존재한다. 이 점은 스미스와 밀의 논리에 크게 의존하는 하이에크에 있어 규칙과 가격이 결합되지 않은 채 병존한다는 추정을 낳는다.

공동체의 윤리나 도덕은 해당 개인의 이웃이나 주위에 있는 사람들을 상대로 한다. 그렇기 때문에 윤리나 도덕은 본인이 인지하는 상태에서 본인의 행동이 영향을 미치는 반경에 대해 아는 상태에서 작동한다. 이에 비해 가격은 본인이 알지 못하는 불특정 다수를 대상으로 그것의 결과에 대해 알지 못하는 상태에서 작동한다.

양자의 이런 차이는 소위 선물교환(gift exchange)과 경제적 교환(transaction)사이의 갈등을 나타낸다. 또한 공동체주의(communitarianism)와 시장주의(market governance)의 대립으로 발전한다. 더불어 이는 폴라니와 하이에크의 대립이기도 하다.

그렇다면 공동체의 도덕률과 시장의 가격이 연속적으로 이어질 수 있는 방법은 무엇인가? 이것이 바로 스미스의 문제, 밀에서의 갈등, 그리고 하이에크의 일관성이라는 문제를 해결하는 관건이 될 수 있다. 이에 대해 다음과 같은 해석이 유효하다고 생각된다.

공동체에서는 규칙에 의존해 개인들의 행동이 타인이나 공동체의 이익을 고려하도록 유도된다. 이에 비해 시장에서는 개인들의 행동이 가격에 이끌려 자신도 의식하지 못하는 사이에 전체의 이익을 도모하는 방향으로 유도된다. 공동체의 경우 각 개인의 행위가 규칙을 통해 사전적으로 공공성을 담보한다. 이에 비해 시장의 경우에는 각 개인의 행위가 가격을 통해 사후적으로 공동선을 결과로 낳는다고 이들은 주장하는 셈이다.

이렇게 해석하면 도덕과 가격은 공동선을 담보하는 두 가지 방식이 된다. 그런데 도덕과 가격은 이런 목표를 달성하기 위해 풀어야 할 과제를 안고 있다. 우선 규칙이 공공성을 확보하기 위해서는 이 규칙을 통해 각 개인이 이웃이나 전체의 이익을 고려하도록 만들어야 한다. 문제는 구체적인 상황에서 매 순간마다 각 개인이 이웃이나 사회의 이익을 고려해 행동하는 일이 현실적으로 불가능하다는 점이다. 이 문제를 해결하기 위해 밀과 하이에크는 문명의 발전과 더불어 교육 등을 통해 규칙이 각 개인에게 내면화되면, 규칙이 자연스럽게, 그리고 본능적으로 개인의 행동원리로 작동한다고 주장했다(Mill, pp. 44-46, 50, 70, 72).

이와 관련해 습관의 역할이 중요해진다. 도덕은 습관을 통해, 이웃이나 사회전체의 이익을 숙고하지 않은 상태에서, 공동선이 추구되도록 한다. 일단 이렇게 해석하면 도덕도 가격과 마찬가지로 거의 자동적으로 작용하는(self-actuating) 성격을 갖게 된다. 결과적으로 의지나 판단이 개입된 인간의 도덕적인 행위가 물체들의 움직임을 설명하는 자연법칙과 같은 인과성을 가지게 된다.

이에 비해 시장의 가격이 어떻게 개인들의 이기적인 활동에도 불구하고 공동선을 낳는지 보여주어야 한다. 스미스가 주장했고 하이에크가 다시 부각시킨 보이지 않는 손이라는 개념이 이를 압축적으로 표현하고 있다.

이 개념에 의하면 가격에 의한 이끌림이 규칙과 마찬가지로 내재화되어 습관이나 심지어 본능과 같이 간주될 수 있다. 그렇다면 각 개인은 자신의 이기적인 행위를 통해 자신도 모르는 사이에 전체적으로 사회복리를 증진시키는 방향으로 움직이게 된다. 이런 점에서 양자 모두 사회적 자연이나 자연적 사회를 형성하게 된다고 생각했다.

문제는 공동체에서 규칙에 의한 공동선의 확보와 달리 시장에서 가격에 의존한 공동선의 확보는 매개를 통해 우회적으로 이루어진다. 그 이유는 개인의 행위와 사회적 결과사이에 가격에 의해 조정되는 경제적 과정이 개입되기 때문이다. 그렇다면 경제적 과정이 반드시 공동선을 획득할 수 있다는 보장이 있어야 한다. 이런 보장을 가장 강하게 부정한 사상가가 마르크스와 케인즈이다.

그런데 주류경제학은 도덕을 공리주의에 의존해 재해석함으로써 도덕과 가격의 불연속적인 갈등을 연속적인 관계로 다듬었다고 추정할 수 있다. 공리주의에 의존한 도덕률이 다른 어떤 기준에 의존하는 도덕률보다 시장 친화적이기 때문이다. 이런 이유로 공리주의가 공동체로부터 시장으로의 이행을 부드럽게 연결하는 고리가 될 수 있다. 혹은 공리주의가 도덕에서 가격으로 넘어가는 불연속을 둔화시키는 핵심적인 역할을 발휘했다.

공리주의가 모든 도덕률들을 개인의 차원이든 전체의 차원이든 쾌락과 고통 혹은 개인의 비용과 편익으로 환원해 가격에 의존한 비용과 편익의 계산과 연속적으로 만들었기 때문에 이런 역할이 가능하다. 달리 보면 가격이 전반적으로 사회의 비용과 편익을 나타낸다. 그런데 공리주의가 도덕을 이런 쾌락과 고통, 혹은 비용과 편익으로 환원하므로 도덕이 가격과 부드럽게 연결될 수 있다.

이와 관련해 벤담과 밀의 공리주의를 경제학의 효용이론과 비교할 필요가 있다. 알레비(Eli Halévi)나 센이 지적한 행복과 복지, 그리고 쾌락의 차이를 잠시 접어두자. 그러면 일차적으로 공리주의가 비록 전체의 행복을 논의하지만, 개인의 차원에서 행복을 규정함으로써, 다른 도덕률과 달리 효용이론이나 경제학으로 나아가는 길을 터놓았다고 말할 수 있다.

보다 구체적으로 공리주의는 전체의 행복을 개인들의 행복의 합으로 본다. 이는 모든 개인들이 타고나는 행동준칙이나 합의를 통해 정해 놓은 행동준칙과 다른 기준이다. 공리주의는 신이 인간에게 선험적으로 부여한 행동준칙이 존재하지 않는다고 보면서, 이를 계산

가능한 쾌락과 고통의 산물로 환원했다. 달리 말해 공리주의에서도 개인의 행위를 사전적으로 구속하는 규범이 필요 없으며, 타국의 상인과 이런 종류의 규범에 합의할 필요가 없다는 결론이 나온다.

그런데 공리주의는 미리부터 전체의 행복을 목표로 두고 논의를 진행하는데 비해, 효용이론은 개인의 행복만을 강조하고 전체의 행복에 대해서는 우회적으로 설명했다. 공리주의에서 교육 등을 통해 길러진 이타심이 확보해 주던 공동선이 효용이론에서는 시장의 가격을 통해 확보된다. 바꾸어 보면 시장의 가격기구가 공동선을 보장하므로 각 개인은 도덕이나 윤리의 제약에서 벗어나 자유롭게 자신의 이기심을 발휘할 수 있다. 극단적으로 말해 공동체에서 자기희생을 통해 달성하던 것을 시장경제에서는 자기이익의 추구를 통해 획득한다.

이와 같이 공리주의는 한편으로 공리주의적인 행동준칙의 공공성에 기대어 전통적인 도덕률과의 연속성을 유지하면서, 다른 한편으로 이익이나 쾌락을 중시함으로써 도덕을 시장의 가격과 연속적인 존재로 만들었다. 다시 말해, 공리주의는 효용이론과 같이 개인의 행복이나 쾌락, 개인의 이익에서 출발함으로써 공동체와 시장의 연속성을 유지함과 동시에 전체와 개체에 대한 상대적인 강조를 바꾸면서 공동체로부터 시장으로의 이행을 개념화했다.

물론 공리주의에 의존하는 경우에도 공동체의 윤리와 시장의 규칙 사이에 갈등이 없지 않다. 그것은 경제학에 있어 행동준칙으로 등장하는 소비자의 효용극대화와 생산자의 이윤극대화 사이의 이질성에서 확인된다. 궁극적으로 이윤이 효용으로 환원되어야 하는데 경제학내에서 효용과 이윤이 서로 결합되지 않은 채 공존하고 있다. 밀이 고민한 바와 같이, 여기서 수단이나 중간목표가 목표나 일차적인 목표로 전도된다는 궁여지책에 의존할 수밖에 없다.

벤담이나 밀 이후의 시즈위크, 그리고 케인즈 등 영국의 사상에서는 서로 다른 대상에 대한 한 학자의 논의가 이런 식으로 엄밀한 상호 연관 없이 나열되는 현상이 빈번하다. 이는 게르만적인 사고와 달리 근본적인 일체성이나 거대한 이론체계의 구축을 거부해 온 영국적인 사고의 전형적인 모습이 아닌가 생각된다. 더구나 이런 갈등은 결국 영국적인 사고와 친화력이 있는 오스트리아적인 사고의 하이에크에서 규칙과 가격의 갈등 및 조화로 변형되었다고 생각된다. 나아가 그것은 윤리학과 사회철학의 갈등이기도 하다.

5.4. 하이에크의 규칙, 마르크스의 가치형태, 그리고 케인즈의 관습

일반적으로 하이에크, 마르크스, 케인즈는 서로 다른 세계에 살고 있다고 알려져 있다. 특히, 사회철학의 관점에서 보면 이들은 각기 사회주의, 자본주의, 그리고 수정자본주의의 주창자들로 서로 대립되어 있다. 그런데 일견 전혀 관계없어 보이는 하이에크의 규칙(rules), 마르크스의 가치형태(value forms), 그리고 케인즈의 관습(convention)을 중심으로 이들의 체계를 주로 방법론적인 관점에서 상호 비교해보자. 여기에 일반균형체계를 덧붙여 이들을 더욱 부각시키고자 한다.

이들이 공유하고 있는 공통적인 문제의식은 경제 및 사회의 재생산이다. 그런데 경제 및 사회의 재생산에 있어 공통적인 행동주체는 개인들이다. 물론 개별주체들의 제약조건은 각기 다르다. 기술, 지식 및 정보, 선호, 생산수단의 소유정도 등에 있어 차이가 있다. 그렇지만 이들 모두가 공통적으로 규칙, 가치형태, 혹은 관습을 고려하지 않으면 안 된다.

그러므로 재생산을 설명하기 위해서는 경제체제와 행동주체가 어떻게 연결되는지가 중요한 문제이다. 규칙, 가치형태, 관습의 세 가지 개념은 이 세 명의 경제학자에 있어 체제와 주체들을 연결시키는 고리가 된다.

(1) 하이에크에 있어 규칙은 한편으로 가격이나 화폐, 혹은 사유재산제도와 같이 개별주체들이 쉽게 파악해 일상생활 속에서 구체적인 정보나 지침으로 활용할 수 있는 존재이다. 이같이 규칙은 구체적이어서 경제주체들이 일상생활 속에서 자신의 이익을 추구하는데 손쉽게 활용할 수 있다.

그렇지만 규칙은 다른 한편으로 자생적 질서를 유지시키는 기능을 발휘한다. 그렇기 때문에 규칙은 자생적 질서와도 연결된다. 하이에크에 있어 질서는 개별 경제주체들이 파악할 수 없는 추상적인 존재이다. 오로지 개인들은 규칙의 준수를 통해 질서를 재생산하는 방향으로 움직인다.

이 같이 하이에크에 있어 규칙은 한편으로 구체적인 존재로서 경제주체들과 연결되고, 다른 한편으로 추상적인 존재로서 경제체제와 연결된다. 그렇기 때문에 그것은 체제와 주체를 연결시키는 고리가 된다. 이런 기본성격 때문에 규칙은 추상적이면서 동시에 구체적이다. 규칙은 추상과 구체의 중간이 아니라 추상성과 구체성을 함께 지닌다는 의미에서 추상적이면서 동시에 구체적이다. 물론 질서는 순전히 추상적이다.

규칙이 구체적이면서 동시에 추상적이므로 개별 주체들은 규칙에 대해 아는 측면도 있고 모르는 측면도 있다. 규칙이 구체적이므로 경제주체들은 일상생활 속에서 규칙을 이용할 줄 안다. 그렇지만 이들은 규칙이 자생적 질서를 구현하며 자신들의 행동이 사회적으로 이런 질서를 재생산한다는 사실을 모른다.

개별주체들이 각종 가격 변동에 따라 새로운 결정을 내리고 새로운 경제계획을 실천함으로써 더 많은 돈을 벌려고 한다는 점에서 이들은 자본주의경제의 규칙을 이용할 줄 안다. 그렇지만 이들은 자신들의 이 같은 이익추구로 인해 시장질서가 유지되고 갱신된다는 사실을 알지 못한다. 혹은 적어도 어떤 과정을 거쳐 시장경제가 재생산되는지 알 수 없다.

개별기업들은 자신의 이윤을 최대로 하기 위해 새로운 기술을 개발한다. 이에 따라 개별기업은 초과이윤을 얻는다. 그렇지만 경쟁을 통해 장기적으로 이런 초과이윤은 사라지고 소비재의 가격이 하락하는 결과가 생긴다. 이에 따라 소비자들은 가만히 앉아서 증대된 후생을 향유하게 된다. 이것은 개별기업들의 의도와 무관하게 경제전체적으로 이로운 결과가 발생한다는 의미가 된다. 이 과정을 거쳐 시장질서가 자연스럽게 재생산된다.

그렇기 때문에 하이에크에 있어서 경제주체들은 규칙을 준수하면서 각자의 이익을 추구하는 가운데 자신들도 모르는 사이에 자연스럽게 질서를 재생산한다. 물론 하이에크에 있어 자생적 질서는 보편성을 갖는다. 따라서 이런 흐름이 자유방임주의로 이어진다. 그렇기 때문에 시장경제가 일시적으로 정부개입 등을 통해 손상될 수 있어도 궁극적으로는 회복된다.

달리 보면 마르크스 및 멩거에서 가치로 등장한 것이 하이에크에 있어서는 가격 겸 규칙으로 나타난다. 여기서 가격은 양적인 존재로, 규칙은 질적인 존재로 규정할 수도 있다. 이런 과정에서 순전히 경제적 요인과 사회적 요인도 구분할 수 있다.

이와 관련해 멩거에 있어서 가치형태 혹은 교환가치로 나타났던 것이 하이에크에 있어서 가치형태와 규칙으로 대체되었다고 볼 수 있다. 멩거가 가치를 추상적이라고 주장한 것과 비슷하게 하이에크가 규칙이 추상적이라고 한 것을 주목할 필요가 있다. 멩거에 있어서 가치는 추상적이지만 가치형태는 구체적이며 이것이 개인들의 행동에 지침이 된다. 하이에크에 있어서도 규칙을 주체들이 명시할 수 없지만 실천하므로 규칙이 구체적으로 존재하는 방식에 대해 고려해야 한다.

(2) 마르크스의 가치형태와 자본주의 생산관계 및 사회구조는 하이에크의 규칙 및 가격과 자생적 질서에 해당된다. 마르크스에 있어 가치형태는 한편으로 가격 및 화폐 등을 나타낸다. 가치형태는 개별 경제주체들이 경제활동 속에서 구체적인 행동의 방향을 결정하게 만든다. 가격에 따라 경제주체들은 매매나 투자 등 각종 활동을 벌이며, 화폐를 축적하기 위해 노력한다. 이런 의미에서 가치형태는 지극히 구체적인 존재로서 경제주체들이 일상생활 속에서 손쉽게 활용해 자신의 이익을 추구하게 만든다.

그렇지만 다른 한편으로 가치형태는 가치를 대표한다. 마르크스에 있어 가치는 자본주의의 경제 · 사회관계를 나타내므로, 가치형태는 경제 및 사회체제를 압축적으로 표현한다. 그런데 마르크스에 있어서 생산관계와 가치는 개별 경제주체들이 파악할 수 없는 추상적 존재이다. 이런 관점에서 개별주체들이 가치형태에 따라 움직인다는 것은 개인들이 자신이 파악할 수 없는 생산관계를 재생산하는 방향으로 자신도 모르게 움직인다는 의미가 된다.

이 같이 마르크스에 있어 가치형태는 한편으로는 구체적인 존재로서 경제주체들과 연결되고, 다른 한편으로 추상적인 존재로서 경제관계 및 구조와 연결된다. 그렇기 때문에 그것은 구조와 주체를 연결시키는 고리이다. 이런 기본성격 때문에 가치형태는 추상적이면서 동시에 구체적이다. 마르크스가 누차 강조했던 바와 같이 가치는 추상적이며, 형태는 구체적이므로 가치형태는 추상적이면서 동시에 구체적이다.

가치형태가 구체적이면서 동시에 추상적이라는 것은 개별주체들이 가치형태에 대해 알고 있는 측면도 있고 모르는 측면도 있다는 의미가 된다. 이들은 일상생활 속에서 가치형태를 이용할 줄 안다. 그러나 이들은 가치형태가 자본주의의 경제관계를 구현한다는 사실과 자신들의 행동이 사회적으로 경제관계를 재생산한다는 사실을 모른다.

부연하면 개별주체들이 각종 가격의 변동에 따라 새로운 결정을 내리고 새로운 경제계획을 실천함으로써 더 많은 돈을 벌려고 한다는 점에서 이들은 가치형태를 알고 있다. 그렇지만 자신들의 이와 같은 이익추구로 인해 착취와 자본축적을 핵심으로 하는 자본주의경제가 유지되고 갱신된다는 사실을 이들은 알지 못한다. 혹은 적어도 어떤 과정을 거쳐 자본주의가 재생산되는지는 알 수 없다.

예를 들어, 개별자본가들은 초과이윤을 얻기 위해 기술을 개발한다. 기술개발을 통해 개별 자본가들은 일시적으로 초과이윤을 획득한다. 그렇지만 자본가들 사이의 경쟁을 통해 이것이 결국 임금재의 가치와 가격을 낮추어 상대잉여가치를 통해 착취율을 높인다. 이런 과정 속에서 개별 자본가들은 이윤을 최대로 하기 위해 노력하면서 자신들의 의도와 무관하게 자본주의의 착취관계라는 생산관계를 재생산한다.

그러므로 마르크스에 있어 경제주체들은 각자의 이익을 추구하는 가운데 자신들도 모르는 사이에 자연스럽게 경제관계와 경제체제를 재생산한다. 물론 그에게 있어 자본주의 생산관계와 가치는 역사적 한계를 지닌다. 이런 이유로 그의 입장은 사회주의와 공산주의로 이어진다. 그렇지만 이런 한계 내에서는 견고한 안정성을 유지하기 때문에 개인의 차원에서는 그것을 타파할 수 없다. 오로지 계급투쟁에 의해서만 타파가 가능하다.

(3) 케인즈는 불확실한 자본주의경제에서 개별경제주체들이 의사를 결정할 때 관습 혹은 통례(convention)에 의존한다고 주장했다(Keynes, 1936, 12장). 그는 인간의 무지와 자본주의경제의 불확실성으로 인해 이를 완화시켜주는 장치로서 통례를 언급했다. 무지와 불확실성을 인정한다는 점에서 케인즈는 분명히 왈라스주의자와 달리

마르크스나 하이에크와 유사하다. 그런데 케인즈에 있어 통례는 오랜 전통 속에서 형성된 확고한 지침이 아니다. 그러므로 통례에 의탁하더라도 무지나 불확실성이 완전히 해소되지 않아 개인들의 행동이 의도되지 않은 결과를 낳을 수 있다.

구체적으로 통례는 경제 및 사회의 구체적인 정황 속에서 각 개인이 확고한 규범이나 지침이 없기 때문에 과거의 관행이나 다른 주체들의 행위를 따라가는 것을 의미한다. 이런 점에서 통례의 준수에도 규칙의 준수와 마찬가지로 모방이 수반된다. 잘 알려진 바와 같이 케인즈가 예시한 '미인경연대회'에서 미인을 선발하는 과정은 객관적으로 가장 아름다운 사람을 뽑는 것이 아니라 각자가 다른 사람이 가장 아름답다고 생각하리라고 짐작되는 사람을 뽑는 과정이다. 이 점에서 통례도 구체성과 추상성을 겸비하고 있다.

그렇기 때문에 케인즈의 통례는 마르크스의 가치형태나 상식적인 의미의 관습보다 불확실하고 비결정적인 결과를 가져온다. 관습에 의존한 경제활동은 마르크스나 하이에크에서처럼 체제를 확고하게 재생산하지 못해 실업이라는 불완전함을 낳는다. 달리 말해 케인즈는 마르크스나 하이에크와 달리 인간이 의도하지 않은 사회적 결과로 인해, 사회구조가 재생산되거나 질서가 유지되지 않고 경제에 장애가 생기거나 질서가 손상될 수 있다고 생각했다.

케인즈 자신의 예로서, 개인들이 일시적인 경기침체에 처해 내핍생활에 돌입하면서 저축을 늘리는 경우를 생각해 보자. 개인은 자신의 처지를 개선하기 위해 저축을 늘리는데, 경기는 호전되지 않고 오히려 더욱 악화되며 실업은 더욱 늘어난다. 이렇게 되면 소득이 더 감소해 상황이 더욱 악화되는 누적적인 과정 즉, 악순환이 진행된다.

이 경우 전체수준에서 의도되지 않은 결과가 발생한 셈이다. 케인즈에 있어 이런 과정은 경제의 완벽한 유지도 아니고 완벽한 붕괴도 아니다. 후기 케인지언들이 강조했듯이, 이는 심각한 경제의 불안정을 나타낸다.

마르크스와 하이에크는 의도되지 않은 결과와 같은 외견상의 무질서에도 불구하고 자본주의 내에서든 보편적으로든 가치 및 생산관계나 질서 및 규칙 등 지속적인 규준이 존재한다고 생각했다. 케인즈는 이런 장기적인 규준을 부정했다.

마르크스는 자본주의에 대해 역사성을 부여하면서도 그것이 존속하는 한에 있어서는 그것을 유지시키는 가치가 존재한다고 보았다. 또한 하이에크는 보편적인 체제로서 자본주의에 그것을 유지시키는 질서가 존재한다고 생각했다. 이에 비해 케인즈에는 경제를 궁극적으로 규정하는 그 어떤 것도 존재하지 않는다. 이 점에서 케인즈에 대한 쉐클(G. L. S. Shackle)의 해석은 비단 왈라스주의자 뿐만 아니라 마르크스와 하이에크에 대해서도 타당하다.

마르크스나 하이에크와 비교해 케인즈의 경제는 반쯤 허공에 걸려 있다. 한편으로 현상 속에서 규준을 발견할 수 없으므로 경제를 그대로 내버려 둘 수 없다. 그렇지만 다른 한편으로 새로운 규준이 스스로 생겨나지도 않으므로 그것을 완벽하게 다른 것으로 바꿀 수도 없다. 이렇게 보면 케인즈에 있어서는 정부의 대폭적인 개입을 통한 보완이 유일한 대안이다. 이에 따라 그는 수정자본주의로 나아간다. 그렇지만 케인즈에서도 통례는 여전히 경제의 운행에 있어 필요한 존재이다.

(4) 왈라스적인 일반균형체계도 모든 경제주체들이 자기이익이나 이윤을 추구한다고 본다. 그러나 이들 모두와 달리 인간의 무지나 불확실성을 인정하지 않으므로 인간행위의 의도하지 않은 결과도 배제한다. 이 체계에서는 사전적으로 모색과정을 통해 조정이 이루어진

다. 또한 개별주체들도 완벽한 정보와 지식을 가지고 있으며, 경제의 미래에 대해서도 장기적으로 완벽하게 예측할 수 있다고 본다.

일반균형체계에서는 가격이외에 가치형태, 규칙 혹은 통례에 해당되는 존재를 쉽게 발견할 수 없다. 시장경제에 대한 서술에서는 경기규칙과 심판관을 언급하나, 이론적인 모형에서는 이들의 자리를 찾아 볼 수 없다. 그렇기 때문에 이 체계에서는 가격이 행동주체와 경제나 시장을 연결하는 거의 유일한 고리이다. 경제주체들이 완벽한 정보와 지식을 가지고 있기 때문에 가격은 가장 구체적이면서 단순하면서도 거의 유일한 신호로 작동한다.

이렇게 파악한 가격에는 어떤 추상성이 존재하지 않는다. 그렇기 때문에 그 안에는 개체들이 모르는 어떤 추상적인 원리도 담겨져 있지 않다. 이에 따라 일반균형론에는 어떤 원초적인 몰인식, 무지 혹은 불안정성이 존재하지 않는다. 결과적으로 개별 경제주체가 가격의 변동을 이용해 자신들의 활동을 조정함으로써 사회전체 차원에서 균형을 만들어낸다. 이런 균형 속에서 개인들은 자신의 이익을 최대로 추구하고, 동시에 경제전체도 자원배분 등에 있어 최대의 효율성을 달성한다.

설령 경제에 문제가 생기더라도 그것은 정보나 지식의 일시적인 결핍이나 시장의 단기적인 불완전성에 기인하므로 곧 해소된다. 하이에크와 시장주의나 자유방임주의를 대체로 공유하면서도 일반균형체계는 이와 같은 차이를 보인다.

위의 논의에 따라 하이에크, 마르크스, 케인즈, 왈라스주의를 정리하면 다음과 같다.

	인간의 무지	행동준칙	체제	사회적 결과
하이에크	질서	규칙과 가격	자생적 질서	재생산 및 변형
마르크스	가치	가치형태	생산관계와 구조	재생산 및 변형
케인즈	유효수요	통례와 거시자료	화폐적 생산경제	재생산과 불안정
왈라스주의	완전정보와 기대	가격	시장경제	균형

6장

빅셀의 경제이론과 사상적 위치

1. 빅셀의 『이자와 가격』

빅셀(Knut Wicksell, 1851-1926)은 스웨덴 학파의 선구자이자 이 학파의 학자들 중 영미학계에 가장 많이 알려진 인물이다. 스웨덴학파는 19세기말에서 20세기 초에 활약한 카셀(Gustav Cassel), 올린(Bertil Ohlin), 린달(Erich Lindahl), 미르달(Gunnar Myrdal), 룬드버그(Erik Lundberg), 린드벡(Assar Lindbeck) 등으로 이어진다.[1] 빅셀은 멩거나 뵘바베르크 등 오스트리아학파로부터 영향을 받았고, 화폐와 자본에 대해 독자적인 이론을 개발해 케인즈나 하이에크에 영향을 주었다.

1) 안타깝게도 이제는 스웨덴 학파의 흔적을 더 이상 찾아 볼 수 없다고 전해진다. 생각해 보면 모종의 변방에서 한 때나마 이 정도의 학파를 배출했다는 사실이 대단한 것일 수 있다. 우리학계의 상황에 비추어 보면 이런 칭송은 더욱 정당화된다.

빅셀은 저서 『이자와 물가』(*Interest and Prices*, 1898)에서 이자율과 물가의 관계를 논의했다. 그의 독창적인 생각은 물가의 변동을 자연이자율(natural rate of interest)과 시장이자율(market rate of interest)의 차이 여부와 정도로 설명했다는데 있다. 먼저 자연이자율은 실물부문의 검약과 생산성에 의해 결정되며, 시장이자율은 화폐의 수급에 의해 결정된다. 그런데 빅셀의 이론에 의하면 시장이자율이 자연이자율을 넘어서는 경우 물가는 지속적으로 하락하며, 반대로 시장이자율이 자연이자율보다 낮은 경우 물가는 지속적으로 상승한다.[2)]

이런 이유로 자연이자율의 변동여부에 따라 높은 시장이자율이 물가상승과 공존할 수도 있고, 반대로 낮은 시장이자율이 물가하락과 공존할 수 있다고 빅셀은 주장했다. 그에 의하면 높은 이자율이 물가하락과 상관관계를 갖지 않으며, 그 역도 성립하지 않는다. 그러므로 자연이자율과 시장이자율의 관계로 설명될 수밖에 없다고 그는 생각했다. 물론 자연이자율은 관측 불가능하므로, 경험적으로 시장이자율로부터 얻는 모종의 평균치로 대리할 수밖에 없을 것이다.

이런 빅셀의 생각은 이자율과 물가를 실물과 연결시켰다는 점에서 화폐수량설과 같이 물가를 화폐의 공급량과 직접 연결해 이자율과 무관하다고 보는 논리와 구분된다. 또한 화폐의 공급이 이자율과 물가변동 모두를 결정한다는 논리와도 다르다. 이 논리는 화폐의 가치 혹은 "돈 값"을 물가변동뿐만 아니라 이자율변동을 통해 측정해 혼란을 낳는다.

2) 실물요인에 의해 결정되는 자연이자율에 대한 논의는 당연히 자본이론과 연결된다. 즉, 기술의 변동이나 검약 정신의 변동 등이 자연이자율의 변동을 가져오는 요인들이다. 이는 나중에 제자인 아커만의 문제(Dr. Åckerman's problem)로 발전한다.

1.1. 화폐수량설과 이에 대한 반대론자들[3)]

빅셀은 화폐수량설의 문제점을 지적하기 위해 먼저 이 이론에 대한 나름대로의 설명을 제시했다. 그에 의하면 우선 중상주의나 화폐의 가치에 대한 비용이론이 발전해서 화폐수량설이 생겨났다. 중상주의나 비용이론은 화폐가치가 내재적이라고 보았으나 이는 잘못이다. 화폐수량설은 이런 생각을 극복했다. 또한 화폐수량설은 단순한 항등식이 아니라 진정한 설명이며 이론이다. 그의 논리는 다음과 같다.

상품가격들(commodity prices) 혹은 물가가 상승하거나 물가는 그대로 있지만 통화량이 줄었을 때, 개별주체들이 유통을 위한 보유화폐를 늘리지 않을 수 없다. 이런 변동은 상품들에 대한 수요를 줄이고 공급을 늘려 결국 물가를 끌어내린다. 물론 그 반대의 경우도 대체로 마찬가지이다.

빅셀은 총량이 아니라 개별주체들의 행동에 비추어 화폐수량설을 이해할 수 있다는 점에서 이 학설이 이론적이라고 생각했다. 그렇지만 빅셀은 화폐량의 변동이 물가변동의 직접적이고 근접한 원인이라는 화폐수량설의 입장을 비판했다. 그의 비판은 화폐수량설이 몇 가지 비현실적인 가정들에 의존하고 있다는데 근거하고 있다.

첫째, 현금의 은행예치를 무시한 채 경제주체들이 개별적으로 잔고를 유지한다고 보았다. 둘째, 보유화폐량이 거래량과 일정 비율을 유지한다고 보아 화폐의 유통속도가 변하지 않는다고 생각했다. 셋째, 거래들 중 화폐로 결제되는 비율이 일정하다고 가정해 화폐 이외에 화폐를 대체할 수 있는 신용이 존재한다는 점을 고려하지 않았다. 넷째, 유통화폐와 퇴장화폐를 명확하게 구분할 수 있다고 생각했다.

3) 이후의 논의에서는 빅셀의 책에서 핵심부분들 뽑아 제목을 그대로 유지한 채 절의 번호만 부여했다.

비록 퇴장된 화폐라도 조만간 유통되기 때문에 양자를 명확하게 구분할 수 없다. 모든 가정들이 유통속도가 일정하다는 두 번째 가정으로 환원되므로 두 번째가 가장 중요하다.

이 가정들이 타당하지 않기 때문에 화폐량의 변동이 물가변동의 직접적인 원인이 아니라 간접적인 원인에 불과하다고 빅셀은 주장했다. 빅셀의 입장에서 화폐수량설을 신용화폐이론이나 비용화폐이론으로 대체하려는 투크(Thomas Tooke, 1774-1858) 등의 노력은 옳지 않다. 이보다는 화폐수량설에 대한 수정이 적절하다.

빅셀에 의하면 투크는 화폐공급량의 변동에 따라 물가가 변동하지 않고 반대로 물가변동에 따라 화폐공급량이 변동한다고 보아 내생적인 화폐이론을 내세웠다. 그렇지만 투크는 화폐수량설의 문제점을 지적했을 뿐 자신의 이론을 논증하지 못했다.

힐데브란트(Bruno Hildebrand) 같은 경우에는 투크보다 더 오래된 논리로 되돌아가고 있다. 그는 화폐가 내재적 가치를 갖는다고 보아, 오로지 금속화폐만이 가치를 가지며, 금속화폐의 가치가 불환지폐나 신용화폐의 가치를 결정한다고 주장했다. 그러나 현실 속에서 불환지폐의 가치는 금속화폐의 가치와 거의 독립적으로 결정된다. 심지어 태환지폐의 가치도 금속화폐의 가치와 상당히 독립적으로 결정된다. 이 같이 태환이든 불환이든 화폐의 가치는 금속의 가치와 독립적으로 시장의 상황에 의해 결정된다.

빅셀에 의하면 화폐라는 존재는 그것을 가지면 상품을 획득할 수 있다는 믿음(belief)에 의존하므로 모든 화폐는 기본적으로 신용화폐이다. 이는 은이 더 이상 은화로서 기능하지 못할 때 그 가치가 은화의 가치 아래로 하락한 사실에서도 확인할 수 있다. 이렇게 보면 화폐수량설이 비록 완벽하지 않지만 여타 대안들보다 낫다고 그는 주장했다. 그러므로 배후의 사실들을 보다 명확하게 규명해 이 이론을 수정 보완할 필요가 있다.

1.2. 화폐의 유통속도

빅셀은 화폐의 유통속도를 설명하는 일이 모든 화폐이론의 가장 기초적인 작업이라고 생각해 여기서부터 출발했다. 그는 이 문제를 순수현금경제, 단순한 신용경제, 제도화된 신용경제로 나누어 설명했다.

A. 순수현금 경제에 대한 논의에서 빅셀은 유통속도뿐만 아니라 이것의 역수로서 "휴식속도"를 언급하고, 이를 유통속도와 동등하게 취급했다. 이는 화폐가 유통될 뿐만 아니라 퇴장되기도 하며, 두 가지 상황이 불가분하게 연결되어 교차된다는 의미이다. 또한 그는 이 속도들이 상품의 유통에 의해 결정된다는 점을 분명히 해서, 화폐의 유통과 상품의 유통이 불가분의 관계에 있음을 분명히 인식했다(p. 56). 사실 화폐수량설은 유통속도 속에 퇴장 등 화폐의 여타 기능까지 용해시키고 화폐의 유통속도조차 '잔여' 로 해석해 그 중요성을 줄인다.

빅셀은 화폐의 유통속도가 경제의 흐름과 무관한 별도요인에 의해 결정되느냐는 의문을 던지고 이에 대해 부정적인 입장을 취했다. 일반적으로 유통속도는 자의적이 아니라 교통이나 통신의 발전정도 등 물리적인 여건으로부터 영향을 받는다. 보다 중요한 요인은 상품이나 사업의 순환이나 유통이다.

보다 구체적으로 각 산업이나 주체별로 매매시기의 차이로 인해 화폐보유량이 정해지며 이로 인해 유통속도가 달라진다. 이 같이 예측이 가능한 지불뿐만 아니라 예측이 불가능한 지불에 대해서도 확률적으로 평균치에 해당되는 현찰을 보유해야 한다. 더불어 자산 등을 매각한 후 사용처를 찾지 못한 경우 현금이 보유상태로 남아 있게 된다.

이와 관련해 케인즈와 비슷하게 빅셀은 아시아 국가, 특히 인도를 아직 문명화되지 않은 나라로 보고, 이런 나라에서는 경제적 안정이 보장되지 않아 많은 양의 화폐가 퇴장되는 경향이 있다고 말했다. 이에 비해 서구문명국가에는 이 같은 종류의 화폐보유는 존재하지 않아 상대적으로 적은 양의 화폐만 보유하면 된다고 그는 주장했다. 그렇기 때문에 은행이 발달한 서구경제에서는 화폐가 완전히 유통계 밖으로 퇴출되는 일이 없다. 그의 주장을 달리 해석하면, 서구경제에서는 개인적으로 퇴장된 화폐라도 사회적으로는 유통되는 셈이다.

빅셀의 논의와 관련해 왜 경제학자들이 화폐에 대해서는 유통속도개념을 제시하면서도, 상품에 대해서는 이와 유사한 개념을 제시하지 않느냐는 의문을 제기할 수 있다. 일단 상품과 화폐의 유통이 동전의 양면과 같다고 보기 때문이라고 생각된다. 그렇지만 마르크스의 입장에서는 이런 생각이 경제의 흐름을 일방적으로 화폐의 유통으로 파악한다는 비판을 낳을 수 있다. 왜냐하면 마르크스는 생산이 유통을, 상품이 화폐를 주도한다고 생각했기 때문이다. 다시말해, 경제의 순환에서 생산자나 자본가가 상품을 판매해 가치를 실현하려는 욕구가 소비자가 구매하려는 욕구보다 더 강력할 수 있다.

끝으로 앞서 논의한 자본이론에 따르면 하이에크는 뵘바베르크뿐만 아니라 빅셀에 대해 경제 전체 차원에서 우회 정도를 측정하기 위해 평균적인 생산기간을 설정한 점을 비판했다. 경제의 분권적안 성격에 대한 (미제스나) 하이에크의 고집을 연장한다면, 화폐수량설이 경제전체 차원에서 유통속도를 설정하는데 대해서도 반대할 것이다. 따라서 부문별로 차이 나는 유통속도를 상정하는 편이 하이에크에게는 보다 타당하리라고 추정된다. 사실 생산시간과 달리 화폐의 유통속도에 대해서는 빅셀도 부문 간의 차이를 언급하고 있어 하이에크와 그다지 거리가 멀지 않다.

이는 하이에크와 힐퍼딩이나 케인즈 사이의 친화력을 높인다고 생각된다. 특히, 힐퍼딩은 자본재투자와 투기를 함께 고려했으므로 투자의 우회정도, 상품의 회전기간, 그리고 화폐의 유통속도를 다같이 논의했다. 이 점에서 이 부분이 보다 의미가 있으리라고 생각된다.

B. 단순신용이 활용되는 경제에서는 보유화폐가 크게 줄어들지만 이에는 한계가 있기 때문에 화폐수량설이 존립근거를 완전히 상실하지 않는다. 단순신용이란 기업가들 사이의 상품신용(merchandise credit)이나 외상을 지칭하고, 어음이나 은행권이 통용되지 않은 상황을 나타낸다. 이 경우 화폐의 유통속도는 고정되어 있지 않고 탄력적이어서 증가한다(p. 61). 그런데 여기에 한계가 있다.

이상적인 상태에서도 교통이나 통신 상의 장애가 있다. 보다 현실적으로 개인의 부가 어느 정도인가에 따라 신용이 부여된다. 그렇지 않다고 하더라도 외상거래는 당사자 상호간의 신뢰(confidence)에 의존하므로 늘어나는데 한계가 있다. 특히, 이것은 투기의 과열기와 냉각기에 현실적으로 관찰되는 사실이기도 하다. 적어도 경제주체들은 이 상태에서도 예상치 못한 상황에 대비해 현금을 계속 보유하지 않을 수 없다.

C. 제도화된 신용경제에서는 은행에 신용이 집중되어 개인의 부나 상호신뢰와 무관하게 신용이 팽창할 수 있다. 이에 따라 화폐는 보다 높은 유통속도를 갖게 되며, 보다 커다란 폭의 탄력성을 지니게 된다(p. 62). 은행에서 신용을 늘리는 방법은 어음의 이전과 대부의 집중이다.

우선 어음의 이전과 관련해 초기에는 여러 기업가들 사이에 어음이 유통되고, 그것이 여러 기업들의 배서를 받아 유통되면서 위험도와 신뢰도를 높였다. 보다 많은 배서를 받으면 받을수록 어음의 객관적이거나 주관적인 신뢰도가 높아지며 어음의 변제가 어려워질 가능성도 낮아진다(pp. 63-64).

어음이라는 제도는 은행에 의해 할인되어 일종의 대부방식이 되면서 완성된다. 이렇게 되면 이론적으로 거래에 필요한 화폐량이 무한히 줄어들면서 동시에 유통속도는 무한히 늘어난다. 은행이 예금과 대부의 중심지가 되면서 이런 상황은 더욱 공고해진다.

기본적으로 은행에 모든 기업가들이 예치하면서 대수의 법칙에 따라 은행이 보유해야 할 현금의 수량이 훨씬 줄어들고 필요한 보유량의 변동폭도 줄어든다. 보다 일반적으로 은행의 고객이 많으면 많을수록, 이들 고객의 업종이 다양하면 다양할수록, 보유해야 할 화폐량이 줄어들며, 이에 따라 화폐의 유통속도는 늘어난다(p. 68).

은행권이 등장하면서 유통속도는 더욱 증가할 수 있는 탄력성을 지니게 된다. 이런 이유로 화폐수량설의 옹호자들은 은행권의 수량과 물가의 관계를 규명하지 못했다. 나아가 기업가들의 거래가 모두 은행의 장부처리로 끝난다고 상정할 수 있다. 또한 은행에는 단기예치와 융자뿐만 아니라 장기예치와 융자가 존재하며, 이에 따라 이자율도 장기 이자율과 단기 이자율로 나뉜다. 그런데 양자는 상호 관련되어 있어 일정기간 이상 괴리되어 나타날 수 없다.

여기서 제기되는 문제는 이런 신용경제에서 물가와 화폐가치가 어떤 요인에 의해 결정되는가이다. 이에 대해 화폐수량설은 대답이 곤궁해질 수밖에 없다. 특히, 화폐수량설에 비추어 볼 때, 영국의 19세기말에 어떻게 은행이 보유하는 금의 증가와 낮은 이자율이 어떻게 물가하락과 공존할 수 있었느냐는 문제가 제기되었다.

빅셀은 마샬의 이론을 중시하면서도 은행의 준비금이 이자율과 물가에 대해 직접적(direct)으로 영향을 미친다는 주장에 대해서는 유보를 표시했다. 또한 나세(Erwin Nasse)는 국내물가와 세계물가를 구분하면서 무역수지의 변동에 따라 은행에서 신용의 공급정도를 조절함으로써 물가의 무한한 상승이나 하락을 막을 수 있다고 주장했다. 빅셀은 세계물가의 변동을 설명할 수 없다는 점을 들어 나세의 논리를 비판했다.

여기서 빅셀이 신용경제에서 나타나는 유통속도의 증가와 보유

화폐량의 감소가 장기적인 변화라고 생각했는지, 아니면 유통속도가 단기적으로 탄력성을 지니고 있어 수시로 변동한다고 보았는지 밝힐 필요가 있다. 전자이면 화폐의 유통속도가 단기적으로는 주어져 있다고 말할 수 있으므로 화폐수량설의 근거에 손상을 입혔다고 볼 수 없다. 통상 교과서에 등장하는 바와 같이, 이 경우 유통속도는 제도적으로 주어져 있다. 그렇지만 앞선 논의에서 빅셀이 화폐수량설의 근본적인 약점으로 고정된 유통속도를 지적했으므로 그의 주장은 후자에 가깝다. 말하자면 빅셀 역시 마르크스나 케인즈와 함께 화폐가 유통과 퇴장의 영역을 지속적으로 왕복한다고 생각한 셈이다.

어음에 얽힌 상호의존성에 대해서는 빅셀에 앞서 마르크스가 상세하게 논의한 바 있다. 그런데 마르크스는 빅셀과 반대로 이런 상호의존이 연쇄도산을 가져온다고 생각했다.

1.3. 상품가격의 규제자로서의 이자율

A. 고전이론과 투크학파

빅셀에 의하면 리카도는 은행에서 자신의 의지에 따라 화폐의 가치와 물가를 조절할 수 있다고 보았다. 그는 이 주장이 불환지폐가 통용되는 상황뿐만 아니라 태환지폐가 통용되는 상황에도 적용된다고 보았다. 여기서 은행이 화폐의 가치와 물가를 조절할 수 있는지 여부는 은행이 은행권을 추가로 발행했을 때 그것이 돌아오지 않고 그대로 통용되는지 여부에 달려 있다. 리카도는 그대로 통용된다고 생각했다.

그런데 이런 생각은 모든 국가가 동일한 정책을 시행한다고 가정하고 있다. 또한 당시까지 고리대금지법이 존재했으므로 리카도는 할인율이 아니라 은행권의 발행량이라는 관점에서 논의를 전개했다. 여기서 빅셀은 금속화폐의 가치가 안정적이라는 리카도의 언급이 태환지폐의 가치를 은행에서 결정할 수 있다는 논리와 결합될 수 없음을 지적했다.

리카도와 반대로 투크는 통화량이 전적으로 경제계의 필요에 부응해 변동하므로 인위적으로 통화량을 늘릴 수 없으며, 화폐가치에 영향을 줄 수도 없다고 주장했다. 이런 논거에 의존해 투크는 중앙은행이 화폐가치를 전혀 통제할 수 없다고 생각했다. 투크에 있어 통화가치는 생산조건 등에 의해 결정된다.

빅셀은 중앙은행에서 통화량을 줄였을 때 쉽사리 대용물이 등장할 수 없다며 투크의 논리를 반박했다. 이런 통화량의 감소가 해외로부터의 화폐유입으로 보완된다고 주장할 수도 있다. 그러나 이렇게 유입되기에 앞서 화폐가치가 증가하고 물가가 하락한다고 보아야 하므로 투크의 입장에 모순이 생긴다고 빅셀은 주장했다.

빅셀의 평가와 무관하게 화폐가치에 대한 리카도의 이중적인 태도는 화폐 등과 관련해 리카도와 고전학파 전반에 흐르는 자연과 인공의 매개되지 않은 공존이라고 해석할 수 있다.

B. 단순한 가설: 시장의 여타 조건이 변동하지 않는 경우의 이자율 변동

빅셀은 여타 조건이 변동하지 않아 자연이자율이 변동하지 않는 경우, 시장이자율이 변하면 어떤 변화가 일어나는지를 논의했다. 화폐수량설에 의하면 이자율의 변동이 직접적으로, 그리고 그와 반대 방향으로 물가변동을 가져온다. 이에 반해 투크는 이자율의 변동이 비용조건의 변화를 가져와 물가변동을 낳는다고 생각했다.

가령, 화폐수량설에 따르면 이자율이 하락하는 경우 투자가 증가하고 생산요소와 재화에 대한 수요가 증가해, 전반적으로 물가가 상승한다. 이에 반해 투크는 이자율이 하락하면 비용이 감소해 가격과 물가가 하락한다고 보았다. 그렇기 때문에 이자율과 물가 사이에 현상적으로 나타나는 양의 상관관계에 대해 화폐수량설보다 투크의 설명력이 높아 보인다.

그렇지만 실제로는 투크의 논리를 수긍할 수 없다. 이자율이 지속적으로 낮은 수준에 머무는 경우 다른 조건들이 변동하지 않는다면 물가는 오를 수밖에 없다(p. 100). 물론 이자율의 하락이 일시적이라면 물가에 큰 변동이 없다. 이자율의 변동이 지역이나 국가 사이에 자본의 이동을 초래하는데 그친다는 투크의 주장은 할인율 등 단기적인 이자율의 변동이 장기적인 이자율에 영향을 주지 않는 경우에만 유효하다.

결과적으로 투크의 논리는 상대가격을 설명하는데 유용할 수 있어도 물가변동을 설명하는 데는 적절치 않다(pp. 99-100). 이렇게 보면 빅셀은 결국 투크를 거부하면서 화폐수량설을 수용하되 이것을 수정하자고 제안하는 셈이다. 동시에 자연이자율을 고려한다는 점에서 빅셀은 투크의 주장 중 일부를 수용했다고 해석할 수도 있다.

논의과정에서 빅셀은 신용확대가 물가를 변동시키는 것이 아니라 생산을 증대시킬 가능성에 대해 언급했다. 그렇지만 그는 이런 현상을 실업이 존재하는 경우에 한정해 일반적이라고 생각하지 않았다. 그는 신용의 확대로 인한 수요의 증대가 생산증대의 경향을 내포하고 있을 뿐 실제로 생산을 증대시키지는 않는다고 주장했다. 또한 빅셀은 자신의 논의 대상인 물가변동이 정상적인 상태에서 규칙적으로 발생하는 현상이라는 점을 주지시켰다. 투기가 확대되면 이와 다른 상황이 전개되지만, 이 역시 예외적이다(p. 90, 98).

이런 빅셀의 생각은 케인즈의 생각과 대립된다. 케인즈는 경제에 만성적인 실업이 존재해 수요의 증대가 생산을 증가시킬 수 있다고 주장했고, 투기를 자본주의의 일상적인 상황으로 간주했다. 이런 차이는 주로 경험적인 사실에 대한 해석의 차이에서 비롯되며, 이후에 지적하는 바와 같이 논리구조에 있어서는 양자 사이에 유사성이 많다.

1.4. 자본에 대한 자연이자율과 융자에 대한 이자율

화폐가 없는 상태에서 실물자본으로 융자가 이루어지는 경우 실물자본의 수요와 공급으로 결정되는 이자율이 자본에 대한 자연이자율(the natural rate of interest on capital)이다. 그런데 자연이자율이 시장이자율과 일치하는 경우 물가에 변동이 없다. 여기서 자본은 화폐와 명확하게 구분되며, 자본은 실물자본 혹은 자본재로 한정된다. 이 구분에 의하면 자본, 특히 유동자본(liquid capital)은 사고 팔리는 매매의 대상인데 비해, 화폐는 융자의 대상이다.

빅셀의 기본논리에 의하면 물가변동은 시장이자율 자체의 변동이 아니라 자연이자율과 시장이자율의 차이와 연결된다. 시장이자율이 자연이자율보다 높으면 물가가 하락하고, 그 반대이면 물가가 상승한다.

물론 이 논리에서 자연이자율은 고정되어 있지 않고 가변적이다. 만약 자연이자율이 고정되어 있다면, 자연이자율과 시장이자율의 차이가 중요하더라도 그러한 차이가 시장이자율의 변동과 같이 움직일 것이다. 이렇게 되면 물가변동을 시장이자율과 연결시키나 시장이자율과 자연이자율의 차이와 연결시키나 상관이 없어진다.

자연이자율은 생산성 등 실물과 관련된 수없이 많은 요인들에 의해 결정된다. 이에 비해 시장이자율은 주로 금융당국에 의해 변경된다. 이 때문에 자연이자율이 연속적으로 변동하는데 비해, 시장이자율은 불연속적으로 변동한다. 이런 차이가 시장이자율이 자연이자율로부터 벗어날 가능성을 조성한다.

여기서 빅셀은 시장이자율의 변동이 생산량의 변동을 가져온다는 주장뿐만 아니라 시장이자율의 변동과 물가의 변동을 직접적으로 연결시킨 화폐수량설도 비판했다. 또한 그는 자연이자율과 시장이자율이 궁극적으로 같아지려는 추세가 있다는 점을 부인하지 않았다. 그러나 그는 양자가 같아지는 경로에 대해 새로운 논리를 제시했다. 이를 위해 그는 도대체 어떻게 화폐의 희소성에 의해 결정되는 시장이자율이 자본재의 자연이자율에 수렴하는가라는 문제를 제기했다.

> p. 108, 화폐이자율은 우선 화폐의 과다에 따라 달라진다. 그렇다면 어떻게 그것이 궁극적으로 실물자본의 과다에 의해 결정되는가?[4)]

빅셀은 양자의 연결고리를 물가에서 찾았다. 일반적으로 시장이자율이 자연이자율보다 낮은 수준으로 떨어지는 경우 물가가 상승한다. 그런데 물가상승으로 인해 대부자금에 대한 수요가 증대되면서 시장이자율은 다시 자연이자율로 되돌아간다. 이에 비해 신용이 탄력적으로 변하면 물가상승과 이로 인한 대부자금의 수요증대로 인해 시장이자율이 상승할 이유가 없다. 그러므로 장기간 두 이자율의 간격이 좁혀지지 않은 채 물가가 계속 상승하는 경향이 나타날 수 있다.

극단적으로 보면 제도화된 신용경제에서는 화폐의 공급이 화폐의 수요에 쉽게 적응하므로 화폐의 공급을 독립변수로 간주할 필요가 없다(p. 110).[5)] 이런 상황에서 은행은 이자율을 정상적인 수준이상이나 이하로 유지할 수 있다. 이에 따라 물가가 지속적으로 하락하거나 상승하게 만들 수 있다는 결론이 나온다.

그렇다면 이와 같은 은행의 통제력에 어떤 한계가 있는지 살펴 볼

---

4) p. 108, The money rate of interest depends in the first instance on the excess or scarcity of money. How then does it come about that it is eventually determined by the excess or scarcity of real capital?

5) p. 110, The "supply of money" is thus furnished by the demand itself.

필요가 있다(p. 111). 이런 한계를 논의하는데 있어 한 국가경제 내에 여러 은행들 중 특정 은행이나 세계 경제 속에서 특정 국가의 은행들을 대상으로 삼아서는 안 된다. 일국 내에서 한 은행은 다른 은행들과 경쟁관계에 있기 때문에 독자적인 통제력을 가지고 있지 않다. 또한 세계경제에서 한 국가도 다른 국가로부터 독자적인 통제력을 가질 수 없다.

폐쇄경제에서 특정 은행이 다른 은행들과 무관하게 독단적으로 이자율을 낮추거나 높이는 경우 채산성이나 지불능력을 상실하게 된다. 또한 보다 논란이 많지만, 특정 국가의 은행들이 모두 이자율을 변동시키는 경우 외국자본의 유입이나 유출로 인해 반대 방향으로 다시 이자율이 변동하지 않을 수 없다. 이렇게 보면 은행은 물가와 이자율에 대해 전혀 통제력을 가지지 못한다고 말할 수 있다.

그렇다고 이런 상황을 근거로 은행들이 이자율이나 물가를 통제할 수 없다고 속단해서는 안 된다. 이런 상황을 배제하고 진정한 논의가 진행되기 위해서는 국내 및 국외의 모든 은행들이 동일한 정책을 시행한다는 가정이 필요하다.

이런 가정 하에서는 은행들 사이의 경쟁으로 인해 국내의 은행들이나 여러 국가의 은행들 사이에 상품이나 자본이 이동하지 않는다. 또한 이로 인해 은행들의 통제력이 소멸하지도 않는다. 여기에 신용이 완전히 발달되어 있는 경우를 상정해, 은행의 지불능력 유지 여부나 지불 준비금의 증감과 은행의 경제적인 이익을 기준으로 살펴보자.

(1) 이자율을 낮게 책정하면 은행의 지불능력에 문제가 생긴다. 지불준비금은 귀금속, 주화, 그리고 은행권(지폐)으로 구성되어 있다. 우선, 귀금속의 경우 산업용으로 사용된다는 제약조건이 있다. 시장이자율이 자연이자율 이하로 유지되는 경우 물가는 상승하고 화폐가치는 하락한다. 이렇게 되어 화폐로 사용되는 금의 가치가 하락

하면 금은 더 이상 생산되지 않으며, 화폐로 사용되기보다 산업용으로 전환되어 그 소비가 늘어난다. 소비가 생산을 넘어서면서 금으로 보관된 은행의 지불준비금이 고갈되기 시작해 은행의 지불능력이 위협을 받게 된다. 그러므로 은행들이 자연이자율보다 낮게 할인율이나 이자율을 유지하는 데 한계가 있다.

그런데 현실적으로는 금뿐만 아니라 주화와 은행권이 지불준비금으로 존재하고 이보다 더 많은 주화와 은행권이 유통되므로 은행의 재량에 더욱 제약이 늘어난다. 물가가 상승하면서 유통을 위해 보다 많은 주화와 은행권이 필요해진다. 그런데 은행에 지불준비금으로 쌓여 있는 주화 및 은행권보다 일반대중 사이에 통용되는 주화나 은행권이 훨씬 많기 때문에, 약간의 물가변동으로도 은행의 지불준비금이 크게 줄어들 수 있다. 물론 물가변동이 같은 비율로 화폐, 특히 금의 증가를 요구한다고 말할 수는 없다.

그렇지만 현실경제 속에서 은행에 지불준비를 위한 금이 쌓이며, 불환 은행권의 발행도 법적인 상한에 미치지 못하고 있다. 이것은 은행들이 위에서 말한 한계에 다다른 적이 없으며, 이 제약이 현실적으로 작동하지 않음을 말해준다. 그러므로 은행들은 법적인 제약 내에서 상당한 재량을 가진다(p. 115).

이 부분에서 빅셀의 견해는 다소 불분명하다. 우선 그는 어떤 동기에서 은행들이 이런 한계에 다다르기 전에 할인율을 낮추는지 설명하지 않았다. 더구나 은행이 물가에 대해 통제력을 가진다는 것인지 그렇지 않다는 것인지가 분명치 않다. 주화와 은행권이 유통하는 상황에서 은행의 재량에 보다 많은 제약이 가해진다는 입장은 분명하다. 그렇지만 만약 이런 제약에 다다르기 전에 자연이자율이 낮아져 시장이자율을 변동시킬 필요가 없다면, 은행은 오히려 자신들의 재량을 유지할 수 있다는 논리가 성립된다.

은행에 대한 빅셀의 논의는 일반 기업의 행태와 비교해 큰 차이가 없다. 한편으로 기업은 보다 많은 수량을 판매하고 고객을 확보하기 위해 가격을 낮추려는 유인을 갖고 있지만, 단기적인 수입이나 생존 가능성을 생각하지 않을 수 없다. 다른 한편으로 기업은 경제적 이익을 위해 가격을 높게 책정하려는 유인을 가지고 있지만, 다른 기업과의 경쟁 때문에 그렇게 할 수 없다. 다만, 기업에서는 상품의 가격(과 품질)이 선택의 대상이고 이윤이나 수입이 선택의 결과라면, 은행에서는 이자율이 선택의 대상이고 지불준비금이 선택의 결과가 된다.

(2) 반대로 은행이 시장이자율을 자연이자율보다 높은 수준으로 유지할 수 있는가? 이 경우 은행의 경제적인 이익이 문제된다. 시장이자율이 높을 때는 반대로 금의 생산이 증가하고 소비가 감소하며, 주화 및 은행권에 대한 수요가 줄어 은행에 화폐가 쌓이게 된다. 이 화폐들에 대해 높은 이자를 지불해야 하므로 은행으로서는 자신의 이익을 위해 궁극적으로 이자율을 낮추지 않을 수 없다.

종합하면 물가의 변동은 시장이자율의 변동 그 자체가 아니라 자연이자율과 시장이자율의 차이여부에 의해 결정된다(p. 120). 그리고 일단 격차가 존재하면 물가가 변동하지만, 궁극적으로는 시장이자율이 자연이자율로 복귀해 그런 변동이 무한히 계속되지 않는 경향이 있다. 문제는 일단 존재하는 자연이자율과 시장이자율의 격차가 얼마나 빨리 좁혀지느냐이다. 즉, 자연이자율이 변동할 때 시장이자율이 어느 정도의 속도로 변화된 자연이자율을 좇아가느냐가 문제이다.

여전히 빅셀이 은행의 재량을 어디까지 인정했는지 분명치 않다. 그러나 기본적으로 시장이자율의 변동과 자연이자율의 변동 사이에 상당한 시차가 있다는 점을 인정했다. 또한 자연이자율이 지속적으로 변동하는 현실에서는 이런 시차가 엄연히 존재한다고 본다. 그에 의하면 은행가들이 속성상 전통과 통상적인 규칙에 얽매여 보수적으로 움직이기 때문에 이런 시차가 존재한다.

이 같이 시장이자율이 자연이자율을 신속하게 좇아가지 못하기 때문에 현실적으로 이자율과 물가 사이에 음의 상관관계가 아니라 양의 상관관계가 나타날 수 있다. 즉, 시장이자율이 상승하는데 물가가 상승하고, 시장이자율이 감소하는데 물가가 하락할 수 있다. 이는 통상 생각하는 것과 반대방향이다.

이렇게 보면 할인율 하락의 한계에 대한 앞선 논의과정에서 할인율이 법적인 제한에 도달할 정도로 하락하지 않거나 금 준비금이 누적된데 대해, 빅셀은 결국 자연이자율의 변동을 이유로 제시하리라고 짐작할 수 있다. 그는 중점을 두는 경제주체에 있어 케인즈와 차이를 보인다. 케인즈는 『일반이론』 17장에서 은행이 아니라 일반 경제주체들에 중점을 두어 화폐에 대한 이들의 과도한 수요가 이자율의 하락을 지체시킨다고 주장했다.

부차적이지만 빅셀에 의하면 고전학파와 투크는 모두 이자율의 변동이 외국자본의 유출입을 초래한다는 점을 인정했으나, 그러한 유출입이 발생하는 과정에 관해 견해를 달리했다. 고전학파는 이자율을 낮게 책정하는 경우, 물가가 상승하면서, 수출이 줄고 수입이 늘어, 무역수지가 악화되면서, 자본이 유출된다고 생각했다. 이에 비해 투크는 이자율의 하락이 물가에 미치는 영향을 부정하면서, 직접적으로 자본이 유출된다고 생각했다. 빅셀은 투크의 논리보다 고전학파의 이론이 일반적이라고 생각했다.

예를 들어, 일국의 시장이자율(MI_d)이 (그저 낮거나 하락한 것이 아니라) 자연이자율(NI_d)보다 낮지만, 다른 국가의 시장이자율(MI_f)보다 수송비 등을 보상할 정도로 낮지 않다고 보자. 즉, $MI_d < MI_f \ll NI_d = NI_f$. 이 경우 이자율이 직접적으로 자본의 유출을 초래하지는 못한다. 그러나 물가가 상승해, 수출을 줄이고 수입을 늘려, 무역수지를 악화시킴으

로써, 화폐가 국외로 유출된다. 이렇게 되면 은행의 지불준비금이 줄어 이자율이 오를 수밖에 없다. 이는 투크의 주장과 반대된다.

다른 예로, 양국의 시장이자율은 동일하나 해당 국가의 자연이자율이 타국의 자연이자율보다 높다고 하자. 즉, $MI_d=MI_f$, $NI_d>NI_f$, 혹은 $NI_d>MI_d=MI_f=NI_f$. 투크라면 여전히 아무런 자본의 이동이 없다고 주장할 것이다. 그렇지만 국내에서 자연이자율보다 시장이자율이 낮으므로 국내 물가가 지속적으로 상승한다. 혹은 상대적으로 국내에서 두 이자율의 차이가 타국의 이자율 차이보다 크므로 더 빠른 속도로 물가가 상승한다. 이렇게 되면 위의 경우와 같은 경로를 통해 무역수지가 악화되고, 환율이 하락해, 은행의 지불준비금이 줄어들면서, 은행은 시장이자율을 인상하지 않을 수 없다.

이와 같이 국내의 시장이자율이 자연이자율에 근접하는 방향으로 상승하면서 국내의 시장이자율이 외국의 시장이자율보다 높아진다. 이렇게 되면 외국자본이 국내로 유입된다. 물론 이 경우 원래 양국 사이에 존재했던 자연이자율의 차이나 그 이후에 발생한 시장이자율의 차이가 수송비 등을 보상하고도 남는 수준이라는 전제가 있다.

그런데 두 번째 경우에는 첫 번째 경우와 달리 이자율의 격차가 물가변동과 함께 발생하므로, 자본이 국내로 유입될 유인과 상품이 수입될 유인이 공존한다. 그러므로 화폐가 아니라 상품에 대한 청구권을 가지고 국내 금융자산을 구입하게 된다. 이에 따라 외국의 실물자본은 줄어드는 반면 국내의 실물자산은 늘어난다.

결과적으로 외국의 자연이자율은 상승하고, 국내의 자연이자율은 하락해, 원래 존재하던 자연이자율의 차이가 소멸하면서, 균형이 회복된다. 이 경우 이자와 주식배당금을 외국인에게 지불해야하기 때문에 국내물가는 외국물가보다 약간 낮은 수준에서 결정된다(pp. 112-113).

빅셀에 있어 이자율의 고저와 물가의 증감이 은행의 이익에 부합되는지 여부는 은행이 은행권을 발행하는지, 그리고 자기자본을 얼마나 보유하고 있는지 등에 의해 결정된다(pp. 117-118). 그러므로 은행전체가 이자율을 높게 혹은 낮게 유지하려는 경향이 있다고 쉽사리 주장할 수 없다. 구체적으로 상황을 세 가지로 나누어 보아야 한다. 그런데 모든 경우에 이자율변동과 물가변동이 은행에 미치는 영향을 고려해야한다.

우선, 은행권을 발행하는 은행들은 은행권 사용의 비용인 이자율을 일시적으로 낮추더라도 발행량을 늘리려는 경향을 보일 수 있다. 그 이유는 은행권의 증가로 물가가 상승해 교환수단에 대한 수요가 늘어나면, 곧바로 이자율이 상승할 수 있기 때문이다.

둘째, 은행권을 발행하지 않으면서 자기자본을 많이 가진 은행들은 이자율을 높게 유지하려는 경향을 보인다. 그 이유는 첫 번째 경우와 반대로 높은 이자율이 은행의 이윤을 늘리며, 높은 이자율로 인해 물가가 하락해 금의 가치를 높이면서 자기자본의 가치를 증가시키기 때문이다.

셋째, 은행권을 발행하지도 않고 자기자본도 많지 않은 은행들은 이자율이나 물가의 변동에 대해 무관심하다.

시장이자율이 자연이자율에 비해 너무 낮은 경우에는 자본가가 기업가로 변신해 은행업 자체가 위축될 수 있으며, 그 역도 성립한다. 이자율을 너무 높이는 경우 기업가정신이 위축될 수 있다는 점도 고려해야 한다. 이 부분에서 자연이자율이 기업가의 수익과 연결되며, 시장이자율이 기업의 수익에 영향을 준다는 점을 빅셀은 강조했다.

기존 논의에서는 이자율과 물가 사이에 관찰되는 양의 상관관계에 관해 다음과 같은 논리를 제시하고 있다. 이자율이 높으면 화폐의 유통속도가 증가하고, 퇴장된 화폐가 유통계로 유입된다. 또한 활용하는데 드는 비용을 상쇄하고도 남기 때문에, 보다 많은 신용도구들을 활용해 물가가 상승한다. 반대로 이자율이 낮으면 반대방향으로 동일한 세 가지 논리가 성립한다. 그러나 시장이자율 자체가 아니라 시장이자율과 자연이자율의 차이가 중요하다.

첨언하건대 자연이자율과 시장이자율은 모두 평균개념이다. 또한 자연이자율과 시장이자율이 일치한다는 기준은 자연이자율과 시장이자율의 격차가 변하지 않는다는 기준으로 대체될 수도 있다. 이 경우 양자의 격차는 사업의 위험 등에 대한 보상이다.

빅셀의 논의에 비추어 보면, 시장이자율을 자본시장이 아니라 화폐시장과 연결시킨 케인즈의 생각이 혁신인지 재고할 필요가 있다. 생산이나 고용이냐 아니면 물가냐의 차이를 도외시한다면, 이미 빅셀이 이자율을 화폐시장과 연결시켰기 때문이다. 같은 차원에서 빅셀은 실물과 화폐를 연결시키려고 시도했다.

또한 빅셀의 자연이자율과 케인즈의 자본의 한계효율은 실물부문의 여러 요인들에 의해 결정된다는 점에서 각자의 이론체계 내에서 비슷한 위치를 차지하고 있다. 그렇지만 자연이자율과 달리 한계효율이 경제의 자연적인 기준으로 기능하지 않는다는 차이가 있다. 또한 빅셀에 있어 자연이자율은 연속적으로 변동하는 반면, 시장이자율은 불연속적으로 변동한다. 이에 비해 케인즈에 있어서는 오히려 장기적인 기대와 이에 기초한 자본의 한계효율이 불연속적으로 변동하는 반면, 단기적인 기대와 시장이자율은 이 같이 불안정하지 않다.

시장이자율과 자연이자율의 차이와 그것의 변동으로 인한 물가변동을 기술하는데 있어 미시분석에 의존했다는 점이 빅셀의 특징이다. 이 과정에서 물가변동과 더불어 고전학파와 비슷하게 기업가와 금융자본가 사이의 분배 문제, 그리고 기업가와 여타 생산요소 소유자들 사이의 분배문제를 논의했다는 점도 주목할 필요가 있다.

논의에서 빅셀은 자본을 자본재에 국한시키고 자본과 화폐를 엄밀하게 구분해 뵘바베르크를 따르고 있다. 이와 관련해 빅셀은 제번스가 자본을 때로는 재화의 저량으로, 때로는 금이나 은행권으로 구성된 영란은행의 지불준비금으로 간주했다는 점을 지적했다.

사실 제번스에 앞서 스미스나 리카도 등 고전학파도 이 같이 절충적인 입장을 취했다. 오스트리아학파와 빅셀은 자본을 화폐와 분리시킨 후, 화폐경제를 논하는 과정에서 이들을 다시 결합시킨 셈이다. 이들에 비해 마르크스는 자본을 자본재와 화폐를 포괄하는 추상적인 존재로 설정해, 고전학파의 절충적인 견해나 오스트리아학파의 자본 개념과 구분된다.

정리하면 빅셀의 입장을 구성하는 요소들은 다음과 같다. 우선, a) 이미 언급한 대로 가장 두드러진 특징은 개별 경제주체들의 행동을 중심으로 논리를 전개했다. 그렇지만 b) 시장에서 총체적으로 나타난 결과를 제시하기도 했다. 또한 c) 이 모두와 무관하게 항등식에 의존해 모종의 필연성을 제시하는 경우도 있다. 이 경우 아무런 경제주체의 행동을 제시하지 않았다. 근대적인 경제학자들의 논리를 이해하는 데 일반적으로 유용한 이 구분은 다음으로 예시된다.

> p. 113, (b) 화폐의 구매력 하락이, (a) 금의 생산을 자극하고, 다른 조건이 같다면 산업 내에서 (a) 금의 소비를 늘린다. (b) 소비가 생산을 넘어서자마자 (c) 다른 출처가 없기 때문에 모자라는 부분이 은행의 준비금에서 충당된다.[6)]

---

6) A fall in the purchasing power of money discourages the production of gold, and, other things being equal, it increases the consumption of gold in industry. As soon as consumption began to outstrip production, the deficiency would have to be supplied out of the banks' stocks, for no other source is allowed for.

1.5. 이론에 대한 체계적인 전개

A. 자본에 대한 자연이자율의 결정요인

빅셀은 뵘바베르크의 자본이론을 좇아 자본을 미래의 소비를 위해 생산에 활용되는 재화들로 규정했다. 이 재화들은 노동에 대한 임금과 토지에 대한 지대로 지불된다. 빅셀은 통상 비용으로 간주되는 "자본"에 대한 이자를 자본으로부터의 유보(retention) 혹은 사후적인 결과로 처리한 셈이다. 빅셀은 이후에도 사업의 위험 등을 언급하면서 이자와 이윤의 차이를 놓고 고심해, 이 부분에 큰 어려움이 숨겨져 있다고 추정할 수 있다.

빅셀에 의하면 제번스도 이와 비슷하게 생각했으나 토지에 대한 지대를 제외한 채 임금기금에만 초점을 맞추어 오류를 범했다. 임금기금(wages fund)이 아니라 임금 · 지대기금(wages-and-rent fund)이 보다 정확한 개념이다. 제번스의 오류는 지대가 가격의 결정요인이 아니라고 생각한 고전학파적인 전통에서 비롯되었다.

빅셀을 고전학파나 마르크스와 비교하면 이자를 비용으로 상정하지 않았다는 점과 지대를 비용으로 상정했다는 점에서 각기 차이가 있다.

빅셀이 제시한 뵘바베르크의 논리에 따르면 자연이자율의 변동에 따라 생산의 우회 정도가 변동한다. 우회성은 임금과 지대로 분할될 수 있는 특정 자본이 일정 기간, 보다 특정적으로 연간 얼마만큼씩 소비재나 임금 · 지대기금으로 풀려나느냐를 결정한다. 이렇게 되면서 고전학파의 임금기금 개념이 되살아난다.

이 시각에서는 당연히 우회 정도를 경제 전체의 차원에서 기간으로 추산하는 문제가 제기된다. 이것이 자본과 관련된 빅셀의 중요한 문제들 중 하나였다. 기본적으로 그는 자본의 액수에 따라 투입된 여러 자본재의 기간들에 가중치를 부여해 경제 전체 차원에서 기간을 계산했다. 이 기간이 계산되면 우회의 정도와 자본에 비해 소비재로

성숙되는 부분의 비율도 나온다.

구체적으로 기간은 임금이나 지대로 지불된 자본이 몇 년 동안 묶여 있는지를 나타낸다. 기간을 계산하기 위해서는 서로 다른 기간동안 묶여있는 여러 다양한 자본들에 대해 하나의 기간을 설정해야 한다. 이에 따라 빅셀은 자본량을 가중치로 삼아 여러 기간들의 가중평균을 구했다.

빅셀이 제시한 예에서 임금기금을 놓고 보면, $(3l_1+2l_2+l_3)/l = 3(l_1/l)+2(l_2/l)+(l_3/l)$. 당연히 이 기간은 모든 자본이 이들 중 최저기간동안 투입되었을 경우보다 길고, 이중 모두 최대 기간동안 투입되었을 때보다 짧다. 즉, 모든 자본들이 3년 동안 투입되었다면 그 기간 $(3l_1+3l_2+3l_3)/l=3$이고, 1년 동안 투입되었다면 $(l_1+l_2+l_3)/l=1$이다. 이에 따라 $1=(l_1+l_2+l_3)/l < (3l_1+2l_2+l_3)/l < (3l_1+3l_2+3l_3)/l=3$.

빅셀에 의하면 이자율의 변동요인은 검약의 정도와 생산성(혹은 기술변동)이다. 나중에 이들 이외에도 인구변동으로 인한 임금변동이나 지대변동 혹은 자연적인 요인 등을 추가했다. 이런 요인들이 변동하면 이자율이 변동하고, 이것이 생산의 우회 정도를 변경시켜, 원래의 이자율 변동을 어느 정도 둔화시킨다. 생산의 우회성이 높아짐에 따라 "유동"자본인 임금 · 지대기금은 줄어든다(p. 133). 물론 이 같은 조정에는 생산요소들 사이의 대체가능성이 전제되어 있다.

한 가지 불명확한 점이 있다. 빅셀이 한편으로 자본을 임금지대자금 혹은 최종 소비재의 저량으로 규정하면서도, 다른 한편으로 건물, 기계 등도 포함시켰다. 유동자본과 고정자본의 구분이 여전히 유용하다고 생각된다. 다만, 부지나 항만, 철도 등과 같이 내구성이 아주 높으면 자본이 아니라 토지와 같이 지대를 획득한다.

B. 화폐의 사용

빅셀은 화폐가 개입되는 경우 이런 상황이 어떻게 변하는지 검토했다. 목표는 자연이자율과 대부이자율 혹은 시장이자율 사이에 차이가 있을 때, 그것이 어떻게 물가의 변동을 가져오고, 다시 이로 인해 어떻게 원래 차이가 해소되는 경향이 생기는지 보여 주는데 있다.

빅셀은 성장하지 않는 경제를 가정하고 여기서 어떻게 재생산이 이루어지는지, 이 과정에서 물가나 임금 및 지대가 어떻게 변동하고, 분배가 어떻게 변하는지 분석했다. 여기 등장하는 경제주체는 기업가(entrepreneurs), 자본가 및 거래상(capitalists), 은행, 노동자 그리고 지주(및 고정소득자)이다. 은행을 위시해 이들은 거의 집단적으로 움직인다고 상정되므로 계급으로 분류될 수도 있다(pp. 154-155 참조).

기업가가 은행을 통해 자본가로부터 자금을 빌리고, 이 돈을 가지고 임금과 지대를 지불해 소비재가 판매된다. 또한 노동과 토지를 이용해 생산이 이루어지면, 생산된 소비재들을 판매해 원래 빌린 돈에 이자를 더한 만큼의 수입을 얻는다. 이 수입으로 기업가는 빌린 돈의 원금과 이자를 은행에 갚는다.

여기서 자본가는 거래상이면서 동시에 저축의 주체이다. 이들과의 거래를 통해 기업가는 생산물인 소비재를 판매하고, 노동자와 지주는 소비재를 구입한다. 여기서 생산되고 거래되며 조달되는 대상은 소비재이다. 또한 기업가가 투자의 주체라면 자본가는 저축의 주체이다. 그러므로 케인즈이전에 이미 빅셀에서부터 투자와 저축, 그리고 투자의 주체와 저축의 주체가 구분되어 있다.

나아가 기업가가 이윤과 이자를 모두 고려하는데 비해 자본가는 오로지 이자에 관심을 가지고 있다는 빅셀의 가정을 연장해 보자. 이렇게 하면 투자는 이윤과 이자 모두를 고려해 결정되는데 비해, 저축은 오로지 이자율에 의해 결정된다. 자본가가 기업가로 변신할 가능성에 대한 빅셀의 언급도 투자와 저축의 불일치와 이에 따른 조정으로 이해할 수 있다.

그런데 이미 언급한 요인들 중 임금하락으로 인해 자연이자율이 상승했다고 보자. 이렇게 되는 경우 기업가는 잉여이윤(surplus profit)을 얻는다. 잉여이윤에 해당되는 잉여생산물을 기업가들이 상호 교환하거나 은행에서 기업가들에게 돈을 끌어 쓰도록 허용하는 방식으로 잉여이윤이 실현된다(p. 142). 이같이 빅셀도 잉여가치나 잉여생산물의 '실현'에 대해 관심을 기울였다.

이렇게 되면 기업가는 생산을 확대시키려는 경향을 보인다. 그렇지만 완전고용 상태이므로, 이런 경향은 현실화되지 않은 채 화폐임금과 화폐지대의 상승을 가져온다(p. 131). 화폐임금과 화폐지대가 상승하면, 노동자와 지주가 상품에 대한 수요를 늘려, 모든 상품의 가격이 상승한다. 궁극적으로 대부이자율이 자연이자율과 같아지지 않으면, 기업가의 수요증가도 지속되므로, 물가의 상승도 계속된다. 물론 현금경제에서 신용경제로 바뀌면 바뀔수록 이런 물가변동은 더욱 지속적으로 나타난다.

이 과정에서 모든 물가, 임금, 그리고 지대는 상승한다. 물가와 임금이나 지대의 상승이 비례적이라고 보면 노동자의 실질임금과 지주의 실질지대에는 아무런 변동이 없다. 또한 자연이자율이 이윤율에 상응하는데서 확인되듯이, 기업가들은 초과이윤을 얻는데, 전체 실질생산물에 전혀 변화가 없고, 노동자와 지주의 실질임금이나 지대에 변동이 없다. 그러므로 초과이윤은 자본가를 희생시켜 얻은 셈이 된다.

상세히 보면 자본가뿐만 아니라 노동자와 지주, 그리고 고정소득자의 희생이 수반될 수도 있다. 이자율의 하락으로 인해 장기적인 투자에 집중하는 산업이 상대적으로 유리하므로, 주로 이 산업으로 노동자들과 지주들이 유입된다. 이렇게 되면 자연히 자본 중에서 유동자본보다 고정자본으로 전환되는 비율이 높아져, 연간 임금지대기금의 비율이 줄어든다. 또한 물가상승으로 인해 고정소득자의 실질소득은 감소한다.

앞서 빅셀은 생산량이 변할 가능성을 배제했다. 그렇지만 이 논의를 통해 물가변동이외에 소득분배에도 그가 관심을 기울였다는 사실을 알 수 있다. 더구나 그는 이 과정에서 일부 노동자들이 일자리를 잃어 산업예비군이 될 수 있다는 점까지 지적했다(p. 149). 또한 자연이자율이 대부이자율보다 낮은 경우에도 반대 방향으로 유사한 논리가 제시될 수 있다. 이 경우에도 기업가들이 이런 차이 중 일부를 노동자와 지주에게 전가할 수 있다. 그러므로 이들은 가격이 상승할 때뿐만 아니라 하락할 때도 희생당할 가능성이 있다(p. 150).

이에 따라 은행에서 자연이자율의 상승에 부응해 대부이자율을 높이면, 물가가 더 이상 상승하지 않으며, 위와 같은 초과이윤이 소멸하고 소득의 재분배가 정지된다. 여기서도 빅셀은 은행이 이자율에 대한 궁극적인 조정자라고 상정한 듯 보인다. 그는 실질부문에서 발생한 자연이자율의 변동으로 인한 경제의 변화를 은행에서 대부이자율을 변동시켜 종식시킬 수 있다고 생각했다.

넓게 보면 그 반대의 경우도 상정할 수 있다. 은행의 인위적인 이자율 변동을 실물부문의 자연이자율 변동이 상쇄할 수도 있다. 빅셀은 케인즈와 달리 경제 내에서 발생하는 이윤율의 변동과 은행에서 조정하는 이자율의 변동을 동등하게 취급했다고 생각된다.

여기서 빅셀은 물가든 생산량이든 한 번의 변동(once and for all)과 누적적인 변동(cumulative)을 구분했다. 그는 경제에 미치는 영향에 있어 전자는 중요치 않다며, 후자에 초점을 맞추었다. 또한 그는 초기의 변동이 미세하더라도 그것이 지속되는 경우 커다란 변화를 낳을 수 있다고 해서 변동의 크기보다 변동의 지속성을 강조했다(p. 148). 아마도 개별 경제주체의 관점에서 전자에 대해 더 이상 적응이 필요치 않는데 비해, 후자에 대해서는 적응이 필요하다고 생각한 것으로 보인다.

물론 잉여이윤이 궁극적으로 경제주체들에게 어떻게 분배될지는 분명히 말할 수 없다. 우선 기업가와 자본가 사이의 분배에 대해 일률적으로 말할 수 없으나, 대체로 양자가 일부씩 나누어 갖게 된다. 이와 관련해 빅셀이 기업가나 자본가가 상호간에 변신하는 동인을 설명한 이유를 이해할 수 있다.

또한 물가와 화폐임금 및 화폐지대의 상승에 따라 실질임금이나 실물지대가 변동할 수 있다. 대체로 물가가 화폐임금이나 화폐지대보다 빠르게 상승해 실질임금이나 현물지대가 하락한다. 더구나 고정소득의 수혜자는 분명히 물가상승으로 손해를 본다. 그러므로 기업가와 자본가가 여타 소득의 수혜자들에 비해 분배상의 이익을 취하리라고 짐작할 수 있다(pp. 148-150).

> p. 135, 실물 자본재에 대한 수요의 증가는 더 이상 이자율을 올리는 경향을 가진 임대자의 수요가 아니라 상품의 가격들을 올리는 경향이 있는 구매자의 수요이다……. 이 두 가지 이자율들은 아직도 궁극적인 동등한 수준에 도달해야 하는데, 오로지 그 이전에 물가변동이 일어난 후에, 그리고 물가변동으로 인해 그와 같이 된다.[7)]

여기서 자본재에 대한 수요가 임차나 대부가 아니라 구입과 관련되어 이자율이 아니라 물가와 연결된다는 점을 빅셀은 강조했다. 이것이 이자율과 물가를 구분하고 이들을 각기 화폐 및 실물 자본재와

7) An increase in the demand for real capital goods is no longer a borrowers' demand which tends to raise the rate of interest, but a buyers' demand which tends to raise the prices of commodities····. The two rates of interest still reach ultimate equality, but only after, and as a result of, a previous movement of prices

연결시킨 핵심이다.

자본재에 대한 수요가 투자라고 보면 케인즈에서와 같이 투자가 일차적으로 이자율이 아니라 물가나 수익률과 연결된다는 해석도 가능하다. 이와 관련해 빅셀의 책 제목을 영문(*Interest and Prices*)이 아니라 독일어 원문(*Geldzins und Güterpreise*)으로 보면 화폐와 재화가 명백하게 구분된다는 사실이 드러난다.

현실경제에서는 여타 독자적인 요인들이 개입되므로 위와 같이 순수한 상황을 상정하기 힘들다. 이 때문에 이런 논리가 묻혀 버리기 쉽다. 일반적으로 전시와 같이 실물자본의 축적률이 둔화되었을 때 자연이자율이 증가한다. 그런데 이 경우 교전국 정부에서 화폐를 발행하면 시장이자율이 하락해 상황이 복잡해진다. 또한 일반적으로 실물자본의 축적률이 증가했을 때 자연이자율이 감소한다. 그런데 능히 예상할 수 있듯이, 자본축적과 동시에 기술이 변동해 생산성이 증가하면 상황이 복잡해진다.

자연이자율이 상승하므로 결과적으로 실질임금은 하락하지 않을 수 없다 (p. 150).[8] 만약 시장이자율이 자연이자율과 보조를 맞추어 상승하면, 생산요소들에 대한 화폐수요가 그대로 유지되면서 물가가 변동하지 않는다. 이렇게 되면 화폐임금이 하락하면서 동시에 실질임금도 하락한다.

이와 달리 만약 화폐발행 등으로 인해 시장이자율이 자연이자율과 같이 상승하지 않으면, 생산요소들에 대한 수요가 증대해 화폐임금은 그대로 있거나 상승한다. 그렇지만 물가는 이보다 더 빨리 상승해 실질임금이 하락하게 된다. 이런 이유로 화폐임금이 물가보다 더 늦게 상승한다는 견해가 나오게 된다.

---

8) The real wages must fall.

일반적으로 자연이자율이 하락하면 결과적으로 실질임금은 상승하지 않을 수 없다. 실물자본의 증가로 자연이자율이 하락했는데, 시장이자율이 그대로 있으면, 물가하락에도 불구하고 화폐임금 등이 그대로 있어, 실질임금이 상승할 수 있다.

이와 반대로 실물자본의 축적으로 인해 자연이자율이 하락했는데 시장이자율이 그대로 있는 경우를 보자. 이 경우 기업가들은 종전과 같은 금액의 화폐를 대부받아 종전과 같은 수준의 화폐임금과 화폐지대를 지불한다. 자본가들이 획득하는 화폐는 예전과 같은데 실물자본이 증가했다는 것은 이들이 과거보다 저축을 늘린 것이 된다. 이로 인해 실질적으로 이들의 소비수요는 감소할 수밖에 없다.

그렇게 되면 물가가 하락하고, 그 수준이 그대로 유지되고 있는 화폐임금과 화폐지대는 실질적으로 상승한다. 이에 따라 자본가는 손실을 입는다. 여기서 생산성이 증가하더라도 신규 저축이 계속된다고 보아야 하므로 물가는 지속적으로 하락하고 자본가는 계속 손실을 입는다.

이 경우에도 물가의 하락 원인은 시장이자율이 자연이자율을 넘어섰다는 데 있다. 이것은 위의 상황에서 은행이 처음부터 시장이자율을 인하했을 경우를 상정해 보면 알 수 있다. 은행이 시장이자율을 인하하면 기업가는 초과이윤이 있다고 판단해(!), 노동과 토지에 대한 수요를 증대시킨다. 이것이 화폐임금과 지대의 상승을 가져온다. 그런데 실물자본이 증가하지 않은 앞선 경우와 달리, 이 경우 자본가의 저축으로 소비가 감소해 물가가 동반상승하지 않기 때문에, 실질적으로 임금과 지대가 상승한다.

결과적으로 자본가는 원래 기대했던 초과이윤을 실현할 수 없다. 기술이 발전해 자본가가 초과이윤을 예상하는 경우에도 마찬가지로 실물자본의 증가로 인해 초과이윤에 대한 자본가의 기대는 좌절될 수밖에 없다.

이와 관련된 분배문제에 대해 논의해 보자. 우선 기업가와 자본가 사이의 분배에 관해서는 전통적으로 주관적 요인에 의존해 설명하는 경향이 있다. 여기서는 모든 기업가와 자본가가 마치 하나의 무리로 존재하는 것처럼 취급할 수 있다. 이것은 기업가와 자본가가 연합해 임금기금을 관리함으로써 노동자와 지주에게 불리한 상황을 만들 수 있다는 현실에도 그대로 적용된다. 여기서 개별기업가나 개별자본가는 대세를 좇아갈 뿐 개인으로서는 무력하다. 또한 기업가와 은행이 연합해 자본가나 소비자의 의사와 무관하게 저축을 만들어낼 수도 있다. 이것이 강제저축이다.

> pp. 154-155, 그는 전체적인 흐름을 따라야 한다. 그리고 자신이 이런 흐름의 일부를 구성하지만 이 흐름의 힘에 저항할 수 없다.
> p. 155, 투자기간 동안에 필요한 실물저축은 사실상 정확히 올바른 시점에 소비자 전체에 강제된 셈이다.[9]

빅셀에 등장하는 개인과 전체의 관계는 개인과 시장의 대립, 개인 대 개인의 경쟁, 구조적인 사회관계 등과 구분되어야 한다. 또한 빅셀은 은행의 재량 여부를 전체 주제로 삼아 여러 상황에서 논의했다. 가장 단순한 경우로 자연이자율을 언급하지 않은 채 시장이자율과 물가의 관계를 논의했다(7장). 이어서 그는 자연이자율이 개입되지만 그것이 변동하지 않는 상태에서 시장이자율과 물가의 관계를 논의했다(8장). 끝으로 그는 자연이자율이 변동하는 상황에서 같은 관계를 논의했다(9장).

---

9) pp. 154-155, He has to follow the stream-and while it is true that he himself forms a part of this stream, its force is irresistible.
p. 155, The real saving which is necessary for the period of investment is in fact enforced -at exactly the right moment- on consumers as a whole

2. 빅셀의 위치

2.1. 빅셀과 투크

빅셀과 투크의 화폐수량설 비판에 대해 좀더 상세한 논의가 필요하다. 빅셀은 화폐의 유통속도가 고정되어 있다는 전제 등에 대해 화폐수량설을 비판하면서, 화폐량의 변동이 직접적이며 근접해 물가에 영향을 미치지는 않는다고 주장했다. 다른 한편으로 빅셀은 화폐량의 변동이 물가에 전혀 영향을 미치지 않는다는 주장도 잘못이라고 반박했다. 또한 그는 화폐의 외적인 삽입이 불가능하다는 이유로 화폐수량설를 폐기하자는 투크의 주장도 비판했다. 리카도와 투크의 대립에 대한 빅셀의 논의는 뒷부분과 관련되어 있다.

우선, 기존의 화폐수량설은 물가의 변동과 이자율의 변동을 다같이 결과로 취급했다. 이에 비해 빅셀은 물가변동을 자연이자율과 시장이자율의 차이와 인과적으로 연결시켰다. 즉, 빅셀은 시장이자율과 대비되는 개념으로 자연이자율을 설정했고, 물가변동을 두 가지 이자율의 차이와 연결시켜, 물가와 이자율의 관계를 설명했다.

여기서 물가는 인공적인 개념이지만 새롭지 않다. 이에 비해 시장이자율과 자연이자율의 구분, 특히 실물부문에 적용되는 자연이자율은 새로우면서 빅셀에게 결정적인 중요성을 갖는다. 뵘바베르크의 자본이론으로부터 이것을 착안했다고 생각된다.

빅셀의 주장과 비교하면, 기존 화폐수량설은 물가와 이자율의 관계를 논하는 경우에도 물가변동을 시장이자율의 변동과 곧바로 연결시켰다고 볼 수 있다. 물론 화폐수량설은 자연이자율이라는 기준을 부과하지 않는다.

전통적인 화폐수량설은 화폐량과 물가사이에 양의 비례적인 인과관계가 존재한다고 주장했다. 뿐만 아니라 화폐수량설은 화폐의 가치를 규정하는데 있어 물가와 이자율 모두를 구분 없이 사용했다. 이에 따라 화폐의 공급 증가가 주로 물가의 상승으로 나타난다고 보았지만, 동시에 이자율의 하락을 낳는다고 보기도 했다.

다시 말해, 화폐가치의 하락은 상품의 가치가 오르거나 상품과의 교환비율이 떨어져서 물가상승으로 나타날 수 있다. 그렇지만 화폐를 빌려주는 대가 혹은 현재의 화폐와 미래의 화폐가 교환되는 비율이 떨어지는 모습으로 나타날 수도 있다. 이런 근거에서 화폐수량설은 화폐의 공급량과 물가가 같은 방향으로 움직이고, 이자율이 이들과 반대 방향으로 움직인다는 예측을 낳게 된다.

그런데 깁슨의 역설(Gibson's paradox)에서와 같이, 물가와 시장이자율이 음의 상관관계를 갖지 않는다면, 화폐수량설의 문제점과 함께 빅셀의 우월성이 드러난다.[10] 화폐수량설은 물가와 이자율 사이에 시차를 두는 방식이외에 이에 대해 설명할 방법이 없다. 이에 비해 빅셀은 시장이자율의 변동 자체가 문제가 아니라 시장이자율과 자연이자율의 차이가 문제라고 본다.

따라서 빅셀의 논리를 따르면 시장이자율이 상승하면서 물가가 상승한 경우, 자연이자율이 그대로 있거나 하락했거나 혹은 시장이자율보다 덜 상승해, 시장이자율과 자연이자율의 차이가 커졌다고 진단할 수 있다. 반대로 시장이자율이 하락하면서 물가가 하락한 경우에는, 자연이자율이 그대로 있거나 상승했거나 혹은 시장이자율보다 더 하락해, 시장이자율과 자연이자율의 차이가 더 커졌다고 말할 수 있다.

이와 관련 리카도나 빅셀 등은 은행에서 통화를 증발하는 경우, 유통과정에 그대로 머물러 있는지 여부로 화폐의 외생성 문제를 설

10) 이 역설은 거시경제학에서 필립스곡선만큼 중요하지는 않으나, 케인즈(『통화론』)나 프리드만 및 슈워츠(『화폐의 역사』) 등이 언급할 정도로 화폐이론이 해명해야 할 중요 현상들 중 하나이다.

정했다. 물론 그대로 머문다고 주장하는 측이 자신의 논리를 보다 적극적으로 설득하기 위해서는 불환지폐뿐만 아니라 태환지폐도 그대로 머문다는 점을 논증할 필요가 있었다. 그런데 현 시점에서는 불환지폐에 논의를 국한해도 큰 문제가 없다. 이것은 화폐수량설이 외생적 화폐(exogenous money)를 상정한데 비해, 투크나 후기 케인지언들이 내생적 화폐(endogenous money)를 상정한데 상응한다.

보다 구체적으로, 만약 증발된 화폐가 유통과정에 머물면, 리카도와 빅셀의 생각과 같이 증가된 화폐가 물가에 영향을 미치게 된다. 리카도와 빅셀의 차이는 통화량의 증가가 직접적으로 영향을 미친다고 생각한데 비해, 빅셀은 간접적으로 혹은 우회적으로 영향을 미친다고 생각했다는 데 있다. 반면 증발된 화폐가 유통과정에 머물지 않고 은행으로 되돌아오면 물가에 변동이 없다. 논의에서 본격적으로 취급되지 않았지만, 증발된 화폐가 유통과정에 머물지 않고 퇴장되거나 화폐의 유통속도가 하락하면 물가에 영향을 주지 않는다.

빅셀을 포함해 대부분의 화폐이론가들은 유통속도의 변동을 퇴장화폐량의 변동과 동일시했다. 빅셀은 화폐수량설에 대해 유통속도의 변동 가능성을 배제한 점을 비판했는데, 이 부분과 자연이자율을 이용한 빅셀의 논리가 어떻게 연결되는지를 규명해야 한다.

빅셀은 투크를 반박하는 과정에서 한 국가 내의 모든 은행들이나 여러 국가의 모든 은행들이 동일한 정책을 실시한다고 전제하거나 가정했다. 빅셀에 의하면 이런 전제가 없는 경우 은행의 통화발행이 무력화된다는 투크의 주장이 타당하다. 그러나 이런 전제를 설정하는 경우 투크의 주장은 타당하지 않다.

만약 특정 지역이나 국가의 은행이 할인율을 낮추었으나 다른 지역이나 국가의 은행들이 이 같은 정책을 취하지 않았다고 하자. 이 경우 이 지역의 무역수지나 자본수지의 악화로 인해 해당 지역에서 추가로 증발한 화폐가 회귀하게 된다. 이 경우 리카도와 같이 무역수지의 악화를 강조할 수도 있고, 아마 보다 타당하게 투크와 같이 자본이동을 강조할 수도 있다.

흄에서부터 시작된 리카도의 논리에 의하면, 할인율을 낮추어 화폐가 풀리면 물가가 상승한다. 물가가 상승하면 다른 지역의 상품보다 이 지역의 상품이 상대적으로 비싸져, 수출은 줄고 수입은 늘어난다. 결과적으로 이 지역의 무역수지는 악화된다. 이런 무역수지의 악화는 외국화폐에 대한 수요증가 및 공급감소와 자국화폐에 대한 수요감소 및 공급증가를 초래한다. 이런 경로를 통해 증발된 화폐가 은행으로 되돌아온다.

반면 투크가 제시한 자본수지에 관한 논리에 따르면, 할인율이나 이자율의 변동이 상품의 물가와 무관하게 직접적으로 자본이동을 가져온다. 즉, 이자율이 낮은 지역으로부터 상대적으로 이자율이 높은 지역으로 자본이 유출된다. 자본유출에 외국화폐에 대한 수요증가와 공급감소, 그리고 자국통화에 대한 수요감소와 공급증가가 수반된다.

어떤 경로를 통하든 추가적으로 발행한 화폐가 해당 지역으로 되돌아온다는 점이 중요하다. 이에 반해 모든 은행에서 동일한 정책을 사용하면, 물가변동에 의한 무역수지의 변동이나 이자율의 차이에 의한 자본수지의 변동이 발생하지 않으므로, 이런 화폐의 회귀도 발생하지 않다. 이렇게 되면 투크의 논리는 성립하지 않는다(pp. 84-86). 그러므로 이런 전제의 정당성 여부에 따라 화폐수량설에 대한 포기가 타당한지가 결정된다.

이 전제에 대한 의구심은 은행 역시 영리를 추구하며, 여러 은행들이 상호 경쟁하므로, 모든 은행들이 같은 정책을 취하기 힘들다는데 있다. 그렇지만 빅셀이 이 전제를 내세운 이유는 은행이 단독으로 할인율을 변경하는 경우 생존하기 힘들다는데 있다. 이것은 마치 동일한 상품에 대해 모든 기업들이 동일한 가격을 제시할 수밖에 없다는 일물일가의 원칙과 비슷하다. 장기에는 일물일가의 원리가 타당할 수도 있으나, 단기에는 은행들 사이의 경쟁으로 인해 이자율이 차등적으로 나타날 수 있다. 이런 이유로 빅셀에게 확실하게 손을 들어 줄 수 없다.

빅셀의 논의를 통해 리카도와 투크의 대립이 시장경제에 대해 어떤 입장으로 발전될 수 있는지 검토할 필요가 있다. 리카도의 화폐수량설에 의하면, 중앙은행과 은행들이 화폐를 유통시켜 물가를 변동시키며, 나아가 이자율에도 변화를 가져올 수 있다. 만약 물가의 안정이 경제의 목표라면, 이 입장에서는 (신용)화폐를 포함하는 시장경제는 완전치 못하며, 은행들에게 재량을 부여하지 않는 경우에만 보다 완전해진다. 이는 당연히 프리드만 등의 주장과 친화력을 가진다.

이에 비해 투크 등은 실물의 움직임에 따라 화폐의 공급이 자동적으로 조절되므로, 은행이 이 같은 재량을 가질 수 없다고 주장했다. 이 주장을 따르면, 시장경제는 (신용)화폐를 포함하는 경우에도 여전히 이상적이므로, 특별히 은행을 관리할 이유가 없다.

리카도에 의하면 화폐는 상당 부분 시장경제에 부자연스러운데 비해, 투크의 논리에 의하면 화폐는 지극히 자연스럽다. 이렇게 보면, 비록 그 근거는 다르지만, 마르크스는 리카도보다 투크와 친화력을 갖는다. 그렇지만 관리통화제도를 주창한 케인즈가 리카도보다 투크와 가까운지는 분명치 않다. 후기케인즈주의의 논리 중 내생적 화폐 개념은 케인즈에서 나오지 않았다고 생각된다.

빅셀은 국제경제와 관련해 무역수지와 자본수지를 구분하고, 이들을 각기 물가의 변동과 이자율의 차이에 연결하는 경향이 있었다. 빅셀은 리카도를 옹호하고 투크를 비판하는 과정에서 이 두 가지의 공존에 착안한 후, 자연이자율이라는 보다 확고한 개념을 이용해 양자를 결합시켜 국내경제에 적용시켰다고 추정된다.

2.2. 빅셀과 마르크스

마르크스에 의하면 자본주의에서 개인의 행동, 과정, 그리고 그 결과가 모두 자연스럽지만, 자본주의자체가 자연에 반하므로 이 모든 것이 보편적인 자연성을 갖지 못한다. 이런 의미에서 마르크스의 자연개념은 빅셀의 자연이자율과 같이 좁게 정의될 수 없다.

그럼에도 불구하고 빅셀이 케네(François Quesnay, 1694-1774)의 경제표나 마르크스의 재생산도식과 비슷한 논리를 전개한 부분도 적지 않다. 빅셀은 자신의 논의를 통해 한 해가 시작되어 종결된 후, 그 다음 해에 어떻게 다시 생산이 동일 규모를 유지하면서 반복되는지를 보여주었다.

이 점에서 빅셀의 논의는 마르크스의 단순재생산과 비슷하다. 특히, 화폐의 투입과 회귀, 그리고 여러 가지 자본의 형태와 관련해 제시한 공시적인 차원과 통시적인 차원의 구분은 마르크스와 비슷하다 (pp. 125-126). 이런 측면에서 빅셀이 신고전학파의 균형개념보다 고전학파나 마르크스의 재생산개념에 의존했다고 해석할 수 있다.

물론 마르크스와 빅셀 사이에 유사성보다는 차이점이 더 많다. 마르크스가 계급과 부문의 관점에서 논의한데 비해, 빅셀은 개별주체들의 관점에서 논의했다. 또한 빅셀이 왈라스와 같이 균형개념에 의존하지는 않았지만, 개별주체들의 행위와 시장의 총체적인 결과를 왕복하면서 재생산을 논의했다.

더불어 마르크스는, 재생산도식에 관한 한, 생산관계와 물량의 관점에서 논의한데 비해 빅셀은 물가나 분배의 변동에 초점을 맞추었다. 더구나 마르크스는 잉여가치의 생산과 이를 실현하기 위한 유효수요 및 화폐의 근원에 대해 묻고 있다. 이에 비해 빅셀은 생산물의 가치실현이나 이를 위한 화폐의 공급에 일차적으로 관심을 두지 않았다. 특히, 마르크스는 이 같은 의문을 던지면서 화폐의 내생적인 공급을 전제했다. 이에 비해 빅셀은 화폐의 공급을 시장의 이자율과 연결시켜 은행에서 필요한 화폐를 공급할 수 있다고 보았다.

빅셀에서 자연이자율의 변동이 고전학파와 마르크스에 있어서는 평균 이윤율의 변동에 해당된다. 보다 특정적으로 마르크스에 있어서는 기술변동과 계급투쟁에서 비롯되는 잉여가치율, 자본구성, 그리고 임금의 변동으로 인해 평균이윤율이 변동한다. 이런 입장은 검약과 생산성에 기반을 둔 자연이자율이 물가와 궁극적으로 시장이자율의 변동을 가져온다고 주장한 빅셀과 대비된다.

나아가 빅셀은 어떤 요인들이 자연이자율의 변동을 가져오는지에 대해서는 상대적으로 무관심했다. 이보다 그는 자연이자율의 변동이 가져오는 결과에 초점을 맞추었다. 이에 비해 마르크스는 어떤 요인들이 이윤율의 변동을 가져오는지에 중점을 두었다. 이에 따라 마르크스는 이런 요인들이 이윤율이나 시장이자율에 미치는 영향은 비교적 자명하다고 생각했다.

그렇지만 자연이자율과 시장이자율의 차이에 근거해 물가의 누적적인 변동을 설명한 빅셀의 논리는 자연이자율을 평균이윤율로 대체하는 경우 고전학파나 마르크스와 결합될 수 있다. 고전학파와 마르크스는 시장이자율을 궁극적으로 규정하는 배후의 실체로서 이윤율이나 잉여가치율을 설정했다. 이런 고전학파 및 마르크스의 논리를 따르면 이윤율이나 잉여가치율과 시장이자율의 차이가 물가의 변동을 낳는다는 논리를 전개할 수 있다.

또한 빅셀은 마르크스와 리카도가 공유하는 "실물적인" 논리로서 임금 · 이윤압박이론과 결합될 수 있다. 이 이론에 따르면 호황이 진행되면서 자본가에 비해 노동자의 세력이 증가해, 임금이 과도하게 상승하면서 이윤이 하락한다. 여기에 빅셀을 결합하면, 가령, 이윤율의 하락에 상응해 이자율이 하락하지 않아 물가가 하락하며, 이로 인해 불황이 더욱 가속화되리라고 예상할 수 있다.

더불어 이윤율이 장기적으로 하락한다는 고전학파, 특히 마르크스의 논리를 빅셀과 결합하면, 이자율이 지속적으로 하락하지 않는 한 물가의 지속적인 하락을 상정해야 한다. 나아가 저축에 대한 선호 혹은 검약의 변화를 상정하지는 않지만, 노동가치설에 의존해 이들이 기술변화에 따라 변동한다고 보는 점에서도 빅셀과 유사성을 찾을 수 있다. 깁슨의 역설도 유사하게 설명할 수 있다.

나아가 주어진 화폐량으로 지배할 수 있는 노동량을 측정하면 그것은 일정기간 동안에 생산에 투입된 모든 노동량이 된다. 이 총 노동량은 노동자들 중 고용된 노동자들의 활동을 통해 제공된다. 또한 마르크스의 착취이론에 의존하든, 근대적인 기업이론에 의존하든 노동추출을 상정하든, 임금을 지불하고 구입한 노동력에서 추출되는 노동량은 가변적이다.

그런데 이 같이 표시된 총 노동이 가치를 생산하고 그런 가치가 가격과 일치한다고 보면, 총 노동량은 순 생산물을 가격으로 곱한 총 가격과 일치된다. 다만, 총 가치와 총 가격 사이에는 화폐의 가치가 고려되어야 한다. 앞선 논의에 의하면 물가는 평균이윤율과 이자율의 격차에 의해 결정된다. 화폐의 가치를 물가의 역수라고 보면, 화폐의 가치도 이윤율과 이자율의 차이로 인해 변동한다.

스라파나 폴리(Duncan Foley) 등의 논리에 따라 화폐가격으로 표시된 순생산물의 가치와 총 투입노동량이 일치된다. 또한 기술변동과 착취율의 변동이 없다면, 노동량과 생산량이 비례적으로 움직여 지배노동과 지배재화 사이에 괴리가 발생하지 않는다. 더불어 빅셀이 지적한 바와 같이 이윤율과 이자율의 차이는 산업자본가와 금융자본가의 세력관계나 분배의 문제로 상정될 수 있다.

이런 요소들을 다음과 같이 정리해, 빅셀을 마르크스, 그리고 케체가 하나의 상품을 생산한다고 보는 편이 더 타당할 수도 있다.

그렇지만 현실에서 하나의 상품을 생산하는 데 여러 생산요소와 여러 주체들이 참여한다. 그러므로 한 상품의 교환가치가 경제주체의 빈부와 연결되려면, 약간 비현실적인 가정을 필요로 한다. 즉, 각 상품을 생산하는데 오직 하나의 경제주체가 참여하는 단순상품생산(simple commodity production)을 상정하거나 아니면 그 상품을 특정 경제주체가 대표한다고 가정해야 한다. 물론 대표생산자는 자본가이다.

이렇게 보면 상품의 교환가치가 상품들에 대한 소유자의 지배력을 결정한다. 그런데 상품의 교환가치가 노동에 의해 결정된다면, 결국 투입된 노동량이 그 상품소유자의 지배력을 나타낸다. 여기서 노동은 다양한 상품들을 수량화하는 동질적인 척도로 기능한다. 이에 따라 소유상품의 노동가치가 개인의 경제력을 설명해 준다.

이렇게 정의된 경제력은 개인들에 대한 소득분배나 사유재산을 정당화하면서도 동시에 개인이나 인간을 평가한다. 그렇지만 이 견해는 자본에 대한 지배가 힘이나 부가 된다는 생각으로 발전하지 않아 앞서 언급한 자본에 대한 경시와 부합된다.

여기서 스미스는 지배노동을 지배하거나 부릴 수 있는 타인의 노동뿐만 아니라 회피할 수 있는 자신의 노동으로도 해석했다. 이 해석에는 노동의 목표가 의식주의 해결이라는 전제가 깔려 있다. 이는 교환에 의존하든 그렇지 않든 궁극적으로 보다 많은 재화가 부의 증가라는 스미스의 생각과 통한다. 이에 대해 파고들어 보자.

스미스에 있어 경제활동의 목표가 궁극적으로 재화나 사용가치라는 점은 다이아몬드와 물의 역설에서 확인된다. 그에게 이 역설은 사용가치와 교환가치라는 개념을 설정한다기보다 교환가치가 상품들의 유용성에 상응해야 하는데 현실경제에서 그렇지 않다는 불안감의 표출에 가깝다. 다시 말해, 각 상품의 교환가치가 각 상품의 사용가치에 상응해야 당연한데 현실적으로 양자 사이에 차이가 나므로 이를 해결하기 위해 그는 가치론을 제시했다.

이제 사용가치와 교환가치의 일치라는 스미스의 지향점이 노동가치론과 결합되면 다음과 같은 결과가 나온다. 한 상품의 가치가 사용될 때나 교환될 때나 동일하기 위해서는 그러한 사용가치를 스스로 생산하기 위해 투하되는 노동과 그 상품의 판매를 통해 얻는 여타 상품들에 투하된 노동이 동일해야 한다. 그렇기 때문에 지배노동은 상품을 판매해 얻을 수 있는 타인의 노동이면서 동시에 자신이 절약할 수 있는 노동이 된다.

이렇게 보면 지배노동가치론은 사용가치나 유용성에 상응하는 가치를 상품이 가지고 있다는 그의 주장을 내포하고 있다. 이 때문에 로빈슨(Joan Robinson)의 해석대로 지배노동은 '정당한 가격'이라는 이념을 담고 있다. 뿐만 아니라 이는 사용가치가 가치의 기준이 되어야 한다는 아리스토텔레스의 입장이나 자연법을 내면에 깔고 있다.

이 해석에 따르면 투하노동가치와 지배노동가치는 서로 다른 두 가지의 가치론이 아니라 상품의 가치와 재산의 분배에 각기 연결된 한 가지 가치론의 두 가지 측면이 된다. 상품의 가치를 규정하면서, 노동이 상품의 가치뿐만 아니라 상품 소유자의 지배력을 나타낸다. 이 같이 스미스의 노동가치론은 한편으로 생산에서 가치가 형성된다는 논리이면서 이를 소유함으로써 정당한 소득을 얻는다는 논리로서 생산과 소유를 결합시키려는 의도를 담고 있다.

그런데 가격과 분배의 이러한 단순한 일대일 대응은 생산비설에 이르러 바뀔 수밖에 없다. 생산비설에서는 더 이상 하나의 상품과 하나의 경제주체가 대응되지 않고 적어도 세 가지 경제주체가 상정될 수밖에 없다. 이 때문에 상품의 가치와 소유나 분배가 쉽사리 규정될 수 없다. 결과적으로 투하노동가치설이나 지배노동가치설에서와 같이 논리는 화폐수량설에 대한 빅셀의 입장에서도 반복되었다. 화폐량의 변동이 물가변동을 가져온다는 주장을 반박했다기보다, 물가변동이 직접적으로 나타나지 않고 중간과정을 거쳐 발생한다고 주장했다. 이렇게 보면 빅셀의 이론체계에서는 자연이자율과 대부이자율의 차이라는 고리가 물가를 변동시키고 이 과정에서 소득이 재분배되면서 결과적으로 실질임금이 결정된다고 정리할 수 있다. 이런 식으로 빅셀은 화폐의 존재를 고려했다.

물가이냐 고용이냐의 차이를 일단 도외시하면 이 점에서 케인즈도 비슷하다. 케인즈도 마샬의 가치론을 받아들이면서 고용이 증대되기 위해서는 실질임금이 하락할 수밖에 없음을 인정했다. 그렇지만 마샬이나 피구과 달리 케인즈는 다른 경제부문의 움직임과 독립적으로 노동시장에서의 고용변동이 직접 실질임금을 변경시킨다고 생각하지 않았다.

케인즈에서는 유효수요의 변동과 이에 따른 고용 및 소득의 변동, 그리고 여기에 수반되는 물가 및 화폐임금의 변동 등 경제 전체의 과정을 거쳐 그 결과로서 실질임금이 변동한다. 이런 점에서 대체로 초기의 케인즈는 빅셀을 이어받았다고 볼 수 있다.

그런데 케인즈의 생각은 『화폐론』(*A Treatise on Money*, 1930)을 지나 『일반이론』(*The General Theory*, 1936)을 거치면서 적지 않은 변화를 겪게 된다. 따라서 『일반이론』보다 『화폐론』에서 빅셀과의 유사성이 두드러진다. 달리 보면 『화폐론』은 빅셀의 『이자와 물가』와『일반이론』의 중간에 놓여(a half-way house)있다. 그러므로 빅셀과 케인즈를 비교하는데 있어 『화폐론』과 『일반이론』을 구분해야 한다.

(1) 『화폐론』에서 케인즈가 화폐수량설을 비판하면서, 화폐를 일차적으로 물가가 아니라 이자율과 연결시키고, 이자율과 물가의 관

계를 설정한 것은 빅셀에 대한 계승이라고 생각된다. 더구나 케인즈 역시 자연이자율이나 기준점(benchmark)이 되는 균형물가를 상정하고, 투자와 저축의 일치여부에 따라 시장이자율이나 현실의 물가가 이로부터 각기 벗어난다는 논리를 전개했다.

이 같은 케인즈의 논리는 기본방정식(Fundamental Equations)에 집약되어 있다. 물가를 설명하는 이 방정식은 경제를 소비재와 자본재의 두 부문으로 나누었다. 이에 따라 물가도 소비재부문과 경제 전체에 대한 것 두 가지로 구분했다. 그럼에도 불구하고 케인즈는 화폐의 구매력을 소비재부문의 물가에 국한해 정의했다.

이 틀을 따르면 소비재, 자본재, 그리고 경제 전체의 세 가지가 구분되어야 한다. 그러나 자본재 그 자체에 대한 방정식은 말로 설명했을 뿐 방정식으로 제시하지는 않았다. 아마도 『일반이론』에서 부각되는 자본의 한계효율을 둘러싼 불확실성 등이 이미 이 시점에서부터 케인즈의 머릿속에 맴돌고 있었다고 추정된다. 기본방정식은 아래와 같다.

i) $\Pi = E/O + (I-S)/O,\ \Pi O = E + (I-S)$

ii) $\Pi = (1/e)W + (I-S)/O$

설명하면, i)은 물가=(총지출/총산출)+[(투자−저축)/총산출]이고, ii)는 물가=(1/효율성 계수)×단위당 임금+[(투자−저축)/총산출], 그리고 이윤=투자−저축이다. 여기서 물가는 투자와 저축의 일치여부에 따라 변동하며, 투자와 저축의 일치여부는 이윤의 존재여부와 동치이다. 『화폐론』의 기본방정식은 물가가 화폐수입과 생산물 사이의 비율로 규정되는 균형적인 부분과 이런 균형으로부터 벗어나는 부분으로 구성되어 있다. 이런 이탈은 투자와 저축의 일치여부로 결정된다.

케인즈는 화폐수량설의 방정식과 자신의 기본방정식이 다른 점을 방법론적으로 고찰하면서 두 가지 차이점을 지적했다. 첫째로, 기본 방정식은 거래량(transactions)이나 현금잔고(cash balances)가 아니라 노동시간이나 구매력을 측정단위로 삼았다. 두 번째로, 기본방정식이 단순히 통계치들 사이의 관계식이거나 항등식이 아니라 인과적이고 동태적인 분석을 가능케 한다. 이 지적이 보다 중요하다.

이런 골격에 따라 케인즈는 다음과 같이 물가가 변동하는 과정을 설명했다. 그는 방정식의 오른쪽 두 번째 항에서 문제가 발생해 일차적으로 어떤 결과가 나타나는지를 논의했다. 그리고 그것이 첫 번째 항에 영향을 주면서 이차적으로 어떤 영향을 미치는지를 검토했다. 이어서 그는 이들 양자와 무관하게 어떤 변화가 나타나는지를 살폈다.

여기서 케인즈도 빅셀과 마찬가지로 화폐수량설에 반대해 화폐를 실물부문과 연결시키려는 강렬한 욕구를 가지고 있었다. 또한 빅셀에 있어 자연이자율이 실물부문에서 투자와 저축을 일치시키는 이자율로 정의된다면, 케인즈와 빅셀 사이에 차이가 없다.

그렇지만 기본방정식이 2개 부문으로 나뉘어져 있다는 점은 빅셀과의 차이일 수 있다. 나아가 『일반이론』과 연속적인 논리로 유효수요 혹은 투자의 자발성, 중요성, 그리고 불안정성을 케인즈가 강조했다는 점이 보다 중요한 차이일 수 있다. '과부의 사술'(widow's cruse)과 이와 반대인 '밑 빠진 독'(a Danaid jar)의 비유는 바로 이런 점들을 나타낸다.

과부의 사술은 소비의 증가 즉, 저축의 감소가 기업인들의 의도와 관계없이 누적적인 경기의 진작을 낳는 현상을 의미한다. 이와 반대로 밑 빠진 독은 소비의 감소 즉, 저축의 증가가 기업인들의 의도와 반대로 누적적인 경기의 악화를 낳는 현상을 나타낸다. 물론 『일반이론』에서만큼 자본의 한계효율 등을 둘러싼 불확실성이 크게 부각되지 않았다.

기본방정식과 이런 비유에는 특정 기간을 놓고 볼 때 이윤이 경제적인 과정의 원인이 아니라 결과라는 의미가 내포되어 있다. 이는 고전학파나 마샬이 생각한 바와 달리 이윤이 사전적으로 비용에 포함되지 않고 사후적으로 잔여와 같이 결정된다는 의미가 된다.

방정식 자체로 보면 ii)의 기본 방정식은 임금과 이윤의 합으로 리카도나 마샬적인 가격 방정식과 커다란 차이가 없어 보인다. 그렇지만 위에서 설명한 바와 같이 인과의 방향이 다르다. 또한 리카도 등은 임금과 이윤을 비용의 구성요소로서 동등하게 취급했다. 이에 비해 케인즈는 이윤의 변동이 노동에 대한 수요의 변동을 낳고 이것이 다시 임금의 변동을 가져온다고 생각했다.

(2) 『일반이론』에 이르러 케인즈는 자신이 『화폐론』에서 제시한 입장을 상당부분 수정했다. 우선 케인즈는 빅셀에서 벗어나 더 이상 자연이자율을 상정하지 않았다. 케인즈는 『화폐론』에서 빅셀을 좇아 채택한 자연이자율 개념이 잘못이었음을 명시적으로 자인했다. 이 점은 케인즈의 이자이론이 '장화걸이 이론'이라는 진단과 합치된다. 즉, 케인즈는 장래 이자율에 대한 예상을 통해 이자율(의 변동)을 설명했다. 이 표현은 힉스(John Hicks, 1904-1989)가 『가치와 자본』(*Value and Capital*, 1939)에서 활용했다.

둘째, 이와 연관되어 『화폐론』에서는 은행이 시장이자율을 조절함으로써 투자를 조절할 수 있다는 생각이 지배적이었으나, 『일반이론』에서는 금융정책에 대한 믿음이 사라졌다. 『화폐론』에서 케인즈는 투자가 이자율뿐만 아니라 자본의 예상수익률에 따라 움직인다는 점을 인식하면서도, 이자율의 영향력을 강조했었다. 이에 따라 『화폐론』은 전통적인 금융정책에 대해 상당한 신뢰를 보였다.

이에 비해 『일반이론』에서는 투자가 이자율보다 불확실한 자본의 효율에 의존하기 때문에 금융정책을 통해 이자율을 조정하더라도 경제에 큰 변화가 없다고 주장했다. 케인즈에 있어 국민소득과 고용은 시장이자율이 아니라 주로 자본의 한계효율에 따라 변동한다. 그런데 케인즈의 한계효율은 빅셀의 자연이자율과 같은 확고한 근거를 갖고 있지 않다.

케인즈가 자연이자율을 거부했다는 점이 이와 합치된다. 보다 중요하게 케인즈에 있어 자본의 한계효율이 빅셀의 자연이자율에 상응한다. 그런데 자본의 한계효율은 불확실성 속에서 시장의 관습이나 통례에 근거해 형성되는 미래에 대한 장기적 기대에 의해 추정되므로 지극히 불안정하다. 결과적으로 자본의 한계효율은 자연이자율과 같이 확고한 근거를 가지고 있지 않다

빅셀의 자연이자율이나 케인즈의 자본효율이나 관찰이 불가능하다는 점에서는 동일하다. 그러나 자연이자율이 객관적으로 존재하는데 비해, 자본효율은 거의 전적으로 여러 주체들의 주관적 기대에 근거하고 있다. 합리적 기대가설은 이런 케인즈의 입장을 가장 확실하게 뒤집고 있다.

셋째, 이미 『화폐론』에도 가격이나 물가가 아니라 수량, 즉 실질국민소득이나 고용의 변동에 대한 관심이 적지 않다. 그렇지만 『화폐론』의 기본방정식은 화폐수량설이나 빅셀의 이론과 같은 차원에서 물가를 설명하려는데 주요 목적을 두고 있다. 이에 비해 『일반이론』에는 수량이나 실질국민소득이나 고용에 대한 관심이 본격적으로 드러난다. 따라서 『일반이론』에는 제반 개념들이 모두 수량이나 국민소득을 설명하기 위한 개념들로 재구성되어 있다.

대표적인 예로, 두 저작 모두 투자, 저축, 그리고 투자와 저축의 일치여부라는 문제를 취급했다. 그런데 『화폐론』에서는 이들이 주로 물가와 연결되는데 비해, 『일반이론』에서는 확고하게 국민소득 및

고용과 연결된다. 『일반이론』에서도 이들과 물가의 관계가 제시되나 적은 분량에 부가적으로, 그리고 나중에 논의된다. 임금변동에 대해서도 이와 비슷한 차이를 제시할 수 있다.

빅셀과 케인즈의 차이를 도식화하면 아래와 같다.

	실물	화폐	결과
빅셀	안정된 자연이자율	신축적 시장이자율	물가 변동
케인즈	불안정한 자본효율	비신축적 시장이자율	국민소득과 고용변동

케인즈의 경우에는 경제주체들이 경제전체 수준의 결과를 알지 못하며, 이들의 자연스런 행동이 체제 전체의 수준에서 부자연스런 결과를 낳는다. 그러므로 케인즈에 있어서는 자연이자율 등을 위시한 자연개념이 붕괴된다.

가격도 자연가격 대신에 독점 정도에 의해 결정되는 마크업 가격결정(mark-up pricing)이 유력해진다. 칼레츠키가 보다 명확하게 분석했듯이, 마크업은 기업의 독점력에 의해 결정되므로, 경쟁의 결과로 나타나는 평균적인 이윤과 그 성격이 다르다. 같은 맥락에서 화폐임금을 포함한 소득분배도 경쟁이나 여타 자연적인 요인이 아니라 노자협상이나 노자간의 세력관계에 의해 결정된다.

더불어 케인즈는 자연실업률 같은 개념을 부인하고 이것이 전제로 삼는 자발적 실업과 반대되는 비자발적 실업을 주장했다. 개인이 자신의 이익에 따라 선택한 결과로 자신의 의도와 무관하게 실업이 발생한다는 의미이다. 이와 함께 실물부문이 화폐부문을 결정하지 않고 화폐가 처음부터 경제와 불가분의 관계에 있다고 상정했다. 사실상 케인즈에 있어 비자발적 실업은 화폐라는 존재와 밀접한 관계를 가지고 있다.

이와 관련해 케인즈의 『화폐론』 (pp. 149-150)과 『일반이론』에 등장하는 수정된 화폐수량설을 보다 면밀하게 비교 검토하고, 이를 빅셀과도 대조할 필요가 있다. 이를 통해 화폐수량설, 빅셀, 하이에크, 그리고 케인즈를 일관되게 비교할 수 있는 공통분모가 생길 수도 있다.[12)]

이제 기본 방정식을 통해 『화폐론』과 『일반이론』의 견해들을 비교해 보자.

『화폐론』 $\Pi = E/O + (I-S)/O,\ \Pi O = E + (I-S)$

$$\Pi = (1/e)W + (I-S)/O$$

$$\Pi = M_1V_1/O,\ \Pi O = M_1V_1$$

『일반이론』 $e = e_e e_d = e_d(1-e_e e_o+e_e e_o e_w)$

제반 탄력성 개념

e: 화폐량에 대한 물가	e_p: 유효수요에 대한 물가
e_d: 화폐량에 대한 유효수요	e_o: 유효수요에 대한 산출량
e_w: 유효수요에 대한 화폐임금	e_e: 유효수요에 대한 효율성

우선 『화폐론』의 두 가지 기본방정식과 달리 세 번째 식은 투자와 저축이 일치되는 상황, 혹은 이윤이 영인 상황에서 성립된다. 케인즈 자신이 장기적인 균형을 상정하고, 이 상황에서는 화폐수량설의 유효성을 인정했다고 추정된다. 이는 『일반이론』에서 균형이나 장기에 완전고용을 상정했다는 해석과 부합된다.

케인즈 자신이 지적한 바와 같이 다른 종류의 화폐수량설은 아니

12) 물론 케인즈는 마샬과 마찬가지로 방정식을 통한 논리전개에 대해 두 저작 모두에서 비판적이었다. 그렇지만 이 방정식을 인과적이거나 동태적으로 해석하면, 이런 부정적인 입장이 어느 정도 해소될 수 있다.

더라도 피셔(Irving Fisher, 1867-1947)의 화폐수량설(P=MV/T)과 그의 차이는 두 가지라고 생각된다. 첫째, 피셔가 거래량을 기준으로 삼은데 비해, 케인즈는 산출량을 기준으로 삼았다. 이 부분은 분명히 케인즈가 이미 『화폐론』에서도 단순히 실물이 아니라 생산을 의식했음을 보여준다.

둘째, 피셔는 소득예치금(income deposits)뿐만 아니라 사업예치금(business deposits)까지 포함하는 현금예치금(cash deposits)을 통화량으로 잡았다. 이에 비해 케인즈는 소득예치금만을 물가와 연결시켰다. 이런 케인즈의 제한은 자본재를 소비재와 구분하고, 전체 물가에서 소비재 물가를 차별한 점과 연결된다.

『일반이론』에 이르면 이런 분류자체가 바뀌므로 이에 대한 세부적인 추적이 이루어져야 하다. 그러나 『일반이론』에서는 소득예치금과 사업예치금의 구분이나 현금예치금과 저축예치금(savings-deposits)의 구분보다 유통화폐와 퇴장화폐의 구분이 더 중요해진다.

『일반이론』의 방정식은 물가나 산출 자체가 아니라 탄력성으로 표시되어 있으나, 이와 같은 기술적인 차이를 무시할 수 있다. 또한 투자와 저축의 차이로 인해 임금이나 노동의 효율성이 변동한다는 점도 노동의 이질성 등을 고려해 『일반이론』에서 정교해진다. 그렇지만 $\Pi=(1/e)W+(I-S)/O$에서 확인할 수 있듯이, 이 점은 이미 『화폐론』에도 등장한다. 더구나 효율임금이나 시간임금의 개념은 이미 마샬의 『경제학원리』에 등장했다. 끝으로 양자 모두에 있어 이윤은 잔여로 규정된다.

이런 부차적인 차이들을 제거하고 남는 중요한 차이는 다음과 같다. 『화폐론』에서는 산출 자체를 고정적으로 보면서 물가변동을 중심에 놓았다. 이에 비해 『일반이론』에서는 산출량의 변동이 중심에 놓이면서 산출과 물가의 어느 쪽으로든 전환될 수 있는 개념이 추가

되었다. 바로 유효수요이다. 위의 식에서 $e_d=[M/D][{}^{dD}/_{dM}]$는 바로 화폐공급의 변동에 따른 유효수요의 변동을 나타낸다.

케인즈는 물가변동을 설명하는데 있어 유통속도가 일정하다는 전제하에서 다른 모든 것에 앞서 화폐량의 증감이 유효수요에 미치는 영향을 논의했다. 유효수요의 변동이 어느 정도 물가의 변동을 가져오는가는 산출량의 변동, 임금의 변동, 그리고 생산성 혹은 효율성의 변동에 의해 결정된다.

『화폐론』의 기본방정식을 『일반이론』과 비교해 보자. $\Pi=E/O+(I-S)/O$가 $\Pi O=E+(I-S)$가 되는데, 여기서 다시 $\Pi O=D$가 독자적인 개념으로 바뀐 셈이다. (E−S)는 『화폐론』 자체에서도 소비에 해당되므로, [E+(I−S)]는 [소비+투자=유효수요]라는 『일반이론』의 입장으로 전환될 수 있다.

탄력성들로 표시된 위의 식에는 산출이나 물가에 있어 균형이나 장기 혹은 완전고용 개념이 더 이상 존재하지 않는다. 『화폐론』에서는 물가를 논하는데 있어 E/O 혹은 E라는 기준을 일단 설정하고, (I−S)라는 이탈 요인을 추가했다. 이런 이유로 인해 케인즈가 자신의 논리를 [(I−S)=0]이라는 조건하에서 화폐수량설과 비교했다.

이에 비해 『일반이론』에는 이와 같은 기준점이 없다. 비록 소비나 저축이 투자보다 안정적이라고 생각해 E가 (I−S)보다 안정적이라는 생각과 유사점이 있다. 그러나 보다 근본적으로 균형점이 없다. 이것은 산출이전에 유효수요가 설정되고 현실경제 속에서 유효수요가 산출과 물가의 양자로 분할되는 비율이 상정되지 않았다는데서 나타난다. 이미 언급한 대로 『화폐론』은 투자를 『일반이론』보다 안정적이라고 간주했으며, 경제의 불확실성을 포괄적으로 인정하지 않았다는 차이가 이런 차이점과 연결되어 있다.

이 같이 고전학파에서는 평균이윤율과 시장이자율, 마르크스에 있어서는 잉여가치에 의해 결정되는 평균이윤율과 시장이자율, 그리고 케인즈에 있어서는 자본의 한계효율과 이자율이 각기 빅셀에 있어 자연이자율과 시장이자율에 대응된다. 고전학파, 마르크스, 빅셀은 가치론에 있어 차이가 있지만, 이들이 모두 모종의 자연적인 기준을 설정했다는 점에서 적어도 후기의 케인즈와 다르다.

7장

빅셀의 자연이자율과 자연개념

자연이자율 및 자연개념을 중심으로 빅셀을 인근의 경제학자들과 비교해 보고자 한다. 빅셀에 고유한 개념으로 세간에 알려져 있는 자연이자율 개념은 생각보다 많은 학자들에게 의해 제시되었고, 그 역사도 생각보다 길다. 로크, 손턴(Henry Thornton), 조플린(Thomas Joplin) 등이 명시적으로 주장했고, 스미스, 리카도, 밀, 마샬 등도 이 개념을 활용했다고 알려져 있다.

넓게 보면 투크, 마르크스, 케인즈, 폴라니, 하이에크, 프리드만 등도 직간접적으로 이 개념과 연관되어 있다. 나아가 자연이자율 개념은 경제학에 지대한 영향을 미친 자연법사상의 연장선상에 있다. 자연에 대한 생각을 읽어 볼 수 있는 경제학의 개념들로 우리는 자연가격, 자연임금, 자연(일반)이윤율, 자연이자율, 자연성장률(natural rate of growth), 자연실업률 등을 들 수 있다. 자연가격, 자연임금, 자연이윤율, 자연이자율은 가격변수들인데 비해, 자연성장률과 자연실업률은 수량변수들이다.

그런데 이들이 모두 동일한 의미에서 자연 개념을 사용했는지는 분명치 않다. 이들이 어떤 의미에서 자연이자율이나 이와 비슷한 개념을 사용했는지 논의할 필요가 있다.

1. 로크와 푸펜도르프

(1) 로크(John Locke, 1632-1704)는 주로 자연이자율과 법적인 이자율을 구분했다. 그의 책제목이 말해 주듯이, 로크는 이자율을 화폐의 가치와 동일시했다. 그는 이자를 화폐의 가치로 생각하면서 물가와 이자율이 모두 화폐수급의 변화로 인해 변동한다고 주장했다. 이 점은 스미스와 케인즈도 지적한 바 있다.

이에 따라 로크는 화폐에 자연이자율(natural interest of money)이 존재한다고 보았다. 또한 자연이자율을 법적(legal)으로 규제할 수 없다고 그는 주장했다(pp. 2-4). 화폐의 자연가격이기도 한 자연이자율은 화폐의 공급이 수요에 적절한 수량일 때 나타난다. 로크에 의하면 화폐의 수요는 현존하는 부채와 교역수준에 의해 결정된다. 그러므로 지불수단과 유통수단의 기능에서 비롯되는 수요들의 합이 화폐수요를 이룬다.

그런데 로크에 있어 자연이자율이 수요와 공급이 일치될 때 장기적으로 나타나는지 아니면 수급의 변동에 따라 수시로 변하는지는 분명치 않다. 전자라면 로크에 있어 "자연"은 스미스의 자연과 같다. 그러나 후자인 것 같다. 로크의 자연이자율은 시장이자율에 대해 궁극적인 존재로 부각되기보다 단순히 법적인 이자율에 대립되는 존재이다. 즉, 교역과 거래가 자연스럽다고 간주되므로 이런 것들의 수량이 변동하면서 이에 상응해 요구되는 화폐량이 변동한다. 이로 인해 이자율이 변동하면 이 변동은 자연스럽다고 로크는 생각했다.

그렇다면 이후의 여러 경제학자들과 달리, 로크에게는 자연이자율과 법적인 이자율이 존재할 뿐, 자연이자율과 시장이자율의 구분은 정착되지 않았다. 다시 말해 로크는 빅셀에서와 같은 의미의 자연이자율을 상정하지 않았다.

이 같이 종전의 화폐이론이나 화폐수량설에서는 화폐의 공급변동이 물가와 연결되기도 하고, 이자율과 연관되기도 하면서 물가와 이자율의 관계가 분명치 않았다. 긍정적으로 보면 화폐가 물가와 이자율 양 측면에서 고려되는 것은 화폐가 상품의 생산 및 유통과 자본의 생산 및 유통에 걸쳐, 혹은 이런 과정들을 통해 존재한다는 점을 인정했기 때문이다. 같은 관점에서 이자율이 장단기로 나뉜다. 더불어 이자율이 불가분 저축과 자본재의 생산 및 수요와 연관된다는 점에서 이들의 논리는 저축이나 자본재 생산과 연관되지 않을 수 없다.

(2) 푸펜도르프(Samuel von Pufendorf, 1632-1694)는 자연법 철학자로서 『제 국가의 법과 자연』(*Of the Law and Nature of Nations*, 1672)을 통해 자연법에 대해 상세하게 논의했다. 또한 푸펜도르프에는 자연법과 자연가격이 공존한다. 그는 자연법의 기준으로서 생명의 보존을 들고 있다(p. 205). 이를 통해 자연임금을 생계와 연결시켰고, 임금을 인구증감 및 종족보존과 연결시켰다. 이 점에서 고전학파가 자연법에서 출발했다는 사실을 재확인할 수 있다.[1)]

---

1) 물론 스미스의 자애는 이 같은 생명유지뿐만 아니라 재산보호를 포괄해, 보편적인 자연성과 자본주의하에서의 자연성을 함께 지니고 있다(Hong, 2006).

푸펜도르프에 의하면 가격은 물체나 행위에 부여된 가치인데, 물체나 행위 사이에 비교의 기준이 존재하기 때문에 생겨난다. 그런 기준은 길이, 면적, 무게, 부피 등 물리적(physical) 차원이 아니라 정신적(moral) 차원에서 주어진다. 물론 나중에 드러나듯이 정신적 차원은 개인적이거나 주관적일 수도 있고 사회적일 수도 있다. 또한 그는 물건과 행위에 가치가 부여된다고 보고, 이를 사람에 대한 가치부여의 연장으로 취급했다(pp. 675-676). 이 점은 스미스에서 지배노동가치와 연결될 수 있다.

푸펜도르프도 로크와 마찬가지로 자연가격을 법적인 가격에 대비시켰다(pp. 686-687). 그런데 그는 자연가격(natural price)을 통상가격(common price)이라고 부르기도 했다. 또한 자연가격이나 통상가격의 결정요인이 다양하며, 여러 가지 요인으로 인해 변동할 가능성이 있음을 충분히 인식했다.

법적으로 결정되는 가격이 하나의 점으로 주어지는데 비해 통상가격은 하나의 범위로 주어진다는 점을 그는 강조했다. 이렇게 주장하면서 통상가격이 구매자와 판매자의 평가 사이에 놓이게 된다는 점과 상황에 따라 그것이 구매자나 판매자 어느 한쪽에 유리하게 결정될 수 있다는 점을 지적했다(p. 687). 특히, 그는 통상가격의 변동가능성에 주목했다. 그렇지만 그 역시 로크와 마찬가지로 자연가격을 시장가격과 명시적으로 구분 짓지는 못했다.

2. 빅셀의 자연이자율과 고전학파의 평균이윤율

외형만 보면 빅셀의 논리는 고전학파의 가격이론과 통한다. 고전학파는 현실 속에서 쉽게 관찰되지 않는 자연가격을 설정하고 자연가격과 시장가격의 차이가 생산요소들의 이동을 초래한다고 보았다. 그리고 이런 이동에 따라 시장가격이 자연가격으로 수렴한다고 추론했다. 이런 흐름은 현실 속에서 관찰되지 않는 자연이자율을 설정하고 이것과 시장이자율의 차이가 물가의 변동을 낳는다고 본 빅셀의 생각과 비슷하다. 더구나 물가변동으로 인해 결국 시장이자율이 자연이자율로 수렴한다는 생각도 그 골격이 유사하다. 사실 빅셀 자신이 두 가지 이자율의 구분이 고전학파에서 나온다는 점을 시사해, 고전학파와 연결될 수 있는 고리를 제시했다(pp. 135-136).

빅셀은 우선 자연이자율과 시장이자율의 차이를 명백히 기업가이윤으로 규정했다. 그에 의하면 일반적으로 기업가이윤은 기업가들 사이의 경쟁으로 인해 영으로 수렴한다. 그렇지만 화폐가 개입한 상황에서 물가변동을 일으키는 존재로서는 이들의 차이가 영으로 수렴하지 않고 지속적으로 유지된다고 그는 말했다.

고전학파(와 마르크스)에 있어 이윤율과 이자율이 빅셀에 있어서는 자연이자율과 시장이자율로 정의되었다. 이에 따라 자연이자율보다 시장이자율이 낮으면 물가가 상승하고, 그 반대이면 물가가 하락한다는 빅셀의 이론은 기업가이윤이 영보다 크면 물가가 상승하고, 그 반대이면 물가가 하락한다는 논리로도 해석할 수 있다.

물론 빅셀은 자신에 앞서 화폐를 고려하면서 이윤율을 이자율로 바꾼 뵘바베르크의 이론을 발전시켰다고 생각된다. 이 때문에 빅셀의 개념과 고전학파의 개념은 일대일도 대응되지 않다. 또한 기업가들의 경쟁이 벌어지는 경우와 화폐가 개입되고 물가변동으로 연결되는 경우의 대비가 명확치 않다. 그렇지만 형식이나 틀에 있어서는 양자의 비교가 의미가 있다.

시장이자율이 자연이자율과 일치되는 경우 물가변동이 일어나지 않는다는 점에서 자연이자율은 빅셀의 체계 내에서 경제의 규준이나 준거를 나타낸다. 이 점에서 빅셀의 자연이자율은 스미스나 리카도의 자연가격이나 자연임금, 혹은 평균이윤율에 준한다.

그런데 빅셀의 자연이자율과 고전학파의 평균이윤율 사이에 차이도 있다. 빅셀에 있어서 첫째, 자연이자율은 추상적이고 비가시적인 존재임에도 불구하고 개별 주체의 행동유인으로 간주된다. 둘째, 이런 이유로 출발점에서 개별주체들의 유인으로 작용하는 것이 경제적인 과정의 결과로 나온다.

빅셀의 논리에서 다음과 같은 점을 주목해야 한다. a) 주어진 시점에서 개별 기업가가 시장이자율을 주어졌다고 보고 이를 기준으로 자연이자율을 비교해 투자의 확대 여부를 결정한다($I=I(i_n-i)$). b) 시장의 전체적인 움직임은 거꾸로 시장이자율이 자연이자율에 가까워지는 방향으로 조정된다($i \rightarrow i_n$). 시장이자율이 자연이자율로 수렴하는 경향이 있으므로 그것이 경제전체 차원에서 기준으로 주어졌음을 알 수 있다.

그런데 빅셀의 정의에 따라 자연이자율은 자본재가 현물로 대부될 때 나타나므로 순전히 실물과 관련된다. 또한 그것은 개별주체나 산업차원이 아니라 경제 전체 차원에서 규정된다. 현실경제 속에서 모든 경제량들이 화폐로 표시되므로 순전히 실물에 근거해 정의되는 가공적인 개념인 자연이자율를 경제주체들은 확실히 알 수 없다. 설령 이 점을 도외시하더라도 경제 전체 차원에서 정의되는 자연이자율을 개인이 행동의 근거로 삼는 점이 쉽게 이해되지 않는다. 경제 전체의 흐름 속에 경향으로 등장할 기준이 이미 개인들에게 알려져 있다면, 이는 투입과 산출 혹은 출발과 결과에 대한 혼동일 수 있기 때문이다.

고전학파나 마르크스의 생각은 이와 다르다. 이들에 따르면 a) 개별 자본가 혹은 기업가의 입장에서는 이자가 주어진 제약조건으로 등장해 부분적으로 기업가 이윤의 결정 요인이다($I=I(r^e, i)$). b) 경제 전체적으로는 이윤에서 이자가 파생되며 이윤율이 이자율을 결정한다($i=i(r^*)$). 전자는 개별기업가들이 투자하는데 있어서 이자율이 제약조건으로 작용한다는 점을 나타낸다. 후자는 생산 활동 없이는 돈의 대부로 인한 이득이 존재할 수 없다는 생각을 담고 있다.

여기서도 (대부) 이자율은 빅셀의 경우와 마찬가지로 구체적이며 개별적으로 주어진다. 뿐만 아니라 이들에 있어서는 이윤율 역시 개별적인 기업이나 산업차원에서 고려된다. 더구나 이들이 경제 전체 차원에서 자신들의 이윤이 모여 이자가 파생된다는 사실을 알 수도 없고, 알 필요도 없다. 그럼에도 불구하고 이자가 이윤에서 파생된다는 경제 전체 차원의 논리가 유효할 수 있다. 그러므로 이들에서는 빅셀의 문제가 존재하지 않는다.

빅셀의 자연이자율은 철저히 실물과 관련되며, 추상적이고 관찰 가능하지 않기 때문에 개인의 행동근거가 되기 힘들다. 왈라스주의 경제학은 동시결정이라는 편리한 도구로 이 문제를 해소해 버린다. 그렇지만 이것은 경제적인 과정의 결과를 미리 경제주체들의 행동기반으로 상정하는 오류를 범하게 된다. 케인즈가 빅셀을 이어 받으면서도 궁극적으로 자연이자율을 투자재의 가격이나 여기서 나오는 예상 수익률 등으로 대체한 것은 이런 맥락에서 이해된다.

이와 유사하지만 다른 예로서 고전학파와 마르크스의 가격기구에서 나타나는 논리를 논의할 필요가 있다. 이들에 의하면 a) 개별기업가는 평균이윤율을 기준으로 해당 산업의 개별이윤율이 이보다 높은지 여부로 진입이나 퇴출을 결정한다($I_i=I_i(r_i, r^*)$). b) 시장전체 수준의 결과는 개별이윤율이 평균이윤율에 수렴하는 방향으로 가격이 조정된다($r_i \rightarrow r^*$).

여기서도 개별 자본가들은 자신이 속한 산업의 이윤율과 다른 산업의 이윤율을 파악해 비교하고 추가적으로 이자율을 고려하면 된다. 혹은 그는 오로지 개별적으로 자신이 과거에 경험했거나 앞으로 경험하리라고 예상되는 이윤율, 그리고 제약조건으로서 이자율만을 고려하면 된다. 이들 개별 기업가들은 평균이윤율에 대해 알 수 없고, 또한 알 필요도 없다. 그럼에도 불구하고 이런 개별 기업가들의 활동은 각 산업에서 이윤율이 균등해지고 평균이윤율이 지배하는 상황을 만들어 낸다. 여기서 개별기업가의 기준은 경제 전체의 기준이 아니다.

물가와 개별가격 혹은 개별이윤율과 시장이자율의 차이를 도외시하고 외형만을 보면, 빅셀의 논리와 고전학파 및 마르크스의 논리사이에는 비대칭적인 요소가 존재한다. 고전학파와 마르크스의 가격이론이 아마도 신고전학파적인 균형론에도 적용될 수 있을 정도로 일반적이라면, 오히려 빅셀의 논리를 해명해야 한다.

이는 아마도 빅셀이 논리를 전개하는데 있어 어떤 경로로 은행이 자연이자율에 가깝게 시장이자율을 조정하는지를 보다 명확하게 규명하지 않은 것과 관련이 있어 보인다. 혹은 빅셀이 사용한 자연이자율에 담겨 있는 자연 개념이 고전학파의 자연개념과 차이를 보인다고 해석할 수도 있다.

3. 스미스의 이자율

스미스가 『국부론』의 2권 4장에서 자연이자율 개념을 제시했다고 보기 힘들다. 적어도 스미스가 자연가격, 자연임금, 자연이윤율과 같은 차원에서 자연이자율을 제시하지는 않았다. 먼저 스미스는 이자가 이윤으로부터 파생되므로 적어도 장기에 있어서는 이윤율이 이

5. 프랭클린의 청교도정신

프랭클린(Benjamin Franklin, 1706-1790)은 미국의 건국시조로서 다재다능한 지식인이었다. 그의 사상은 『자서전』 등을 통해 확인되는데, 근면과 절약으로 점철된 청교도 정신의 전범으로 삼을 만하다(*Autobiography and Other Writings*, 1791). 자연스럽게 그의 지적은 돈이나 지출과 수입이라는 회계에 대한 이야기들로 넘쳐나고 있다.

5.1. 『자서전』과 『부로 가는 길』

(1) 『자서전』을 보면 톰 소여와 같이 모험을 벌이면서도 수시로 돈과 지출, 빚 등의 문제를 부각시켰다. 그는 책을 사기 위해 돈을 벌기도 했지만 필요하면 서슴없이 자신의 책을 팔아 돈을 만들기도 했다. 아담 스미스보다 시대적으로 앞선 프랭클린은 이 같이 실용적인 경제윤리나 경제사상을 실천했다. 여기서 세속적이면서도 의미를 압축한 표현이나 기지가 엿보인다. 이렇게 보면 마르크스가 『자본론』에서 그를 인용했던 사실이 이해된다.

(2) 『부로 가는 길』(*The Way to Wealth*, 1758)은 프랭클린의 『가난한 리처드』(*Poor Richard*)라는 교훈집의 서문에 최근 학자들이 붙인 제목이다. 먼저 그는 정부의 세금을 탓하지 말고 근면하라고 말한다. 정부의 세금보다 더 큰 세금은 시간을 낭비하는 게으름이다. 근면이 건강하게 만들고, 부유하게 만들면서, 또한 현명하게 만든다. 그러니 근면은 행복을 가져다주는 동력이다.

예를 들면, 고통 없이 이익이 없으며, 땅이 없으면 노동이 필요하다. 또한 오늘의 하나는 내일의 두 개이다.[5] 여가(leisure)는 유용한 일을 하는 시간으로서 나태(laziness)와 다르다(pp. 265-268).

프랭클린의 이런 훈계는 노예나 노동자가 아니라 자유시민이나 자유인에게 의미를 갖는다. 노예는 물론이고 노동자의 경우에도 자신의 근면이 자신을 건강하거나 부유하게 만든다고 장담할 수 없다. 이런 의미에서 노예와 노동자의 착취를 강조한 마르크스와 프랭클린은 결합될 수 없다.

설령 자유인이라도 근면이나 노동이 현명함을 만들지는 더욱 확실치 않다. 또한 적어도 고대희랍에서는 이와 같이 생각하지 않았다. 그러므로 비로소 근대자본주의에 들어 노동 적어도 육체노동에 대해 이런 의미가 부여되었다고 추정할 수 있다.

시간의 귀중함에 대한 프랭클린의 강조는 시간을 가치로 환산하고 미래에 대해 현재를 높게 평가하는 결과나 미래에 대한 할인을 가져온다. 나아가 여가마저도 유용하게 활용해야 한다. 그런데 이 역시 시간에 현실적인 가치를 부여하고 여가를 목적으로 삼는 고대희랍의 사상과 대립된다.

(3) 노동자나 근로자를 감독하지 않으면 지갑을 열어 놓는 것과 마찬가지이다.[6] 믿지 않아야 부자가 된다. 배움은 공부하는 자에게, 부는 조심하는 자에게, 권력은 대담한 자에게, 천당은 덕이 있는 자에게 주어진다. 작은 구멍이 큰 배를 침몰시키므로 푼돈을 아껴야 한다. 잔치 상은 바보가 차리고, 먹는 것은 현명한 자이다. 못 하나가 없어 말발굽을 잃고, 말발굽이 없어 말을 잃으며, 말이 없어 마차를 잃는다.

---

5) There are no gains, without pains. Help Hands, for I have no Lands. One today is worth two tomorrow.

6) Not to oversee workmen, is to leave them your purse open.

는 모두 화폐를 배제하는데 비해, 후자는 화폐를 내포하고 있다.

전체적으로 스미스에 있어 자연적인 비율에는 법적이거나 정치적으로 결정되지 않는다는 의미뿐만 아니라 일시적이거나 우연적이 아니라는 의미도 담겨 있다. 가령, 스미스에 있어 자연가격은 법적이거나 정치적으로 결정된 가격뿐만 아니라 시장에서 일시적으로 형성되는 시장가격과도 다르다.

이렇게 보면 스미스를 위시한 고전학파의 자연개념은 로크와 구분된다. 로크에 있어서는 가령, 자연이자율이 순전히 법적으로 정해진 이자율이 아니라는 의미이외에 다른 조건을 달고 있지 않다. 또한 고전학파는 수요와 공급의 일치로 모든 것을 설명하려는 신고전학파의 입장과도 구분된다. 더불어 고전학파에 있어 자연은 마르크스나 오스트리아학파에서와 달리 자연적인 요인이나 속성과 보다 밀착되어 있다.

로크, 푸펜도르프, 스미스를 연결시키면, 자연가격과 시장가격 개념이 형성되는 과정이 드러난다. 구체적으로 로크와 푸펜도르프 등은 법적으로 결정되는 가격에 대해 경제적으로 결정되는 가격을 주장해 첫 번째 단계에 해당된다. 경제적으로 결정되는 가격을 자연가격과 시장가격으로 구분한 스미스가 그 다음 단계이다. 두 번째 단계에서는 상품의 가격이 하나의 점으로 주어지지 않으며, 상황에 따라 수시로 변동하며, 그 변동이 지극히 다양한 요인에 의해 발생한다는 점 등이 고려된다. 즉, 법적인 가격이 아니고 시장에서 형성되는 가격이라고 무엇이든 자연가격이라고 부를 수 없었기 때문에, 다시 자연가격과 시장가격의 구분이 필요하지 않았을까 짐작된다.

아마도 법과 달리 가격과 관련해서는 질적인 차원뿐만 아니라 수량적인 차원이 고려되지 않을 수 없기 때문에, 자연가격이나 자연이자율 등에는 수량적인 차원이 부가된다. 이렇게 되면서 가격과 관련해서는 자연과 인공 혹은 법의 대비가 법적인 가격에 대한 자연가격의 존재를 주장하는데 그치지 않고 자연가격과 시장가격의 구분을 낳았다고 생각된다. 결국 스미스는 법적으로 미리 하나의 점으로 주어지는 가격과 결과적으로 유사하게, 시장에서 자연스럽게 하나의 점으로 귀착되는 가격으로서 자연가격을 개념화했다고 추정된다.

이 점에 비추어 푸펜도르프가 자연가격을 통상가격이라 부르기도 했던 사실이 해명된다. 통상가격은 자연가격이 아직 시장가격과 구분되지 않은 상태에서 중립적으로 사용된 용어라고 생각된다. 그런데 스미스도 이자율과 관련해 자연이자율이 아니라 통상이자율이라는 용어를 사용했다. 이 점에서 스미스도 이자율에 대해서는 자연이자율과 시장이자율의 구분이 무의미하다고 생각했으리라고 짐작할 수 있다.

푸펜도르프도 이자율에 대해서는 자연적인 수준을 부여하지 않았다. 푸펜도르프는 상황에 따라 고리대를 정당화하면서도 그 수준에 대한 법적 제한에 동의했다. 그는 융자에 대한 이자를 자연적이라고 생각하면서도, 그것의 수준이나 수량에 대해서는 자연적 성격을 부여하지 않았다(pp. 747-762).

더구나 이자가 존재하는 근거들 중 융자로 이윤을 남길 수 있다는 점을 그는 강조했다. 이 점에서 스미스는 푸펜도르프와 비슷하게 생각했다. 다만, 푸펜도르프는 통상 이자율이라는 개념을 사용하지 않은데 비해, 스미스는 법적 이자율이외에 통상 이자율을 고려해 진일보했다고 생각된다.

여기서 어떤 현상이나 존재 자체의 자연성과 그것의 특정 수준이나 비율의 자연성이 구분되어야 한다고 착안할 수 있다. 전자는 후자의 전제이지만, 그 역은 성립하지 않는다. 고전학파는 전반적으로 후자에 중점을 두면서 전자를 논의하지 않거나 전제로 삼았다. 고전학파는 가격, 이윤, 지대, 임금 모두에 대해 그것의 존재 자체에 자연성을 인정하면서도, 혹은 인정하기 때문에, 이를 논의하지 않고 그것의 수준이나 비율의 자연성에 초점을 맞춘 경향이 있다. 다만, 이자율에 관한 한, 그것의 존재에 자연성을 부여하는데 그쳐 그것의 자연적인 비율에 대해 불문했다. 이것이 나중에 뵘바베르크와 빅셀에 이르러 바뀐다.

이 논의를 통해 자연성과 관련해서도 고전학파가 질적인 규정이 아니라 양적인 규정에 주로 관심을 두었다는 점이 확인된다. 즉, 자연가격은 가격이 자연스럽다기보다 가격에 자연스런 수준이 있음을 의미한다. 이는 마르크스에 있어 자연성이 주로 가격의 존재나 질적인 차원과 연결되었던 사실과 대비된다. 마르크스에 있어서 가격은 가치형태로서 자연성을 갖는데 비해, 고전학파에 있어서 자연성은 주로 가격의 특정 수준에 부여된다.

따라서 역사적으로 자연이자율에 대한 인간의 생각이 다음과 같이 발전했다고 볼 수 있다. 1) 이자율은 고리대금지법 등 법으로 정해 놓을 수 있다(Locke). 2) 법적인 이자율 이외에 시장에서 형성되는 이자율이 존재한다(Pufendorf). 3) 시장에서 형성되는 이자율에 법적인 이자율이외의 자연이윤율이나 자연이자율 등 지향점이나 기준이 있다(Thornton, Smith, Ricardo, Wicksell). 4) 자연이윤율이나 자연이자율은 존재하지 않는다(Keynes).

자연이자율에 대한 생각은 비록 자연가격에 대한 생각보다 나중에 발전했지만 그 발전의 양상이 크게 다르지 않다. 이자율에 단순히 실물뿐만 아니라 화폐가 관련된다는 점이 다르지만, 가격 자체에 대해서도 화폐를 연결지어 물가라는 존재를 고려할 수 있다. 이를 포함해 주류경제학의 자연개념에 대해서는 다음과 같이 정리할 수 있다.

(a) 고전학파에서 신고전학파에 이르는 경제학자들이 전반적으로 시장경제를 설명하고 동시에 이것을 정당화하기 위해 경제에 자연성

을 부여했다.

(b) 이러한 자연성은 우선 정부의 역할과 관련된 법적이거나 행정적인 것과 대비된다. 이런 대비는 로크나 푸펜도르프에서부터 시작되었는데, 자연성이 인간의 본성과 자연계의 속성에 부합된다고 생각했다.

(c) 경제의 동태적인 성격, 자율성 혹은 자기규제를 고려하기 위해, 이런 자연성이 마치 금속의 속성과 같이 어떤 고착된 상태로 주어지는 것이 아니라 지속적으로 경제적 과정을 통해 재생산되거나 갱신된다고 주장한다. 여기에는 차이나 변동 등 수량적인 차원이 고려되지 않을 수 없다.

이 주장은 일단 자연가격(변수)과 시장가격(변수)을 구분한 후 다시 시장가격(변수)이 자연가격(변수)으로 전환된다는 점을 보여줌으로써 가능했다. 구체적으로 시장가격은 개인들의 이기적인 활동을 통해 자연가격으로, 시장의 임금은 자연 임금률로 향한다고 규정했다. 또한 차등이윤율은 일반이윤율을 향해 움직인다고 규정했다. 더불어 시장이자율은 개인들의 이기적인 활동을 통해 자연이자율의 주위를 맴돈다고 규정했다.

이것은 마치 각 나라에 구체적인 상황 속에서 여러 가지 모습으로 등장하는 실정법이 궁극적으로 자연법에 기반을 두고 있다는 주장과 유사하다. 이 점에서 스미스는 로크나 푸펜도르프보다 우월하며, 이 시점에서부터 경제학이 시작되었다는 견해에 추가적인 근거를 제공한다. 신고전학파에 있어서 같은 주장은 일단 불균형가격과 균형가격을 구분하고 다시 불균형가격이 균형가격으로 전환되는 것을 보여줌으로써 가능했다.

그런데 각자의 문제의식에 따라 경제학자들이 자신의 이론체계에서 핵심적인 변수에 견고한 자연성을 부여했다. 스미스는 자연가격과 자연임금률을 언급하면서도 자연이자율을 주장하지는 않았다. 이에 비해 빅셀은 자연이자율을 주장하면서도 자연이윤율이나 자연임금율을 강조하지는 않았다.

4. 리카도, 손턴, 밀의 이자율

(1) 리카도는 『정치경제학 및 과세의 원리』에서 스미스와 비슷한 의견을 제시했다. 기본적으로 리카도에서도 이자율을 이윤율이 규정하며, 화폐의 공급량은 화폐의 가치에 영향을 줄 뿐 이자율과 무관하다. 또한 그 역시 이런 이자율을 시장이자율(market rate of interest)이라고 불러, 이자율에 대해 자연적인 수준을 상정하지 않았다(pp. 363-364).

스미스와 같이 리카도 역시 화폐의 가치와 이자율을 분리시키는데 만족했을 뿐, 양자의 결합이나 연결을 시도하지는 않은 것으로 보인다. 차이가 있다면 리카도는 화폐의 가치가 내재적인 가치 이외에도 화폐의 수량에 의해 변동하며, 특히 지폐의 가치가 수량에 의해 결정된다고 생각했다. 리카도는 이 점을 일관되게 유지하지 못했다고 스미스를 비판했다.

이보다 앞선 논의에서도 리카도는 이자율이 이윤율에 의해 규정된다는 점을 강조했다(1811, pp. 88-92). 다만. 여기서 리카도는 화폐공급의 변동이 일시적이거나 단기적으로 이자율의 변동을 가져올 수 있다는 점을 인정했다. 논의과정에서 그는 이자율에 대해서도 자연적인 수준(its natural level)이라는 표현을 사용한 적이 있다(p. 91). 그러나 앞선 주장에 따라 이자율의 자연적인 수준이 이윤율에 의해 결정되므로 이자율에 별도의 자연적인 기반을 제공했다고 말할 수 없다.

(2) 손턴(Henry Thornton, 1760-1815)은 『영국의 지폐신용의 성격과 영향에 대한 연구』(*An Enquiry into the Nature and Effects of the Paper Credit of Great Britain*, 1802)를 통해 고전학파 화폐이론의 초석을 깔아놓은 학자로 알려져 있다. 하이에크가 주목했듯이, 이 책에서 그는 화폐의 가치뿐만 아니라 이자율에 대해 논의했다(pp. 254-256).

보다 구체적으로 고리대금지법에 의해 은행의 할인율이 5%이하로 묶여 있는 상태에서 은행의 단기융자가 무제한적으로 늘어날 가능성을 손턴은 지적했다. 그에 의하면 자금의 수요자들이 이같이 정해진 이자율과 이윤율을 비교해 대부를 원하기 때문에, 전시와 같이 이윤율이 높을 경우 무제한의 융자수요가 발생할 수 있다.

여기서 손턴은 상업이윤(mercantile profit)이 여러 형태의 이윤 중에서 가장 높으며, 상업이윤이 다른 이윤을 규제해 이윤의 기준이 된다고 말했다. 또한 그는 시장의 이자율이 법적으로 정해진 수준을 벗어나 실질적으로 변동할 수 있다고 보았다. 그는 이렇게 변동한 이자율이 이윤율에 상응한다고 말하면서, 이를 자연이자율이라고 불렀다(p. 339).

하이에크가 지적했듯이, 이 점에서 그는 빅셀과 유사한 논리를 전개했다. 그렇지만 손턴의 입장이 빅셀만큼 확고하지는 않았다고 생각된다. 또한 화폐의 가치변동이 이자율에 반영된다는 점을 충분히 인식했다는 점에서 피셔를 연상시킨다 (pp. 335-336).

손턴을 표준적인 고전학파와 비교하면 이자를 이윤과 연결시킨다는 점에서 동일하다. 그러나 고전학파가 이자율이 이윤율에 의해 규제된다는 점만을 강조한데 비해, 손턴은 고리대금지법 하에서 법적 이자율이 이윤율에서 벗어날 가능성을 인정했다. 이로부터 손턴이 이자율에 예전보다 더 많은 자율성을 부여했다고 볼 수 있다. 이 점에서 손턴은 고전학파보다 빅셀에 가깝다.

또한 손턴이 상업이윤을 기준으로 삼은데 비해, 고전학파는 주로 제조업의 이윤을 기준으로 삼았다. 이 점에서 그는 고전학파뿐만 아니라 오스트리아학파나 빅셀과도 거리를 두고 있다. 제조업과 달리 상업에는 생산과정이 수반되지 않으므로 손턴이 다른 학자들보다 화폐대부에 밀착된 산업의 이윤과 이자를 연결시킨 셈이다.

마르크스의 표현으로 손턴은 산업자본(M LP/ MP .... P... C−M)보다 상업자본(C−M−C)이 금융자본(M−M')에 집착했다. 또한 이 점에서 손턴의 논리는 케인즈가 '자체 이자율'(own rate of interest)을 설명하는 과정에서 상정한 구도와 친화력을 가지고 있다.

더불어 제조업보다 상업에 고정자본의 투자가 적다는 점에 비추어 볼 때, 손턴은 단기이윤과 단기이자를 염두에 두었다. 이에 비해 고전학파는 장기이윤과 장기이자를 염두에 두었다고 해석할 수도 있다. 이것은 손턴이 상업 어음의 할인과 연관지어 이자율을 논의한 사실과도 통한다.

(3) 밀은 스미스나 리카도와 비교해 훨씬 명시적으로 대부자금이론을 내세워 자연이자율(the natural rate)이라는 표현을 사용했다(pp. 647−648). 그는 이자율에도 시장이자율과 이것의 중심과 같은 자연이자율이 존재한다고 보았다. 또한 자연이자율을 결정하는 지속적인 요인과 이자율의 변동에 영향을 미치는 요인을 구분했다. 밀은 이런 논리가 스미스와 리카도의 주장이었다고 생각했으나, 이 해석에는 논란의 여지가 있다.

동시에 밀에 있어 이자율은 더 이상 이윤율과 밀접한 관련을 가지지 않고 독립성을 확보했다고 생각된다. 밀은 이윤의 구성요소들을 위험에 대한 보상, 감독노동에 대한 대가, 그리고 이자의 세 가지로 나누었다(pp. 400−402). 이는 이윤을 이자로 환원하고 있지는 않으나 최소한 이자를 이윤으로부터 독립적으로 취급하려는 경향을 내포하고 있다.

그런데 다른 한편으로 밀은 스미스나 리카도보다 명확하게 이윤이 어디서 발생하는지를 제시했다. 그는 노동자가 자신이 소비하는 것보다 더 많이 생산하기 때문에 이윤이 발생한다고 주장했다. 결과적으로 밀은 이윤과 함께 이자에 대해 자연적인 수준을 상정했다.

끝으로 밀은 이자율과 물가의 관계를 스미스나 리카도보다 중시했다. 밀은 자본과 화폐, 그리고 화폐의 가치와 이자율을 엄격하게 구분해야 한다는 입장을 견지했다. 그렇지만 화폐량의 변동이 단기에 있어 이자율의 변동을 가져온다고 보아 리카도보다 훨씬 더 빅셀의 생각에 근접했다(pp. 655-657).

이런 관점에서 볼 때 고전학파에 자연이자율이 존재한다는 최근 논자들의 해석은 밀에 이르러서야 어느 정도 타당성을 갖는다 (Ahiakpor, 1999). 이것은 밀이 고전학파를 해체했다든지, 고전학파와 신고전학파의 징검다리라든지, 혹은 밀이 절충적이었다든지 하는 전통적인 입장에 부합된다.

5. 맬더스, 해로드, 프리드만

자연성과 자연적인 비율에 대해 정태적인 의미와 동태적인 의미를 구분할 필요가 있다. 가격이나 이윤율의 균등화 등과 관련해 정의되는 자연성은 인간의 본성에 근거해 규정된다. 이에 비해 자연성을 자본축적이나 경제발전과 연결시키는 경우에는 동태적이다.

(1) 동태적인 자연성의 단서는 맬더스(Thomas Robert Malthus, 1766-1834)에서 찾을 수 있다. 맬더스에서 자연적인 비율은 해당되

는 유량이나 저량이 변동하지 않게 만드는 비율이다. 익히 알려진 바와 같이 맬더스를 위시한 고전학파는 임금이론으로 생계비설을 주장했고, 생계를 유지시켜 주는 수준의 임금이 자연임금이라고 생각했다. 여기서 생계는 노동자 가족의 생계까지 포함하므로 인구의 변동에 대한 입장을 내포하고 있다. 이에 따라 생계수준을 넘어서는 임금은 보다 많은 출산을 통해 인구와 노동력의 공급을 증가시키며, 그 역도 성립한다고 보았다.

그러므로 자연임금률은 인구가 변동하지 않도록 유지시키는 비율이다. 다시 말해, 인구의 증가를 가져올 정도로 높거나 그것의 감소를 가져올 정도로 낮은 비율은 자연임금률이 아니다(Malthus, 1820, p. 224). 물론 이 주장은 임금이 인구의 변동을 가져오는 유인이고 인구의 변동이 노동공급의 변동과 동일하다는 전제들을 가지고 있다.

이 논리를 연장해 맬더스는 자본량을 일정한 수준으로 유지시켜 주는 비율이 자연이윤율이라고 주장했다(Malthus, 1820, p. 224, fn). 노동이나 인구가 아니라 자본과 관련된 이 주장을 고전학파 전체가 공유했다고 볼 수 없다. 그런데 만약 저축의 증가나 기술 및 제도의 혁신 등의 요인으로 인해 자본량이 늘어난다면, 어떤 변화가 생길까? 그 결과에 대해 살펴보아야 한다.

고전학파는 자본을 거의 임금기금과 동일시했으므로 자본량의 증가는 노동에 대한 수요의 증가를 의미한다. 노동에 대한 수요의 증가는 단기적으로 시장임금의 증가로 나타난다. 그렇지만 장기적으로는 이런 자본량의 변동이 자연임금의 증가나 인구의 증가를 가져온다.

(a) 자연임금의 증가는 임금재의 수준이 증가하면서 그 구성에 변동이 생겨 노동자의 생활수준이 향상되는 것을 의미한다. 이 같이 자연임금은 영구히 주어져 있지 않고 역사적으로 변동한다. 여기서 고전학파에게 자연임금이 그대로 있는 것이 자연스러운지 아니면 증가

하는 것이 자연스러운지 확인해야 한다.

단기적으로 임금재의 구성에 변동이 없고 임금이 유지되는 것이 자연스럽지만, 장기적으로는 임금재의 구성이 다양화되고 임금이 증가하는 것이 자연스럽다. 적어도 자본주의의 논리에 의하면 인간의 필요가 질적으로 다양해지고 양적으로 증가하는 것이 자연스럽기 때문이다. 달리 말해 노동자의 생계는 자연적으로 주어지지 않고 사회나 관습에 따라 변동한다.

(b) 만약 자연임금에 변동이 없다면 자본량의 변동은 인구의 증가로 나타난다. 그러므로 고전학파 전반에 있어 자연임금이 유지되는 상황에서 인구의 증가가 자연스러운지 아니면 인구의 유지가 자연스러운지 분명치 않다. 아마도 단기적으로는 그대로 유지되는 것이 자연스러우나 장기적으로는 증가하는 것이 자연스럽다고 생각된다.

이는 하이에크가 생각한 시장경제의 강점으로 연결된다. 또한 이와 관련해 해로드가 외생적으로 주어진 인구의 증가율과 생산성의 증가율에 상응하는 경제성장률을 자연성장률로 정의했음을 기억할 필요가 있다. 나아가 하이에크가 인용한 바, 성경에 나와 있는 대대손손의 번창은 인구증가의 자연스러움을 표현하고 있다.

자연임금보다 자연이윤율에 대해서는 보다 심각한 문제가 제기될 수 있다. 우선 자연임금과 관련해서는 맬더스와 고전학파 전반 사이에 큰 차이가 없으나, 자연이윤율에 대해서는 차이가 있다. 맬더스의 정의에 의하면 자본량에 변동이 없는 경우 이윤율은 자연스런 수준에 머물게 된다. 먼저 자연비율을 정태적으로 정의해 개별 자본가들의 이윤이 달성되는 일반이윤율과 연결시키지 않고 동태적으로 본다는 점을 지적해야 한다. 여타 고전학파학자들이 이에 대해 별로 관심을 두지 않았지만 간과할 수 없는 차원이다.

그 다음 문제는 과연 고전학파 학자들이 자본량이 변동하지 않는 수준을 자연적인 이윤율이라고 했느냐이다. 고전학파는 케인즈와 달리 이윤이 저축을 낳고 그것이 투자되어 자본량을 증가시킨다고 전제했다. 이런 전제하에서 과연 자본량이 유지되는 단순재생산 혹은 감가상각이 보전되어 순투자가 영인 상황이 고전학파에게 자연스러운지를 판정해야 한다.

이런 상황은 성장하지 않는 경제를 나타낸다. 앞서 제시된 인구에 변동이 없다는 조건과 결합시키면 정체된 경제를 낳는다. 다시 말해, 이윤율이 자본량을 늘리지 않는 상태에 있다면, 노동수요도 변하지 않고, 원래 존재하던 자연임금률도 그대로 유지된다. 이런 상태는 자연임금률, 자연이윤율, 인구, 그리고 자본의 크기에 변동이 없고, 기술변동도 일어나지 않는 정체상태를 의미한다. 맬더스뿐만 아니라 고전학파 경제학자들은 근거는 서로 다르지만 자본주의경제가 먼 장래에 정체상태에 진입한다고 예측했음을 기억할 필요가 있다.

이런 자연스러움이란 자본주의와 무관한 자연스러움, 혹은 철학자들이 주장한 자연스러움에 가깝다. 이는 자본주의의 팽창주의에 배치되며, 신고전파가 내세우는 자연스러움과도 구분된다. 그것은 물리학에서 말하는 보존의 법칙에 가까워서, 잉여생산물, 잉여가치 혹은 잉여 등 부가가치에 친숙한 경제학의 흐름과도 걸맞지 않는다. 그러므로 고전학파가 자본축적이 이루어지지 않는 이윤수준을 자연스럽다고 생각했다고 보기 힘들다. 혹은 고전학파에는 여전히 보편적이거나 전자본주의적인 자연성과 자본주의적인 자연성이 공존한다.

(2) 해로드(Roy Harrod)가 자신의 성장모형에서 제시한 자연성장률은 인구의 증가율과 기술발전이나 생산성의 증가율에 의해 결정되는 경제의 성장률을 나타낸다. 케인즈의 영향을 받은 해로드는 유효수요에 의해 결정되는 현실경제의 성장률에 대비되는 개념으로 이것

을 제시했다. 여기서 인구나 생산성의 증가율은 자연요인에 의해 결정되거나 외생적으로 주어진다는 의미에서 자연적이라고 불렸다. 그런데 해로드도 케인즈와 마찬가지로 장기보다 단기에 중점을 두어 맬더스를 위시한 고전학파와 차이를 보이고 있다.

(3) 빅셀의 자연이자율은 프리드만에 이르면 자연실업률(natural rate of unemployment)로 바뀐다. 프리드만 자신이 이 점을 명시적으로 주장했다. 이 두 개념에 등장하는 '자연'이 지닐 수 있는 의미는 세 가지 정도이다. a) 인간의 본성이 이기적이며 이런 이기심에 따라 경제주체들이 자발적으로 경제활동을 벌인다. b) 경제주체들의 이런 활동결과로 시장경제 전체 수준에서 장기적으로 향해가는 자연적인 규준이 있다. c) 이 규준은 실물부문에 내재되어 있고 화폐부문과 무관하게 존재한다.

그런데 빅셀이 대체로 완전고용을 상정하면서 이자율과 물가의 연계를 중심으로 이런 규준을 설정했다면, 프리드만은 고용률이나 실업률에 초점을 맞추었다. 당연히 실업률이 고정되면 고용률이 결정된다. 또한 노동의 산업간 배분이 미치는 영향을 잠시 접어둔다면, (실질) 국민소득도 결정된다.

일반적으로 경제에 존재하는 규준이나 균형점은 가격과 수량 두 가지 차원에서 규정된다. 이것은 미시경제학에서 균형점이 상품의 가격(벡터)과 수량(벡터)으로 규정되는 사실과 다르지 않다. 빅셀은 물가라는 "거시적인 가격"의 차원에서 이를 안정시키는 이자율이 존재한다고 보았다. 이와 비슷하게 프리드만은 국민소득이라는 "거시적인 수량"의 차원에서 한 경제 내에 하나의 자연적 규준이 존재한다고 보았다.

빅셀은 자연이자율에 근거해 물가의 안정 가능성과 경제의 자연적 규준을 제시했다. 이에 비해 케인즈는『화폐론』을 거쳐『일반이론』에 이르면서 고용 및 국민소득의 차원에서 그런 기준이 존재하지 않는다고 주장하게 되었다. 프리드만은 빅셀의 생각을 이어받으면서 케인즈가 다룬 문제와 정면으로 대결하기 위해 물가가 아니라 고용률에 있어서(도) 경제에 자연적인 규준이 존재한다고 주장한 셈이다. 만약 케인즈가 빅셀과 같이 이자율과 물가라는 고리에 초점을 맞추었다면 프리드만의 자연실업률개념은 등장하지 않았으리라고 생각된다. 물론 왈라스주의자인 프리드만의 이 개념이 노동시장에 대한 마샬이나 피구의 견해와 정확히 일치되는지는 검토해 보아야 한다.

6. 주류 경제학에 있어서 화폐의 부자연성

고전학파와 신고전학파를 포함하는 주류경제학에 대해 가장 이해하기 힘든 부분은 가장 일상적으로 발견되는 화폐에 대해 상황에 따라서는 자본주의경제와 걸맞지 않아 부자연스러운 존재로 취급한다는 점이다. 앞서 논의한 바, 고전학파가 이자율에 대해 자연적인 기반을 부여하지 않았다는 점은 이에 대한 일부의 증거에 불과하다.

화폐가 주류경제학에서 부자연스런 존재라는 점은 고전학파의 자연가격, 빅셀의 자연이자율, 그리고 펠프스 및 프리드만의 자연 실업율 등 자연적인 성격을 규정하는데 있어 화폐가 배제되고 있다는 점에서도 드러난다.

가령, 고전학파의 스미스와 리카도에 등장하는 자연가격은 기업가 혹은 여타 생산요소의 소유자들이 자신들의 이기심에 따라 보다 높은 이윤이나 보수를 추구하면서 시장 전체 수준에서 나타나는 결과로 정의될 수 있다. 이 결과는 수요와 공급이 일치되는 수준에서 나타난다.

이에 대비되는 가격은 시장가격으로 정의된다. 수요와 공급의 일치라는 기준에 근거해 보면 자연가격에는 자연이윤율이나 자연임금, 자연지대와 같은 개념이 내포되어 있다.

평균이윤율은 개별이윤율에 대비되고, 자연임금율은 노동자의 생계를 보장해 인구의 변동을 일으키지 않는 수준이며, 지대는 자연적인 토지의 비옥도 및 위치에 의해 결정된다. 자연임금에는 인간의 본성인 이기심에 따라 행동한 결과라는 의미 이외에 상당 부분 자연요인에 의해 결정되는 노동자의 생계라는 기준이 공존하고 있다. 또한 지대에 있어서도 자연적인 요인이 압도적으로 나타난다. 다시 말해, 고전학파는 인간의 본성이나 자연적인 요인들이나 모두 자연적이라고 생각했다. 다만 신고전학파로 넘어가면 후자가 약화된다.

그런데 자연가격이나 자연임금 등의 개념들은 이기심, 경쟁, 자연적인 요인 등에 의존할 뿐 화폐와는 무관하다. 이들 개념은 모두 실물부문에서의 경쟁으로 규정되며, 화폐나 금융부문을 전혀 개입시키지 않고 있다. 더구나 고전학파는 이윤율이 이자율을 결정하므로 화폐의 존재 자체를 경시하고 있다.

이에 따라 주류경제학은 자본주의에 대한 설명에서 지속적으로 화폐를 배제하는 방향으로 움직여 왔다. 가령, 신고전학파 진영에서 고전적 이분법을 대상으로 제기된 파틴킨(Don Patinkin) 논쟁을 보면 이런 경향이 강하게 드러난다. 물론 이런 노력의 배후에는 화폐의 가치를 하락시키려는 국왕이나 중앙정부의 오랜 관행에 대한 반감이 함께 자리잡고 있다.

자세히 보면 화폐의 부자연스러움이나 가공성은 화폐의 기원이나 존재, 화폐의 기능, 그리고 화폐의 가치 등 세 가지 차원에서 나타난다. 첫째, 교환의 확산과 복잡성이 자본주의의 기본성격에서 비롯되는 자연스런 특징이지만, 이를 해결하기 위한 화폐의 등장은 인공적이다. 상당수의 경제학자들에게 화폐는 인간들 사이의 약속이나 계약 혹은 그것의 연장인 국가나 법의 산물이다.

주류경제학의 시작이라고 볼 수 있는 고전학파는 중상주의를 비판하면서 등장했다. 중상주의는 화폐의 필요성을 축재나 이에 상응하는 퇴장기능에서 찾았으며, 화폐가 금속의 자연적 속성에 의해 규정된다고 생각했다. 고전학파는 중상주의의 논리를 대부분 반박했다. 화폐에 대해서도 중상주의를 비판하면서 고전학파는 교환이나 순환으로 인해 화폐가 일시적으로 요구될 뿐이라고 규정했다. 이에 따라 화폐가 그 자체로서 경제활동의 목적이 아니며, 최종 소비재를 위시한 실물이 목적이라고 주장했다. 결과적으로 고전학파는 화폐를 거의 실물을 싸고 있는 포장이나 베일로 규정해 그것의 가공성을 드높였다.

고전학파도 금속화폐에 대한 애착으로 인해 화폐의 자연적인 성격을 완전히 부인하지는 않았다. 반면 이런 이유로 고전학파는 화폐와 상품의 차이를 부인하기도 했다. 동시에 화폐의 자연적 속성이 화폐의 발생과 무관하다는 논리도 내세웠다. 심지어 화폐에 별도의 자연적 성격을 부여하기보다 화폐의 존재나 등장이 인공적이라는 주장으로 나아가기도 했다. 이 같이 주류경제학은 화폐의 발생에 대해 적어도 "공급"측면에서는 자연적인 성격을 부정했다.

둘째, 고전학파는 화폐의 기능을 유통수단이나 교환수단으로 간주했다. 고전학파의 견해로 상품과 상품의 교환이나 유통이 자연스러우므로, 화폐는 이런 유통에 응하는 부수적인 존재에 불과하다. 고전학파는 화폐가 자연스럽다고 보지 않았기 때문에 그것을 경제활동의 궁극적인 목표로 삼지도 않았다. 그러므로 화폐 자체를 목표로 삼는 퇴장은 자연스럽지 않다.

이에 따라 고전학파를 필두로 화폐는 유통되기는 해도 별로 보유되거나 퇴장될 필요가 없는 존재가 되었다. 달리 말해, 교환수단으로 기능하는 화폐는 자연스럽지만, 퇴장수단으로 기능하는 화폐는 자연스럽지 않다. 이런 생각 역시 중상주의가 강조했던 화폐의 퇴장 기능을 고전학파가 부인하면서 시작되었다.

셋째, 고전학파는 화폐의 가치가 귀금속 등 화폐에 내재적이라는 중상주의의 논리를 부인하면서도, 화폐가치에 대해 이를 대체하는 자연성을 부여하지 못했거나 부여하지 않았다. 나아가 신고전학파는 화폐의 가치가 상당 부분 인공적으로 결정된다고 생각한다. 신고전학파와 친화력을 가지고 있는 화폐수량설에 의하면, 상품의 유통량이 주어지면 화폐의 가치나 물가는 화폐공급량에 의해 결정된다. 그런데 화폐공급량은 중앙은행에 의해 얼마든지 변경될 수 있다.

이 때문에 물가는 경제 내적인 논리와 무관하게 얼마든지 인공적으로 결정된다. 같은 이유로 특정 수준의 물가나 특정 비율의 물가변동이 자연스럽다는 입장은 주류경제학에 존재하지 않는다. 오로지 실물에 상응해 크게 변동하지 않는 안정적인 물가변동이 자연스러울 뿐이다.

이런 논리에 의하면 화폐의 가치는 물가의 역수로 규정되고, 물가가 상품의 상대가격과 분리되면서, 화폐의 가치와 상품의 가치가 무관해진다. 이에 따라 상품의 가치는 오로지 상품의 교환비율 혹은 상대가격과 관련된다. 또한 상품의 상대가격 변동은 자연스럽지만 물가의 변동은 자연스럽지 않을 수 있다는 이분법이 정착된다.

빅셀의 자연이자율은 바로 이런 경향을 나름대로 변형시켜 연장하고 있다. 그의 자연이자율은 물가변동을 초래하지 않는 이자율이다. 은행의 화폐발행에 따라 물가가 변동할 수 있다는 화폐가치의 가공성을 인정하면서 물가변동이 소멸되는 기준으로 자연이자율이 제시되었다. 기존의 화폐수량설과 비교하면 물가를 화폐 공급량 그 자체로 설명하지 않고 이자율과 연결시켜 설명했다는 점이 다르다.

주류경제학에 비해 마르크스, 케인즈, 오스트리아학파는 이들 세 가지 중 적어도 한 가지에 대해 동의하지 않는다. 우선 마르크스는 자신의 인식론적인 입장 때문에 화폐의 발생에 대해 다른 누구보다도 강한 문제의식을 가지고 있었다. 그에 있어서 화폐는 자본주의에 필연적이고 자연스런 존재이다. 화폐가 없는 자본주의는 생각할 수 없다. 그렇지만 자본주의 자체가 보편성을 갖지 못하므로 자본주의의 불가결한 일부인 화폐도 자본주의에서만 자연스러울 뿐이다.

또한 자본주의의 배금주의를 간과할 수 없었던 마르크스는 화폐의 기능 중 퇴장을 다른 누구보다 강조했다. 자본주의경제는 기본적으로 자본가들의 이윤추구와 자본축적에 의해 움직이므로 화폐 자체를 목표로 하는 경제활동이 오히려 당연하다.

화폐의 가치에 대해서는 노동가치설이나 생산비설을 주장했고 지폐나 신용화폐와 관련해서는 보완이나 비판의 여지가 많다. 그렇지만 여기서도 마르크스는 화폐의 가치가 자본주의하에서 자연스럽게 결정된다는 점을 주장했다고 해석할 수 있다. 특히, 투크를 이어받아 화폐공급의 내생성과 화폐가치의 경제 내적인 결정을 그는 믿고 있었다.

케인즈는 화폐의 발생에 대해 치열한 관심을 기울이지 않았지만 화폐가 상품이나 자산과 분명하게 구분된다는 점을 인식했다. 또한 그는 화폐에 대해 유통수단의 기능뿐만 아니라 퇴장의 기능을 인정하면서 퇴장으로 인해 발생하는 결과에 대해 예민한 관심을 보였다.

케인즈는 화폐라는 존재가 자본주의경제에 자연스럽지만 그것이 가져오는 결과는 부자연스러울 수 있다고 생각했다. 이에 따라 화폐이자율의 변동이나 물가의 변동도 부자연스런 결과를 낳을 수 있다고 보았다. 궁극적으로 케인즈는 이런 결과를 교정하기 위한 인위적인 조치들로 재정정책 등 정부의 정책들이 불가피하다고 주장했다. 이 점에서 케인즈의 화폐관은 이중적이다.

미제스나 하이에크 등 오스트리아학파는 화폐의 발생에 대해 깊은 관심을 가지고 있었으며, 화폐라는 존재를 자연스럽게 생각했다. 또한 이들은 상품의 상대가격과 물가를 분리하지 않기 때문에 간접적으로 화폐가치와 상품가치를 연결시키고 있다. 나아가 이들은 물가라는 집계변수의 존재가 가공적이라고 주장하면서 이를 부인하는 경향을 보였다.

결과적으로 대다수 경제학자들에게 화폐는 한편으로 자연스러우면서, 다른 한편으로는 부자연스럽다. 개인의 자연스런 이기심에 근거해 개인들 사이에 교환이 확대되면서 화폐가 필요하다는 점도 경제학자들은 인정한다. 이 점에서 화폐에 대한 요구는 자연스럽다. 그렇지만 정부나 은행에서 제공하는 화폐의 공급, 혹은 그것의 수량은 부자연스럽다.

이런 화폐의 부자연성을 치유하고 화폐를 자연스러운 존재로 만들기 위해 경제학자들은 다음과 같은 논리들을 제시했다. 미제스는 금이나 상품화폐로의 회귀를 주창했고, 하이에크는 화폐 발행의 민영화를 내세웠으며, 프리드만은 화폐공급 증가비율 공시 및 준수를 강조했다. 더불어 게젤(Silvio Gesell)이나 케인즈는 인장화폐(stamped money)와 같이 화폐 사용에 대한 세금 부과를 제안했다.

금으로의 회귀는 금의 자연적 속성에 의존해 화폐의 건전성을 도모하는 방법이다. 이와 유사하게 상품화폐는 화폐가 실물의 변화에 조응하게 만들려는 의도를 가지고 있다. 민영화는 인간의 본성이라는 이기심을 살려주는 경쟁을 촉진시키는 방법이다. 화폐공급 비율의 공시나 고정은 정부의 재량(discretion)을 배제하는데 목표를 두고 있다. 끝으로, 화폐에 대한 세금부과는 화폐에 대한 과도하거나 부자연스런 수요를 억제하려는 시도이다.

이보다 과격한 주장으로 오엔, 그레이, 프루동 등의 노동화폐(labour money)가 있다. 이는 노동시간에 따른 생산물의 분배를 의도하고 있다. 물론 가장 극단적인 입장은 역시 마르크스에게서 나온다. 그에게서 화폐는 자본주의의 불가분의 관계에 있고 화폐의 문제는 자본주의의 문제이므로 자본주의 자체의 타도가 유일한 해결책이다.

7. 베블런이 비판하는 자연

베블런은 고전학파와 한계효용학파(그리고 심지어 마르크스)가 모두 자연질서나 자연법에 대한 신념을 가지고 있다고 주장하면서 이를 비판했다. 베블런에 의하면 이들은 모두 공리주의와 목적론에 근거하고 있다. 고전학파는 한편으로 인간의 본성이나 성향(propensity)을, 다른 한편으로 경제와 사회에 존재하는 경향(tendency)에 의존했다(1899, p. 2). 이런 개념들이 한편으로 인간의 주체성이나 자발성을 배제했고, 다른 한편으로 제도의 다양성과 진화를 부정했다고 그는 비판했다.

베블렌에 의하면 고전학파는 자연가격과 시장가격의 관계도 목적론적으로 파악했다(1899, p. 4, 6, 10). 화폐를 역사적으로 설명하지 않고 "순환의 바퀴"(wheel of circulation)로 간주한 점은 이런 사고방식을 드러내는 단적인 예이다(1899, p. 4). 이 점은 한계효용학파에서 더욱 두드러진다. 이 학파는 화폐를 그 자체로 인정하지 않고 소비와 생산의 중간고리로 간주했기 때문에 이와 같이 주장하게 되었다고 베블렌은 역설했다(1909, pp. 6-8).

이와 관련해 고전학파와 신고전학파를 구분하는 논리로 헨리(J. F. Henry, 1990)를 참고할 필요가 있다. 그는 고전학파와 신고전학파의 차이를 이들의 가치론을 기반으로 극대화하면서, 신고전학파의 비과학성을 주장했다.

먼저 헨리는 경제이론을 포함해 모든 생각들의 전파는 교육이나 방송 등 전파도구를 장악한 지배계급의 이익에 합당한가에 달려 있다고 생각했다(p. 9, 133). 다만, 그는 이런 상황을 이념이라 부르지 않고 보수적인 사회이론의 용어를 차용해 사기라고 불렀다 (p. 11). 이런 사기는 정신적 강제로서 물리적 강제인 폭력과 쌍을 이룬다(p. 19). 그에 의하면 이런 사기의 특징은 사회적 관계나 관행에 근거를 두고, 그것의 기원에 있어 계급적 이익을 기반으로 하며, 적어도 합리적으로 보이는 요인을 한 가지 정도는 가지고 있다(pp. 14-17).

그는 고전학파의 노동가치론과 신고전학파의 한계효용이론을 대비시키면서, 전자를 자본주의에 고유한 생산관계나 사회관계에, 후자를 개인과 재화의 보편적인 관계에, 각기 기초한 이론이라고 규정했다. 전자와 관련해 고전학파의 노동가치론이 마르크스와 같이 잉여가치개념을 내포한다고 주장했다. 후자에 있어서 개인과 재화의 관계는 역사나 사회와 무관하게 보편적이고, 동등한 개인들의 자유를 상정하고, 개인들의 이익이 조화를 이룬다는 입장임을 강조했다.

이런 이유로 인해 가난이나 갈등 등 사회 경제적인 문제들의 원인을 내부에서 찾지 않고 외부에서 찾게 되며, 필연성보다 우연성을 강조한다. 구체적으로 노동자의 무절제나 태양의 흑점, 무지, 사기, 혹은 부정부패 등을 들 수 있다. 또한 사상의 발전에 대해 위대한 개인에 의존해 설명하게 된다(pp. 122-124, 155-156, 159, 175-176, 192).

헨리에 의하면 봉건주의 질서를 타파하는데 유용했던 노동가치론이 자신들에 대한 공격무기로 변하게 되자, 자본가들이 기존의 자본주의 질서를 옹호하기 위해 조장한 것이 효용이론이다. 이렇게 되면서 노동가치론이 지배적 위치를 상실하게 되었다. 고전학파가 기존질서에 대해 비판적이었던데 비해, 신고전학파는 기존질서에 대해 방어적이었다. 이것은 헨리에게 있어서 전자가 과학적인데 비해, 후자가 비과학적이라는 논리와 같다.

이 같은 맥락에서 양자 모두 자연법 혹은 자연적인 질서를 주장했지만, 그런 주장이 정반대의 결과를 낳는다. 전자에서는 그것이 종교에 대해 과학성을 담보하는데 비해, 후자에서는 과학성을 포기하고 종교나 이념으로 회귀하는 방책이 되고 있다.[2)]

효용이론이 노동가치론 이전부터 존재했는데, 리카도 이후에 재등장했고, 1870-1900년 사이에 체계화되어 보급된 것은 바로 중세적인 비과학성으로의 복귀에 상응한다. 나아가 효용이론의 등장은 개인의 의지나 주관으로부터 독립적인 객관적인 실제를 부정한다는 점에서 유물론에 대한 관념론의 등장과 비슷하다. 또한 실증주의, 실용주의, 그리고 실존주의 철학 등의 출현과도 맥락을 같이 한다(p. 55). 효용이론의 변천에 대해 헨리는 블로그(Mark Blaug)를 비판하면서, 1864년의 퍼스트 인터내셔널 결성, 1871의 파리 코뮨의 등장, 1873년의 공황, 그리고 1867년의『자본론』출간을 그 원인으로 들고 있다.

헨리의 이런 해석을 평가해보자. 자연과 관련된 평가는 어느 정도 베블렌에 부합하는 것 같다. 그러나 고전학파에 있어 기존 질서에 대한 비판은 자본주의에 대한 옹호이고, 신고전학파에 있어서 기존 질서에 대한 수호 역시 자본주의에 대한 옹호이다. 그러므로 양자의 입장은 정도상의 차이는 있지만 유사하다. 헨리는 이것을 유사성이 아니라 차이점으로 간주했다. 또한 고전학파에 대해 이 같이 마르크스 수준의 노동가치론을 부여할 수 있을지, 설령 그럴 수 있다고 하더라도 노동가치를 곧바로 생산관계나 사회관계와 동일시할 수 있는지 등의 문제가 남는다. 더구나 고전학파가 노동가치론을 통해 자본주의에 고유한 사회관계를 담으려고 했는지도 의심스럽다.

---

2) p. 29, 76, 79, 98-99, 104-5, 124-5, 148, 160, 167, 170, 192, 204, 207, 227-8, 234, 240

8장

경제학의 보수적인 비판자

1. 역사학파

역사학파는 한국경제에 있어 해방 이후부터 현재까지 지속적으로 등장했던 국가의 경제 개입이라는 부인할 수 없는 사실에 대한 성찰을 허용한다. 같은 이유로 역사학파는 경제학설사에 있어 통상적인 의미의 경제법칙을 부인함으로써 경제의 법칙성을 보다 근본적으로 생각하게 만들고 대안적인 사고를 가능케 한다. 최근에 등장한 행동경제학은 자신의 사회철학으로 자유온정주의(libertarian paternalism)를 내세우고 있어, 온정주의를 내세운 역사학파를 다시 검토할 추가적인 요인을 제공하고 있다(Thaler & Sunstein, 2003, 2007)

이는 영국과 대비해 후발 자본주의로서 국가의 개입이 지속적으로 나타났던 독일에서 이 학파가 등장했다는 사실이나 또 다른 후발 자본주의로서 일본에서 역사학파에 대한 관심이 지대했다는 사실로도 확인할 수 있다. 경제분석에 있어서는 역사학파 제 학자들과 최근에 경제에 있어 힘의 중요성을 강조해 온 알베르트(Hans Albert)를 언급할 필요가 있다. 또한 방법론에 대해서는 좀바르트(Werner Sombart, 1863-1941)나 베버(Max Weber, 1864-1920)의 이해(das Verstehen)라는 개념이 연구의 대상이 된다.

한국의 경제학계는 때때로 좌우의 피상적인 논란에 휩싸여 거의 역사학파에 관심을 두지 않았다. 이는 한국경제가 이러한 관심을 필요로 하지 않았기 때문이라기보다 오히려 한국경제학계가 한국경제와 동떨어져 있기 때문에 생기는 문제라고 생각된다.

(1) 전기 역사학파의 대표적인 학자인 로셔(Wilhelm Roscher, 1817-1894)는 우선, 사용가치와 효용에 대한 구분에 의미를 부여했다. 그는 사용가치가 개인이나 상황에 따라서 다른데 비해 효용은 물체에 내재적이라고 정의했다. 이는 고전학파 및 마르크스의 생각과 반대될 뿐만 아니라 공리주의나 제번스의 정의와도 다르다.

둘째, 그는 재화를 고전학파와 유사하게 필수품목, 품의유지 품목(decencies), 사치품목으로 나누었다. 품의유지를 사회적인 지위와 연결시켰다는 점을 주목할 필요가 있다. 역사학파의 입장이나 시대적 배경에 비추어 이는 독일의 신분제에 상응한다. 그러나 보다 긍정적으로 보면 센의 생각과 유사하며, 넓게 보면 제도학파나 보들리야르(Jean Baudrillard)와도 연결된다. 또한 이런 측면은 재화와 관련된 한국경제 및 사회의 현실에 가깝다.

셋째, 그는 다양한 재화와 다양한 욕망이 존재하지만 이들을 하나의 총체적인 덩어리와 마찬가지로 취급할 수 있다고 주장했다. 이는 여러 재화와 욕망의 존재로 인해 발생하는 통약의 문제를 인식하면서도, 이에 대해 첨예한 문제의식을 보이지 않은 것이다. 이는 역사학파가 전반적으로 가치론에 대해 소홀했다는 점이나 시장에 대해 유보적이었다는 점 등과 맞닿아 있다.

(2) 후기 역사학파의 대표적인 학자인 쉬몰러(Gustav Schmoller, 1838-1917)는 사회경제의 관습과 국가의 정책적인 개입이 중요하다는 점을 강조했다. 그는 훌륭한 관습의 형성이 경제활동에 상당한 영향을 미친다고 주장했다. 그에 의하면 이것은 영국이나 프랑스도 당연히 겪었던 부분이기 때문에 독일의 경우에도 중요할 수밖에 없다. 좋은 관습을 육성하기 위해서는 규범이나 제도를 가능케 할 교육이나 계몽을 사회의 기능으로 부각시켜야 한다고 그는 주장했다.

관습이 제대로 정착되지 않으면 부정이 발생한다고 그는 말했다. 이런 생각은 한국경제에서도 항상 문제였고 현재에도 시의성이 있다. 쉬몰러에서 경제적인 부정은 단지 법적인 규정뿐만 아니라 관습에 어긋나는 부분도 포함한다. 이 논리 속에는 관습과 법이 상호 침투되어 있다는 서양사상이 깔려 있다. 물론 관습이 제대로 정착되지 않았거나, 제대로 정착되었더라도 그 시행을 위해서는 최소한 법과 행정부의 시행이 요구된다.

이런 생각은 시장원리와 비교할 때 개인이 자신의 사익뿐만 아니라 항시 공익을 생각하는 규범성을 갖추어야 한다는 주장에 가깝다. 또한 관습이 유물론적인 기반에서 발생한다고 보는 마르크스주의적인 자본논리와도 대립된다. 더불어 국가의 역할을 중시한다는 점에서 역사학파는 국가의 경제개입에 반대하는 시장논리뿐만 아니라 정치영역이 경제영역에 대해 갖는 의미를 줄여서 생각하는 자본의 논리와도 거리를 두고 있다.

(3) 브렌타노(Ludwig Joseph Brentano, 1844-1931)는 후기 역사

학파의 대표적인 학자이다. 그는 한계효용학파의 가치론을 어느 정도 수용하면서도 고전학파의 연역적이고 추상적인 경제학에 대해 귀납적이고 구체적인 경제학을 옹호했다. 학생들에 대한 몇 개의 강의들로 엮여진 『역사속의 경제인』(*Der Wirtschaftende Mensch in der Geschichte*, 1923) 중 "역사속의 윤리와 경제학"(Ethik und Volkswirtschaft in der Geschichte)과 "경제학의 기초"(Grundbedingen der Volkswirtschaft)에서 논자는 몇 가지 흥미로운 주장들을 내세웠다.

우선 브렌타노는 마키아벨리(Niccolo Machiavelli, 1469-1527)와 고전학파의 사상적인 의미를 해명했다. 그에 의하면 당위적인 행동규범이 아니라 존재적인 행동준칙에 따라 군주의 행동을 분석하자고 제안했다는 점에서 마키아벨리는 사회과학의 효시이다. 마키아벨리가 모든 인간이 비슷하다고 주장했기 때문에 이런 방식의 접근은 일반사람의 행동에 대한 분석으로 이어졌다. 브렌타노의 이런 해석은 독일의 철학자이자 대표적인 지식인 하버마스(Jürgen Habermas)와 비판적인 경제학자 허시만(Albert Hirshman)에 의해 반복되었다.

그런데 브렌타노는 자신의 의견을 첨가해 마키아벨리에 대해 두 가지 문제점을 지적했다. 그에 의하면 마키아벨리는 사회와 경제의 연관을 간과했다. 또한 인간이 탐욕적이거나 이기적일 뿐만 아니라 윤리적일 가능성을 도외시했다(pp. 56-68, p. 363). 이 점은 공정성이나 정의에 대한 경제주체들의 관심을 나타내므로 행동경제학의 연구결과에 부합된다.

넓게 보면 사회와 경제의 관계를 간과했다는 비판은 사회의 운행에 인간의 행동으로 환원되지 않는 그 무엇이 존재한다는 의미가 된다. 고전학파든 마르크스든 이것을 경제의 법칙으로 규정했다. 따라서 브렌타노는 경제법칙의 존재를 인정한 셈이다. 이 점은 윤리학이나 정치학에 대해 경제학이 내세우는 가장 강력하고 지속적인 입장을 웅변하고 있다.

인간이 윤리적일 수 있다는 주장은 사회가 아니라 인간의 행동에 관해 다른 모든 경제학파와 달리 역사학파가 내세운 입장이다. 여기서 브렌타노는 마키아벨리가 주장한 탐욕이 고전학파의 이기심과 동일하다고 보았다. 이는 허시만의 해석과 배치된다. 브렌타노에 의하면 고전학파가 인간의 동등성을 전제했는데, 고전학파의 동등성은 이기심에 있어서의 동등함이다(p. 70). 마르크스도 인간의 동등성을 상정했지만, 이기심의 동등성이 아니라 노동의 동등성을 내세웠다.

브렌타노의 논의를 보면, 마키아벨리는 인간을 도덕이나 종교에 의존하지 않고 있는 그대로 분석하자고 주장하면서도, 아직 사회현상자체에 큰 관심을 두지 않았다고 이해할 수 있다. 이에 비하면 루소는 인간을 있는 그대로 분석하면서 사회 및 정치현상에 관심을 두고 제도적인 개혁을 주장했다고 해석할 수 있다. 루소는 인간의 본성을 고치기 힘들므로 그대로 두는 대신 사회 및 정치의 개혁은 용이하다고 보아 이에 대한 개조를 주장한 셈이다.

스미스를 위시한 고전학파 역시 마키아벨리, 홉스, 벤담, 그리고 루소 등과 같이 인간 그 자체에 대한 설명으로부터 시작했다. 그렇지만 고전학파는 인간뿐만 아니라 경제를 있는 그대로 설명했다. 인간의 이기심이나 교환의 본성, 그리고 보이지 않는 손에 의한 자연법칙적인 시장의 원리 등은 모두 이에 합당한 개념들이다. 이 점에서 개인의 행동에 대한 보다 철저한 분석이 다를 뿐 한계효용학파나 신고전학파도 마찬가지라고 생각된다. 다만, 고전학파 중에서 스미스는 『국부론』 이전에 『도덕감정론』을 저술해 원래 인간의 윤리에 관심을 가지고 있었다.

마르크스는 스미스와 같이 인간이나 경제 그 자체를 분석하면서도, 이들 모두가 가변적이며, 특정 생산양식이나 자본주의에 고유하다고 주장해, 이를 상대적으로 만들었다. 또한 마르크스는 인간과 사회의 관계와 관련해 인간이 사회를 결정하거나 양자가 동등하지 않고 주로 사회가 인간을 규정한다고 보았다. 이에 따라 그는 다른 어떤 사상가보다 사회관계를 강조했다. 그렇기 때문에 생산양식의 변화를 통해 인간과 사회 모두를 개조할 수 있다고 생각했다.

(4) 방법론에 있어서 역사학파는 이해(das Verstehen)를 강조했다. 이 방법론은 경제학에서는 별로 알려 지지 않은 반면 사회학이나 인류학에서는 중시되고 있다. 역사학파에 어느 정도 비판적이었으면서도 사회학자 베버가 이해의 방법을 명시적으로 제시했다는 점은 주지의 사실이다. 그런데 이 점을 가장 명시적으로 부각시킨 학자가 같은 역사학파의 좀바르트(Werner Sombart)이다. 그는 저서 『세 가지 경제학』(*Die Drei Nationalökonomien*, 1930)를 통해 세 가지 종류의 경제학을 열거하고, 그 중 하나로 이해하는 경제학(die vestehende Nationalökonomie)을 부각시켰다.

좀바르트는 역사학파가 한계효용학파와의 방법론 논쟁에서 패배한 이유를 잘못된 문제설정에서 찾았다. 그런데 그는 이런 비판과 함께 형이상학과 자연과학적인 방법에 대비되는 문화과학(die Kulturwissenschaft) 고유의 방법으로서 이해를 부각시켰다. 그는 사물의 의미를 파악하는 이해의 방법을 경제학에 대해서도 적극적으로 개진했다. 아마도 역사연구나 사례연구 등에서 참여자 관찰 등을 통해 의미나 맥락을 파악해야 한다는 주장으로 해석된다. 스위스의 경제학자 잘린(Edgar Sahlin)도 이에 동조했다.

이들은 문화의 개념을 인간이 만들어 놓은 모든 것으로 규정해 자연과 대비시켰다. 역사학파도 관습이나 국가를 강조할 뿐만 아니라 문화현상과 친화력을 가지므로 역사연구뿐만 아니라 인류학적인 관점과 통한다. 이 방법은 철학자로서 딜다이(Wilhelm Dilthey), 리케르트(Heinrich Rickert), 쇼펜하우어(Arthur Schopenhauer) 등과 관련되어 있다.

익히 알려진 대로 고전학파나 신고전학파는 시장의 논리가 획일적으로 확산된다고 보았으며, 자본의 논리를 주창하는 좌파진영에서도 문화현상을 경시하는 경향이 없지 않다. 이 때문에 의미의 이해라는 방법을 간과하는 경향이 있다. 그러므로 이해는 신고전학파의 자연과학적인 방법에 대립될 뿐만 아니라 마르크스주의적인 변증법적인 유물론과도 충돌할 가능성이 있다. 그렇다고 해서 현대 경제학에 있어서 좌우의 중간에 놓여 있는 신리카도학파나 후기케인즈학파가 이러한 방법을 채택한다고 볼 수도 없다.

이런 이유로 적어도 경제학의 경우에는 주로 과거의 역사학파와 제도학파, 그리고 현재는 경제사와 경제발전이나 산업조직 분야의 경험연구만이 명시적이거나 묵시적으로 이해의 방법을 활용하고 있다. 다만, 마르크스주의는 폭넓은 시야로 인해 이를 포용할 가능성이 높다고 판단된다.

최근 들어 행동경제학에서 문맥을 강조하면서 이 방법이 다시 복원될 수도 있다. 종합적으로 본다면 역시학파는 온정주의, 관습에 대한 중시, 윤리나 공정성에 대한 고려, 문맥과 이해의 방법에 대한 강조 등으로 행동경제학과 연결될 가능성이 있다.

(5) 중상주의와 역사학파는 시장과 국가의 관계나 경계에 대한 지속적인 논의를 낳았다. 린드블롬(Charles Lindblom, 1917-)은 그런 예들 중의 하나이다. 그는 『정치와 시장』(*Politics and Markets*, 1977)에서 근대 경제학의 관점에서 정치와 시장의 관계를 논의했다.

그런데 첫째, 린드블롬은 정치경제를 결정짓는 제도로서 시장(market), 권위(authority) 그리고 설득이나 세뇌(persuasion)만을 강조하고, 규범, 윤리, 전통 등의 개념을 고려하지 않았다. 또한 그는 어떤 단계를 설정하지 않았고, 국가경제들의 차이를 특수성이라는 질적인 차이로 간주하지 않았다. 이런 점들에서 그의 입장은 역사학파와 구분된다.

둘째, 그는 정치와 시장의 양분론을 지양하고 계획경제와 시장경제의 이원론에 대해서도 반대했다. 그는 계획경제하에서도 시장이 존재하며 시장경제 내에서도 계획적인 성격이 있다고 전제했다. 이에 따라 현실의 정치경제를 이들의 혼합으로 보되 그러한 혼합의 형태를 적극적으로 규명하려고 노력했다.

셋째, 그는 다원주의에 반하는 경제 내의 요인으로서 전통적으로 지적되었던 독점보다 기업 내부의 계획성과 기업가들의 정치적인 영향을 강조했다. 특히, 기업 내부의 계획에 대한 강조는 기존 경제학의 견해와 다르다. 기존 경제학이 순전히 시장과 기업 혹은 기업들 사이의 관계에 관심을 두었다면, 린드블롬은 기업 내부의 성격에 대해서 관심을 기울인 셈이다. 이는 최근의 조직경제학과 친화력을 보인다.

넷째, 그는 경제영역과 정치영역에서 개인과 선택을 비교하면서 정치에서 보다 높은 차원의 판단이 요구된다는 차이를 강조했다. 이에 따라 그는 경제학의 소비행위에 비추어 투표행위를 설명하려는 공공선택이론 등을 비판했다. 그러나 다른 한편으로 그는 다수의 지배(polyarchy)와 시장이 동일한 기원을 가진다는 점을 인정해, 경제영역과 정치영역의 유사성도 지적했다.

2. 러스킨의 『나중에 온 이 사람에게도』

존 러스킨(John Ruskin, 1819-1900)은 칼라일(Thomas Carlyle, 1795-1881)과 함께 문화를 강조하면서 시장경제와 경제학의 원리가 이를 침해한다는 점을 비판한 인물이다. 이들은 모두 경제학과 경제학자들이 병적이라고 생각했다. 경제와 관련된 그의 대표작이 『나중에 온 이 사람에게도』(*Unto This Last*, 1860)이다. 이 책은 인도의 지도자 간디(Mohandas Ghandi, 1869-1948)에게 자본주의에 대한 비판서로 상당한 영향을 미쳤다고 알려져 있다.

전체적으로 이 글은 본격적인 대안이라기보다 모종의 인간을 위한 경제학을 내세웠다. 인간을 위한 경제학은 경제학을 위한 경제학, 경제만을 위한 경제학, 그리고 소수를 위한 경제학과 배치된다. 경제학을 위한 경제학은 현실과 동떨어져서 현학적이며 사회성을 결여한 경제학을 의미한다. 또한 경제만을 위한 경제학은 물질만능주의로서 인간이나 자연 그리고 여타 사회영역을 배제한 경제학이다. 끝으로 경제학이 경제의 구성원 전체를 위하지 않고 소수를 위한 논리로 전락할 위험이 상존한다. 이후의 논의를 보면 러스킨의 글에는 이런 여러 가지 요소들이 흩어져 나타난다.

그런데 전반적으로 러스킨의 글은 정교한 논리로 구성되어 있지 않다. 그러므로 그의 글에서 주장의 논리적인 근거를 찾기보다 입장이 무엇인지 확인하는데 주안점을 두는 편이 낫다.

(1) 그는 인간의 행위에 있어 사회적인 애정이나 감정(social affections)의 역할이 주효하다고 주장하면서 당시 경제학을 비판했다(pp. 1−2). 경제학자들이 애정을 우연이나 교란으로 간주해 부수적인 추가요인으로 취급한 것을 비판하면서, 애정이 행위 자체에 근본적

으로 영향을 미친다고 반박했다. 그는 이런 경제학자의 편견을 인간을 정신이 없는 해골로 취급하는데 비유했다.

그는 인간의 이익들이 충돌하는 경우에도 이런 애정이 작용할 수 있다고 생각했다. 같은 맥락에서 쥐나 돼지와 달리 인간은 윤리적인 측면을 피할 수 없다고 주장했다. 또한 공장주인과 직공의 이익이 반드시 대립되거나 이윤과 임금이 반드시 상충된다고 말할 수 없다. 그리고 누구나 편익이나 이익뿐만 아니라 정의나 부정을 구분할 수 있다고 그는 단언했다(p. 2).

자본가와 노동자의 이익이 반드시 상충되지 않는다는 러스킨의 주장은 이윤이 임금을 압박해 노동자가 건강을 해치면 주인에게도 손해라는 식의 논리이다. 이에 대해서는 비현실적이거나 낭만적이라고 비판할 수 있다. 개별 자본가의 입장에서는 다른 노동자를 구할 수 있으므로 현재 고용된 노동자의 건강에 신경 쓰지 않아도 된다. 또한 돈이나 자본의 힘이 인간의 양심이나 감정 그리고 윤리를 붕괴시킬 정도로 강력할 수도 있다. 러스킨의 주장은 노동을 포함해 생산자원의 이동이 제한되어 있는 경우에 보다 타당하다.

(2) 노동자나 하인은 임금이나 압박이 아니라 애정이나 이타적인 배려를 통해 최상의 노력을 제공한다(p. 3). 주인이 관대하면 하인이 게으름을 피운다는 주장이 있다. 그러나 이런 하인을 압박하거나 부당하게 대하면 오히려 주인에게 위해를 가할 수준에 이르게 된다. 경제적 목적을 염두에 두지 않고 대할 때 오히려 경제적 목적이 달성되는 셈이다(p. 4).

경제적 목적을 염두에 두지 않을 때 경제적 목적이 달성되고 그 역도 성립한다. 이는 삶을 포기할 때 삶을 얻을 수 있고 그 역도 성립하는 것과 비슷하다. 각주1에서 러스킨은 찰스 디킨스(Charles

Dickens, 1812-1870)의 묘사가 부분적으로 과장되어 있지만 기본적으로 옳다고 주장했다.

이는 먼저 가정의 하인이나 군대의 장졸들에게 적용된다. 특히, 군대에서 지휘자로부터 사랑을 받는 장졸들이 유사시에 목숨을 걸 수 있다. 회사도 이와 같이 생각할 수 있다. 그렇지만 군대와 달리 시장에서는 수요에 따라 임금이 변동해 직장을 옮겨 다닌다는 차이가 있으므로, 언제나 동일한 애정을 바랄 수 없다. 따라서 해당 회사에 지속적인 애정을 가질 수 있도록 임금을 어떻게 고정시키며, 고정된 임금 하에서 얼마나 많은 노동자를 유지할 수 있는지가 문제이다(p. 4).

임금규제가 불가능하다는 경제학자들의 생각은 역사상 가장 특이한 착상이다. 우리는 교구의 담임목사, 장군, 의사, 변호사, 운전기사(우천시) 등을 구할 때 보수나 임금의 고저를 고려하지 않는다. 이들의 임금은 고정된 기준에 의존한다. 이런 의미에서 정신을 고치든, 육체를 고치든, 집을 고치든, 노동자를 선택한다는 경제학자의 주장은 상당부분 허구이다. 경제학자들은 생계나 생명을 위한 임금을 도박이나 추첨, 그리고 무지나 감각에 맡기려고 한다(pp. 5–6).

임금고정에 대한 러스킨의 논의는 현대경제학에서 케인즈주의자와 통화주의자의 대립으로 이어질 수 있다. 그렇지만 러스킨은 임금을 인간의 생계나 생명과 연결시키고 있어 이들 모두와 다르며, 오히려 고전학파와 출발점을 공유한다고 볼 수 있다.

(3) 군인과 상인은 각기 살상과 매매를 업으로 한다. 정확히 말하면 군인은 유사시에 죽을 준비가 되어 있어야 하는데 이는 자신의 이익을 넘어서는 의무를 요구한다. 변호사, 의사, 그리고 성직자에게도 자신의 이익과 구분되는 정의나 이타심이 요구된다. 이렇게 보면 경제학에서 상정하는 바와 같이 상인이 반드시 이기적이어야 할 이유가 없다.

역사상 일상생활과 관련된 지적인 직업이 다섯 가지 있다. 문명국을 수호하는 군인, 가르치는 성직자, 보건을 담당하는 의사, 정의를 실천하는 변호사, 그리고 물자를 공급하는 상인(그리고 제조업자)이 그들이다(pp. 7-8). 그러므로 상인은 자신의 이익을 챙기지 말고 싸게 물자를 공급하고 작업환경이 관련된 노동자들에게 이로워지도록 만들어야 한다. 상인은 주인으로서 노동자에 대해 아버지가 자식을 돌보듯 해야 한다. 이 점을 경제학은 인식해야 한다. 경제학자들이 주장하는 바를 따르면 나라는 망한다(p. 9).

군인, 성직자, 의사, 변호사, 상인이라는 러스킨의 직업분류에서 아리스토텔레스와 귀족주의의 냄새가 나며, 상인이 주인과 같다는 서술에서 온정주의가 드러난다.

(4) 사회적 애정의 고양이 부유해지는 길임을 알아야 한다. 사업가들은 도박에 열중하면서 상업경제(mercantile economy)에 치중할 뿐 진정한 정치경제(political economy)에는 관심이 없다. 이들은 상업경제에서 부가 절대적이라고 생각한다. 그러나 부는 상대적이고 여라 사람들의 부는 상충되어 부의 축적에 불평등이 수반된다는 점을 알아야 한다. 국가경제나 시민경제를 나타내는 정치경제는 유용하고 향유할 재화들의 적절한 생산, 보존, 그리고 분배와 관련되어 있다(p. 10).

상업경제는 화폐자산에 중점을 두는데, 이는 부의 이전에 불과해 국부를 늘리지 못한다. 이런 이유로 상업적인 부의 극대화된 축적은 불평등의 극대화를 의미한다. 사람들이 화폐자산에 집착하는 이유는 화폐자산이 쉽게 노동에 대한 지배력으로 전환되는데 비해 실물자산은 그렇지 않기 때문이다. 또한 실물자산의 증가가 하인의 증가를 의미하지 않기 때문이기도 하다. 여기서 노동에 대한 지배는 사람에 대한 지배를 의미한다(p. 11).

러스킨은 인근궁핍화나 영합게임을 상정한다는 점에서 중상주의자에 가깝다. 보다 주목할 점은 상업경제와 정치경제에 대한 구분이다. 이 구분은 경제체제, 주체, 그리고 활동에 대해 화폐를 목표로 삼느냐 아니면 실물재화를 목표로 삼느냐에 따라 분류한 것이다. 이와 비슷한 분류는 아리스토텔레스, 스미스, 마르크스, 베블렌, 폴라니 등에도 등장한다.

러스킨은 이 구분을 노동에 대한 지배력과 연결시켜 일견 지배노동가치론을 주장한 스미스나 이에 우호적인 마르크스에 가까워지고 있다. 그런데 러스킨은 화폐자산에 대한 지배, 실물자산에 대한 지배, 그리고 중간에 노동에 대한 지배를 설정하고, 화폐자산이 실물자산보다 노동지배에 가깝다고 주장했다. 임금재보다 화폐를 가지고 노동을 쉽게 구입할 수 있다는 이야기이다

화폐자산에 대한 강조로 보면 러스킨은 스미스보다 마르크스에 더욱 가깝다. 스미스는 화폐자산에 대한 집착을 그다지 진지하게 취급하지 않았다. 또한 스미스는 지배노동가치론을 제시하면서도 실물자본을 통한 노동에 대한 지배나 고용을 상정해 화폐가 실물보다 우월하다고 생각하지 않았다. 이에 비해 마르크스는 노동자가 임금을 현물이 아니라 화폐로 지불받는다는 점과 자본의 화폐적인 차원을 강조했다.

그런데 러스킨은 노동에 대한 지배를 다른 종류의 노동이 아니라 일차적으로 하인의 노동과 연결시켰다. 이 점에서 그는 거꾸로 마르크스보다 스미스에 가깝다. 스미스도 러스킨보다는 정도 상 덜하지만, 지배노동가치설을 홉스의 권력에 비유해 하인노동을 의식하고 있었다. 마르크스는 하인노동이 근대화된 자본주의 생산양식에서 중요한 부문으로 남아 있다고 생각하지 않았다. 마르크스에 있어 지배

받는 노동은 거의 전적으로 공장이나 회사의 노동을 의미한다.

러스킨과 스미스에서는 노동에 대한 지배가 인간에 대한 지배이며 인간에 대한 지배는 화폐든 실물이든 소유물을 통한 지배라는 점에서 마르크스와 비슷하다. 그렇지만 러스킨 등의 지배노동 개념에는 보다 근본적인 차원에서 마르크스와 다른 측면이 내포되어 있다.

러스킨과 스미스는 소유물을 소유자가 지배하거나 처분할 수 있다고 보거나, 아니면 적어도 소유물과 소유자를 동급에 놓았다. 이에 따라 이들은 소유물을 통한 타인에 대한 지배를 타인에 대한 소유자 자신의 지배와 동일시했다. 이에 비해 마르크스에 의하면 소유자가 소유물을 지배하는 것이 아니라 거꾸로 소유물이 소유자를 지배한다. 배금주의나 상품 및 화폐물신주의는 이를 표현한다. 이에 따라 그는 소유자가 타인을 지배하지만 소유물이나 상품 자체가 이들 모든 인간을 지배한다고 본다.

화폐자산에 대한 러스킨의 강조는 근대적인데 비해, 하인노동에 대한 집착은 봉건적이다. 이 때문에 러스킨은 스미스보다 한편으로 앞으로 나갔지만, 다른 한편으로는 오히려 후퇴했다. 더불어 화폐자산에 대한 경제주체들의 집착은 상업경제에 영합하므로 비판의 대상인데 비해, 하인노동에 대한 집착은 용인되고 있다. 이 점에서 러스킨은 귀족주의나 온정주의를 내포하고 있다.

(5) 모든 불평등이 나쁘지는 않다. 불평등이 발생하는 방식이나 불평등이 적용되는 목적에 따라 조화로운 결과가 나올 수도 있고, 보수나 권위가 계급이나 봉사에 따라 주어지게 할 수도 있다(p. 12).

그러나 상업적인 형태의 빈부(Mercantile forms of Riches and Poverty)는 질환이나 사고로 인한 일시적인 부채가 노동의무로 전환되면서 나타난다. 이런 이유로 사람들을 게으른 자와 부지런한 자로 나누어 이들의 관계를 바꾸면서 동시에 국가의 부를 줄인다(p. 13). 상업적인 부의 축적에 대한 또 다른 예로, 두 농부사이에 거간이 끼어드는 경우, 두 농부는 모두 이 거간의 노동자나 하인이 되면서, 이 거간이 부당한 이익을 취해 국부가 앞선 예에서보다 더 크게 줄어든다. 여기서 부에 대한 정의나 윤리의 표시가 중요하다는 점이 드러난다(p. 14).

이 논의에서 러스킨이 말하는 지배노동의 의미가 보다 명확해진다. 이는 화폐가 있으면 노동을 누군가 대신해 생필품 등을 제공하게 만들 수 있다는 뜻이다. 그런데 그는 한 사람이 다른 사람을 자신의 노동자나 하인으로 만드는데 대해 부당함을 지적했다. 이는 앞선 논의에서 그가 준 인상과 차이가 있다. 종합하면 그가 소상품생산이나 자영업을 이상으로 삼는다고 추정해 볼 수 있다.

(6) 가격인상이나 인하 혹은 가격변동에 부도덕성이나 부정이 개입될 수 있으므로, 싸게 사서 비싸게 판다는 방침에는 문제가 있다. 돈이나 재산의 중요한 가치와 이에 개입된 덕목은 사람들에 대한 지배이나 권위이다. 그러나 돈 이외의 방법으로 사람을 지배하거나 동원할 수 있으며, 인간의 기쁨이나 성실함 등은 돈으로 살 수 없다(p. 15). 사실 사람의 손이야말로 보이지 않는 금이며 인간이 바로 부이다. 이는 한 기독교인 어머니가 자기 아들들이 자신의 보물이라고 말한데 표현되어 있다.(p. 16)

러스킨은 돈이나 재산보다 지배, 권력, 권위에 우호적이며, 이것이 돈이나 재산보다 사람이 중요하다는 생각과 겹쳐 있다. 아들이 자신의 보물이라는 어머니의 변은 우리의 교과서에 실린 일화이다. 그런데 자식이 보물에 비교되고, 이들과 동등하다고 하니, 이는 이미 자식에 대한 최상의 애정은 아닌 듯하다.

(7) 기원전에 등장한 어떤 유태 상인의 경구들에 표현되어 있듯이, 제대로 얻은 부과 잘못 얻은 부는 구분해야 한다. 이 상인에 의하면 전자는 생명과, 후자는 죽음이나 정신의 공황과 각기 연결된다. 근대에서 후자는 식품사기와 같은 거짓, 허위 상표, 위선이나 광고에 의존한 부의 획득으로 예시된다. 그런데 이런 구분이 근대에 들어서는 흐려지고 있다(p. 16). 노상강도가 부자를 턴다면, 중상주의적인 축적은 빈자를 갈취한다. 이와 달리 정당한 빈부의 차이는 신의 치유를 받는다(p. 17).

윤리적이고 정의로운 부의 획득과 그렇지 못한 부의 획득을 구분하고 이를 윤리나 정의와 연결시켰다는 점에서 흔히 한국의 방송에 보도되는 기업인의 모습과 유사하다. 생명은 생계로 이어지며 생명이나 생계가 인간과 관련되므로, 죽음은 인간이 아닌 물체나 화폐와 연결될 수 있다. 신의 치유를 받는 빈부의 차이는 자선 등으로 가능하다고 해석할 수 있다.

(8) 부의 순환은 바다의 흐름과 같아서 이에 대해 인간의 법으로 저항할 수 없다. 그러나 인간의 의지나 법으로 이를 계도하거나 제한할 수 있다. 축적의 정의를 위해서는 신려(prudence)와 함께 법(jurisprudence)이 필요하다. 물론 절대적인 정의는 절대적인 진리만큼 달성하기 힘들다. 그렇지만 정의에 대한 욕망과 희망이 중요하다면, 재판관뿐만 아니라 모든 사람들이 이를 위한 판단력을 갖추어야 한다(p. 19).

이런 정의의 핵심은 임금지불에 달려있다. 정의롭고 형평성이 있는 임금은 종류와 시간에 있어 노동에 대한 적절한 상환으로부터 출발한다. 이는 노동자의 수요공급으로 인한 인원수나 경쟁 등으로부터 독립적인 중심이다. 여기서 일반노동과 특수노동, 숙련노동과 미

숙련노동이 구분되어야 한다(pp. 19–20). 각주8에서 러스킨은 쥐나 늑대는 수요공급에 따라 살지만, 인간은 수요공급이 아니라 권리에 따라 살아야 한다는 자신의 주장을 뒷받침했다.

신려와 법의 연속성은 아담 스미스에서 이미 확인된 바 있다. 노동에 대한 노동의 상환은 화폐를 통한 화폐의 상환이나 재화를 통한 재화의 상환과 구분된다. 여기서도 노동에 대한 러스킨의 강조가 눈에 띈다.

(9) 목표는 사회주의나 평등이 아니라 평등의 불가능성과 일부 사람이 다른 사람들에 대해 가지는 영원한 우월성이다. 그런데 정부와 협조는 생명의 법칙이고 무정부와 경쟁은 죽음의 법칙이다. 빈자가 부자의 재산을 가질 권리가 없다는 점은 오래 전부터 전해져 있다. 여기에 부자가 빈자의 재산을 가질 권리가 없다는 점을 추가하고자 한다. 주장하는 바는 쾌락의 여인(the Lady of Pleasure)인 부의 힘과 고된 노동의 제왕(the Lord of Toil)인 자본의 힘을 축소시키는데 있다. 돈에 대한 사랑이나 배금주의는 기독교의 윤리에도 어긋난다(p. 23).

여기서도 귀족주의와 온정주의가 확인된다. 부자가 빈자의 재산을 가질 권리가 없다는 주장은 중상주의에 대한 앞선 비판에서 이미 등장했다. 쾌락의 여인이나 노동의 제왕이라는 표현을 통해 러스킨에서 부가 화폐나 소비와, 자본이 노동이나 생산과 연결되어 있음을 확인할 수 있다.

(10) 노동에 대한 정의로운 임금은 동일한 노동을 추후에 획득할 수 있게 해주는 화폐량이다. 이런 등가성을 확보해주는 수단에 관해 논의해야 한다. 이를 위해서는 가치, 부, 가격 그리고 생산물을 설명해야 한다(p. 24).

러스킨은 정의로운 임금의 수준을 생계가 아니라 등가원리로 규정했다. 이는 지배노동과 같이 노동이 모든 가치의 적도라는 생각을 전제하면서도, 특정 노동량이 특정 노동량이라는 식의 순환논리가 될 가능성이 있다. 또한 시간의 흐름을 통해 노동의 등가성을 상정하므로 러스킨은 마르크스와 같은 의미의 가치증식이나 잉여가치를 배제했다.

(11) 가치에 대한 밀의 정의에 의하면 물체의 교환가치에는 유용성과 즐겨함이 깔려 있다. 그런데 유용성이나 즐겨함은 모두 해당 물체를 이용하거나 즐길 수 있는 구매자들의 능력과 성향에 의존한다. 여기서 도덕적 측면은 이런 능력이나 성향과 무관하게 취급된다. 이에 비해 리카도는 사용가치나 유용성이 교환가치의 전제이지만 교환가치의 수량과는 무관하다고 주장했다. 리카도의 노동가치론에는 허점이 많다.

진정한 가치는 ad valorem이나 valor 혹은 valere 등 라틴어에 드러나 있듯이, 생명, 생계, 생활에 도움을 주는 정도로 결정된다(pp. 25-26). 각주 9와 각주 20에서 러스킨은 노동가치와 수요가 곱(xy)의 형태로 가격을 결정한다고 보았다. 이에 따라 수요가 0이거나 노동가치가 0이면 가격도 0이다.

여기서 러스킨이 다시 생명, 생계, 생활을 강조했다. 소비자나 소유자의 능력이나 성향에 대한 강조는 나름대로 의의가 있다. 성향은 그렇다고 치더라도, 능력은 주류경제학에서 언급하지 않는 보다 적극적인 측면이다. 이는 재산이나 화폐를 제대로 쓸 줄 알아야 한다는 주장을 내포한다. 이는 아리스토텔레스, 칸트, 롤즈, 센 등과 통한다.

당연히 이런 논리는 주류경제학의 근저에 깔려 있는 공리주의와 배치된다. 이 논리는 인간을 쾌락과 고통을 느끼는 정적인 존재로 생각하기보다 의지를 가지고 행동하는 동적인 존재로 상정한다. 이는 도덕과 의무 및 권리의 주체로서 인간을 상정하며 인간이 물질을 제압할 수 있다고 보는 흐름에 부합된다.

(12) 소유는 절대적이라기보다 등급이 매겨진 힘으로서 소유한 물체의 성격이나 수량뿐만 아니라 소유자에 대한 적합성이나 사용능력에도 의존한다. 그렇기 때문에 물체의 가치는 물체의 유용성뿐만 아니라 이용자의 적절함에 달려 있다. 또한 경제학은 부의 축적을 다루는데, 진정한 부의 축적은 물체의 축적뿐만 아니라 능력의 축적이다(pp. 26-27).

이에 따라 가치 있는 사람(THE VALIANT)에게 가치 있는 물체(THE VALUABLE)를 배분하는 일이 중요하다. 그렇지 않으면 부(wealth)는 병(illth)이 된다. 그러므로 정치경제학의 어려움은 물적인 가치(material value)와 인간적인 성격(the manly character)을 키우는 데 있다기보다 물적인 가치와 인간적인 성격의 충돌가능성에 있다. 물적인 가치는 물체의 소유자에게 영향을 미친다. 그렇다고 부자나 빈자를 각기 일률적으로 인간성이나 비인간성과 연결시킬 수는 없다(pp. 28-29).

러스킨이 물질과 인간을 연결시켜 본다는 점에서 주류경제학보다는 시야가 넓다.

(13) 가격과 관련해 교환에서는 창조나 생산이 없고 영합게임으로서 이윤이 생기지도 않는다. 이윤은 노동과 관련되어 있다. 교환의 과학(Catallactics)은 교환 당사자의 무지나 무력함, 혹은 부주의에 의존하므로 허구적인 학문이다. 물체의 가격은 그것을 원하는 사람이 제공하려는 노동이다. 다른 가치 있는 물체들과 마찬가지로 노동도 그 질과 종류가 주어지면, 그 가치가 주어진다. 노동의 가치가 다른 물체로 측정되는 것이 아니라 다른 물체들의 가치가 노동으로 측

정된다(pp. 29-31).

소비는 생산의 목표이고 왕관이며 완성이다. 얼마만큼 생산하느냐가 아니라 어떤 목적에 지출하느냐가 중요하다. 생산은 씨앗이나 식량을 목표로 해야 하는데, 이는 각기 토지와 입을 위한 생산으로 볼 수 있다. 화폐의 획득(money-gain)이 아니라 생계획득(mouth-gain)이 목표이며, 화폐획득은 인간부조의 그림자이다.

결과적으로 정치경제학의 목표는 좋은 소비의 방법과 많은 소비량을 구하는데 있다. 달리 말해 실물소비(substance), 서비스(service), 그리고 실물소비를 완결하는 서비스 등 모든 것을 사용하고, 또한 고상하게 사용하는데 그 목표가 있다. 생산은 생계와 생명의 생산이어야 하며, 부가 아니라 생명을 우선시 해야 한다. 부의 목표는 되도록 많은 숫자의 덕스럽고 고상하며 행복한 인간을 배양하는데 있다(pp. 32-35).

고상한 소비나 고상한 인간 혹은 덕성에 대한 러스킨의 언급은 주류경제학의 소비지향과 구분된다. 이는 생명이나 생계를 존중하면서 동시에 고상한 소비를 언급해, 생존과 인간다운 삶을 동시에 언급한 아리스토텔레스를 연상시킨다. 즉, 생산 → 소비 → 생계 혹은 행복한 삶. 실물과 구분되는 서비스에 대한 강조는 앞서 언급한 하인의 노동이나 지배노동 등과 연결된다.

(14) 인간을 오로지 식량과 연결시킨 기존의 인구이론은 인간이 지혜, 덕성, 그리고 구원을 추구한다는 점을 간과하고 있다. 인구문제에 대한 해결책으로 식민지 개척, 황무지 개간, 결혼 억제의 세 가지가 제시되었다. 이 중 처음 두 가지는 완화책이거나 지연책에 불과하다. 중요한 것은 얼마나 많은 인구를 유지하느냐가 아니라 물과 공기 등 자연을 유지하면서 얼마나 많은 인구를 유지해야 하느냐이다.

지구를 공장이나 광산으로 만들 수는 없기 때문이다(pp. 35-36).

이를 위해서는 보다 많은 부를 추구하기보다 단순한 즐거움에 만족하고, 보다 많은 재산보다 깊은 축복을 추구하며, 소유물이 아니라 자신에 대한 소유를 우선시해야 한다. 또한 돈을 더 벌려고 하기보다 어떻게 쓸지를 고민해야 한다. 이를 위해 모든 구매에서 다음과 같은 점들을 고려해야 한다. 구매를 통해 생산자에게 부과하는 생존조건, 생산자에게 지불한 액수의 정당성, 구매한 것들에 대한 깨끗한 사용, 적절한 사람에 대한 적절한 물체의 배분 등이다(pp. 37-38).

러스킨이 주장한 자연과의 친화나 생태계 유지를 위한 절약은 현재성을 가진다. 파생상품(금융위기)이 생태계(멜라민)와 무관하지 않을 뿐만 아니라 문화계(식생활)와 생태계(광우병)도 분리되지 않는다.

참고문헌

〈참고출처〉

http://www.gutenberg.org/wiki/Main_Page
http://homepage.newschool.edu/het/
http://www.marxists.org/archive/

Ahiskpo, J. C. W. (1999) "Wicksell on the Classical Theories of Money, Credit, Interest and the Price Level," *American Journal of Economics and Sociology*, Vol 58, No. 3, 435-457.

Bailey, S. (1931[1825]) *A Critical Dissertation on the Nature, Measures, and Causes of Value; Chiefly in Reference to the Writings of Mr. Ricardo and His Followers*, The London School of Economics and Political Science.

Beccaria, Caesar (1804) *A Discourse on Public Economy and Commerce*, http://homepage.newschool.edu/het/.

Bentham, J. (1789) *An Introduction to the Principles of Morals and Legislation*, Oxford: The Clarendon Press.

Brentano, L. (1923) *Der Wirtschaftende Mensch in der Geschichte*, Leipzig: Verlag von Felix Meiner.

Brown, D. G. (1972) "Mill on Liberty and Morality", *Philosophical Review*, LXXXI, pp 133-158.

Copernicus. N. (1522?) *Traité de la monnaie ou Considérations sur la fabrication de la monnaie*, http://homepage.newschool.edu/het/.

Ferguson, A. (1995[1767]) *An Essay on the History of Civil Society*, Cambridge: Cambridge University Press.

Franklin, B. (1998[1791]) *Autobiography and Other Writings*,

Oxford: Oxford University Press.

Friedman, M. (1968) "The role of monetary policy", *American Economic Review*, 58(1), 1-17.

Gifford, A. (1999) "Being and Time", *Journal of Bioeconomics*, 1(2), 127-149.

Hardin, R. (1986) "The Utilitarian Logic of Liberalism," *Ethics*, 97:1, 47-74.

Hart, H. L. A. (1962) "Between Utility and Rights", *Essays on Bentham*, Oxford: the Clarendon Press.

Hayek, F. A. (1933[1928]) *Monetary Theory and the Trade Cycle*, London: Jonathan Cape.

Hayek, F. A. (1931) *Prices and Production*, London: Routledge & Kegan Paul.

Hayek, F. A. (1941) *The Pure Theory of Capital*, London: Routledge & Kegan Paul.

Hayek, F. A.(1979) *Law, Legislation and Liberty*, Vol. I, II, III, Chicago: The University of Chicago Press.

Hayek, F. A. (1988) *The Fatal Conceit*, The Collected Works of F. A. Hayek, Vol. 1, ed. by W. W. Bartley III, London: Routledge.

Henry, J. F. (1990) *The Making of Neoclassical Economics*, Boston: Unwin Hyman.

Henry, J. F. (1999) "John Locke, property rights, and economic theory", *Journal of Economic Issues*, 33(3), 525-554.

Hodgson, G, & T. Knudson (2006) "Dismantling Lamarckism: why descriptions of socio-economic evolution as Lamarckian are misleading," *Journal of Evolutionary Economics*, 16:4, 343-366.

Hong, H. (2006) "Rethinking the Notion of the Natural in Classical Political Economy," *Korean Economic Review*, 22:2, pp. 367-408.

Kant, I. (1973) "Justice", *Economic Justice*, ed. E. S. Phelps,

Harmondsworth: Penguin Books.

Kant, I. (1973) "Two Essays on Right", *Economic Justice*, ed. E. S. Phelps, Hamondsworth: Penguin Books.

Kant, I. (1790) *Die Metaphysik der Sitten, The Science of Right*, http://www.marxists.org/archive/.

Keynes, J. M. (1930) *A Treatise on Money*, Vol. 1, London: The Macmillan Press.

Keynes, J. M. (1936) *The General Theory of Employment, Interest and Money*, London: The Macmillan Press.

Keynes, J. M. (1951) *Essays in Biography*, New York: The Norton Library.

Lindblom, C. (1977) *Politics and Markets*. New York: Basic Books.

Locke J. (1989[1691]) "Some Considerations of the Consequences of the Lowering of Interest and Raising of the Value of Money", *Several Papers Relating To Money, Interest, and Trade*, Fairfield, N.J.: A. M. Kelley.

Locke J. (1989[1696]) "Further Considerations concerning Raising the Value of Money", *Several Papers Relating To Money, Interest, and Trade.*

Malthus, T. R. (1951[1820]) *Principles of Political Economy*, New York: A. M. Kelley.

Mandeville, B. (1988[1732]) *The Fable of the Bees or Private Vices, Publick Benefits*, Indianapolis: Liberty Fund.

Marx, K (1987[1859]) *Theorien über Mehrwert*, Marx-Engels Werke(MEW), 26.1, 26.2, 26.3.

Marx, K (1968[1862-1863]) *Theories of Surplus Value*, Part I, II, III, Moscow: Progress Publishers.

Marx, K (1847) *Das Elend der Philosophie*, MEW 4.

Marx, K (1963[1847]) *The Poverty of Philosophy*, New York: International

Publishers.

Marx, K (1953[1858]) *Grundrisse der Kritik der Politischen Ökonomie*, MEW 42.

Marx, K (1987) *Kritik der Gothaer Programms*, MEW 19.

McCloskey, H. J. (1963) "Mill's Liberalism," *Philosophical Quarterly*, 13:51, 143-156.

Meek, R. L. (1967) "The Scottish Contribution to Marxist Sociology", *Economics and Ideology and Other Essays*, London: Chapman and Hall Ltd.

Meek, R. L. (1976) *Studies in the Labour Theory of Value*, New York: Monthly Review Press.

Meek, R. L. (1977) "Value in the History of Economic Thought", *Smith, Marx & After*, London: Chapman and Hall Ltd.

Mill, J. S. (1965) *Principles of Political Economy*, Book II, London: Routledge & Kegan Paul.

Mill, J. S. (1991[1859]) *On Liberty*, Oxford: Oxford University Press.

Mill, J. S. (1991[1861]) *Utilitarianism*, Oxford: Oxford University Press.

Mill, J. S. (1874) *On Nature*, http://www.marxists.org/archive/.

Mises v. L. (1078) *Liberalism: A Socio-Economic Exposition*, Institute for Humane Studies.

Mun, T. (1664) *Englands Treasure by Forraign Trade, or the Real Balance of our Forraign Trade is the Rule of our Treasure,* http://homepage.newsehool.edu/het/.

Polanyi, K. (1968) *Primitive, Archaic and Modern Economies*, ed. G. Dalton, New York: Anchor Books.

Polanyi, K. (1944) *The Great Transformation*, Boston: Beacon Press.

Pufendorf, S. v. (1672) *Of the Law and Nature of Nations*, http://homepage.newschool.edu/het/.

Ricardo, D. (1815) *An Essay On Profits,* London: Printed for John Murray,

Albemarle Street.

Ricardo, D. (1970[1817]) *On the Principles of Political Economy and Taxation*, Vol. I, Works of David Ricardo, ed. P. Sraffa, Cambridge: Cambridge University Press.

Ricardo, D. (1966) *Pamphlets and Papers*, 1815-1823, Vol. IV, Works of David Ricardo, ed. P. Sraffa, Cambridge: Cambridge University Press.

Ricardo, D. (1816) *Proposals for Economic and Secure Currency, Collected Works*, Vol. II.

Ricardo, D. (1820) *Notes on Malthus' Principles of Political Economy.* http://homepage.newschool.edu/het/

Robbins, L. C. (1952) *An Essay on the Nature and Significance of Economic Science*, London: MacMillan.

Robertson H. M. & W. L. Taylor(1957) "Adam Smith's Approach to the Theory of Value", *Economic Journal*, 67(266), 181-198.

Roland, G. (1985) *Valeur d'Usage chez Marx*, Editions de l'Université de Bruxelles.

Roscher, W. (1972) *Principles of Political Economy*, trans. J. J. Lalor, New York: Arno Press.

Ruskin, J. (1860) *Unto This Last*, http://homepage.newschool.edu/het/.

Say, J. B. (1971[1803]) *A treatise on political economy, or the production, distribution, and consumption of wealth*, New York: A. M. Kelley.

Smith, A. (1937[1776]) T*he Wealth of Nations*, ed. E. Cannan, New York: The Modern Library.

Thaler, R. & C. Sunstein (2003) "Libertarian Paternalism," *American Economic Review*, 93:2, 175-179.

Thaler, R. & C. Sunstein (2003) "Libertarian Paternalism Is Not an

Oxymoron," *The University of Chicago Law Review*, 70:4, 1159-1202.

Thaler, R. & C. Sunstein (2007) "The Survival of the Fattest," *New Republic*, 236: 12, 59-63.

Thornton, H. (1991[1802]) *An Inquiry into the Nature and Effects of the Paper Credit of Great Britain*, Fairfield N. J.: A. M. Kelley Publishers.

Veblen, T. (1899) "The Preconceptions of Economic Science I, II", *Quarterly Journal of Economics*, 13(2), 121-150.

Veblen, T. (1909) "The Limitations of Marginal Utility", *Journal of Political Economy*, 17(9), 620-636.

Weber, M. (1949) *The Methodology of the Social Sciences*, trans. and ed. E. A. Shils & H. A. Finch, New York: The Free Press.

Wicksell, K. (1898) *Interest and Prices*, trans. R. F. Kahn, New York: A. M. Kelley.

Wicksell, K. (1967[1911]) *Lectures on Political Economy*, New York: A. M. Kelley.

도모노 노리오 (2007) 『행동경제학』, 이명희 옮김, 서울: 지형.

가라따니 고진(柄谷行人) (2005) 『트랜스크리틱』 한길사.

홍 훈 (2007) 『경제학의 역사』, 서울: 박영사.

홍 훈 (2008) 『인간을 위한 경제학』, 서울: 도서출판 길.

〈이차문헌〉

Clausewitz C. v. (1932) *On War*, http://www.gutenberg.org/wiki/Main_Page.

Hicks, J. (1939) *Value and Capital*, Oxford: The Clarendon Press.

경제학과 자유주의

지 은 이 홍 훈
편 낸 곳 연세대학교 출판부
주 소 서울시 서대문구 성산로 262
전 화 2123-3380~2
팩 스 2123-8673
E-mail ysup@yonsei.ac.kr
홈페이지 http://www.yonsei.ac.kr/press
등 록 1955년 10월 13일 제9-60호
인 쇄 (주)대일문예사

2009년 2월 16일 1판 1쇄
ISBN 978-89-7141-870-3 (93320)

값 25,000 원